D1754689

FRIEDRICH LIST

Outlines of American Political Economy
Grundriß der amerikanischen politischen Ökonomie

Lists zwölf Briefe erschienen als Buch erstmals 1827 bei Samuel Parker in Philadelphia, USA. Die einzige deutsche Übersetzung von Curt Köhler erschien in Köhler, *Problematisches zu Friedrich List*, Leipzig 1908. Wegen erheblicher Unzulänglichkeiten wurde sie nicht in die List-Werkausgabe der Friedrich-List-Gesellschaft von 1931 aufgenommen.

Neu übersetzt unter Verwendung der Köhlerschen Übersetzung von Emma Vogel, Angelika Steinschulte und Gabriele Liebig.

Redaktion der Fußnoten und der Zeittafel: Edmund Steinschulte. Übersetzung der Anmerkungen, des Kommentars von M. Liebig und der Zeittafel: George Gregory. Übersetzung des Nachworts von L. LaRouche: Michael und Gabriele Liebig.

Titelbild: Porträt Friedrich Lists, Lithographie von Josef Kriehuber, Wien 1845; die erste von List bestellte Lokomotive „Catawissa 1832" für die Little Schuylkill-Eisenbahn in Pennsylvania; Gestaltung: Ulla Cicconi.

Neu herausgegeben und verlegt von
© Dr. Böttiger Verlags-GmbH, Otto-von-Guericke-Ring 3, D-65205 Wiesbaden.

ISBN 3-925725-26-1
Satz: Dinges & Frick, Wiesbaden
Druck: Ebner, Ulm

List's twelve letters were first published as a book in 1827 by Samuel Parker in Philadelphia, USA. The only German translation by Curt Köhler appeared in Köhler, *Problematisches zu Friedrich List*, Leipzig 1908; because of severe deficiencies, the Friedrich-List-Gesellschaft did not include it in their List edition of 1931.

Newly translated into German on the basis of Köhler's translation by Emma Vogel, Angelika Steinschulte und Gabriele Liebig.

Footnotes and timeline edited by Edmund Steinschulte. English translation of notes, time line and M. Liebig's commentary by George Gregory. German translation of L. LaRouche's epilogue by Michael and Gabriele Liebig.

Cover: Lithograph portrait of Friedrich List by Josef Kriehuber, Vienna, 1845; The „Catawissa 1832", the first locomotive ordered by List for the Little Schuylkill Railroad in Pennsylvania; layout by Ulla Cicconi.

Newly edited and published by
© Dr. Böttiger Verlags-GmbH, Otto-von-Guericke-Ring 3, D-65205 Wiesbaden.

ISBN 3-925725-26-1
Layout: Dinges & Frick, Wiesbaden
Printed by Ebner, Ulm

FRIEDRICH LIST

Grundriß der amerikanischen politischen Ökonomie in zwölf Briefen an Charles J. Ingersoll

mit einem Kommentar von Michael Liebig
und einem Nachwort von Lyndon LaRouche

FRIEDRICH LIST

Outlines of
American Political Economy
in Twelve Letters to Charles J. Ingersoll

With a Commentary by Michael Liebig
and an Epilogue by Lyndon H. LaRouche, Jr.

„List war ein Bürger zweier Welten, der alten und der neuen. Er hat nicht nur als erster Deutscher die Volkswirtschaft der Vereinigten Staaten wissenschaftlich durchforscht, sondern hat auch, als ein hervorragender Bildner am werdenden Kulturtypus Amerika, diesem sein Siegel aufgedrückt. Und in der Werkstätte der neuen Welt, wo man ihn vorurteilslos zur Mitarbeit willkommen hieß, hat er sich das Rüstzeug geschmiedet, um mit erneuter Kraft bahnbrechend in die Kulturarbeit der alten Welt einzugreifen. So ist List ein Mittler zwischen Deutschland und den Vereinigten Staaten: Beide haben ein Anrecht auf ihn und dürfen stolz auf ihn sein, beide sind ihm aber auch den größten Dank schuldig."

(Aus der Einleitung zu Friedrich List, *Werke*, Bd. 2, S. 61)

„List was a citizen of two worlds, the old and the new. He was not only the first German to have explored the economy of the United States scientifically, but, as an educator, he also made his own impression upon the cultural type in America then in the process of generation. And in the workshop of the new world, where he was welcomed to collaborate without prejudice, he wrought the armaments which enabled him to intervene in the cultural work of the old world with rekindled power. Thus, List is a mediator between Germany and the United States: both have a right to claim him, and both can be proud of him, but both also owe him the greatest gratitude."

(Introduction to Friedrich List, *Werke*, Vol. 2, p. 61)

Inhalt

Friedrich List
Grundriß der amerikanischen politischen Ökonomie

Charles J. Ingersoll an die *National Gazette* 12
Lafayette an List 14
1. Brief
Der grundsätzliche Fehler der Freihandelstheorie 16
2. Brief
Die Unterschiede zwischen britischem und amerikanischem System.... 26
3. Brief
Die politischen Motive der Freihandelslehre 40
4. Brief
Die Produktivkräfte einer Nation 56
5. Brief
Jede Nation hat ihre besondere Ökonomie................................. 74
6. Brief
Individualökonomie ist nicht politische Ökonomie 84
7. Brief
Politische Ökonomie ist nicht kosmopolitische Ökonomie 92
8. Brief
Die Vorteile eines vernünftigen Zollsystems 102
9. Brief
Eine Skizze der britischen Außen- und Wirtschaftspolitik 116
10. Brief
Amerika darf nicht vom Export nach England abhängig bleiben 126
11. Brief
Manufakturen brächten auch den Südstaaten große Vorteile 136
12. Brief
Das amerikanische System nützt allen Bürgern 148

Kommentar von Michael Liebig
**Friedrich List und das „amerikanische System"
der Wirtschaftspolitik** 154
  I. Der historische Kontext von Friedrich Lists *Grundriß*
    a) Biographische Daten zu Lists Aufenthalt in den USA 158

Table of Contents

Friedrich List
Outlines of American Political Economy

Charles J. Ingerson to the *National Gazette* 13
Lafayette to List 15

Letter 1
The Fundamental Error in the Free Trade Theory 17

Letter 2
The Differences between the British and the American System 27

Letter 3
The Political Motives of the Free Trade Doctrine 41

Letter 4
A Nation's Productive Powers 57

Letter 5
Each Nation Has its Particular Economy 75

Letter 6
Individual Economy is not Political Economy 85

Letter 7
Political Economy is not Cosmopolitical Economy 93

Letter 8
The Advantages of a Judicious Tariff System 103

Letter 9
An Outline of British Foreign and Economic Policy 117

Letter 10
America Must not Remain Dependent on Exports to England 127

Letter 11
Manufactures would also be Advantageous to the Southern States ... 137

Letter 12
The American System Serves the Interest of All Citizens 149

Commentary by Michael Liebig
Friedrich List and the „American System"
of Economics 155

I. The Historical Context of List's *Outlines*
 a) Biographical Information on List's Stay in the United States 159

b) Grundlegende Fragen der amerikanischen Politik in der Zeit von
Lists Aufenthalt in den Vereinigten Staaten 170

II. Der ideengeschichtliche Kontext von Lists *Grundriß*
a) List und Adam Smith 176
b) Alexander Hamilton und das „amerikanische System" 188
c) Mathew Carey 192
d) List und die frühe italienisch-französische Wirtschaftstheorie 196
e) List, die frühe Kameralistik und Leibniz 200

III. List und die Theorie der produktiven Kräfte in der Gegenwart
a) LaRouches Theorie der physikalischen Ökonomie 210
b) Wissenschaftlich fundierte Wirtschaftspolitik: Indikative Planung ... 220
c) Die Konferenz der Friedrich-List-Gesellschaft vom September 1931 226

IV. Das „amerikanische System" und die neue Wirtschaftsdebatte in den Vereinigten Staaten 234
a) Die „Konservative Revolution" 236
b) Widerstand gegen die Konservative Revolution 238
c) List und Hamilton werden „ausgegraben" 242
d) Eine neue Wirtschaftsstrategie 246
e) „Protektionist und stolz darauf" 252
f) Republikaner erinnern sich an das amerikanische System 254

V. Schlußbemerkung 254

Nachwort von Lyndon LaRouche
Leibniz und die List-Hypothese 258
Das Wesen der Geschichte 264
Die Rolle der USA 274
Das schöpferische Prinzip 278

Anmerkungen zum *Grundriß* 284
Anmerkungen zum Kommentar 324
Zeittafel 334

b) Fundamental Issues of American Politics During List's Stay in the
     United States 171

II. The Methodological Context of List's *Outlines*
  a) List and Adam Smith 177
  b) Alexander Hamilton and the American System 189
  c) Mathew Carey 193
  d) List and the Early Italo-French Economic Theory 197
  e) List, the Early Cameralists, and Leibniz 201

III. List and the Theory of Productive Powers today
  a) LaRouche's Theory of Physical Economy 211
  b) Scientifically Founded Economic Policy: Indicative Planning 221
  c) The Conference of the Friedrich List Society, September 1931 227

IV. The American System and the Recent Debate on Economic Policy in the United States 235
  a) The „Conservative Revolution" 237
  b) Resistance to the Conservative Revolution 239
  c) List and Hamilton Are Hauled off the Book-shelves 243
  d) A New Economic Strategy? 247
  e) „Protectionist, and Proud of it" 253
  f) Republicans Remember the American System 255

V. Concluding Remarks 255

Epilogue by Lyndon H. LaRouche, Jr.
Leibniz and the List Hypothesis 259
  The Essence of History 265
  The Role of the U.S.A. 275
  The Creative Principle 279

Footnotes to the *Outlines* 285
Footnotes to the Commentary 325
Timeline 335

Grundriß der amerikanischen politischen Ökonomie
(Das amerikanische System)

An den Herausgeber der National Gazette

Professor List, welcher die beiliegenden Briefe an mich gerichtet hat, ist ein Mann von ehrenwertem Charakter und unschätzbaren Kenntnissen, der aus politischen Gründen aus Deutschland verbannt wurde und den Wunsch hegt, dieses Land [die Vereinigten Staaten] zu seiner Heimat zu machen. Nachdem er mehrere Jahre hindurch Professor der politischen Ökonomie an der Universität von Tübingen im Königreich Württemberg gewesen war, wurde er zum Rechtskonsulenten des Deutschen Handels- und Gewerbevereins gewählt, der ein deutsches System der Nationalökonomie erreichen will. In dieser Eigenschaft als Rechtskonsulent besuchte er verschiedene Höfe in Deutschland und nahm am Kongreß der deutschen Minister in Wien (1820) teil. Dann wurde er zum Mitglied des Abgeordnetenhauses des Königreiches Württemberg gewählt, wo er den Versuch unternahm, das Geschworenengericht und die Öffentlichkeit des gerichtlichen Verfahrens in Kriminal- und Zivilprozessen in seinem Land gesetzlich einzuführen. Da seine Reformpläne der Regierung verhaßt waren, wurde Herr List des Hochverrats angeklagt und ins Gefängnis geworfen. Nach mehreren Jahren strafrechtlicher Verfolgung erlaubte man ihm schließlich, Württemberg mit einem Paß zu verlassen und eine wissenschaftliche Reise in die Vereinigten Staaten von Amerika anzutreten. Hier kam er vor ungefähr zwei Jahren an, in mehreren Empfehlungsschreiben von General Lafayette als Mann der Wissenschaft und verbannter Patriot herzlichst empfohlen.

Er wohnt nun hier in Reading in diesem Staate; da er sich zur Zeit seiner Professur in Deutschland mit Studien und Vorlesungen über die Lehren der politischen Ökonomie beschäftigt hatte, verfolgte er den letzthin in Harrisburg abgehaltenen Kongreß aufmerksam und richtete dann eine Reihe von Briefen an mich.

Indem ich Ihnen diese Briefe zur Veröffentlichung unterbreite, entspreche ich seinem Wunsche, seinem neuen Vaterlande, das ihn aufgenommen hat, einen Dienst zu erweisen und seine Sachkenntnisse in höchst interessanten und viel umstrittenen Fragen allgemein bekannt zu machen. Einige von Ihren Korrespondenten dürften vielleicht Professor List als einen Geg-

Outlines of American Political Economy
(The American System)

To the editor of the National Gazette

Professor List, by whom the accompanying letters were addressed to me, is a gentleman of respectable character and attainments, exiled by political proscription from Germany, and desirous of making this country his home. After having been for several years Professor of Political Economy at the University of Tübingen, in the kingdom of Wirtemberg, he was elected counsel of the society of German merchants and manufacturers for obtaining a German system of national economy, in which capacity he visited the different courts of Germany, and attended the congress of German Ministers at Vienna in 1820. He was then chosen a member of the House of Representatives of the kingdom of Wirtemberg, where he attempted to introduce, by law, the trial by Jury and the publicity of judicial proceedings in criminal and civil controversies. His plans of reform proving obnoxious to the government, Mr. List was accused of high treason and thrown into prison. After undergoing several years of prosecution, he was finally permitted to leave that country with a passport to visit the U. States of America on a scientific voyage: and arrived here about two years ago, warmly recommended by General Lafayette, in letters of introduction, which describe him as a proscribed patriot and man of science.

He now resides at Reading in this state; and having during his German professorship, studied and lectured on the doctrines of political economy, the late Convention at Harrisburg drawing his attention to that subject, he voluntarily addressed a series of letters to me.

In submitting them to you for publication, I comply with his desire to render a service to his adopted country, by communicating his knowledge of matters of great interest and much controverted. Some of your correspondents may perhaps consider Professor List an antagonist worthy of their

ner betrachten, der ihrer Aufmerksamkeit wert ist. Und für diesen Fall ermächtigt er mich, Ihnen zu versichern, daß ihm jegliche redliche und wohlunterrichtete Erwiderung auf seine Lehrsätze ein Vergnügen sein wird, weil sie Gelegenheit zur fairen Diskussion von Fragen bietet, die mit Rücksicht auf die öffentliche Belehrung nicht oft genug erörtert werden können.

Ich verbleibe hochachtungsvoll Ihr ergebener Diener
C.J. Ingersoll[1]

Professor List ist der Öffentlichkeit als ein Mann von hochstehenden Charaktereigenschaften bekannt, der im Parlament seines Heimatlandes hohes Ansehen genoß. Daher ist es zweifelsohne höchst interessant, das mit der eigenhändigen Unterschrift des „Gastes der Nation" versehene Zeugnis zugunsten des Professors vor sich zu haben.
Der folgende von Bord der „Brandywine" an Herrn List gerichtete Brief spricht für sich, und seine Veröffentlichung braucht keine Rechtfertigung.

An Bord der „Brandywine", den 7. Sept. 1825

Mein geschätzter Herr Professor List!

Ich verlasse diese geliebte Küste mit dem Bedauern, daß es nicht in meiner Macht liegt, Ihnen die Dienste zu erweisen, die Ihrem Verdienste, Ihren Leiden für die Sache der Freiheit und dem Interesse angemessen wären, welches die ausgezeichnetsten Männer von Bildung und edlem Empfinden in Europa Ihnen entgegenbringen. Ihre Fähigkeiten als Professor, Ihre Hingebung an die Sache der Freiheit als Abgeordneter (so nennt man es im Parlament von Württemberg) und die gegen Sie gerichteten absonderlichen Verfolgungen würden nicht nur die Aufmerksamkeit, sondern die guten und herzlichen Wünsche vieler Freunde in Amerika auf Sie lenken, wäre es nicht in diesem Lande eine nötige Vorbedingung, die englische Sprache zu sprechen, ehe man irgendetwas unternimmt.
Seien Sie meiner freundlichen Teilnahme an Ihrem und Ihrer Familie Wohlbefinden versichert. — Übermitteln Sie meine Grüße an Frau List.

Ihr
Lafayette[2]

notice, in which case he authorises me to assure you that any candid and well informed contradiction of his tenets, will afford him pleasure, as the occasion for fairly discussing topics which cannot be examined too much for public information.

I am, very respectfully, your humble servant,
C.J. Ingersoll[1]

Professor List's name having been brought before the public, as a gentleman of high character and standing, in the legislative councils of his native country, it cannot fail to prove highly interesting to have under his own signature, the testimony of the „Nation's Guest" in favour of the Professor. The following letter, addressed to Mr. List, from on board the Brandywine, speaks for itself, and precludes the necessity of an apology for giving it to the public.

On board the Brandywine, Sept. 7, 1825.

My dear Professor List,

I leave this beloved shore with the regret not to have it in my power, to tender to you services adequate to your merit, to your sufferings in the cause of liberty, to the interest which the most distinguished men of learning, and good feelings in Europe take in your behalf. Your talent as a professor, your devotion to freedom, as a representative (so they call it, in the legislative house of Wirtemberg), and the strange persecutions directed against you, would attract upon you not only the notice, but the good and active wishes of many friends in America, was it not in this country a necessary condition, before you undertake something, to speak the English language.

Be assured of my friendly concern in you and your family's welfare. — Present my respects to Mrs. List, and believe me most sincerely

Yours
Lafayette[2]

1. Brief

Reading, den 10. Juli 1827

Geehrter Herr!

Da ich mich durch Ihre Einladung sehr geehrt fühle, würde ich nicht einen Moment gezögert haben, derselben nachzukommen, wenn mich nicht eine zeitweilige Erkrankung daran gehindert hätte. Nachdem ich mich nun erholt habe, beeile ich mich, Ihnen die Ergebnisse meiner Betrachtungen über die politische Ökonomie mitzuteilen, die nicht nur das Produkt eines langjährigen Studiums sind, sondern auch das einer langen praktischen Tätigkeit in meiner Eigenschaft als Rechtskonsulent der Gesellschaft deutscher Fabrikanten zwecks Erlangung eines Systems deutscher National-Ökonomie.

Nachdem ich die verschiedenen Denkschriften der Philadelphia-Gesellschaft zur Beförderung der nationalen Industrie durchgelesen habe und die verschiedenen Reden, die auf dem diesbezüglichen Kongreß gehalten wurden, Niles' *Register*[3] etc. etc.[4], wäre es nur eine Anmaßung meinerseits, wollte ich versuchen, das praktische Material zu ergänzen, das von den ersten Politikern der Nation so geistreich und scharf beleuchtet worden ist. Ich beschränke mich daher einzig und allein auf die Widerlegung der Theorie von Adam Smith und Co.[5], deren Grundirrtümer noch nicht so klar erfaßt worden sind, wie es sein sollte.

Es ist diese Theorie, mein Herr, welche den Gegnern des amerikanischen Systems[6] die geistigen Waffen zu ihrer Opposition liefert. Es ist die Vereinigung der sogenannten Theoretiker mit denjenigen, welche ein Interesse an dem sogenannten freien Handel zu haben glauben, die der Gegenpartei so viel scheinbare Stärke verleiht. Diese Schüler von Smith und Say[7] prahlen mit ihrer imaginären Überlegenheit in Wissenschaft und Kenntnissen und behandeln jeden Verteidiger des gesunden Menschenverstandes wie einen Empiriker, dessen Geisteskräfte und Bildung nicht ausreichen, die erhabene Lehre ihrer Meister zu begreifen.

Unglücklicherweise waren die Gründer dieser gefährlichen Lehre Männer von großem Verstande, und ihre Talente versetzten sie in die Lage, ihren Luftschlössern das Aussehen fester, wohlbegründeter Gebäude zu verleihen. Die wichtigen Wahrheiten, welche sie zutage förderten, waren die unglückliche Ursache, die ihrem ganzen System den Ruf einer Lehre verschaffte, die zu hoch stehe, als daß nachfolgende Generationen sie hinterfragen dürften. Der größte Teil derjenigen, welche die Politik zu ihrem besonderen Studium

Letter 1

Reading, July 10, 1827

Dear Sir —

Feeling myself honoured by your requisition, I would not have hesitated a moment to comply with it, had I not been prevented by a temporary illness. After having recovered, I hasten to communicate to you the results of my reflections on political economy, produced not only by a study of many years, but also by long practical exertions in my capacity as a Counselor of the Society of German Manufacturers, for the purpose of obtaining a system of German National Economy.

After having perused the different addresses of the Philadelphia Society for the Promotion of National Industry, the different speeches delivered in Congress on that subject, Niles' *Register*[3], etc. etc.[4], it would be but arrogance for me to attempt a supply of practical matters, so ingeniously and shrewdly illustrated by the first politicians of the nation. I confine my exertions, therefore, solely to the refutation of the theory of Adam Smith and Co.[5] the fundamental errors of which have not yet been understood so clearly as they ought to be.

It is this theory, sir, which furnishes to the opponents of the American System[6] the intellectual means of their opposition. It is the combination of the soi-disant theorists with those who believe themselves interested in the soi-disant free commerce, which gives so much seeming strength to the opposite party. Boasting of their imaginary superiority in science and knowledge, these disciples of Smith and Say[7] are treating every defender of common sense like an empiric whose mental power and literary acquirements are not strong enough to conceive the sublime doctrine of their masters.

Unfortunately, the founders of this dangerous doctrine were men of great minds, whose talents enabled them to give their castles in the air the appearance of strong, well-founded buildings. The important truths they brought to light were the unhappy cause which gave to their whole system the credit of a doctrine too elevated to be questioned by future generations. This doctrine, sir, was embraced by the greater part of those who made

machten, nahm diese Lehre an; und nachdem man eine Lehre zehn oder zwölf Jahre lang bewundert hatte, fand man es schwer, sich derselben zu entledigen. Vollkommene Unabhängigkeit des Geistes ist erforderlich, um zu erkennen, daß wir eine so lange Zeit hindurch einem irrigen System vollen Glauben geschenkt haben, besonders wenn dieses System von Privatinteressen[8] verteidigt wird.

Als Konsequenz aus dem Dargestellten glaube ich, daß es die Pflicht der Generalversammlung in Harrisburg[9] ist, nicht nur die Interessen der Wollproduzenten und Wollfabrikanten zu unterstützen, sondern die Axt an der Wurzel des Baumes anzusetzen und das System von Adam Smith und Co. für irrig zu erklären. Die Generalversammlung sollte diesem System von seiten des amerikanischen Systems den Krieg erklären, indem sie Schriftsteller einlädt, die Irrtümer der Lehre von Adam Smith aufzudecken und leicht verständliche Vorträge über das amerikanische System zu halten und schließlich, indem sie die Regierungen der verschiedenen Staaten, ebenso wie die gemeinsame Regierung, ersucht, das Studium des amerikanischen Systems an den verschiedenen, ihrer Obhut unterstehenden Schulen, Universitäten und literarischen Instituten[10] zu fördern.

Das letzte Werk des Dr. Cooper[11] zeigt recht klar, daß solche Maßnahmen von seiten der Förderer des amerikanischen Systems notwendig sind. Diesem Werke (das nur aus zusammengetragenem Material besteht) zufolge sind Sie und ich, sowie alle Männer der Versammlung [in Harrisburg] und alle Unterstützer des amerikanischen Systems nichts anderes als Dummköpfe; denn es ist ja „*Unverstand*, eine Industrie durch Zölle zu fördern, wenn die Waren billiger durch den Außenhandel beschafft werden können", „*Unverstand*, wenn eine Regierung die industriellen Unternehmungen von Individuen hütet und schützt" etc. etc. (siehe S. 195[12], wo Sie elf *Fälle von Unverstand* aufgezählt finden, die angeblich auch bei Ihnen vorhanden sein müssen, wenn Sie zu denjenigen gehören, die nach Harrisburg gehen.) Dieses Werk von Dr. Cooper ist zur Zeit das einzige Elementarwerk, aus welchem unsere Jugend und unser Volk die Grundsätze dessen, was man politische Ökonomie nennt, lernen kann. Was für eine Frucht kann man von einer solchen Aussaat erwarten?

Wenn die Förderer des amerikanischen Systems von der Überlegenheit ihrer Lehre überzeugt sind, ist es da nicht ihre Pflicht, sowohl theoretisch als auch praktisch weiterzuarbeiten? Sollten sie nicht im Interesse der Bevölkerung und hauptsächlich im Interesse der Jugend ihres Landes für Elementarbücher und Lehrer[13] sorgen, welche die Grundsätze der politischen Ökonomie ihrem eigenen System gemäß erläutern, einem System, das schließlich in dem Maße, wie die nationale, gesetzgebende Versammlung von seiner Richtigkeit überzeugt ist, die Oberhand gewinnen muß?

politics their particular study, and after having admired a doctrine for ten or twenty years, found it difficult to divest themselves of it. It requires a mind of perfect independence to acknowledge that for so long a time I we gave full credit to an erroneous system, particularly if that system is advocated by private interests[8].

In consequence of this exposition, I believe it to be a duty of the General Convention at Harrisburg[9], not only to support the interests of the wool growers and wool manufacturers, but to lay the axe to the root of the tree, by declaring the system of Adam Smith and Co. to be erroneous — by declaring war against it on the part of the American System — by inviting literary men to uncover its errors, and to write popular lectures on the American System — and, lastly, by requesting the governments of the different states, as well as the general government, to support the study of the American System in the different Colleges, Universities, and literary institutions under their auspices[10].

The last work of Dr. Cooper[11] shows pretty clearly the necessity of such measures on the part of the supporters of the American System. According to this work (a mere compilation), you and I, and all the gentlemen of the Convention, and all the supporters of the American System, are nothing else than idiots; for it is „*ignorance* to support an industry by duties when the commodities may be procured cheaper by foreign commerce," — „*ignorance* if a Government guards and protects the industry of individuals," etc., etc. (See p. 195[12], where you find eleven *ignorances* recorded which you make applicable to yourself by going to Harrisburg.) This, sir, is now the only elementary work from which our youth and people may learn the principle of what is styled political economy. What fruit can be expected from such seed?

And if the supporters of the American System are convinced of the superiority of their doctrine, is it not their duty to go on theoretically as well as practically? Ought they not to procure for the people, and especially for the youth of their country, elementary works and professional teachers[13], explaining the principles of political economy according to their own system, which must ultimately prevail in proportion as the national legislature become convinced of its propriety?

Ich erinnere mich an eine Anekdote über einen Arzt, der, als er sah, wie sein Patient wegen seiner Krankheit in einem medizinisches Werk Rat suchte, ihn ermahnte, sich vorzusehen, daß er nicht etwa an einem Druckfehler stürbe. Ebenso, mein Herr, möchte ich dem Volke dieser Vereinigten Staaten, das sich auf das gefeierte System von Adam Smith verläßt, zur Vorsicht raten, damit es nicht an einer Utopie zugrunde geht. Fürwahr, mein Herr, es klänge beinahe sarkastisch, wenn in späteren Zeiten ein Historiker des Niederganges dieses Landes mit folgenden Worten gedenken müßte:

„Sie waren ein großes Volk, sie waren in jeder Hinsicht auf dem Wege, das erste Volk der Erde zu werden, aber sie wurden schwach und starben, weil sie auf die Unfehlbarkeit — nicht eines Papstes oder Königs — sondern zweier in ihr Land eingeführter Bücher[14] vertrauten; das eine wurde von einem Schotten verfaßt, das andere von einem Franzosen, Bücher, deren allgemeine Fehlerhaftigkeit wenig später von jedem Menschen erkannt wurde."

Da es nutzlos wäre, jene Theorie der politischen Ökonomie im Namen einer aufgeklärten Menschengruppe anzugreifen, ohne dies durch genügend Beweise für ihr Versagen zu untermauern, halte ich es für meine Pflicht, Ihrem überlegenen Scharfsinn die folgenden Ausführungen zur Prüfung vorzulegen. Die kurze Zeit und der enge Raum, der für meine Mitteilungen zur Verfügung steht, gestatten mir nur, die Hauptpunkte der Wissenschaft [der politischen Ökonomie] zu berühren.

Auf Grund meiner Untersuchungen[15] kam ich zu dem Schluß, daß die politische Ökonomie folgende Bestandteile hat: 1. Individuelle Ökonomie, 2. Nationalökonomie, 3. Ökonomie der Menschheit.

Adam Smith behandelt die Individualökonomie und die Ökonomie der Menschheit. Er lehrt, wie der einzelne in Gesellschaft mit anderen Individuen Wohlstand schafft, denselben vermehrt und konsumiert, und wie der Fleiß und Wohlstand der Menschheit den Fleiß und Wohlstand des einzelnen beeinflussen. Er hat ganz vergessen, wovon der Titel seines Buches über den „Wohlstand der Nationen" zu handeln versprach. Da er den unterschiedlichen Zustand der verschiedenen Nationen bezüglich ihrer Macht, Verfassung, Bedürfnisse und Kultur nicht in Betracht zieht, ist sein Buch einzig eine Abhandlung über die Frage, wie es um die Wirtschaft der Individuen und der Menschheit stünde, wenn die Menschheit nicht in Nationen geschieden, sondern durch ein gemeinsames Gesetz und eine gleiche Geisteskultur geeint wäre. Diese Frage behandelt er ganz logisch, und unter dieser Annahme enthält sein Buch große Wahrheiten.

Wenn der ganze Erdball durch eine Union geeint wäre wie die 24 Staaten Nordamerikas[16], dann wäre der Freihandel in der Tat ebenso natürlich und wohltätig, wie er es jetzt innerhalb der Union selbst ist. Es gäbe keinen

I remember an anecdote of a physician, who, finding his patient consulting a medical work about his disease, admonished him to take care not to die of an error in print. So, sir, I would admonish the people of these United States who rely on the celebrated system of Smith, to take care not to die of a beau ideal. Indeed, sir, it would sound almost like sarcasm, if in after ages, an historian should commemorate the decline of this country in the following terms:

„They were a great people, they were in every respect in the way to become the first people on earth; but they became weak and died, trusting in the infallibility — not of a Pope nor of a King — but of two books[14] imported into the country, one written by a Scotchman, the other by a Frenchman — books, the general failure of which was shortly afterwards acknowledged by every individual."

As the idea of denouncing, in the name of an enlightened community, that theory of political economy would be useless if this denunciation cannot be supported by sufficient evidences of its failure, I feel it my duty to submit to the examination of your superior mind the following views. The short space of time and room allowed for my communications permits me only to touch on the topics of the science.

In consequence of my researches[15], I found the component parts of political economy to be — 1. Individual economy; 2. National economy; 3. Economy of mankind.

A. Smith treats of individual economy and economy of mankind. He teaches how an individual creates, increases and consumes wealth in society with other individuals, and how the industry and wealth of mankind influence the industry and wealth of the individual. He has entirely forgotten what the title of his book, „Wealth of Nations", promised to treat. Not taking into consideration the different state of power, constitution, wants and culture of the different nations, his book is a mere treatise on the question: How the economy of the individuals and of mankind would stand, if the human race were not separated into nations, but united by a general law and by an equal culture of mind? This question he treats quite logically; and in this supposition his book contains great truths.

If the whole globe were united by a union like the 24 States of North America[16], free trade would indeed be quite as natural and beneficial as it is now in the Union. There would be no reason for separating the interest of

Grund, das Interesse eines bestimmten Landgebietes abzusondern, und auch keinen Grund, das Interesse einer Anzahl menschlicher Wesen von den Interessen des gesamten Erdballs und der gesamten Menschheit zu trennen. Es gäbe kein nationales Interesse, kein nationales Gesetz, das im Widerspruch zur Freiheit der gesamten Menschheit stünde, keine Beschränkungen, keinen Krieg. Alles nähme seinen natürlichen Gang. Englisches Kapital und Geschicklichkeit hätten sich, sobald auf jener Insel daran Überfluß herrschte, an den Ufern der Seine und der Elbe, des Rheins und des Tajo ausgebreitet; sie hätten die Wälder Böhmens und Polens fruchtbar gemacht, lange bevor sie an die Ufer des Ganges und Sankt Lorenz geströmt wären, und hätten überallhin Freiheit und Recht mit sich geführt. Ein Engländer würde ebenso bereitwillig nach Galizien und Ungarn auswandern, wie nun ein Mann von New Jersey nach Missouri und Arkansas auswandert. Keine Nation müßte fürchten, daß ihre Unabhängigkeit, ihre Macht und ihr Reichtum durch die Maßnahmen anderer Nationen bedroht werden könnten.

Dieser Stand der Dinge ist zwar äußerst wünschenswert — es ehrt das Herz eines Philosophen, wenn er sich danach sehnt — und es mag sogar in dem großen Plane Gottes liegen, dies nach Jahrhunderten zu erfüllen. Aber, mein Herr, es ist nicht der Zustand der gegenwärtigen Welt. Beim gegenwärtigen Zustande der Welt entspricht daher Adam Smiths System dem Traum des guten Abbé St. Pierre[17] vom ewigen Frieden und den Systemen derer, die von Gesetzen zwischen Nationen träumen. Ich selbst halte es, allerdings, für eine Forderung der Vernunft, daß die Nationen ihre Zwistigkeiten auf dem Rechtsweg schlichten, wie es jetzt die Vereinigten Staaten untereinander tun. Krieg ist nichts anderes als ein Duell zwischen Nationen, und Beschränkungen des Freihandels sind nichts anderes als ein Krieg zwischen der industriellen Macht verschiedener Nationen. Aber was würden Sie, mein Herr, von einem Kriegsminister denken, der die Lehre der Freunde[18] übernähme und sich weigerte, Festungen zu bauen, Soldaten auszubilden und für Militärakademien zu sorgen, und dies damit begründete, die Menschheit wäre glücklicher, wenn es keinen Krieg auf Erden gäbe? Und doch, mein Herr, wäre das Benehmen dieses Kriegsministers ebenso weise wie das Benehmen derer, die das System des Adam Smith in seiner gegenwärtigen Unvollkommenheit annehmen und so ihre nationalen Interessen der Leitung anderer Nationen und Gesetze überlassen, weil in einem vollkommenen — aber gänzlich eingebildeten — Zustande des menschlichen Geschlechts der Freihandel eine Wohltat für die Menschheit sei.

Doch bin ich keineswegs der Meinung, mein Herr, daß das System des Adam Smith vom wissenschaftlichen Standpunkte betrachtet ohne Verdienst sei. Ich glaube im Gegenteil, daß die Grundprinzipien dieser Wissenschaft allein durch seine Untersuchungen der Ökonomie der Individuen und

a certain space of land, and of a certain number of human beings, from the interests of the whole globe and of the whole race. There would be no national interest, no national law contrary to the freedom of the whole race, no restriction, no war. All would flow in its natural current. English capital and skill, if in superabundance in that island, would overflow to the borders of the Seine and Elbe, of the Rhine and Tagus; they would have fertilized the woods of Bohemia and Poland long before they would flow to the borders of the Ganges and of the St. Lawrence, and everywhere carry along with them freedom and law. An Englishman would as ready emigrate to Gallicia and Hungary as now a New-Jerseyman emigrates to Missouri and Arkansas. No nation would have to fear for their independence, power and wealth, from the measures of other nations.

This state of things may be very desirable — it may do honour to the heart of a philosopher to wish for it — it may even lie in the great plan of Providence to accomplish it in after ages. But, sir, it is not the state of the actual world. Adam Smith's system, in the world's present condition, goes therefore along with the good Abbé St. Pierre's[17] dreams of eternal peace, and with the systems of those who fancy laws of nations. I myself believe it indeed to be a postulate of reason, that nations should settle their differences by law as now the United States do amongst themselves. War is nothing but a duel between nations, and restrictions of free trade are nothing but a war between the powers of industry of different nations. But what would you think, sir, of a Secretary of War, who, embracing the doctrine of the Friends[18], should refuse to build fortresses and men of war, and to supply military academies, because mankind would be happier if there were no war on earth? And yet, sir, the conduct of this secretary of war would be just as wise as the conduct of those who, embracing the system of Adam Smith in its present imperfection, leave their national interests to the direction of foreign nations and foreign laws, because in a more perfect but entirely imaginary state of the human race, free trade would be beneficial to mankind.

I am yet by no means of opinion, sir, that Adam Smith's system, in a scientific view, is without its merits. I believe, on the contrary, that the fundamental principles of the science could only be discovered by his

der Menschheit entdeckt werden konnten. Sein Irrtum besteht darin, daß er zu diesen allgemeinen Grundsätzen die Modifikationen nicht hinzufügte, welche durch die Spaltung der menschlichen Gattung in nationale Staaten verursacht werden, und daß er zu den Regeln nicht die Ausnahmen hinzusetzte, oder zu den Extremitäten nicht die Mittelglieder.

Die Individualökonomie und die Ökonomie der Menschheit, wie Adam Smith sie behandelt hat, lehren uns, auf welche Weise der einzelne in Gesellschaft mit anderen Individuen Wohlstand schafft, vermehrt und verzehrt, und wie der Fleiß und Wohlstand der Menschheit den Fleiß und den Reichtum des einzelnen beeinflussen. Die *Nationalökonomie* lehrt, auf welche Weise eine bestimmte Nation in ihrer besonderen Situation die Ökonomie der einzelnen lenken und regulieren und die Weltwirtschaft beschränken muß, entweder um fremde Beschränkungen und fremde Einflußnahme zu verhindern, oder um die produktiven Kräfte der eigenen Nation zu steigern — mit anderen Worten: wie man, in Ermangelung eines den ganzen Erdball umfassenden gesetzlichen Zustandes, eine Welt für sich schafft, um an Macht und Wohlstand zuzunehmen und eine der mächtigsten, wohlhabendsten und vollkommensten Nationen der Erde zu werden, ohne die wirtschaftliche Tätigkeit der Individuen und das Wirtschaftsleben der Menschheit mehr zu beschränken, als es die Wohlfahrt der Bevölkerung gestattet.

In meinem nächsten Briefe werde ich länger bei diesem Gegenstande verweilen. Augenblicklich bleibt mir noch Raum genug, um Sie wegen meiner Unfähigkeit, mich in der Landessprache korrekt und elegant auszudrücken, um Entschuldigung zu bitten.

Hochachtungsvoll, Ihr ganz ergebener
Fr. List

researches in the economy of individuals and of mankind. His error consists in not adding to those general principles the modifications caused by the fraction of the human race into national bodies, and in not adding to the rules the exceptions, or to the extremities the medium member.

Economy of individuals and economy of mankind, as treated by Adam Smith, teach by what means an individual creates, increases and consumes wealth in society with other individuals, and how the industry and wealth of mankind influence the industry and wealth of individuals. *National Economy* teaches by what means a certain nation, in her particular situation, may direct and regulate the economy of individuals, and restrict the economy of mankind, either to prevent foreign restrictions and foreign power, or to increase the productive powers within herself — or, in other words: How to create, in want of a lawful state, within the whole globe of the earth, a world in itself, in order to grow in power and wealth to be one of the most powerful, wealthy, and perfect nations of the earth, without restricting the economy of individuals and the economy of mankind more than the welfare of the people permits.

In my next letter I shall dwell more upon this subject. For the present remains but space enough to request your indulgence on account of my inability to express myself correctly and elegantly in the language of this country.

Very respectfully your most humble servant,
Fr. List

2. Brief

Reading, den 12. Juli 1827

Geehrter Herr!

Sobald die drei Bestandteile der politischen Ökonomie dargestellt sind, ist die Wissenschaft in klares Licht gesetzt und die Irrtümer der alten Theorie liegen offen zu Tage.

Das Ziel der Individualökonomie ist lediglich, das zu erlangen, was zum Leben nötig ist und das Leben angenehm macht. Das Ziel der Weltwirtschaft, oder besser gesagt, der *kosmopolitischen Ökonomie*, besteht darin, die ganze menschliche Gattung mit der größtmöglichen Menge an lebensnotwendigen Produkten und Komfortgütern zu versorgen. Ein Einwohner Pennsylvaniens, einzig als Teil der Menschheit betrachtet, hat kein besonderes Interesse daran, daß Reichtum und Produktivkräfte[19] eher in Vermont oder Maine als in England erhöht werden. Wenn dieser einzelne Mensch zufällig der Vertreter einer ausländischen Fabrik ist, so mag er durch das Wachsen der Industrie seiner nächsten Nachbarn in seinem Lebensunterhalte sogar beeinträchtigt werden. Auch ist es für die Menschheit insgesamt nicht von Interesse, welcher Fleck der Erde oder welches Volk sich in der Entwicklung der Industrie auszeichnet; jedes Wachsen der Industrie gereicht ihr zum Wohle, und Beschränkungen sind der Menschheit im großen und ganzen ebenso schädlich, wie Beschränkungen des freien Verkehres zwischen den 24 [Bundesländern der] Vereinigten Staaten dem Reichtum und den Produktionskräften dieser Nation nachteilig wären. Der Begriff der *Macht* ist weder auf ein Individuum noch auf die ganze menschliche Gattung anwendbar. Wenn der ganze Erdball durch ein gemeinsames Gesetz geeint wäre, hätte es in bezug auf Freiheit und Unabhängigkeit keinerlei Bedeutung für ein Volk, ob seine Bevölkerungszahl, seine Macht und sein Reichtum gering oder groß sind, ebenso wie es jetzt für die Freiheit und Unabhängigkeit des Staates Delaware von keinerlei Bedeutung ist, daß sein Reichtum, seine Bevölkerung und sein Gebiet im Vergleich zum unmittelbaren Nachbarstaat Pennsylvanien zehnmal kleiner sind.

Dies, mein Herr, ist die Theorie des Adam Smith und seines Schülers Dr. Cooper. Sie haben nur hinsichtlich der beiden Extremfälle der Wirtschaftswissenschaft recht. Aber ihre Theorie sieht weder Frieden noch Krieg vor; weder besondere Länder, noch besondere Völker; sie übersehen ganz die Spaltung der menschlichen Gattung in Nationen. Dieser Theorie folgend tadelt nun Mr. Say[20] die Regierung seines Landes [Frankreich], weil sie fran-

Letter 2

Reading, July 12, 1827

Dear Sir —

As soon as the three component parts of political economy are revealed, the science is brought to light, and the errors of the old theory are clear.

The object of individual economy is merely to obtain the necessities and comforts of life. The object of the economy of mankind, or, to express it more properly, of *cosmopolitical economy*, is to secure to the whole human race the greatest quantity of the necessities and comforts of life. An individual living in Pennsylvania, considered solely as a part of mankind, has no particular interest that wealth and productive powers[19] should be increased rather in Vermont or Maine, than in England. If this individual happens to be the agent of a foreign manufactory, he may even be injured in his livelihood by the growing industry of his next neighbours. Nor is mankind interested which spot of the earth, or which people excels in industry; it is benefitted by every increase of industry, and restrictions are as obnoxious to mankind at large, as restrictions of the free intercourse between the twenty-four United States would be injurious to the wealth and productive powers of this nation. The idea of *power* is neither applicable to an individual, nor to the whole human race. If the whole globe were to be united by a general law, it would not be of any consequence to a particular people, as regards its freedom and its independence, whether it is strong or weak in population, power and wealth; as it is now of no consequence for the State of Delaware, as regards her freedom and independence, that her wealth, population, and territory are ten times surpassed by her next neighbour, the State of Pennsylvania.

This, sir, is the theory of Adam Smith and of his disciple, Dr. Cooper. Regarding only the two extremities of the science, they are right. But their theory provides neither for peace nor for war; neither for particular countries nor for particular people; they do not at all recognise the fracture of the human race into nations. In this sense Mr. Say[20] censures the government of his country for having employed French ships in carrying

zösische Schiffe eingesetzt habe, um französische Militärgüter von Rußland nach Frankreich zu bringen, obgleich dies die Holländer um 15 Franc pro Tonne hätten billiger besorgen können.

Der Vorteil, so sagt er weiter, der sich aus diesen Schiffsfrachten für die französische Flotte ergab, betrifft nicht die *Ökonomie*, sondern die *Politik*![21] Und da Schüler im allgemeinen die Gewohnheit haben, ihre Meister in der Schärfe der Behauptungen zu übertreffen, haben einige unserer [amerikanischen] Kongreßmitglieder[22] ganz ernstlich versichert, daß es besser wäre, Schießpulver aus England zu importieren, wenn es dort billiger gekauft als hier hergestellt werden könnte. Es wundert mich, daß sie nicht den Vorschlag machten, unsere Kriegsschiffe zu verbrennen, da es eine bessere Ökonomie wäre, in Kriegszeiten Schiffe und Matrosen in England zu mieten. In demselben Sinne läßt unser amerikanischer Vorkämpfer der alten Theorie, Mr. Cooper, in seinem Vortrag über politische Ökonomie den bemerkenswerten Satz fallen: „Politik ist, das muß man festhalten, nicht wesentlich ein Teil der politischen Ökonomie." (Siehe Seite 15[23].) Was würde Dr. Cooper, der Chemiker[24], denken, wenn ich mich erkühnte zu behaupten: ‚die Chemie ist, das muß man festhalten, nicht wesentlich ein Teil der chemischen Technik'?

In der Tat liegen diese Anhänger der schottischen Theorie so verkehrt, daß sie uns selbst ungeachtet des Namens, den sie ihrer Wissenschaft zu geben beliebten, glauben machen wollen, in der politischen Ökonomie gäbe es keine Politik. Wenn ihre Wissenschaft zu Recht *politische Ökonomie* heißt, dann muß sich darin genau so viel *Politik* wie *Ökonomie* finden, und wenn es keine *Politik* darin gibt, dann hat die Wissenschaft nicht den richtigen Namen; dann ist sie nichts anderes als *Ökonomie*. In Wahrheit ist der Name richtig und drückt gerade das aus, was diese Herren zu bearbeiten meinen, aber das, was sie bearbeiten, stimmt nicht mit dem Namen überein. Sie behandeln nicht die *politische* Ökonomie, sondern die *kosmopolitische* Ökonomie.

Um die Wissenschaft [der politischen Ökonomie] zu vervollständigen, müssen wir die Grundsätze der nationalen Ökonomie hinzufügen. Der Begriff „nationale Ökonomie" entsteht mit dem Begriffe der Nationen. Eine Nation ist das Bindeglied zwischen Individuen und Menschheit. Sie ist eine separate Gesellschaft von Individuen, die — im Besitze einer gemeinsamen Regierung, gemeinsamer Gesetze, Rechte, Institutionen und Interessen, einer gemeinsamen Geschichte und gemeinsamen Ruhms, gemeinsamer Verteidigung und Sicherung ihrer Rechte, ihrer Reichtümer und ihrer Leben — eine freie und unabhängige Körperschaft bilden. Diese Körperschaft folgt in bezug auf andere unabhängige Körperschaften nur den Vorschriften ihres eigenen Interesses, und sie besitzt Macht, um die Interessen der Individuen,

French military stores from Russia to France, whilst the Hollanders would have done it fifteen francs per ton cheaper.

The benefit arising from these shipments for our navy, he adds, regards not *economy*, it regards *politics*![21] And as disciples are commonly in the habit of surpassing their masters in hardy assertions, some of our members of Congress[22] asserted quite seriously that it would be better to import gunpowder from England, if it could be bought cheaper there than manufactured here. I wonder why they did not propose to burn our men of war, because it would be better economy to hire, in time of war, ships and sailors in England. In the same sense our Anglo-American champion of the old theory, Mr. Cooper, drops, in his lecture on political economy, the notable sentence: "Politics, it must be remembered, are not essentially a part of political economy" (See page 15[23]). What would Dr. Cooper, the chemist[24] think if I should venture to say "that chemistry, it must be remembered, is not essentially a part of chemical technology".

Indeed, so wrong are these adherents of the Scot's theory, that in spite of the very name they chose to give their science, they will make us believe that there is nothing of politics in political economy. If their science is properly called *political economy*, there must be just as much *politics* in it as *economy*, and if there is no *politics* in it, the science has not got the proper name; it is then nothing else but *economy*. The truth is that the name is right, expressing the very thing these gentlemen mean to treat; but the thing they treat is not consonant to the name. They do not treat *political* economy, but *cosmopolitical* economy.

To complete the science we must add the principles of national economy. The idea of national economy arises with the idea of nations. A nation is the medium between individuals and mankind, a separate society of individuals, who, possessing common government, common laws, rights, institutions, interests, common history, and glory, common defence and security of their rights, riches and lives, constitute one body, free and independent, following only the dictates of its interest, as regards other independent bodies, and possessing power to regulate the interests of the individuals,

die diese Körperschaft bilden, zu regeln und so die größte gemeinsame Wohlfahrt im Innern und das größte Maß an Sicherheit im Hinblick auf andere Nationen zu schaffen.

Das Ziel der Wirtschaft dieser Körperschaft ist nicht nur Wohlstand, wie in der Individual- und kosmopolitischen Ökonomie, sondern Macht und Wohlstand, denn nationaler Wohlstand wird durch nationale Macht vermehrt und gesichert, und umgekehrt. Ihre leitenden Grundsätze sind daher nicht nur ökonomische, sondern auch politische. Die einzelnen Individuen mögen sehr reich sein, doch wenn die Nation nicht die Macht besitzt, sie zu schützen, dann können die Nation und die Individuen an einem Tage den Wohlstand verlieren, den sie im Laufe von Jahrhunderten angesammelt haben, und ebenso ihre Rechte, ihre Freiheit und ihre Unabhängigkeit.

In rein ökonomischer Hinsicht mag es für einen Pennsylvanier ganz gleichgültig sein, ob der Fabrikant, der ihm im Tausch für seinen Weizen Tuch liefert, in Altengland oder in Neuengland lebt, aber in Zeiten des Krieges und der Verkehrsbeschränkung kann er weder Weizen nach England senden noch Tuch von dort importieren, wohingegen der Warenaustausch mit Neuengland ungestört bliebe. Wenn der Fabrikant in Altengland durch diesen Tausch reich wird, vermehrt der Einwohner Pennsylvaniens die Macht seines Feindes in Kriegszeiten. Verdient jedoch der Fabrikant in Neuengland am Austausch mit ihm, so erhöht sich damit die Verteidigungskraft seiner eigenen Nation in Kriegszeiten. Zu Friedenszeiten mag der Bauer von Pennsylvanien gut daran tun, englische Gewehre und englisches Schießpulver zu kaufen, um Wild zu schießen; aber die Engländer werden ihn in Kriegszeiten nicht mit Waffen versorgen, die auch gegen sie selbst gerichtet werden könnten.

Wie die Macht den Wohlstand sichert und der Wohlstand die Macht erhöht, so ist auch für Macht und Wohlstand gleichermaßen ein harmonischer, ausgewogener Zustand[25] von Ackerbau, Handel und Industrie innerhalb der Grenzen des Landes von Nutzen. Fehlt diese Harmonie, so ist eine Nation niemals mächtig und wohlhabend. Ein bloßer Ackerbaustaat ist sowohl, was seinen Markt, als auch, was seine Importe angeht, auf fremde Gesetze, auf fremdes Wohlwollen angewiesen und Feindseligkeiten von außen ausgeliefert. Manufakturen fördern die Künste, die Wissenschaften und die Fertigkeiten, welche die Quellen von Macht und Wohlstand sind. Ein reines Ackerbauvolk bleibt stets arm (sagt Say selbst[26]), und da ein armes Volk nicht viel zu verkaufen hat und über noch weniger verfügt, womit es kaufen kann, wird es niemals einen blühenden Handel besitzen, weil der Handel im Kaufen und Verkaufen besteht.

Niemand kann diese Wahrheiten leugnen. In Frage gestellt wird jedoch, mein Herr, ob die Regierung ein Recht hat, den wirtschaftlichen Aktivitäten

constituting that body, in order to create the greatest quantity of common welfare in the interior and the greatest quantity of security as regards other nations.

The object of the economy of this body is not only wealth as in individual and cosmopolitical economy, but power and wealth, because national wealth is increased and secured by national power, as national power is increased and secured by national wealth. Its leading principles are therefore not only economical, but political too. The individuals may be very wealthy; but if the nation possesses no power to protect them, it and they may lose in one day the wealth they gathered during ages, and their rights, freedom, and independence too.

In a mere economical view, it may be quite indifferent to a Pennsylvanian whether the manufacturer who gives him cloth in exchange for his wheat lives in Old England or in New England; but in time of war and of restriction, he can neither send wheat to England nor import cloth from there, whilst the exchange with New England would for ever be undisturbed. If the manufacturer grows wealthy by this exchange, the inhabitant of Old England increases the power of his enemy in time of war, whilst the manufacturer of New England increases the defence of his nation. In time of peace, the farmer of Pennsylvania may do well in buying English guns and gunpowder to shoot game; but in time of war the Englishmen will not furnish him with the means to be shot.

As power secures wealth, and wealth increases power, so are power and wealth, in equal parts, benefited by a harmonious state[25] of agriculture, commerce and manufactures within the limits of the country. In the absence of this harmony, a nation is never powerful and wealthy. A merely agricultural state is dependent for its market as well as for its supply on foreign laws, on foreign goodwill or enmity. Manufactures, moreover, are the nurses of arts, sciences and skill, the sources of power and wealth. A merely agricultural people remain always poor (says Say himself[26]); and a poor people having not much to sell, and less with which to buy, can never possess a flourishing commerce, because commerce consists in buying and selling.

Nobody can deny these truths. But it is questioned, sir, whether government has a right to restrict individual industry in order to bring to harmony

des Individuums Beschränkungen aufzuerlegen, um so die drei Bestandteile der nationalen Wirtschaftsaktivität (Ackerbau, Handel und Industrie) in Harmonie zu bringen; und zweitens wird bezweifelt, ob es in der Macht der Regierung liegt, diese Harmonie durch Gesetze und Beschränkungen zu schaffen.

Die Regierung, mein Herr, hat nicht nur das Recht, sondern die Pflicht, alles zu fördern, was den Wohlstand und die Macht der Nation vermehrt, sofern dieser Zweck nicht durch die Bemühungen einzelner erreicht werden kann. So ist es ihre Pflicht, den Handel durch eine Flotte zu schützen, weil die Kaufleute sich nicht selbst schützen können. Es ist auch ihre Pflicht, die Speditionsgeschäfte durch Schiffahrtsgesetze zu schützen, weil die Speditionsunternehmen der Seemacht förderlich sind, während die Seemacht umgekehrt wiederum die Speditionsunternehmen schützt; ebenso müssen die Schiffahrt und der Handel durch Hafendämme, der Ackerbau und jeder andere Wirtschaftszweig durch Straßen, Brücken, Kanäle und Eisenbahnen gefördert werden. Neue Erfindungen muß man durch Patentgesetze schützen, und wenn ausländisches Kapital und Fachwissen die einheimische Unternehmertätigkeit abwürgt, muß der Aufbau von Manufakturen durch Schutzzölle ermöglicht werden.

Was die Zweckmäßigkeit von Schutzmaßnahmen anbelangt, so hängt es ganz und gar von dem Zustand einer Nation ab, ob dieselben sich als wirksam erweisen oder nicht. Nationen sind ihren Zuständen nach ebenso verschieden wie Individuen. Da gibt es Riesen und Zwerge, Jünglinge und Greise, Krüppel und wohlgebaute Personen; einige sind abergläubisch, stumpf, träge, ungebildet und barbarisch; andere sind aufgeklärt, rege, unternehmerisch und zivilisiert; einige sind versklavt oder halb versklavt, andere sind frei und selbstbestimmt; einige herrschen über andere Nationen, einige sind unabhängig, und einige leben mehr oder weniger in einem Zustande der Abhängigkeit. Wie weise Männer allgemeine Regeln auf diese verschiedenartigen Körperschaften anwenden können, kann ich nicht verstehen. Meines Erachtens ist ein derartiges Vorgehen nicht weiser als das eines Arztes, der einem Kind und einem Riesen, den Alten und Jungen in allen Fällen stets dieselbe Diät und dieselbe Medizin verordnet.

Schutzzölle in Spanien würden die spanische Nation auch noch der unbedeutenden Industrie berauben, die sie noch behalten hat. Wie könnte sie auch derartige Maßnahmen absichern, da sie über keine Flotte verfügt? Ein stumpfes, träges und abergläubisches Volk kann aus solchen Maßnahmen niemals Vorteil ziehen, und kein Ausländer von gesundem Verstande würde sein Kapital und sein Leben einer brutalen, absolutistischen Macht anvertrauen. Eine solche Regierung kann nichts besseres tun, als Dr. Coopers Werk übersetzen zu lassen, um das Volk zu überzeugen, daß „laissez faire et

the three component parts of national industry and, secondly, it is questioned whether government does well or has it in its power to produce this harmony by laws and restrictions.

Government, sir, has not only the right, but it is its duty, to promote every thing which may increase the wealth and power of the nation, if this object cannot be effected by individuals. So it is its duty to guard commerce by a navy, because the merchants cannot protect themselves; so it is its duty to protect the carrying trade by navigation laws, because carrying trade supports naval power, as naval power protects carrying trade; so the shipping interest and commerce must be supported by breakwaters — agriculture and every other industry by turnpikes, bridges, canals and railroads — new inventions by patent laws — so manufactures must be raised by protecting duties, if foreign capital and skill prevent individuals from undertaking them.

In regard to the expediency of protecting measures, I observe that it depends entirely on the condition of a nation whether they are efficacious or not. Nations are as different in their conditions, as individuals are. There are giants and dwarfs, youths and old men, cripples and well made persons; some are superstitious, dull, indolent, uninstructed, barbarous; others are enlightened, active, enterprising, and civilized; some are slaves, others are half-slaves, others free and self-governed; some are pre-dominant over other nations, some independent, and some live more or less in a state of dependency. How wise men can apply general rules to these different bodies, I cannot conceive. I consider so doing no wiser than for physicians to prescribe alike to a child and a giant, to the old and young in all cases the same diet and the same medicine.

Protecting duties in Spain would deprive the Spanish nation of the trifling industry she yet retains. — Haying no navy, how could she support such measures? A dull, indolent and superstitious people can never derive any advantage from them, and no foreigner of a sound mind, would submit his capital and his life to a brutal absolute power. Such a government can do nothing better than translate Dr. Cooper's work in order to convince the people, that "laissez faire and laissez passer" is the wisest policy on earth.

laissez passer" die weiseste Politik auf Erden sei. Mexiko und die südlichen Republiken würden ebenso töricht handeln, wenn sie in ihrem gegenwärtigen Zustande das Manufaktursystem annehmen würden; ein freier Austausch ihrer Rohstoffe und ihrer wertvollen Metalle gegen ausländische Manufakturen ist die beste Politik, um der Industrie und dem Verstande jenes Volkes aufzuhelfen und Wohlstand zu schaffen.

Sicherlich würde jedermann lachen, wenn jemand den Schweizern raten würde, Schiffahrtsgesetze zu verabschieden, den Türken, Patentgesetze zu erlassen, den Hansestädten, eine Flotte zu schaffen und den Hottentotten oder Indern, Eisenbahnen zu bauen. Selbst die Vereinigten Staaten haben — nachdem sie sich gerade erst aus einer Kolonie in eine unabhängige Nation verwandelt hatten — gut daran getan, eine Zeitlang in ökonomischer Abhängigkeit zu verharren. Aber wenn man die Kraft eines Mannes erworben hat, wäre es lächerlich, gleich einem Kinde zu handeln, so wie die Heilige Schrift sagt: „Als ich ein Kind war, da handelte ich wie ein Kind, aber als ich ein Mann wurde, da handelte ich als Mann."[+]

Der Zustand dieser Nation [der Vereinigten Staaten] kann nicht mit dem Zustand irgendeiner anderen Nation verglichen werden. Eine solche Art der Regierung und der Gesellschaftsstruktur hat man noch nie zuvor gesehen; auch nicht eine so allgemeine und gleichmäßige Verteilung des Eigentums, der Bildung, der Industrie, der Macht und des Wohlstands; noch eine ähnliche Fülle an Gaben der Natur, die diesem Volke natürliche Reichtümer und die Vorteile des Nordens, des Südens und des gemäßigten Klimas, all die Vorteile weit ausgedehnter Seeküsten und eines ungeheuren, unbesiedelten Kontinents und all die Lebhaftigkeit und Kraft der Jugend und Freiheit verleiht. Es gibt kein Volk, noch gab es jemals ein Volk, das seine Zahl alle 25 Jahre verdoppelte, das die Zahl seiner Staaten in 50 Jahren verdoppelte, das in solchem Grade durch seine Industrie, seine Fertigkeiten und seine Macht sich auszeichnete, das in wenigen Jahren eine Flotte schuf und in kurzer Zeit öffentliche Verbesserungen zustande brachte, die allein eine Nation in früheren Zeiten für immer ausgezeichnet hätten.

Da der Zustand dieser Nation ohne Beispiel ist, so wird der Effekt der Anstrengungen, die Manufakturen zum Florieren zu bringen, beispiellos sein; während kleinere Staaten sich der englischen Überlegenheit zur See beugen müssen, können die Amerikaner ihr Haupt erheben und ihr frank ins Gesicht sehen. Wenn arme, ungebildete, stumpfe und bedrückte Völker sich durch ihre eigenen Anstrengungen nicht erheben können, dieses freie,

---

[+] Vgl. 1. Brief des Paulus an die Korinther 13,11: „Als ich ein Kind war, da redete ich wie ein Kind und dachte wie ein Kind und war klug wie ein Kind; als ich aber ein Mann war, tat ich ab, was kindlich war."

Mexico and the southern republics would act with equal folly by embracing in their present situation the manufacturing system; a free exchange of their raw materials and of their precious metals for foreign manufactures is the best policy to raise the industry, and the minds of those people, and to grow wealthy.

Surely everybody would laugh, if an author should advise the Switzers to make navigation laws, the Turks to make patent laws, the Hanse towns to create a navy and the Hottentots or Indians to make railroads. Even these United States, after having just converted themselves from a colony to an independent nation, did well to remain for a while in economical vassalage. But after having acquired the strength of a man, it would be absurd to act as a child, as the scripture says: when I was a child, I acted as a child, but when I became a man I acted as a man."+

The condition of this nation cannot be compared with the condition of any other nation. The same kind of government and the same structure of society were never seen before; nor such general and equal distribution of property, of instruction, of industry, of power and wealth; nor similar accomplishments in the gifts of nature, bestowing upon this people natural riches and advantages of the north, of the south, and of the temperate climate, all advantages of vast seashores and of an immense unsettled continent, and all the activity and vigour, of youth and of freedom. There is no people, nor was there ever a people, doubling their number every twenty-five years, doubling the number of their states in fifty years, excelling in such a degree of industry, skill, and power, creating a navy in a few years, and completing, in a short time, public improvements, which, in former times, would alone have distinguished a nation for ever.

As the condition of this nation is unexampled, the effects of her efforts to raise manufactures will be without example; while minor states must submit to the English naval ascendency, the Americans can raise their heads and look it full in the face. — If poor, uninstructed, indolent, and depressed people cannot rise by their own efforts, this free, enterprising, instructed,

---

+ Compare to St. James' Bible, St. Paul's first letter to the Corintheans 13,11: "When I was a child, I spake as a child, I understood as a child, I thought as a child: but when I became a man, I put away childish things."

kühne, gebildete, fleißige und reiche Volk vermag es. Wenn andere Völker ihrem Ehrgeiz Zügel anlegen müssen, um in erträglicher Abhängigkeit und ökonomischer Knechtschaft zu leben, würde diese Nation dem Rufe der Natur nicht gerecht, wenn sie nicht vollkommene Unabhängigkeit[27] anstrebte, wenn sie nicht auf einen beispiellosen Grad der Macht Anspruch erhöbe, um ihre beispiellose Freiheit und Glückseligkeit zu bewahren. Aber ein hoher Grad von Macht und Wohlstand, eine volle Unabhängigkeit kann nie erworben werden, wenn nicht die Industrie mit der Landwirtschaft und dem Handel in harmonischem, ausgewogenen Verhältnis steht. Die Regierung würde daher nicht nur gut daran tun, diese Industrie zu fördern, sondern sogar Unrecht, wenn sie es nicht täte.

Die amerikanische Nationalökonomie und die englische Nationalökonomie sind, dem unterschiedlichen Zustand der Nationen entsprechend, gänzlich voneinander verschieden. Das Ziel der englischen Nationalökonomie ist, für die gesamte Welt zu fabrizieren, die ganze Fabrikation zu monopolisieren — selbst auf Kosten des Lebens der [englischen] Bürger —, um die Welt und insbesondere die eigenen Kolonien durch politische Kontrollmaßnahmen sowie durch die Überlegenheit des englischen Kapitals, der englischen Fachkräfte und der englischen Flotte in einem Zustande der Kindheit und Knechtschaft zu halten.[28] Das Ziel der amerikanischen Ökonomie ist, die drei Zweige der Wirtschaft in ein harmonisches Verhältnis zu bringen, da ohne dieses keine nationale Wirtschaft zur Vollkommenheit gelangen kann. Ihr Ziel ist es, die eigenen Bedürfnisse mit Hilfe eigener Rohstoffe und eigener Industrie zu decken, ein unbesiedeltes Land zu bevölkern, ausländische Einwanderer, ausländisches Kapital und ausländische Fertigkeiten anzuziehen sowie ihre Macht und Verteidigungsmittel zu vermehren, um die Unabhängigkeit und das zukünftige Wachsen der Nation zu sichern. Es ist letztendlich ihr Ziel, frei, unabhängig und mächtig zu sein, und jeden anderen Freiheit, Macht und Wohlstand genießen zu lassen, wie es ihm gefällt.

Die englische Nationalökonomie sucht zu *beherrschen*; die amerikanische Nationalökonomie ist nur bestrebt, *unabhängig* zu werden. Da es keine Ähnlichkeit zwischen beiden Systemen gibt, gibt es auch keine Ähnlichkeit bei den Konsequenzen, die aus diesen Systemen entstehen. In diesem Land [den Vereinigten Staaten] wird es so wenig eine Überproduktion von Wollwaren geben, wie es jetzt eine Überproduktion an Zierwaren gibt; die Fabriken werden keine Laster hervorbringen, denn jeder Arbeiter kann genug verdienen, um seine Familie auf ehrlichem Wege zu ernähren; niemand wird leiden oder verhungern wegen Mangels an Arbeit, weil der Arbeiter, der nicht genug verdienen kann, um seine Familie zu unterhalten, das Land be-

industrious and wealthy people may. If other people must restrict their ambition to live in a tolerable dependence and economical vassalage, this nation would do injustice to the call of nature, if it should not look up to full independence[27], if it should not aspire to an unexampled degree of power to preserve its unexampled degree of freedom and of happiness. But a high degree of power and wealth, a full independence, is never to be acquired, if the manufacturing industry is not brought into harmony with agricultural and commercial industry. Government would therefore not only do well in supporting this industry, but wrong in not doing it.

American national economy, according to the different conditions of the nations, is quite different from English national economy. English national economy has for its object to manufacture for the whole world, to monopolize all manufacturing power, even at the expense of the lives of the citizens, to keep the world and especially her colonies in a state of infancy and vassalage by political management as well as by the superiority of her capital, her skill and her navy[28]. American economy has for its object to bring into harmony the three branches of industry, without which no national industry can attain perfection. It has for its object to supply its own wants, by its own materials and its own industry — to people an unsettled country — to attract foreign population, foreign capital and skill — to increase its power and its means of defence, in order to secure the independence and the future growth of the nation. It has for its object lastly to be free and independent and powerful, and to let everyone else enjoy freedom, power and wealth as he pleases.

English national economy is *predominant*; American national economy aspires only to become *independent*. As there is no similarity in the two systems, there is no similarity in the consequences of it. The country will not be overstocked with woollen goods any more than it is now overstocked with cabinet ware; the manufactories will not produce vice, because every labourer can earn enough to support his family honestly; nobody will suffer or starve from want of labour, because if the labourer cannot earn enough

bauen kann, denn es gibt noch Land genug, daß Hunderte von Millionen freie Bauern werden könnten.

Nachdem ich den fundamentalen Irrtum von Smith und Say aufgeklärt habe, der darin besteht, daß sie *kosmopolitische* Ökonomie mit *politischer* Ökonomie verwechseln, werde ich in meinem nächsten Briefe versuchen zu zeigen, infolge welcher Irrtümer diese gefeierten Autoren dazu kamen zu behaupten, der Wohlstand und die Industrie einer Nation könnten durch Beschränkungen nicht vermehrt werden.

Hochachtungsvoll, Ihr sehr ergebener, gehorsamer Diener
Fr. List

to support his family, otherwise he can cultivate the earth — there is yet room enough for hundreds of millions to become independent farmers.

After having explained the fundamental error of Smith and Say in confounding *cosmopolitical* economy with *political* economy, I shall attempt to demonstrate in my next letter by what errors both of these celebrated authors have been induced to assert, that a nation's wealth and industry cannot be increased by restriction.

Very respectfully, your most humble and obedient servant,
Fr. List

3. Brief

Reading, den 15. Juli 1827

Geehrter Herr!

Das System des Adam Smith hat derart großes Ansehen gewonnen, daß diejenigen, welche demselben zu widersprechen oder auch nur seine Unfehlbarkeit anzuzweifeln wagen, Gefahr laufen, Dummköpfe genannt zu werden. Mr. Say pflegt in seinem ganzen Werke jede Einwendung gegen seine erhabene Theorie als Meinung des Pöbels, vulgäre Ansichten etc. zu bezeichnen. Mr. Cooper seinerseits fand es wahrscheinlich nicht ganz angemessen, in diesem Lande ebensoviel wie der Pariser [Mr. Say] von Pöbel, gemeinem Volk etc.[29] zu sprechen und verwendet lieber die Bezeichnung „Unverstand". Er beklagt es sehr, daß die beiden Pitts[30] ebenso wie Mr. Fox[31] solche Holzköpfe waren, daß sie nicht einmal die Grundprinzipien der erhabenen Theorie[32] begriffen hatten.

Diese unfehlbaren Theoretiker versichern uns ebenso ernsthaft wie bescheiden, daß intelligente Köpfe[33] wie Eduard III., Elisabeth, Colbert, Turgot, Friedrich II., Joseph II., Pitt, Fox, Napoleon Bonaparte, Washington, Jefferson und Hamilton, die zu den klügsten Menschen ihrer Zeit gehörten, nicht klug genug waren, um die wahren Grundsätze der politischen Ökonomie zu erfassen. Obwohl sich daher ein Gegner Says unter den Unwissenden in erträglich guter Gesellschaft befindet, erachte ich es doch für nötig zu erwähnen, daß ich viele Jahre lang nicht nur ein getreuer Schüler von Smith und Say war, sondern auch ein sehr eifriger Verkünder der unfehlbaren Lehre; daß ich nicht nur die Werke der Meister, sondern auch jene ihrer fähigsten Schüler in England, Deutschland und Frankreich, und zwar mit Emsigkeit und Ausdauer, studierte, und daß ich mich nicht bekehren ließ, bis ich das reife Mannesalter erreicht hatte. Dann sah ich in meinem Heimatlande die bewundernswerten Auswirkungen des sogenannten Kontinentalsystems und die zerstörerischen Wirkungen derjenigen Art von Handel, welcher nach dem Sturze Napoleons wieder Einzug hielt.

Obwohl die deutsche Industrie nur zum Teil durch das Kontinentalsystem begünstigt war — da sie nur gegen die englische Konkurrenz Schutz genoß, der französischen Konkurrenz aber ausgesetzt blieb und ihr dabei noch die Grenzen Frankreichs verschlossen waren —, machte sie in jener Zeit bewundernswerte Fortschritte. Fortschritte gab es [in Deutschland] jedoch nicht nur in den verschiedenen Zweigen der Manufakturproduktion, sondern auch in allen Zweigen der Landwirtschaft, die in Blüte stand, trotzdem

Letter 3

Reading, July 15, 1827

Dear Sir —

The system of Adam Smith has assumed so great an authority, that those who venture to oppose it, or even to question its infallibility, expose themselves to be called idiots. Mr. Say, throughout his whole work, is in the habit of calling all objections to his sublime theory the opinion of the rabble, vulgar views, etc., etc. Mr. Cooper, on his part, probably finding it not quite proper to speak in this country as much as the Parisian about rabble, populace, etc.[29], uses the term ignorance. He regrets very much that both the Pitts[30], as well as Mr. Fox[31], were such blockheads as not to conceive even the fundamental principles of the sublime theory[32].

These infallible theorists assure us as gravely as modestly, that minds like those[33] of Edward III, Elizabeth, Colbert, Turgot, Frederick II, Joseph II, Pitt, Fox, Napoleon Bonaparte, Washington, Jefferson, Hamilton, a chart of the minds of the most enlightened men of all ages, were not enlightened enough to comprehend the true principles of political economy. Though, therefore, an opponent of Mr. Say finds himself in tolerable good company amongst the ignorant, yet I consider it necessary to state that, during many years I was not only a very faithful disciple of Smith and Say, but a very zealous teacher of the infallible doctrine; that I not only studied the works of the masters, but also those of their ablest disciples in England, Germany, and France, with some assiduity and perseverance, and that I did not become a convert till arrived at the age of maturity. I saw then in my native country the admirable effects of what is called the continental system and the destroying effects of the return of what they call trade after the downfall of Napoleon.

German industry, though fostered but partially by the continental system, because enjoying only protection against English competition and remaining exposed to French competition, whilst the borders of France were closed to it, made admirable progress during that time, not only in the different branches of manufacturing industry, but in all branches of agri-

sie unter den despotischen Maßnahmen der Franzosen und all den Nachteilen des Krieges zu leiden hatte. Die Nachfrage nach Erzeugnissen aller Art war groß, hohe Preise wurden erzielt, und die Löhne, die Grundrente, die Kapitalzinsen, die Preise von Grund und Boden und Eigentum aller Art kletterten dementsprechend in die Höhe.

Aber nach dem Zusammenbruch des Kontinentalsystems und nachdem man in den Genuß gekommen war, englische Güter um vieles billiger erwerben zu können, als die eigene Nation dieselben erzeugen konnte, lagen die Manufakturen darnieder. Die Ackerbauern und adligen Landeigentümer waren zunächst sehr erfreut, so billig kaufen zu können — insbesondere die Schafzüchter, die ihre Wolle zu sehr hohen Preisen nach England verkauften. Die Grundsätze von Smith und Say wurden sehr gelobt. Aber nachdem die Engländer sich den deutschen Markt für ihre Fabrikwaren gesichert hatten, zögerten sie nicht, ihre Gutsbesitzer durch Korn- und Wollgesetze[34] zu schützen; der Woll- und Getreidepreis, und infolgedessen auch die Grundrente, die Löhne und die Eigentumspreise sanken in Deutschland mehr und mehr, und dies hatte die schlimmsten Folgewirkungen.

Heute sind in Deutschland Ackerbauprodukte drei bis viermal billiger als unter dem Kontinentalsystem, und das Grundeigentum hat überhaupt kaum einen Preis. Der Schafzüchter und der Ackerbauer ist genauso wie der Fabrikant ruiniert und unter den gegenwärtigen Umständen nicht in der Lage, auch nur ein Drittel jener Menge von Gütern von England billig zu erwerben, die er früher von den teureren heimischen Fabrikanten bezogen hatte.

Die Betrachtung dieser Auswirkungen veranlaßte mich zunächst, an der Unfehlbarkeit der alten Theorie zu zweifeln. Da ich nicht scharfsichtig genug war, um auf einen Blick die Irrtümer eines Systems zu erkennen, das so geistvoll konstruiert und von vielen schätzenswerten Wahrheiten gestützt wurde, beurteilte ich den Baum nach seinen Früchten. Ich begriff, daß ebenso wie eine Theorie in der Medizin — mag sie noch so geistvoll erfunden und mit den glänzendsten Wahrheitssätzen untermauert sein — von Grund aus irrig sein muß, wenn sie das Leben ihrer Anhänger zerstört, so muß auch ein System der politischen Ökonomie falsch sein, wenn es genau das Gegenteil dessen bewirkt, was es verspricht und was jeder mit gesundem Menschenverstand von demselben erwarten muß. Nachdem ich zu dieser Überzeugung gelangt war, begann ich offen gegen die Anhänger dieses Systems aufzutreten, und diese Opposition fand soviel öffentliche Unterstützung, daß nach wenigen Wochen mit vielen Tausenden[35] der hervorragendsten Fabrikanten, Kaufleute etc. aus dem Gebiet des gesamten alten deutschen Reiches eine Gesellschaft gegründet werden konnte, die es sich zum Ziel setzte, ein System deutscher nationaler Ökonomie zu errichten.

Ich wurde zu ihrem Konsulenten gewählt und besuchte in Begleitung von

culture, which, though labouring under all the disadvantages of the wars and of French despotic measures, were flourishing. All kinds of produce were in demand and bore high prices, and wages, rents, interest of capital, prices of land and of every description of property were consequently enhanced.

But after the downfall of the continental system, after having acquired the enjoyment of English goods a great deal cheaper than the nation could manufacture them, the manufactures languished. The agriculturists and noble land proprietors were at first much pleased to purchase at so low a price, particularly the wool growers, who sold their wool to England at very high prices. The principles of Smith and Say were highly talked of. But the English, after having acquired the German market for their manufactures, did not hesitate to foster their landed interests too by corn and woollen bills[34]; the price of wool and grain, and in consequence of rents, wages and property in Germany sunk more and more, and the most ruinous effects followed.

At the present day agricultural produce is three and four times cheaper there, than under the continental system, and property has scarcely any price at all. The wool grower and agriculturist, as well as the manufacturer, are ruined, and under present circumstances they are not able to procure a third part of the quantity of cheap English goods, that they enjoyed formerly of the higher priced domestic manufactures.

The contemplation of these effects induced me first to doubt of the infallibility of the old theory. My eyes being not sharp enough to discover at a glance the errors of a system so ingeniously built up and supported by so many valuable truths, I judged the tree by its fruit. I conceived that, as a theory in medicine, however ingeniously invented, and however supported by brilliant truths, must he fundamentally erroneous, if it destroys the life of its followers, so a system of political economy must be wrong if it effects just the contrary of that which every man of common sense must be supposed to expect from it. In consequence of this conviction I came out openly against the followers of this theory, and so popular was this opposition that in a few weeks a society of many thousands[35] of first rate manufacturers, merchants etc., dispersed throughout the whole ancient German Empire, was founded for the purpose of establishing a system of German national economy. Elected their counsellor I visited, accompanied by deputies of the

Delegierten dieser Gesellschaft die verschiedenen Höfe Deutschlands[36] (und den in Wien im Jahre 1820 abgehaltenen Kongreß deutscher Minister), um die verschiedenen Regierungen von der Notwendigkeit eines solchen Systems zu überzeugen. Jedermann war schließlich in seinem Innern von dieser Notwendigkeit überzeugt — Ackerbauern, Schafzüchter, Landbesitzer ebenso wie Fabrikanten.

Nirgends ließ sich eine Opposition vernehmen, ausgenommen in den Hansestädten[37] und der Stadt Leipzig, und selbst da beteiligte sich außer den Agenten englischer Firmen und den Bankiers, deren augenblickliche Interessen auf dem Spiele standen, niemand an dieser Opposition. Die Feinde des Gemeinwohls wurden von einigen wenigen gelehrten Schülern Smiths und Says angeführt und unterstützt. Entweder fühlten sie sich durch den Widerspruch gegen eine Theorie, deren Entwicklung und Erläuterung ihr Ansehen als Gelehrte ausmachte, in ihrem Stolz verletzt, oder sie sahen sich aufgrund ihrer persönlichen Interessen und ihrer Stellung dazu veranlaßt, weiter das alte Steckenpferd des Freihandels zu reiten und dessen wohltätige Wirkungen in allen Tonarten zu preisen, während gleichzeitig dem freien Wirtschaftsverkehr auf jede mögliche Weise vom Ausland her Beschränkungen auferlegt wurden.

Die fähigsten Köpfe im Land hingegen akzeptierten die von unserer Gesellschaft vertretenen Grundsätze, und viele von ihnen (insbesondere Graf Soden[38], der berühmteste deutsche Autor auf dem Gebiete der politischen Ökonomie) steuerten wertvolles Material zu einer Wochenzeitschrift[39] bei, die ich damals herausgab, um die Öffentlichkeit auf ein nationales System vorzubereiten. Alle deutschen Regierungen zweiten und dritten Ranges (ausgenommen Hannover und die Hansestädte) waren schließlich von der Notwendigkeit desselben überzeugt, und ein den Interessen der Nation angepaßter Präliminarvertrag wurde im Jahre 1820 in Wien abgeschlossen. Wenn dieser Vertrag selbst jetzt noch nicht praktisch realisiert worden ist, so ist dies nur den Schwierigkeiten zuzuschreiben, mit denen die Durchführung eines Vertrages verbunden ist, der verschiedene voneinander abhängige Staaten betrifft, die den Nachteil haben, nicht im Besitz einer allgemeinen gesetzgebenden Körperschaft für ihre gemeinsamen Interessen zu sein.

Aber wenn das Gerücht wahr ist, so werden diese Schwierigkeiten bald überwunden sein durch den derzeitigen König von Bayern[40] — ein Regent, der sich ebenso durch seine aufgeklärten Ansichten und seine Charakterstärke, als auch durch seine edle Gesinnung bezüglich der Wohlfahrt der ganzen deutschen Nation auszeichnet.

Da es mehrere Jahre[41] hindurch zu meinen tagtäglichen Pflichten gehörte, gegen die Schüler von Smith und Say anzukämpfen, gelang es schließlich im Zuge dieser hartnäckigen Anstrengungen, alle Teile der alten Theorie auf-

society, the different courts of Germany[36] (and the Congress of German Ministers held at Vienna in 1820) in order to convince the several governments of the necessity of such a system. All people, in the interior, were convinced at last of this necessity, agriculturists, wool growers, proprietors of estates, as well as manufacturers.

No opposition was heard anywhere, except in the Hansetowns[37] and in the city of Leipzig, and even there none but the agents of English firms and the bankers, whose momentary interests were at stake, took part in this opposition. These adversaries of the common welfare were headed and supported by a few learned disciples of Smith and Say, who — either offended in their literary pride by the opposition against a theory, the development and illustration of which formed their literary renown, or bound by personal interests and by their situation, still rode on the old hobby horse of free trade and harped upon its beneficial effects whilst free intercourse was checked in every possible way by foreign restrictions.

The most enlightened theorists of the interior on the contrary gave way to the principles of the society, and many of them (particularly Count Soden[38], the most celebrated German author in political economy) contributed much valuable matter for a weekly journal[39] I edited at that time in order to prepare the public mind for a national system. All the German governments, of the second and third rank (except Hannover and the Hansetowns) were at last convinced of its necessity, and a preliminary treaty, adapted to the interests of the nation, was concluded in 1820, at Vienna. If this treaty is not carried into effect even now, it is only to be ascribed to the difficulties of executing such a treaty amongst different states, each independent of the other, and not enjoying the advantage of a general legislature for their common interests.

But if rumour speaks truth, the present king of Bavaria [40], a ruler who excels as much by his enlightened views and strength of character as by his liberal sentiments towards the welfare of the whole German nation, will soon overcome those difficulties. — Being in duty bound during several years[41] to contend every day against the disciples of Smith and Say, all parts of the old theory were at last revealed by these exertions and that

zudecken, und die Umstände bewirkten, was bescheidene Talente nie zustande gebracht haben würden.

Ich belästige Sie, mein Herr, mit dieser langen Erklärung, um zu rechtfertigen, daß ich mit so bescheidenen Mitteln eine so große Aufgabe auf mich genommen habe, wie es die Widerlegung der Schriften der gefeiertesten Männer der politischen Ökonomie ist. Ich ging in derselben Weise vor wie die Patrioten der Vereinigten Staaten, darunter auch der französische Graf Chaptal, in dem auch Say einen starken Gegner fand. Chaptal[42], ein Chemiker und Staatsmann, hat sowohl durch seine Forschungen in der Chemie als auch durch seine politische Tätigkeit mehr für die Förderung der Industrie Frankreichs getan als je ein Mann in irgendeinem anderen Lande. Lesen Sie, ich bitte Sie, das 15. Kapitel (1. Band) seines berühmten Werkes *De l'industrie française* (1819),[43] und Sie werden hier eine äußerst praktische und sachliche Widerlegung von Says Theorie finden, obwohl Chaptal ihm nicht direkt zu widersprechen scheint.

Ich hoffe, daß die Autorität von Männern wie Chaptal mich selbst bei denjenigen[44], welche den Namen mehr Glauben zu schenken pflegen als den Argumenten, etwas dafür entschuldigen wird, diese Aufgabe unternommen zu haben, und vielleicht bei anderen dazu führen wird, eine unparteiische Untersuchung der Argumente vorzunehmen.

Für diejenigen, welche die jüngste erstaunliche Meinungsänderung des englischen Ministeriums dem System von Smith und Say zuschreiben und damit dessen alles erobernde, unwiderstehliche Macht beweisen wollen, führe ich hier nur das Resultat meiner Überlegungen an und behalte mir vor, in einem anderen Briefe dieses interessante Thema und die englische Nationalökonomie im allgemeinen zu behandeln. Das Resultat ist: Daß die Herren Canning und Huskisson[45] sich als Anhänger der Theorie der Herren Say und Smith ausgeben, ist eines der außerordentlichsten und erstklassigsten politischen Manöver, das je der Leichtgläubigkeit der Welt vorgeführt wurde. Kosmopolitische Prinzipien im Munde führend möchten diese Herren gern alle anderen Mächte davon überzeugen, ihre politische Macht aufzugeben, um so Englands politischer Macht und Produktivkraft die Vorherrschaft zu sichern.

Mr. Canning ging mit Mr. Says Abhandlung in den Händen nach Paris,[46] und er zeigte Mr. de Villèle[47] die Kapitel, wonach es für die Menschheit äußerst vorteilhaft wäre, wenn er, Mr. Villèle, das gesamte französische Manufakturinteresse seiner, Mr. Cannings, Gnade anheimstellen würde im Tausch gegen den Vorteil, Wein und Spirituosen in das britische Reich exportieren zu dürfen. Nun, mein Herr, was wären die Folgen gewesen, oder was werden die Folgen sein, wenn der französische Minister höflich genug ist, sich ein zweites Mal von Mr. Canning hereinlegen zu lassen?

perseverance, and circumstances effected what humble talents never would have performed.

I trouble you, sir, by this long apology in order to excuse myself for having undertaken with such humble means so great a task as the refutation of the literary productions of the most celebrated men in political economy. I travelled in the same way in which the patriots of the United States did, and in which even Say found a powerful opponent in his countryman, the Count Chaptal[42], a chemist and statesman, who by his researches in chemistry as well as by his political exertions did more for the promotion of the industry of France, than ever one man did in any other country. Read, I request you, the 15th chap. (1st vol.) of his celebrated work *De l'industrie française* (1819),[43] and you will find there a most practical and material refutation of Say's theory though he appears not to oppose him directly.

I hope the authority of men like Chaptal will, even in the minds of those[44] who are in the habit of giving more credit to names than to arguments, be some excuse to me for having undertaken this task, and perhaps some inducement to others to enter into an impartial investigation of these arguments.

For those who are in the habit of alleging the late wonderful conversion of the English Ministry to the system of Smith and Say, in order to prove its all-conquering and irresistible power, I only state here the results of my reflections, reserving to myself to treat in another letter upon that interesting subject and upon the English national economy generally. These results are: That the seeming adherence of Messrs. Canning and Huskisson[45] to Messrs. Say and Smith's theory, is one of the most extraordinary of first-rate political manoeuvres that have ever been played upon the credulity of the world. These gentlemen, with cosmopolitical principles on their lips, design to persuade all other powers to cede their political power in order to render English productive and political power omnipotent. Mr. Canning went to Paris[46] with Mr. Say's treatise in his hands, showing to M. de Villèle[47] the chapters according to which it would be most beneficial to mankind if he, Mr. Villèle, would place the whole French manufacturing interest at his, Mr. Canning's, mercy, for the benefit of importing wines and spirits into the British Empire. Now, sir, what would have been the consequences, or what will be the consequences, if the French minister were complaisant enough to become a second time the dupe of Mr. Canning?

Frankreichs Manufakturen, seine Produktivkraft und industriellen Fertigkeiten würden zweifellos in wenigen Jahren vernichtet sein. Es ist wahr, die Franzosen würden ein gut Teil mehr an Wein und Spirituosen verkaufen und daher auch produzieren als früher. Aber, mein Herr, wird es nicht später in der Macht des Herrn Canning oder irgendeines anderen nachfolgenden Premierministers von England liegen, ihren Weinmarkt in einer Stunde zu vernichten? Und wenn er einmal zerstört ist — entweder durch gesetzliche Beschränkungen oder durch einen offenen Krieg — könnten dann die Franzosen ihre Manufakturfabrikation in derselben Stunde wieder aufnehmen, in welcher die Engländer ihnen ihren Weinmarkt zerstören? Nein, mein Herr, es würde ein paar Menschenalter kosten und Hunderte von Millionen, um das wieder aufzubauen! Würde nicht infolgedessen Frankreich sich von dem Tage des Abschlusses dieses Vertrages an ebenso abhängig von England fühlen wie sich Portugal seit dem Tage des berühmten Vertrages von Mr. Methuen[48] im Jahre 1703 fühlt, mit dessen Abschluß es seine Stellung als unabhängiger Staat in die eines Weingartens und einer Provinz Englands verwandelte?*

Es ist sogar sehr wahrscheinlich, daß Mr. Villèle nach einer kurzen Zeit aus dem *Courier* of London[49] erfahren würde, Mr. Canning habe in einer Rede vor dem Parlament[50] damit geprahlt, ihn in einer so wesentlichen Frage hinters Licht geführt zu haben, wie es schon im letzten Jahr bei der Besetzung Spaniens durch französische Truppen der Fall war. Diese beiden Fälle sind in der Tat erstaunlich ähnlich. Als damals französische Truppen im Begriff waren, nach Spanien einzumarschieren, wies Mr. Canning auf das Völkerrecht hin und erklärte, daß es den Gesetzen desselben widerspreche, wenn England sich in diese Sache hineinmische; aber später versicherte er in einem Anfall von Selbstlob freimütig und öffentlich im englischen Parlament, daß er der französischen Regierung einen Streich gespielt habe, indem er sie in Spanien festnagelte und mit der Besetzung dieses Landes betraute. Denn er schwächte und lähmte auf diese Weise ihre Macht und verschaffte durch diese List sich selbst die Möglichkeit, die Republiken Südamerikas ins Leben zu rufen und den englischen Fabriken einen ungeheuren Markt zu eröffnen.

Gut gemacht, Mr. Canning; aber nachdem Sie die wahren Beweggründe ihrer Hochachtung vor dem Völkerrechte enthüllt haben, wird da nicht je-

---

* Anm. Lists: Siehe Adam Smith, 4. Buch, 6. Kap., wo der gefeierte Schriftsteller durch Abtrennung nationalpolitischer von nationalökonomischen Erwägungen die Folgen dieses Vertrages derart fehlinterpretierte, daß er ihn als sehr unvorteilhaft für England und sehr vorteilhaft für Portugal betrachtete, obgleich Portugal dadurch seine Unabhängigkeit, seine Manufakturkraft, seinen Handel und alles, was einer Nation teuer sein sollte, an England verlor.

The French manufactories, and with them the French manufacturing skill and power, would undoubtedly be destroyed in a few years. It is true, the French would sell, and therefore produce and manufacture a great deal more of wines and spirits than they did before. But, sir, will it not afterwards lie in the power of Mr. Canning, or of any other succeeding Premier of England, to destroy this wine market in one hour? And if destroyed, either by a restrictive law or by an open war, can the French then take up their manufacturing power in the same hour in which the English are destroying their wine-market? No, sir; it would take ages and hundreds of millions to build it up again. Would, in consequence of this, France, from the day of the agreement of the treaty, not feel herself as dependent upon England, as Portugal feels since the day of the celebrated treaty of Mr. Methuen[48], in 1703, with the agreement of which she converted her condition as an independent state into the condition of being the vineyard and province of England?

It is even very likely Mr. Villèle would learn after a short time from the *Courier* of London[49], that Mr. Canning had made a speech in Parliament[50], containing a boast that Mr. Villèle had been duped by him in so vital a question, as was the case last year respecting his political course in regard to the occupation of Spain by French troops. These two cases are, indeed, admirably parallel. When Spain was about to be invaded by French troops, Mr. Canning, adverting to the law of nations said, it was against those laws for England to interfere in the affair, but last year, in a fit of self-praise, asserted freely in open Parliament, that he had played a trick upon the French Government, by engaging it in Spain, charging it with the occupation of that country, and by weakening and paralyzing thereby its power, by that trick enabling himself to call the Republics of South America into existence, and to open an immense market to the English manufactories.

Well done, Mr. Canning, but after having revealed the true motives of your respect for the law of nations, will not every man of common sense,

---

* List's note: See Adam Smith's 4th book 6th chap. where this celebrated writer so misconceived the consequences of this treaty, in separating national-political from national-economical views, that he considered it very disadvantageous to England and very advantageous to Portugal, which lost by it independence, manufacturing power, commerce, and every thing that a nation ought to estimate dear — to England.

der, der im Besitze von gesundem Menschenverstande ist — und ich hoffe auch Mr. Villèle — die wahren Beweggründe Ihrer Hochachtung für die Grundsätze der kosmopolitischen Ökonomie erraten? Es ist wahrlich nicht sehr schlau, sich öffentlich zu rühmen, denjenigen hinters Licht geführt zu haben, welchen man noch häufiger hinters Licht führen will, da der einzige Nutzen, den der Betroffene daraus ziehen kann, der ist, davon zu lernen, sich kein zweites Mal zum Besten halten zu lassen; und ich möchte denken, daß dies von seiten Mr. Villèles ein bei weitem besserer Entschluß wäre, als Mr. Canning aufzufordern, seine Rede von damals zu ändern und sie anders zu formulieren, als er es tatsächlich tat.

Ich hoffe über dieses Thema genug gesagt zu haben, um jeden amerikanischen Bürger davon zurückzuhalten, sich von Präsident Cooper[51] für die wundersame Bekehrung der Herren Canning und Huskisson begeistern zu lassen. In der Tat gibt es nichts, was dem Ruhme Says und seines Systems mehr schaden könnte, als dieses System mit der Gerissenheit eines Mr. Canning in der Praxis anzuwenden. Ich bin sicher, in der Geschichte seines Landes würde Say nicht als Wohltäter aufgeführt werden — zumal ich davon überzeugt bin, daß der Freihandel mit England unter den gegenwärtigen Verhältnissen der Unabhängigkeit Frankreichs mehr schadete als die beiden Invasionen der heiligen Allianz[52] zusammengenommen.

Bevor ich wieder auf das eigentliche Thema eingehe, werde ich einige weitere Bemerkungen machen, um zu zeigen, wie es möglich war, daß diese Theorie [von Smith und Say] bei den Gelehrten aller Nationen einen solchen Grad an Autorität erlangen konnte. Smith brachte viele wertvolle Wahrheiten, die zuvor nicht erkannt worden waren, ans Licht, und sein Werk enthält viele schöne Stellen über einzelne Dinge, die mit überlegenem Talent, mit Scharfsinn und Erfahrung geschrieben sind. Diese Vorzüge verschafften seinem System um so mehr Anerkennung, als es der einzige Ersatz für das System anderer Wirtschaftsfachleute war, welches allgemein als schwach und fehlerhaft erachtet wurde. Die gelehrte Welt wünschte ein System der politischen Ökonomie, und das von Smith war das beste, welches verfügbar war. Diktiert vom Geiste des Kosmopolitismus wurde es vom Zeitalter des Kosmopolitismus, in dem es entstand, aufgegriffen. Freiheit auf der ganzen Erde, ewiger Friede, natürliche Rechte, Vereinigung der ganzen Menschheitsfamilie etc. waren die Lieblingsthemen der Philosophen und Philanthropen. Die Forderung nach der Freiheit des Handels auf der ganzen Erde stand in vollem Einklang mit jenen Lehren. Daher der Erfolg der Smithschen Theorie. Überdies bot sie den schwächeren Nationen einen willkommenen Trost. Da sie nicht genug Kraft hatten, ein nationales System der Ökonomie aufrechtzuerhalten, appellierten sie an das geliebte System des Freihandels, in der gleichen Weise, wie sie an Grotius, Vattel, Pufendorf und

and, I hope, Mr. Villèle too, divine the true motives of your respect for the principles of cosmopolitical economy? It is not very cunning, indeed, to boast publicly of having duped those whom we wish to dupe again, as the only true profit a man can derive from having been duped is to learn not to be duped a second time; and I would consider this, on the part of Mr. Villèle, by far a better plan than to request Mr. Canning to alter his speech, and to make it different from what it was in its delivery.

I hope to have said enough on the subject to prevent every American citizen from participating in the enthusiasm of President Cooper[51], when alluding to the wonderful conversion of Messrs. Canning and Huskisson. Indeed there is no event, which could do more essential injury to the glory of Mr. Say and of his system, than the carrying of this same system into practice by the cunning of Mr. Canning. I am sure the history of his country would not transmit his name as a public benefactor, convinced as I am that free trade with England in the present state of things would do more injury to the independence of France than the two invasions of the Holy Alliance[52].

Before I enter again into the matter itself, I must make some further observations to show how it was possible that this theory could assume such a degree of authority over the learned men of all nations. Mr. Say brought many a valuable truth to light, never before acknowledged, and his work contains many beauties on detached matters, which are written with superior talents, sagacity and experience. These merits were the more creditable to his system as it was the only substitute for the system of the economists, the failure and weakness of which was acknowledged by mankind. The literary world wanted a system of political economy, and Mr. Smith's was the best extant. Dictated by a spirit of cosmopolitism, it was laid hold of by the age of cosmopolitism in which it made its appearance. Freedom throughout the whole globe, eternal peace, rights of nature, union of the whole human family, etc., were the favourite subjects of the philosophers and philanthropists. Freedom of trade throughout the whole globe was in full harmony with those doctrines. Hence the success of Smith's theory. It moreover afforded a fine consolation to the weaker nations. Not having power enough to support a national system, they made an appeal to the beloved system of free trade in the same manner as they

Martens[53] appellierten, wenn sie nicht genug Kraft hatten, um sich mit dem Argument des Bajonetts zu verteidigen.

Schließlich war es auch eine sehr leichte Aufgabe, in die Geheimnisse dieser Theorie einzudringen; sie konnten in einigen wenigen Sätzen dargestellt werden: „Weg mit den Beschränkungen in der Industrie — macht sie frei — überlaßt sie sich selbst!" Mit diesen Prinzipien bedurfte es weder außerordentlicher Talente noch großer Anstrengungen noch einer langen Praxis, um die Rolle eines überaus weisen Staatsmannes spielen zu können. Man hatte nichts anderes zu tun, als die Dinge sich selbst zu überlassen, alles laufen zu lassen, wie es wollte, um zu den weisesten und gelehrtesten Männern auf Erden zu gehören. Das ist in der Tat eine leichte Aufgabe. An solch einem System passiver Regelung konnten die großen Männer Englands jedoch keinen Geschmack finden, wie Mr. Fox im Parlament eingestand; jene Männer waren nicht gewillt, den Dingen ihren Lauf und alles sich selbst zu überlassen, sie wollten durch ihre politischen Maßnahmen den Reichtum und die Macht ihres Landes vergrößern, damit es im Wettbewerb mit den anderen Nationen überlegen und unerreichbar werde.

Und wenn in unseren Tagen die großen Männer Englands so tun, als hingen sie dem System von Adam Smith an (nur in Parlamentsreden[54], nicht in der Tat), so tun sie nichts anderes, als Napoleon getan haben würde, wenn er auf der Höhe seines Ruhmes und seiner Macht den Nationen der Erde vorgeschlagen hätte, ihre Armeen zu entlassen und ihre Flotten abzurüsten, um zusammen in Frieden zu leben als Brüder und Schwestern, die kein Interesse daran haben könnten, einander zu töten und zu morden und dem allgemeinen Wohle zu schaden, indem sie hohe Kosten für Kriegsmittel aufwenden.

Aber die Welt hat seit der Zeit des Adam Smith[55] in bezug auf Erfahrung und Klugheit erhebliche Fortschritte gemacht. Zwischen ihm und uns liegen die amerikanische und französische Revolution[56], die englische Vorherrschaft auf den Meeren und die französische Vorherrschaft auf dem Kontinent, die Wiederherstellung der alten Regierung in Frankreich, die Heilige Allianz und die Emanzipation der südamerikanischen Republiken[57].

Ein neues Volk mit einer neuen Regierungsform und neuen Ideen von allgemeiner Wohlfahrt und Freiheit ist entstanden. Dieses Volk hat durch allgemeine und freie Diskussion jeder politischen Angelegenheit gelernt, das Wahre vom Falschen, visionäre Systeme von klaren Vorstellungen, kosmopolitische Grundsätze von politischen und Worte von Taten zu unterscheiden. Dieses Volk kann nicht der Selbstsucht bezichtigt werden, wenn es bestrebt ist, durch eigene Anstrengungen zum höchsten Grad der Macht und des Reichtums zu gelangen, ohne dabei andere Nationen zu schädigen, aber ebenso ohne die Last auf sich zu nehmen, die Wohlfahrt der gesamten

appealed to Grotius and Vattel, to Pufendorff and Martens[53], if they had not strength to defend themselves by the argument of the bayonet.

It was, lastly, a very easy task to enter into its mysteries; they could be delineated in some few phrases: "remove the restrictions from industry — make it free — let it alone". After these precepts were given, it required neither great talents, nor great exertions, nor much practice, to act the part of a very wise statesman. You had nothing else to do but to let every thing go as it pleased — to let every thing alone — for being numbered amongst the most wise and most learned men upon earth. That is an easy task indeed. For such a system of passive regulations the great men of England could have no taste, as Mr. Fox confessed in Parliament; being unwilling to let things go as they would, and to let every thing alone: those men intended to raise their country in wealth and power by their political measures, beyond all reach of competition by other nations.

And if in our days the great men of England affect to embrace the system of Adam Smith (by parliamentary speeches[54] only, not by facts) they do nothing else than Napoleon would have done, if he, in the midst of his glory and of his power, should have proposed to the nations of the earth the disbanding of their armies and the dismantling of their fleets, in order to live in general peace together as brothers and friends, who could have no interest in slaying and murdering each other, and in injuring the general welfare, by keeping up, at a heavy expense, the means of war.

But the world has advanced wonderfully in experience and intelligence since the time of Adam Smith[55]. Between him and us lie the American and French revolutions[56] — the English omnipotence on the sea, and the French omnipotence on the European continent, the restoration of the old government in France, the Holy Alliance and the emancipation of the South American republics[57].

A new people with a new form of government and new ideas of general welfare and freedom has arisen. — This people has learned by a general and free discussion of every political matter, to distinguish the true from the false, visionary systems from clear perceptions, cosmopolitical from political principles, sayings from doings. This people cannot be accused of selfishness if it intends to rise by its own exertions to the highest degree of power and wealth without injuring other nations, but likewise without

Menschheit voranzutreiben. Denn würde es eine andere Politik verfolgen, ginge seine Stellung unter den mächtigen Nationen der Erde und das ganze System seiner Gesellschaft verloren.

Napoleon hätte sicherlich gern die Mühe auf sich genommen, die ganze Erde zu einigen und der menschlichen Gattung die Segnungen eines allgemeinen freien Handelsverkehrs zu verschaffen; aber es scheint, die Engländer konnten an den Aussichten auf eine derartige allgemeine Glückseligkeit keinen Geschmack finden. Ebenso würden die Amerikaner, wie ich annehme, niemals ihre nationale Unabhängigkeit und Macht gegen ein allgemeines, auf englischer Macht[58] begründetes Völkerrecht eintauschen wollen — diese Aussicht gefiele ihnen bestimmt nicht.

Es scheint daher, daß kosmopolitische Ideen, wie jene des Freihandels, noch nicht reif sind, um in die Praxis eingeführt zu werden. Zuerst muß sich entscheiden, welches Gesellschaftssystem sich auf Erden behaupten wird: das Gesellschaftssystem Napoleons, das Englands oder das der Vereinigten Staaten. Es können noch mehrere Jahrhunderte vergehen, ehe diese Entscheidung getroffen ist, und diejenigen, die ernstlich so handeln, als ob sie schon in der Realität getroffen worden wäre, mögen sehr ehrenhafte, sehr hochherzige Menschen sein, aber sie sind kurzsichtige Politiker. Sie wünschen der Sache der Menschheit zu dienen, ruinieren aber ihr Land. Die Geschichte wird sie dafür tadeln, daß sie nationalökonomische von nationalpolitischen Ansichten getrennt haben, genauso wie sie Portugal dafür tadelt, daß es seine Unabhängigkeit um den Vorteil des Weinvertriebs verschachert hat, und Esau[59] verlacht, weil er sein Erstgeburtsrecht für ein Linsengericht verkaufte, anstatt mit eigener Kraft für seinen Lebensunterhalt zu sorgen.

Nach dieser langen Abschweifung werde ich mich in meinem nächsten Brief wieder dem eigentlichen Thema zuwenden.

Ich verbleibe mit Hochachtung Ihr gehorsamer Diener
Fr. List

taking upon themselves the charge of promoting the welfare of mankind, because if it should not pursue that policy its standing amongst the powerful nations of the earth and its whole system of society would be lost.

Napoleon would have been very willing to charge himself with the trouble of uniting the whole surface of the earth, and to procure to the human race the blessings of a general free intercourse, but the English, it seems, did not like the prospects of such a general happiness. So the Americans, I suppose, would never like to exchange their national independence and power for a general law of nations founded upon English power[58] — they would not like the prospect.

It seems therefore — cosmopolitical institutions like those of free trade, are not yet ripe for being introduced into practice. First, it must be decided whether the social system of Napoleon, or that of England, or that of the United States will prevail on earth. Several centuries may yet elapse before this decision is effected, and those who act seriously as if it were really effected may be very honest, very high-minded men, but they are short sighted politicians. Desiring to serve the cause of humanity they ruin their country. History will censure them for having separated national economical views from national political views, as it censures Portugal for having sold her independence and power for the benefit of selling wine, as it laughs at Esau[59] for having sold his primogenitive birthright for a mess of pottage rather than to rely on his own power for procuring the means of existence.

After this long digression I shall re-enter into the matter itself in my next letter.

I am most respectfully, your obedient servant,
Fr. List

4. Brief

Reading, den 18. Juli 1827

Geehrter Herr!

Ich komme wieder zum eigentlichen Thema zurück und möchte zunächst die Hauptstützpfeiler des Systems von Smith und Say angreifen, wobei ich die Aufgabe, weniger wesentliche Punkte zu attackieren, denjenigen überlasse, die sich nicht in der Lage fühlen, das gesamte Gebäude umzustürzen.

Genauso wie diese Theoretiker [Smith und Say] kosmopolitische mit politischen Grundsätzen verwechselten, mißverstanden sie auch völlig Ziel und Inhalt der politischen Ökonomie. Dieses Ziel ist nicht *materieller Gewinn, indem man Produkte gegen Produkte eintauscht*, wie dies in der individuellen Ökonomie, der kosmopolitischen Ökonomie und insbesondere im Kaufmannsgewerbe der Fall ist, sondern das Ziel ist, durch den Austausch mit anderen Nationen an *Produktivkraft und politischer Macht* zu gewinnen oder das Sinken der Produktivkraft und der politischen Macht zu verhindern, indem man diesen Austausch beschränkt. Sie befassen sich daher insbesondere mit den Wirkungen des *Austausches von Produkten* und nicht mit der *Produktivkraft*. Und da sie nicht die Produktivkraft und die Ursachen für ihre Zu- und Abnahme innerhalb einer Nation zum Hauptgegenstand ihrer Untersuchung machten, würdigten sie weder den tatsächlichen Effekt der verschiedenen Bestandteile der Produktivkraft noch den tatsächlichen Effekt des Austausches und Konsums von Produkten. Sie benannten den vorhandenen Vorrat von Produkten, den der menschliche Fleiß geschaffen hat, mit dem allgemeinen Namen *Kapital*, und sie schrieben den verschiedenen Bestandteilen dieses Vorrates nicht nur eine *gemeinsame und gleiche*, sondern eine *allmächtige* Wirkung zu.

Die Produktivität eines Volkes ist nach ihrer[*] Meinung auf die Kapitalmenge oder auf den Vorrat an Produkten beschränkt; sie bedachten nicht, daß die Produktivität dieses Kapitals von den intellektuellen und sozialen Verhältnissen einer Nation sowie den von der Natur zur Verfügung gestellten Mitteln abhängig ist. Wie wir zeigen werden, ist es, wenn die Ökonomie für den vorhandenen Vorrat von Produkten den allgemeinen Ausdruck Kapital verwendet, in gleicher Weise nötig, für den vorhandenen Vorrat an natürlichen Ressourcen und für den gegenwärtigen Stand der sozialen und intellektuellen Verhältnisse einen allgemeinen Ausdruck zu schaffen: Mit

---

[*] Anm. Lists: Smith, 4. Buch, 2. Kap.; Say, 1. Buch, 17. Kap.

Letter 4

Reading, July 18, 1827

Dear Sir —

In re-entering into the matter itself, I am disposed to assail at first the main pillars of the system of Messrs. Smith and Say, leaving the task of attacking less essential points to those who feel indisposed to overthrow the whole building.

As these theorists confounded cosmopolitical principles with political principles, so they entirely misapprehended the object of political economy. This object is not *to gain matter, in exchanging matter for matter*, as it is in individual and cosmopolitical economy, and particularly in the trade of a merchant. But it is to gain productive and *political power* by means of exchange with other nations; or to prevent the depression of productive and political power, by restricting that exchange. They treat, therefore, principally of the effects of *the exchange of matter*, instead of *treating of productive power*. And as they made not the productive power, and the causes of its rise and fall in a nation, the principal object of their inquiry, they neither appreciated the true effect of the different component parts of productive power, nor the true effect of the exchange of matter, nor of the consumption of it. They called the existing stock of matter, produced by human industry, by the general name of *capital*, and ascribed to the different component parts of this stock not only a *common and equal*, but an *omnipotent* effect.

The industry of a people is, according to them[*], restricted to the amount of capital, or stock of produced matter; they did not consider that the productiveness of this capital depends upon the means afforded by nature, and upon the intellectual and social conditions of a nation. It will be shown hereafter that if the science requires for the existing stock of produced matter the general term of capital, it is equally necessary to create for the existing stock of natural means, as well as for the existing state of social and intellectual conditions, a general term: in other words, there are, a *capital*

---

[*] List's note: Smith, b. iv. ch. 2; Say, b. i. ch. 17.

anderen Worten, es gibt ein *natürliches Kapital,* ein *geistiges Kapital* und ein *Produktenkapital,* und die produktiven Kräfte einer Nation hängen nicht allein von dem letzteren ab, sondern auch und hauptsächlich von den beiden ersteren.

Ich kann nicht erwarten, daß irgend jemand aufgrund dieser kurzen Darstellung imstande sein wird, die Grundsätze des neuen Systems oder die Verfehltheit der alten Theorie zu erfassen. Dazu wäre eine wissenschaftliche Erörterung notwendig. Aber da diese Briefe hauptsächlich dazu bestimmt sind, eine praktische Frage zu erläutern, möchte ich zunächst versuchen, die Richtigkeit meiner Gedanken am Beispiel des Woll- und Baumwollhandels zwischen den Vereinigten Staaten und Großbritannien aufzuzeigen.

Nehmen Sie an, mein Herr, die Vereinigten Staaten verkaufen Rohbaumwolle etc. im Werte von zwölf Millionen an Großbritannien und bekommen im Tausch dafür Woll- und Baumwollwaren im Wert von zwölf Millionen. Say[60] sagt, dieser Handel sei für beide Nationen vorteilhaft; es sei besser, Baumwolle anzubauen und sie für englisches Tuch zu tauschen, wenn die Bedingungen, Baumwolle zu pflanzen, günstiger sind, als Tuch und Baumwollwaren zu fabrizieren und fertige Waren billiger gekauft als zu Hause hergestellt werden können. Er sieht den Gewinn nur in Produkt gegen Produkt, wie ein Kaufmann; er urteilt nach den Grundsätzen der Individualökonomie. Aber als Bürger der Vereinigten Staaten oder als Nationalökonom sollte er folgendermaßen urteilen: Eine Nation ist in dem Maße unabhängig und mächtig, wie ihre Industrie mächtig und ihre Produktivkräfte entwickelt sind. Ein derartiger Austausch macht uns, die mächtigste und fleißigste Nation der Erde, von England abhängig, sowohl was unseren Absatzmarkt betrifft, als auch was unsere Versorgung angeht; und indem man Baumwoll- und Wollwaren von England kauft, geht ungeheuer viel Produktivkraft verloren.

Wenn unsere Kaufleute ein paar Millionen gewinnen und unsere Baumwollzüchter in den Genuß kommen, sich in feine Woll- und Baumwollprodukte zu kleiden, so wollen wir einmal sehen, was im Vergleich dazu die Nation allgemein verliert, wenn ihre Kraft industriell zu produzieren unterdrückt wird. Es ist eine Tatsache, daß in Großbritannien eine Bevölkerung von 17 Millionen infolge der Entwicklung ihrer Produktivkräfte imstande ist, für 55 Millionen Pfund oder 235 Millionen Dollar Woll- und Baumwollfabrikate zum eigenen Gebrauch zu erwerben und zu verkaufen.*

Die Bevölkerung dieser Vereinigten Staaten wird in 30 Jahren mindestens auf 30 Millionen angestiegen sein, und wenn wir in dieser Zeit unsere Produktivkräfte so entwickeln, daß sie jenen Englands im Verhältnis zur Bevöl-

---

*Anm. Lists: Colquhouns „Wohlstand des britischen Empire", S. 91

of nature — a capital of mind and a capital of productive matter — and the productive powers of a nation depend not only upon the latter, but also, and principally, upon the two former.

I cannot expect that any man will be able to comprehend, by this short exposition, the principles of the new system, or the failure of the old theory. They require a scientific development. But as these letters are principally destined to elucidate a practical question, I will attempt first to show the correctness of my ideas in applying them to the subject of the woollen and cotton trade between the United States and Great Britain.

Suppose, sir, the United States sell raw cotton, etc. to the amount of twelve millions, to Great Britain, and take in exchange for it twelve millions of woollen and cotton goods. Mr. Say[60] says this commerce is profitable to both nations; it is better to raise cotton and to exchange it for English cloth if there is a better opportunity to plant cotton than to manufacture cloth and cotton goods, and if we can purchase manufactured goods cheaper than we can make them at home. He only contemplates the gain in matter for matter, as a merchant does; he judges after the principles of individual economy. But as a citizen of the United States, or as a political economist, he ought to reason thus: A nation is independent and powerful in the degree as its industry is independent and its productive powers are developed. This exchange makes us dependent, in our market as well as in our supply, upon England, the most powerful and industrious nation on earth; and in purchasing cotton and woollen goods from England, an immense productive power is lost.

If our merchants gain some millions of money, and our cotton planters the advantage of clothing themselves in fine woollen and cotton goods, let us see what the nation in general loses by being depressed in its manufacturing power. It is a fact that a population of seventeen millions in Great Britain, by the completion of its productive powers, is enabled to consume and to sell for fifty-five millions of pounds, or two hundred and thirty-five millions of dollars, of woollen and cotton manufactures.*

The population of these United States will amount after thirty years to at least thirty millions, and if we complete our productive powers in that time so as to make them equal to those of England, in proportion to the popula

---

* List's note: Colquhoun's "Wealth of the British Empire", p. 91

kerung gerechnet gleich sind, so wird der Wert der Woll- und Baumwollfabrikate sich auf die ungeheure Summe von 415 Millionen jährlich belaufen, und dies wird ganz und gar das Ergebnis unserer eigenen Arbeit sein, da wir genug Land und Weiden besitzen, um soviel Baumwolle und Wolle zu erzeugen, wie wir brauchen. Aber nehmen wir an, wir bringen nicht mehr als den vierten Teil der englischen Manufakturkraft auf — das entspricht 100 Millionen Dollar; in welchem Verhältnisse steht diese Kraft, jedes Jahr eine unendliche Zeit hindurch eine solch ungeheure Masse von Produkten zu schaffen, zu diesen kümmerlichen zwölf Millionen aus dem Austausch von Produkten, wenn wir es nur nach der Menge des Geldwertes vergleichen? Bedenke man des weiteren, welch einen Zuwachs an Bevölkerung und Kapital, an Geist als auch an Produkten, und infolgedessen, welch ein Zuwachs an nationaler Kraft durch diese Entwicklung unserer Produktivkraft hervorgebracht werden muß, und man wird ohne Zweifel verstehen, daß das System von Smith und Say, allein wenn wir nur den Produktenaustausch in Betracht ziehen, von Grund auf falsch sein muß.

Say sagt, diese Entwicklung der Produktivkräfte könne nur aufgrund der Vermehrung unseres Kapitals durch den Freihandel bewirkt werden; durch politische Maßnahmen könne man das Kapital nicht vermehren, sondern es nur in eine andere Richtung lenken als die, welche die Tätigkeit der Produzenten ohne dergleichen Hilfsmaßnahmen nähme. Denn wenn es einträglicher wäre, feines Tuch und Baumwollwaren statt Weizen und Rohbaumwolle zu erzeugen, so würden die Individuen es vorziehen, ersteres herzustellen und die Produktivkräfte auch so, ohne politische Hilfsmaßnahmen, entwickeln.

Dieser Schluß, der in der Individual- und kosmopolitischen Ökonomie zum Teil zutrifft, ist in der politischen Ökonomie völlig falsch.

I. *Zunächst einmal* haben Bevölkerung, Kapital und Produktionstechniken ohne die Hilfe und das Eingreifen nationaler Interessen und politischer Macht ihrer Natur nach die Tendenz, sich über den ganzen Erdball auszubreiten; sie strömen von den Ländern, wo sie im Überfluß vorhanden sind, in jene, wo es an ihnen mangelt. Hunderte von Millionen Dollar, die für den Aufbau und die Unterhaltung der Seemacht, der Armeen und der Festungen Englands aufgewendet wurden, wären sonst anderswohin geflossen, um dort die Produktion auszuweiten; das englische Kapital wäre mit einem Zinssatz daheim von zwei oder drei Prozent (aufgrund des Kapitalüberschusses) sicher nicht zufrieden gewesen; englische Fachleute hätten ihre Ausbildung und Erfahrung in der Manufakturproduktionstechnik lieber anderswo eingesetzt, um damit die ausländische Industrie zu vergrößern, als sie daheim verkommen zu lassen.

Es ist daher auf die englische politische Macht und ein gesondertes na-

tion, the value of woollen and cotton manufactures will amount to the enormous sum of four hundred and fifteen millions a year, which will be produced totally by our own labour, possessing land and pasture enough to raise cotton and wool as much as we want. But suppose you realize not more than the fourth part of the English manufacturing power— i. e. one hundred millions — in what a proportion stands this power of creating every year, and for an infinite time, such an immense mass of productions, with those beggarly twelve millions exchange of matter, if only compared in the amount of money? Take further into consideration what an increase of population and of capital, of mind as well as of matter, and in consequence what an increase of national strength, must be effected by this completion of one productive power, and you cannot fail to perceive that Messrs. Smith and Say's system, in only taking the exchange of matter for matter into consideration, must be fundamentally wrong.

Mr. Say says, this completion of productive powers can only be effected by free trade in increasing your capital; by political measures you cannot increase the capital, you only can give it another direction than industry would give to it unaided, because if it would be more profitable to manufacture broad cloth and cotton goods than to raise wheat and raw cotton, the individuals would prefer the former kind of industry, and complete the productive powers without your aid.

This reasoning, partly correct in individual and cosmopolitical economy, is quite incorrect in political economy.

I. *In the first place*, population, capital, and productive skill, have by their nature, the tendency to extend themselves over the whole globe, without the aid and interposition of political power and national interests; to overflow from those countries where they are in superabundance to those where they are scarce. Hundreds of millions applied to raise and maintain an English naval power, armies, and fortresses, would have gone to increase industry elsewhere; English capital would not be contented at home by an interest of two or three per cent. on account of its superabundance; English skill and experience in the manufacturing arts, would rather have gone elsewhere to increase foreign industry than remained to perish at home. English capital of mind and matter is, therefore, formed by English political

tionales Interesse Englands zurückzuführen, daß englisches Kapital an Geist und Produkten zu einer Masse geballt wurde, welche dieser Insel eine Überlegenheit über alle anderen Länder der Erde verschaffte, wobei die natürliche Tendenz dieses Kapitals in die Unterdrückung der Manufakturkraft aller anderen Nationen verwandelt wurde. Diese verderbliche Änderung in der Wirkung [des Kapitals] kann nicht durch Fertigkeiten und Fleiß von Individuen anderer Nationen verhindert werden; ein einzelnes Individuum ist genauso unfähig, die vereinigte Kraft des Kapitals und der industriellen Fertigkeiten einer ganzen Nation durch seine individuelle Stärke zu überwinden, wie ein einzelner amerikanischer Kaufmann unfähig ist, sein Schiff mit eigener Kraft ohne die Hilfe einer amerikanischen Flotte gegen die Angriffe der englischen Flotte zu verteidigen.

II. Es ist nicht wahr, daß die Produktivkraft einer Nation durch ihr Produktenkapital beschränkt ist. Say und Smith haben nur den Austausch von Sachwerten zur Gewinnung von Sachwerten im Auge, sie schreiben dem Produkt eine allmächtige Wirkung zu, die es nicht hat. Die Produktivkraft wird hauptsächlich durch die intellektuellen Fähigkeiten und gesellschaftlichen Umstände der Menschen bestimmt, durch das, was ich als geistiges Kapital bezeichne. Nehmen wir an, zehn Wollweber im Lande besitzen jeweils 1 000 Dollar Kapital; sie spinnen die Wolle mit dem Spinnrad, sie besitzen sehr unvollkommene Werkzeuge, sie beherrschen nicht die Färbekunst, jeder von ihnen fabriziert allein für sich selbst, muß alles selbst tun und erzeugt daher nicht mehr als für 1000 Dollar Tuch pro Jahr. Nehmen wir nun an, die zehn Fabrikanten vereinigen ihr Kapital und ihre Arbeitskraft. Sie erfinden eine Spinnmaschine und eine bessere Webmaschine. Sie werden in der Färbekunst unterwiesen, sie teilen die Arbeit unter sich auf und können auf diese Weise monatlich feines Tuch im Wert von 10 000 Dollar fabrizieren und verkaufen. Mit demselben Kapital im Wert von 10 000 Dollar wird nun infolge der verbesserten gesellschaftlichen und intellektuellen Umstände oder infolge des erworbenen *geistigen Kapitals* feines Tuch im Werte von 100 000 Dollar produziert. Auf die gleiche Weise kann eine Nation, indem sie die sozialen und intellektuellen Umstände verbessert, mit derselben Menge vorhandenen Produktenkapitals ihre Produktivkraft zehnfach vergrößern.

III. Die Frage ist nur:

1. ob diese Nation ihre Produktivkraft auf Grundlage ihrer natürlichen Hilfsmittel durch den Aufbau von Baumwoll- und Wollfabriken steigern kann (natürliches Kapital);

2. ob es beim derzeitigen Zustand dieser Nation hinsichtlich Fleiß, Ausbildung, Unternehmungsgeist, Ausdauer, Armee, Flotte und Regierung (gei-

power and separate national interest into one mass — effecting the elevation of that island above the whole globe, and changing its natural tendency into the suppression of the manufacturing power of all other nations. This pernicious change of effect cannot be prevented by the skill and industry of the individuals of other nations; a single individual is as unable to overcome the united force of the capital and skill of a whole nation by his individual strength, as an American merchant would be unable to defend his single ship by his own strength against the aggressions of the English navy, without the aid of an American navy.

II. It is not true that the productive power of a nation is restricted by its capital of matter. Say and Smith having only in view the exchange of matter for matter, to gain matter, ascribe to the matter an omnipotent effect which it has not. Greater part of the productive power consists in the intellectual and social conditions of the individuals, which I call capital of mind. Suppose ten single woollen weavers in the country possess one thousand dollars capital each; they spin the wool by the wheel; they possess very inferior tools, they are not skilled in the art of dyeing, each of them manufacturing for himself, must do everything himself, and therefore each produces not more than one thousand dollars of cloth a year. Suppose now the ten manufacturers unite their capital and their labour, they invent a spinning machine, a more perfect weaving machine, they are instructed in the art of dyeing, they divide the labour amongst them, and in this way they are enabled to manufacture, and to sell every month, ten thousand dollars' worth of broad cloth. The same capital of matter amounting to $ 10,000, producing formerly only $ 10,000 worth of broad cloth a year, produces now by the improved social and intellectual conditions, or by the acquired *capital of mind*, $ 100,000 worth of broad cloth. So can a nation with the same existing matter improve its productive power tenfold in improving its social and intellectual conditions.

III. The question is only whether this nation is enabled —

1. By its natural means to increase its productive power by fostering cotton and woollen manufactories (capital of nature).

2. Whether by its present industry, instruction, enterprising spirit, perseverance, armies, naval power, government (capital of mind), it is reason-

stiges Kapital) vernünftigerweise erwartet werden kann, daß sie in der Lage ist, sich die nötigen Fertigkeiten anzueignen, um in kurzer Zeit ihre Produktivkraft durch solche Manufakturen zu entwickeln, und ob sie diese Manufakturen durch ihre politische Macht — wenn sie eine solche erworben hat — schützen kann; und schließlich:

3. Ob ein so großer Überfluß an Nahrung, Geräten, Materialien, Rohstoffen etc. (Produktenkapital) vorhanden ist, daß man unter Einsatz des natürlichen und geistigen Kapitals auch gut voran kommen kann.

a) Es gibt in den Vereinigten Staaten Weide genug für hundert Millionen Schafe und Land genug, um Baumwolle für die ganze Welt anzupflanzen, ebenso alle anderen Stoffe und Vorräte, die man dazu braucht. Wenn es für die schwedische Regierung reine Narrheit wäre, solche Manufakturen einzurichten, weil Schweden weder die nötigen Voraussetzungen besitzt, Wolle und Baumwolle in genügender Menge produzieren zu können, noch über eine Flotte verfügt, um deren Einfuhr aus dem Ausland schützen und für die daraus hergestellten Fabrikate einen ausländischen Absatzmarkt sichern zu können, wäre es dann nicht für die Vereinigten Staaten eine ebensolche Narrheit, diese Manufakturen nicht aufzubauen und zu fördern?

b) In den Vereinigten Staaten sind Fleiß, Ausbildung, Wetteifer, Unternehmungsgeist und Ausdauer, Freiheit, unbeschränkter Handelsverkehr im Innern und durch keinerlei Behinderungen eingeschränkte Entwicklungsmöglichkeiten der Industrie, Sicherheit für das Eigentum, Nachfrage und Markt für lebensnotwendige Produkte und Komfortgüter in einem Maße wie in keinem anderen Land vorhanden. Während die Regierung von Spanien, wie sehr sie sich auch anstrengte, in hundert Jahren nicht einmal zehn florierende Manufakturen zustande brachte, und selbst wenn ihr dies gelungen wäre, sie diese Manufakturen nicht hätte schützen können, können die Vereinigten Staaten in wenigen Jahren hundert Manufakturen aufbauen und ihnen jeglichen Schutz gewähren.

c) Es gibt in den Vereinigten Staaten eine ungeheure Menge, einen Überfluß an allen lebensnotwendigen Dingen und an Arbeitskräften. Das Doppelte der gegenwärtigen Zahl von Einwohnern könnte ernährt, die notwendigen Häuser, Werkstätten und Mühlen könnten gebaut und Materialien und Werkzeuge beschafft werden. Was braucht man mehr, um Fabriken zu bauen? Und welcher Industriezweig könnte bei diesen vorhandenen Mitteln nicht im größtmöglichen Maßstab betrieben werden? Sehen Sie sich doch die Manufakturen an, die Rohbaumwolle verarbeiten, und sagen Sie mir, ob das in diesem Industriezweig verwendete Kapital aus irgendeinem anderen Industriezweig abgezogen wurde, wo es gewinnbringender angelegt wäre!

ably to be expected that it can acquire the necessary skill to complete in a short time its productive power by these manufactories, and whether it can protect them by its political power if acquired. And lastly:

3. Whether there exists so much superabundance of food, utensils, materials, raw stuff, etc. (capital of matter), as to go on fairly by using the capital of nature and employing the capital of mind.

a) There is pasture enough to raise a hundred millions of sheep, and land enough to raise cotton for the whole world, besides all other materials and provisions. If it would be sheer folly for the Swedish government to establish those manufactories, because it possesses neither opportunity to raise a sufficient quantity of wool and cotton, nor the necessary naval power to secure its supply from abroad or a foreign market for its manufactures, would it not be equal folly for these United States not to establish and foster them?

b) There exists in the United States a degree of industry, of instruction, of emulation, of enterprising spirit, of perseverance, of unrestricted intercourse in the interior, an absence of all hindrances of industry, a security of property, a market and consumption of necessaries and comforts of life, and a freedom, such as are not to be found in any other country. If the government of Spain could not by any arrangements whatever raise in a hundred years ten prosperous manufacturing establishments, and if raised could never protect them, this country can raise in a few years a hundred, and give them every kind of protection.

c) There exists in these United States an immense quantity, a superabundance of all kinds of necessaries of life, and of labour, to nourish double the present number of inhabitants, to build them houses and shops and mills, to procure them materials and tools. What else is necessary to establish manufactories, and what branch of industry may not be carried on by such means upon the largest scale? Look at the coarse cotton manufactories, and tell me whether the capital used in this branch has been derived from any other branch of industry where it was more profitably employed.

Die Fabrikanten bauten Häuser und konstruierten Maschinen; sie brauchten als Material dazu Bauholz, Eisen, Ziegel; verlor deshalb die Landwirtschaft Arbeitskräfte (die dort beschäftigt waren) oder auch nur einen Balken oder ein Pfund Eisen? Nein, mein Herr, diese Dinge gab es alle im Überfluß.

Der Fabrikant benötigte Rohbaumwolle, aber gab es nicht innerhalb unserer eigenen Grenzen davon im Überfluß? Konnte sie nicht von New Orleans hertransportiert werden, zu Baumwolltuch verarbeitet und als Bezahlung für das Rohmaterial nach New Orleans zurückgeschickt werden? Und das in der Hälfte der Zeit, die früher gebraucht wurde, um sie nach Liverpool zu bringen, wo sie bis zum Verkauf liegen blieb, um dann verarbeitet und wieder in unser Land zurückgeschickt zu werden? Sie [die Fabrikanten] brauchten Nahrungsmittel für die Leute, die ihre Gebäude und Maschinen bauten, und sie brauchen tagtäglich Nahrungsmittel für die Arbeitskräfte, die ihre Waren herstellen; aber gab es denn in der Landwirtschaft in Pennsylvanien ein Bushel Weizen zu wenig, als von dort 600 000 Barrel Mehl nach Neuengland verkauft worden waren?

Von den Unternehmen wurde Geld ausgegeben, aber dieses Geld wurde nicht aus der Landwirtschaft weggenommen, es wurde der Landwirtschaft gegeben, es diente dazu, die Landwirtschaft zu fördern. Aus diesem Beispiel, mein Herr, mögen Sie erkennen, wie sehr Smith und Say[61] Unrecht haben, wenn sie behaupten, daß das Produktenkapital nur langsam wächst.

Das war in früheren Zeiten der Fall, solange die Industrie sich nicht entwickeln konnte, als es die neuen Kräfte der Chemie, der Mechanik etc. etc. noch nicht gab; das war der Fall in Staaten, die schon seit langer Zeit besiedelt sind und wo fast der gesamte natürliche Reichtum bereits genutzt wurde. Das gilt aber nicht für ein neu erschlossenes Land, wo noch nicht einmal ein Zehntel des *natürlichen Kapitals* genutzt ist, wo neue Erfindungen Wunder tun, wo der Industrie keine Hindernisse in den Weg gelegt werden und wo in kurzer Zeit ein neuer Gesellschaftszustand ein *geistiges Kapital* hervorgebracht hat, wie es noch nie zuvor dagewesen ist. Wenn die Bevölkerung in einem solchen Lande zunimmt wie nie zuvor, dann wird das Anwachsen des *Produktenkapitals* selbst das Anwachsen der Bevölkerung übertreffen, sofern die Gesellschaft nur klug genug ist, ihr geistiges Kapital so einzusetzen, daß das natürliche Kapital, mit dem sie gesegnet ist, entwickelt und genutzt werden kann.

d) Wenn die Anhänger der alten Theorie behaupten, es sei nicht ökonomisch, einen gewissen Teil des Handelsprofits einer Nation zu opfern, um neue Produktivkraft zu schaffen, so will ich sie mit einem schlagenden Beispiel widerlegen. Nehmen wir an, ein Farmer kommt zu dem Schluß, daß er sich doppelt so gut stehen könnte, wenn er eine Walkmühle baute, da er

The manufacturers built houses and constructed machinery, — they wanted materials: timber, iron, bricks — did agriculture therefore lose hands for labour (which it acquired), or one log, or one pound of iron? No, sir, those things existed all in superabundance.

The manufacturer wanted raw cotton, but did the material not exist in superabundance within our own limits, — could it not be brought from New Orleans, converted into coarse cotton, and carried back to New Orleans for payment of the raw material in half the time in which it was formerly carried to Liverpool, to lie there until sold and converted into manufactures, and brought back to our own country. They wanted provisions for those men who made their buildings and their machinery, and they want them every day for those who make their goods; but did agriculture in Pennsylvania miss one bushel of wheat after having sold 600,000 barrels of flour to New England?

Money was spent by the enterprising, but this money was not taken from agriculture; it was given to agriculture, it served to raise agriculture. From this example, sir, you may learn how far wrong Smith and Say[61] are in asserting that capital of matter increases but slowly.

This was true in former times when industry was checked in every way, when the new powers of chemistry, of mechanics, etc. etc., were not yet in existence; it was true in old settled countries, where nearly all natural means were already used; but it is not true in a new country, where not the tenth part of the *capital of nature* is in use, where new inventions do wonders, where industry is delivered of all hindrances, where in short a new state of society has formed *a capital of mind* never experienced. If population increases in such a country in a degree never experienced, the increase of *capital of matter* will outstrip even the increase of population, if the community be wise enough to employ its capital of mind in order to develop and use the capital of nature with which it is blessed.

d) If the disciples of the old theory assert it would not be economical to sacrifice a certain profit of a nation, derived from exchanges of matter for matter, in order to acquire a future productive power, I will refute them by a striking example. Suppose a farmer is convinced he could improve his condition twofold if he would establish a Fulling Mill, possessing water

Wasserkraft, Bauholz, Wolle und alles dafür Nötige besitzt, ausgenommen die Kenntnisse und die Erfahrung, um die Mühle zu bauen und zu betreiben. Er schickt also seinen Sohn oder ein anderes Mitglied der Familie in die Stadt, damit er sich in den notwendigen Fertigkeiten ausbilden lasse. Dieser Bauer, mein Herr, verliert nicht nur die Arbeitskraft seines Sohnes und all den Weizen und das Getreide, das dieser produzieren könnte, er verliert auch zusätzlich die Summe Geldes, die der Unterricht seines Sohnes kostet. Er opfert einen großen Teil seines Produktenkapitals, und seine Rechnungsbilanz wiese ein für ihn nachteiliges Ergebnis auf, so daß ein Narr, dessen Blick nicht unter die Oberfläche dringt, ihn deswegen tadeln würde. Aber die Summe, welche er an seinem Kapital verliert, gewinnt er später durch den Zuwachs an seiner Produktivkraft mehr als zehnfach zurück. Dieser Farmer, mein Herr, ist Bruder Jonathan[62].

Es ist wahr, es gibt Leute, die sich schon im ersten Jahre durch politische Maßnahmen zum Schaden anderer bereichern wollen; aber hier geht es um eine Ausgabe, die mit der Verbesserung der Produktivkraft der Nation verknüpft ist, und diese Ausgabe wird nach einigen Jahren durch den Nutzen, den eine höher entwickelte nationale Wirtschaft mit sich bringt, zehnfach wiedererstattet werden. Wenn man Patente für neue Erfindungen verleiht, läßt man sich dabei von derselben Einsicht leiten. Indem man dem Erfinder den ersten Gewinn aus seiner Erfindung garantiert, ermutigt man zu neuen Erfindungen. Die Gesellschaft zahlt zwar für diesen Gewinn, sie zahlt aber nicht mehr, als die neuen Erfindungen und deren Sicherung für die ganze Gesellschaft wert sind. Räumte man dem Erfinder dieses Privileg nicht ein, würden viele der wertvollsten Erfindungen, wie in früheren Zeiten, mit dem Erfinder zugrunde gehen.

Wenn Leute die Behauptung von Smith und Say[63] wiederholen und erklären, Einfuhrzölle würden den einheimischen Fabrikanten ein Monopol verschaffen, so übersehen sie den fortgeschrittenen Zustand der Gesellschaft. — In früheren Zeiten, als Kapital und industrielle Fertigkeiten gering und selten waren, als chemische Technologie und Mechanik zum größten Teil noch ein Geheimnis waren, da mag durch Schutzzölle ein Monopol hervorgerufen worden sein. Aber in unseren Zeiten und hier in diesem Lande stehen die Dinge anders. Jedermann weiß oder kann aus Büchern lernen, wie Bleiweiß, Schwefelsäure und alles andere hergestellt wird. Überall im Lande gibt es Kapital und Unternehmungsgeist genug, um in irgendeinen lukrativen Industriezweig einsteigen zu können, und die Erfahrung lehrt, daß jegliche Produktion, die einen außerordentlichen Gewinn verspricht, bald auf Hochtouren läuft; ein ausgezeichnetes Beispiel hierfür sind die amerikanischen Manufakturen, die Rohbaumwolle verarbeiten und jetzt ihre Waren 100 Prozent billiger verkaufen können als früher die Engländer.

power, timber, wool, everything necessary, except skill and experience to erect the establishment and to carry it on. He sends his son or another of his family to the city to acquire the necessary skill. This farmer, sir, not only loses the labour of his son, and all the wheat and grain it would produce, but he loses, moreover, the sum actually expended in the instruction of his son. He sacrifices a great deal of his capital of matter, and the balance of his account would appear to his disadvantage, so that a fool who sees no deeper than the surface would censure him. But the sum he lost in this capital of matter he made up ten times over by the increase of his productive power. This farmer, sir, is brother Jonathan[62]. It is true some men will for the first year enrich themselves by political measures to the loss of individuals; but this is the expense incident to the completion of the productive power of the nation, and this first expense will after some years be ten times compensated by the benefit arising from a more perfect national economy. In giving patents for new inventions you are directed by the same views. It will encourage new inventions by securing to the inventors the first advantages of them. The community pays for these advantages, but not more than the value of the new inventions and of securing them to the whole community. Without these privileges many of the most valuable inventions would die with the inventor, as in former times.

    If people repeat the assertion of Smith and Say[63], that duties upon imports produce a monopoly to the home manufactures, they consider not the advanced state of society. — In former times, when capital and manufacturing skill were scarce and rare, when the greater part of chemical technology and of mechanics was a secret, a monopoly may have been produced by protecting duties. But in our times and in this country another state of things has taken place. Everyone knows, or may learn from books, how white lead, sulphuric acid, and every thing else can be manufactured. There is in every part of the country capital and enterprising spirit enough to enter into any lucrative branch of industry, and experience shows that every manufacture promising an extraordinary profit is soon brought to a level by a competition, a brilliant example of which was given by the American coarse cotton manufactories, which sell now their goods one hundred per cent cheaper than the English did.

e) Selbst wenn im Lande nicht genug Kapital und Fachkenntnisse vorhanden wären, so könnten sie durch politische Maßnahmen aus dem Ausland hereingezogen werden. Unter Nummer I erwähnte ich, daß Kapital und Wissen die Tendenz haben, sich über die ganze Erde hin auszudehnen, und daß sie aus jenen Teilen, wo sie im Überfluß vorhanden sind, in jene übergehen, wo es an ihnen mangelt. (Soviel ich weiß, haben die Theoretiker[64] diese Tendenz noch niemals beobachtet, noch ließen sie ihr Gerechtigkeit widerfahren.) Diese Tendenz wird durch die Politik etc. anderer Nationen eingeschränkt, sie kann aber wiederhergestellt werden, indem man dieser Politik entgegenwirkt. Wenn man ausländischem Kapital und ausländischen Fachkenntnissen im Land einen Vorteil sichert, wird man sie ins Land ziehen. Die Vereinigten Staaten haben weitaus mehr die Möglichkeit dazu als irgendeine andere Nation, denn sie besitzen mehr natürliches Kapital (das noch nicht in Besitz genommen ist) und mehr geistiges Kapital als irgendeine andere Nation.

Hier hat noch eine ungeheure Menge von natürlichem Reichtum keinen Eigentümer gefunden. Hier findet ein Engländer seine Sprache, seine Gesetze, seine Lebensart; das einzige, was er nicht findet, sind die ungeheueren Steuern und die anderen Übel seines Heimatlandes. Jedermann, der hierherkommt, aus welchem Lande er auch immer kommen mag, verbessert hier seine Lage, wenn er Kapital, Gewerbefleiß und nützliches Wissen besitzt. Ich kenne kein anderes Land, das sich derart günstiger Bedingungen und Mittel erfreut, wie sie für fremdes Kapital und Geschicklichkeit[65] nur attraktiv sein können.

Wenn die Vereinigten Staaten durch Schutzzölle ausländisches Kapital und Geschicklichkeit ins Land zögen, würden sie damit im Land selbst verhindern, daß sich die Bevölkerung und das Kapital auf eine sehr unvorteilhafte Weise über den ungeheuren Kontinent verteilen. Mein Herr, ich gehöre nicht zu denjenigen, die Macht und Reichtum dieser Union an der Zahl der Staaten messen. Genauso wie die römische Militärmacht durch die allzugroße Ausdehnung ihres Territoriums geschwächt wurde, so, fürchte ich, würde die Macht, der Zivilisationsfortschritt und die nationale Stärke dieser Union beeinträchtigt, wenn noch weitere Staaten hinzukämen. Denn was würden fünfzig Millionen Amerikaner in hundert Staaten über den ganzen Kontinent zerstreut tun? Land urbar machen, Weizen anbauen — und ihn essen. Die ganze amerikanische Geschichte der nächsten hundert Jahre wird in diesen drei Worten enthalten sein, wenn man nicht das tut, was Jefferson[66] sagte, nämlich den Fabrikanten an die Seite des Bauern stellen. Das ist das einzige Mittel, um zu verhindern, daß die Bevölkerung und das Kapital weiter nach Westen ziehen.

e) Even if there were not capital and skill enough in the country they could be drawn from abroad by political measures. Under No. I. I mentioned that capital and knowledge have the tendency to extend themselves over the whole globe, and that they go from those parts where they are in superabundance to those where they are scarce. (To my knowledge the theorists[64] neither observed this tendency, nor did they justice to it.) As this tendency is checked by the policy etc. of other nations, so it can be restored by counteracting that policy. In securing to foreign capital and skill a premium in this country, you will attract them from abroad. The United States have this more in their power than any other nation, because they possess more capital of nature (not yet taken into possession) and more capital of mind than any other nation. Here an immense mass of natural riches have not yet got a proprietor. Here an Englishman finds his language, his laws, his manner of living; the only thing he does not find are the immense taxes and the other evils of his own country. In coming here any man, from whatever country he comes, if possessing capital, industry and useful knowledge, improves his condition. I know of no other country which enjoys such opportunities and means of attracting foreign capital and skill[65].

Whilst the United States by protecting duties would attract foreign capital and skill, they would prevent in the interior a very disadvantageous extension of population and capital over an immense continent. I am not, sir, one of those, who estimate the power and wealth of this union by the number of states. As the Roman military power was weakened by the extension of their territory, so, I fear, the power, the progress of civilization, the national strength of this union would be checked by an additional accession of states. Fifty millions of Americans in one hundred states scattered over the whole continent, what would they do? — clear land — raise wheat — and eat it. The whole American history of the next hundred years shall be contained in these three words, if you do not what Jefferson[66] said — place the manufacturer by the side of the farmer. This is the only means of preventing population and capital from withdrawing to the west.

Ohio wird bald so bevölkert sein wie Pennsylvanien, Indiana so wie Ohio und Illinois so wie Indiana; dann wird man über den Mississippi gehen, danach über die Rocky Mountains und sich zu guter letzt schließlich nach China wenden, anstatt nach England. In Pennsylvanien und allen östlichen und mittleren Staaten werden Bevölkerung, Kunst und Wissenschaft, Zivilisation und Reichtum zunehmen, und die Union wird sich stark entwickeln können, wenn nur das Manufakturwesen gefördert wird. Das ist, mein Herr, so glaube ich, die wahre *amerikanische politische Ökonomie.*

Mit Hochachtung Ihr ganz ergebener und gehorsamer Diener
Fr. List

Ohio will soon be as populous as Pennsylvania — Indiana as Ohio — Illinois as Indiana; they will pass over the Mississippi — next the Rocky Mountains — and at last turn their faces to China instead of England. Pennsylvania and all the eastern and middle states can increase in population, in arts and sciences, civilization and wealth, and the Union can grow powerful only by fostering the manufacturing interest. This, sir, I think the true *American political economy.*

Respectfully your most humble and obedient servant,
Fr. List

5. Brief

Reading, den 19. Juli 1827

Geehrter Herr!

Wie sich die Verhältnisse und Fertigkeiten der Individuen und die jeweiligen Maßnahmen und Ereignisse auf die Nationalökonomie auswirken, ist ebenso unterschiedlich, wie es die Umstände sind, unter denen die verschiedenen Nationen existieren; und alles, was man allgemein sagen kann, ist: Wenn die Produktivkräfte der Nation gefördert werden, wirkt sich dies vorteilhaft aus, wenn nicht — nicht. Jede Nation[67] muß bei der Entwicklung ihrer Produktivkräfte ihren eigenen Weg finden oder mit anderen Worten: *Jede Nation hat ihre eigene politische Ökonomie.*

Ferner: Umstände, Ereignisse etc. mögen in der Individualökonomie[67] für gewisse Personen von Vorteil sein und nachteilig für die Gesellschaft, oder sie mögen, im Gegenteil, nachteilig für die Individuen sein und sich als äußerst nützlich für die Gesellschaft erweisen: *Individualökonomie ist nicht politische Ökonomie.*

So können Gesetze und Prinzipien für die Menschheit von Vorteil sein, wenn sie von allen Nationen befolgt werden, und doch können sie sich für gewisse besondere Länder als nachteilig erweisen und umgekehrt. *Politische Ökonomie ist nicht kosmopolitische Ökonomie.*

I. Jede Nation hat ihre besondere Ökonomie.

Fördert ein Wachsen der Bevölkerung das Ziel der politischen Ökonomie? In den Vereinigten Staaten ist es so; in China und Hindustan ist es nicht so. Die Auswanderung von Menschen aus jenen Ländern, wo Nahrung spärlich und Arbeit im Überfluß vorhanden ist, ist eine Wohltat für die Gesellschaft; ganz im Gegensatz dazu ist es ein beklagenswerter Anblick, Bürger der Vereinigten Staaten nach Kanada auswandern zu sehen, während die Ausfuhr von schwarzen Menschen[68] zwar unsere Zahl vermindert, aber dennoch als vorteilhaft angesehen werden kann; es ist eine Ausfuhr von Schwäche, nicht von Stärke.+

Fördert [ein Überschuß an] Arbeitskraft das Ziel der politischen Ökonomie? Das ist der Fall in Ländern, wo eine adäquate Arbeitsteilung

---

+ List war ein entschiedener Gegner der Sklaverei und der Rassentrennung (vgl. u.a. *Das Nationale System der politischen Ökonomie* 2. Buch, 12. und 18. Kap.). Um diese Zeit war die Sklaverei in den Südstaaten noch weit verbreitet, schwarze Menschen waren entweder Sklaven oder doch ungelernte Arbeitskräfte, die nur selten Lesen und Schreiben konnten. Darauf bezieht sich der Ausdruck „Schwäche".

Letter 5

Reading, July 19, 1827

Dear Sir —

In National Economy, the effect of measures and of events, of the condition and of the arts of individuals, is as different as the circumstances are in which the different nations are existing; and all that in general can be said is this, that if they are promoting the productive powers of the nation, they are beneficial; if not — not. Every nation[67] must follow its own course in developing its productive powers; or, in other words, every nation has its particular *Political Economy*.

Further: Conditions, events, etc., may be profitable in individual economy for some persons, and injurious to the community; or, on the contrary, they may be injurious to individuals, and prove highly beneficial to the community: *Individual economy is not political economy*.

So — measures, principles can be beneficial to mankind, if followed by all nations, and yet prove injurious to some particular countries, and vice versa. *Political economy is not cosmopolitical economy*.

I. **Every nation has its particular economy**.

Does an increase of population promote that object of national economy? For the United States it does; in China and Hindostan it does not. The emigration of men from those countries where food is scarce and labour in superabundance, is a public blessing; on the contrary, it is a lamentable sight to see citizens of the United States emigrate to Canada, while the exportation of black people[68], though diminishing our numbers, may be considered as beneficial; it is an exportation of weakness and not of power.+

Does labour promote that object? It does in countries where it is properly divided, otherwise it is partly lost. Here agricultural countries, not

---

+List was a staunch opponent of slavery and racial apartheid (see for example *The National System of Political Economy*, b.2, ch.12 and 18). At that time, slavery was still widespread in the Southern states, black people were either slaves or unskilled workers, rarely being able to read or write. The term "weakness" refers to that circumstance.

herrscht, andernfalls geht ein Teil der Arbeitskraft verloren. So produzieren Ackerbauländer, die keinen Absatzmarkt für ihre Überproduktion besitzen und nicht in der Lage sind, diesen Überschuß gegen andere notwendige Güter und Komfortgüter einzutauschen, damit nichts außer einem Zuwachs an Bevölkerung. Die Leute ziehen es vor, lieber einen Teil ihrer Zeit müßig zu gehen, als zu arbeiten und dabei doch nichts zu produzieren. Schutzzölle im Ausland machen daher einen Teil unserer Arbeitskraft zunichte, der nur dadurch wiederbelebt werden kann, daß dieser Politik entgegengewirkt wird und eine andere Produktivkraft ins Leben gerufen wird, die jenen Überschuß [an Landwirtschaftsprodukten] konsumiert und im Austausch dafür ihre Erzeugnisse bereitstellt.

Gilt dies für alle reinen Ackerbauländer? Nein, in neubesiedelten Ländern wird der Überschuß an Arbeitskräften und Erzeugnissen eine lange Zeit hindurch vorteilhaft eingesetzt: bei der Rodung und Verbesserung des Landes, beim Bau von Häusern und Stallungen und bei der Vergrößerung des Viehbestands. Infolgedessen sehen wir, wie die westlichen Staaten ihre Produktivkräfte mit dem Ackerbau schnell entwickeln, während die östlichen Staaten stagnieren. — Nachdem sie ihr natürliches Potential bis zu einem gewissen Grade entwickelt haben, werden auch die westlichen Staaten stagnieren und mit ihrem Mehrprodukt, je größer es wird, desto mehr den Ackerbau in den östlichen Staaten niederdrücken, wenn dort nicht Fabriken errichtet werden.

Sind einschränkende Maßnahmen in allen Ländern gleicherweise wirkungsvoll und ratsam? Nein. Mexiko und die südlichen Republiken würden unklug handeln, wenn sie nicht ausländische Waren im Tausch gegen ihre Edelmetalle und Rohstoffe einführen würden. Ihre Bevölkerung, die noch ungebildet, gleichgültig und an viele Genüsse noch nicht gewöhnt ist, muß zunächst durch ein Bedürfnis nach Genuß dazu angeleitet werden, sich Arbeitsamkeit anzugewöhnen und ihren intellektuellen und sozialen Stand zu verbessern. Rußland wird es niemals gelingen, eine Industrie zu entwickeln, wenn nicht die Herrscher jenes gewaltigen Reiches ihren Städten Freiheit und Rechte gewähren, wie es die deutschen Kaiser taten, durch deren Maßnahmen in wenigen Jahrhunderten eine Entwicklung vom Zustand der Barbarei zu einem wunderbar hohen Grad des Reichtums und der Zivilisation möglich wurde. Spanien muß zunächst seinen Aberglauben, seine absolutistische Herrschaft und seine Klöster loswerden. Es muß zuerst ein gewisses Maß an Freiheit, Sicherheit, Ausbildung etc. geben, damit Manufakturen[69] betrieben werden können, alles Dinge, mit denen die Vereinigten Staaten reichlich ausgestattet sind.

Würden die Vereinigten Staaten vernünftig handeln, wenn sie alle Arten von Manufakturen mit gleicher Intensität förderten? Keineswegs. Je-

possessing outlets for their surplus produce, not being able to change this surplus for other necessities and comforts, produce nothing by that surplus but an increase of population. The people prefer to spend part of their time to idleness, rather than to produce nothing by labour. Foreign prohibitions destroy therefore a part of our labour, which is only to be revived by counteracting that policy in calling another productive power into life, which consumes that surplus and gives its produce in exchange.

Can this be said of all countries merely agricultural? No; in new settled countries, the surplus of labour and produce is for a long time advantageously employed in clearing and improving land, in erecting houses and barns, in increasing the stock of cattle. We see consequently, the western States fast developing their productive power by agriculture, whilst the eastern States remain stagnant. — After having developed their natural means to a certain degree, they will become stagnant too, and with their surplus produce, the more it grows, the more depress the agriculture of the eastern States, if they raise not manufactories.

Restrictions, are they in all countries equally effective and advisable? No. Mexico and the Southern republics would act unwisely in not importing foreign merchandise in exchange for their precious metals and raw produce; their people, being yet uninstructed, indolent, and not accustomed to many enjoyments, must first be led by a desire of enjoyment to laborious habits, and to improvements of their intellectual and social conditions. Russia will never succeed in raising a manufacturing power, unless the emperors of that vast empire grant free charters to their cities, like the emperors of Germany, whose creations grew, in a few centuries, from barbarism to a wonderful degree of wealth and civilization. Spain must first get rid of her superstition, her absolute power, and her cloisters. There must exist first a certain stock of freedom, of security, of instruction, etc. to foster manufactories[69], a stock wherewith the United States are amply provided.

Would the United States act reasonably if they would foster all kinds of manufactories with equal care? By no means. Every improvement must

der Fortschritt muß schrittweise erfolgen. Ein junges Land wie dieses vermehrt seine Produktivkräfte nur, indem es denjenigen Manufakturen Vorrang einräumt, die eine Anzahl von Arbeitskräften beschäftigen und große Mengen von Ackerbauprodukten und Rohstoffen verarbeiten; bei denen die Arbeit mit Hilfe von Maschinen erfolgen kann, an deren Erzeugnissen im Inland ein hoher Bedarf herrscht und die nicht leicht zu schmuggeln sind (nämlich Manufakturen zur Herstellung von Chemikalien, Woll- und Baumwollwaren, Metallkurzwaren, Eisen- und Eisenwaren, Tongeschirr). Würden die Vereinigten Staaten die Herstellung von Komfortgütern mit gleicher Intensität unterstützen, schadete dies der Entwicklung der Produktivkräfte. Werden diese Komfortgüter und Luxusartikel hingegen billiger importiert, als wir sie selbst herstellen können, so werden sie bald bei allen arbeitenden Schichten Eingang finden und als Anreiz zur Weiterentwicklung der Produktivkräfte der Nation wirken. Der Konsum dieser Güter wird nach und nach immer wichtiger werden, und die Zeit wird kommen, in der diese Artikel mit einer ganz bescheidenen Förderung ebenfalls innerhalb unserer Grenzen hergestellt werden.

Sind Kanäle und Eisenbahnen für ein Land von Vorteil? Es kommt auf die Bedingungen an. Indem sie Leute und Produkte einander näher bringen, unterstützen sie den Austausch und fördern den Arbeitsprozeß, sofern es eine angemessene Arbeitsteilung gibt. Ist dies nicht der Fall, so können gewisse Teile des Landes zum Vorteil anderer Teile geschädigt werden, indem z.B. die Konkurrenz bei Landwirtschaftsprodukten, die nicht für den Eigenbedarf gebraucht werden und für den Verkauf gedacht sind, vergrößert wird. So bin ich z.B. fest davon überzeugt, daß diese Infrastrukturverbesserungen nur dann für die östlichen Teile von Pennsylvanien von Vorteil sind, wenn dort Manufakturen errichtet werden und die überschüssigen Manufakturprodukte gegen die Landwirtschaftsprodukte des Westens eingetauscht werden können.

Maschinen[70] und neue Erfindungen? Für dicht besiedelte Länder, die keinen Handel, wenig Industrie und einen Überfluß an Arbeitskräften besitzen, können sie ein allgemeines Unglück sein; während jede derartige Verbesserung in den Vereinigten Staaten als ein allgemeiner Segen zu betrachten ist. Ich hoffe, daß im Laufe der Zeit die Sklaven dieses Landes aus Eisen und Bronze gemacht sein werden und durch Steinkohle, anstatt durch Peitschenhiebe, in Bewegung gesetzt werden.

Ein wachsender Verbrauch? Ist er reproduktiv, sagt Say[71], so vermehrt er den Wohlstand. Aber die Frage ist, ob er die Produktivkräfte vergrößert? In einer Nation von Faulenzern mögen Güter im Wert von mehreren hundert Millionen verzehrt werden, ohne daß sich eine Wirkung zeigt, aber in einer Nation von fleißigen Menschen, wie diese es ist, kann ich mir kaum

be advanced by steps. A new country like this increases its productive powers by only fostering those manufactories which employ a number of labourers, and consume great quantities of agricultural produce and raw materials; which can be supported by machinery and by a great internal consumption, (like chemical produce, woollen, cotton, hardware, iron, earthenware, etc. manufactories), and which are not easy to be smuggled. In fostering finer articles with equal care, they would injure the development of the productive powers. These articles of comfort and luxury, if imported cheaper than we can manufacture them, get in use among all labouring classes, and act as a stimulus in exciting the productive powers of the nation. Its consumption becomes by and by more important, and by and by time will arrive when these articles, with a moderate encouragement, will be manufactured too within our limits.

Are canals and railroads beneficial to a country? Under conditions. In bringing people and produce nearer each other, they support the exchange and promote labour if labour is properly divided. If not, they may injure certain parts of the country to the advantage of other parts, by increasing competition in the surplus of agricultural produce. So I firmly believe that the eastern parts of Pennsylvania only can derive advantage from those improvements by raising a manufacturing industry, and exchanging the surplus of their manufactures for the agricultural produce of the West.

Machinery[70] and new inventions? For thickly settled countries possessing no commerce, little industry, and a superabundance of labourers, they may be a public calamity; whilst every such improvement in the United States is to be considered as a public blessing. In time I hope the slaves of this country will be made of iron and brass, and set in movement by stone coal instead of whips.

Consumption? If reproductive, says Say[71], it increases wealth. But the question is whether it increases productive powers? In a nation of idlers hundreds of millions may be consumed without effect, but in a nation of industrious men like this, I hardly imagine an honest and innocent con-

einen ehrlichen und unschuldigen Güterverbrauch vorstellen, der nicht die Produktivkräfte anregte, vorausgesetzt, es herrscht eine angemessene Arbeitsteilung (und ausgenommen die Whisky-Herstellung, die eine Produktion von Schwäche, nicht von Stärke darstellt). Verbrauch und Genuß gehen Hand in Hand. Der Wunsch, wiederholt, mehr und auf unbegrenzte Zeit zu genießen, ja sogar unserer Nachkommenschaft Genuß zu sichern, erzeugt Arbeit und Produktion, und Produktion erleichtert den Konsum. Der Konsum erzeugt daher Produktion, ebenso wie Produktion Konsum erzeugt.

Sparsamkeit? Wird sie in den alten Ländern von Menschen geübt, die aufgrund ihres Geburtsrechts im Besitz ungeheurer Landgüter sind, wäre sie gewiß kein Segen für die Allgemeinheit; es würde nur die Ungleichheit des Eigentums auf Kosten der unteren Klassen vermehrt. Die Sparsamkeit eines Landwirts, der in einer neu besiedelten Gegend lebt, all sein Einkommen spart und all seine Zeit und Arbeit investiert, um seinen Boden zu verbessern und sein Kapital zu vermehren, indem er barfuß geht und selbst hergestelltes Leder trägt, vermehrt die Produktivkräfte, denn der Boden könnte auf andere Weise nicht verbessert werden. Derselbe Grad an Sparsamkeit in einem besiedelten Lande würde die Produktivkräfte vermindern: denn der Hutmacher und der Schuhmacher sind brotlos, wenn kein Landwirt Hut und Schuhe trägt.

Vermehren *Advokaten*, Ärzte, Prediger, Richter, Gesetzgeber, Verwalter, Literaten, Schriftsteller, Lehrer, Musiker und Schauspieler die *Produktivkräfte?* In Spanien tun sie es zum größten Teil nicht: Gesetzgeber, Richter, Advokaten halten das Volk nieder, die Priesterschaft verzehrt das Fett des Landes und pflegt eine lasterhafte Dummheit, die Lehrer unterrichten nur jene gesellschaftlichen Klassen, die für die anderen eine Last sind, damit sie noch mehr zur Last werden; Musiker, Schauspieler dienen nur dazu, den Faulenzern ihre Trägheit noch angenehmer zu machen. Selbst die Wissenschaften sind dort verderblich, denn sie dienen nicht dazu, die Lage des Volkes zu verbessern, sondern dazu, sie zu verschlechtern. All das ist in den Vereinigten Staaten anders. Hier hat die Tätigkeit dieser Menschen die Tendenz, die Produktivkräfte erheblich zu steigern: Advokaten, Gesetzgeber, Verwalter, Richter verbessern die allgemeine Lage; Prediger, Lehrer, Schriftsteller, Drucker heben den Geist und die Moralität des Volkes; und selbst jene Männer, die nur für eine ehrenhafte Vergnügung des Volkes sorgen, sind nutzbringend, indem sie denjenigen Genuß und Erholung verschaffen, die dies brauchen, um neue Kraft für ihre Arbeit zu schöpfen.

Vergrößert die Einfuhr von Geld die Produktivkräfte? In Spanien wurde damit das Gegenteil bewirkt. Die Art und Weise, wie Geld erworben und verbraucht wurde, der Zustand des Volkes und der Regierung ließen dieses kostbare Gut für Volk und Regierung zum Gift werden. Das gleiche Gut gä-

sumption which would not be a stimulus to productive powers if labour would be properly divided (except whisky manufacturing, which is a production of weakness, not of power). Consumption and enjoyment go hand in hand. The desire to enjoy — repeatedly — more — in indefinite time — to procure even our posterity enjoyment, begets labour and production, and production facilitates consumption. Consumption begets therefore production, as much as production begets consumption.

Parsimony? If exercised in the old countries by men who are in possession of immense estates by birthright, would certainly not be a public blessing; it only would increase the inequality of property at the expense of the lower classes. The parsimony of a farmer living in a new settlement sparing all his income and bestowing all his time and labour to improve his land, to increase his stock, walking barefoot and wearing selfprepared skins, increases productive powers, because the land would not be improved without it. The same degree of parsimony in a settled country would diminish the productive powers: there is no hatter, no shoemaker, to eat bread, where no farmer is to wear hats and shoes.

Lawyers, physicians, preachers, judges, lawgivers, administrators, literary men, writers, instructors, musicians, players, do they increase the productive *powers*? In Spain for the most part they do not; lawgivers, judges, lawyers keep down the people; the priesthood consumes the fat of the land and nourishes vicious indolence, instructors instruct only those burdensome classes to become more burdensome; musicians, players, serve only to make idleness to the idlers more agreeable. Even sciences are pernicious there, because they serve not to improve the condition of the people but to make it worse. All this is different in the United States, where the exertions of those men have a tendency to increase mightily the productive powers: lawyers, lawgivers, administrators, judges, improve the public condition; preachers, instructors, writers, printers, improve the mind and morality of the people; and even those men who only procure honest pleasures to the people, are beneficial in begetting enjoyment and recreation for those who need to acquire new strength for new exertions.

Money, does the importation of it increase productive powers? In Spain it did the contrary. The manner in which it was acquired and

be den Vereinigten Staaten ungeheuere Macht und Stärke, wenn es im Tausch gegen die Erzeugnisse des Landes eingeführt würde. Ein Land mag an Edelmetallen Überfluß haben, wie Mexiko, und die Ausfuhr derselben ist dann vorteilhaft für die Produktivkräfte. Es mag zu wenig haben im Vergleich zu seiner Industrie, und in diesem Falle ist die Einfuhr von Edelmetallen vorteilhaft.

Festzuhalten ist, daß ich nicht beabsichtigt habe, diese Themen hier erschöpfend zu behandeln, sondern nur in dem Maße, wie zu dem Beweise nötig war, daß *jede Nation bei der Entwicklung ihrer Produktivkräfte ihren eigenen, besonderen Weg gehen muß.*

Ich bleibe hochachtungsvoll Ihr ergebenster und gehorsamer Diener
Fr. List

consumed, the condition of the people and the government, rendered the same precious matter poisonous to the people and the government which would give immense power and strength to the United States, if imported into this country in exchange for its produce. A country may have a superabundance of precious metals, as Mexico, and the exportation of it is beneficial to the productive powers. It may have too little, in comparison with its industry, and in that case the importation of it is beneficial.

It must be remembered that I intended here not to exhaust those matters, but only to allege as much of them as was necessary to prove: *that every nation must follow its particular course in developing its productive powers.*

I am, very respectfully, your most humble obedient servant,
Fr. List

6. Brief

Reading, den 20. Juli 1827

II. Individualökonomie ist nicht politische Ökonomie.[72]

Ein Individuum sorgt nur für seine persönlichen und familiären Bedürfnisse, es kümmert sich selten um andere oder um die Nachwelt; seine Meinungen und Ansichten sind beschränkt und überschreiten selten den Umfang seiner privaten Angelegenheiten; seine Tätigkeit ist begrenzt durch den Stand der Gesellschaft, in der es lebt. Eine Nation sorgt für die sozialen Bedürfnisse der Mehrheit ihrer Bürger, soweit sie einzeln diese Bedürfnisse nicht durch eigene Bemühungen befriedigen können; sie sorgt nicht nur für die gegenwärtigen, sondern auch für die zukünftigen Generationen[73]; sie kümmert sich nicht nur um den Frieden, sondern auch um den Krieg; sie hat nicht nur ihr Staatsgebiet im Blick, sondern die ganze Erde.

Ein einzelner mag bei der Durchsetzung seines eigenen Interesses das allgemeine Interesse schädigen; eine Nation, die das allgemeine Wohl fördert, mag dadurch den Interessen eines Teiles ihrer Mitglieder im Wege sein. Aber um das allgemeine Wohlergehen zu sichern, müssen die Bestrebungen der einzelnen beschränkt und reguliert werden, wie andererseits die einzelnen durch die gesellschaftliche Macht an Stärke gewinnen müssen. Individuen ohne die Regeln einer Gemeinschaft sind Wilde, und der Grundsatz, den einzelnen gewähren zu lassen, gilt besonders bei den Indianern. Auch hier liegt die Wahrheit in der Mitte. Es ist schlechte Politik, von oben herab alles zu regulieren und alles zu fördern, wenn die Dinge durch private Bemühungen besser reguliert und gefördert werden können; aber es ist nicht weniger schlechte Politik, denjenigen Dingen ihren Lauf zu lassen, welche nur durch das Eingreifen der gesellschaftlichen Macht gefördert werden können.

Blickt man um sich, so sieht man, daß überall die Bestrebungen und Handlungen der einzelnen nach dem Grundsatz des Gemeinwohls entweder beschränkt oder gefördert werden. Der von einem Kaufmann erfundene Grundsatz des *laissez faire et laissez passer** kann daher auch nur von diesen Kaufleuten ernsthaft vorgebracht werden.

Dieser Grundsatz wäre nur richtig, wenn das Einzelinteresse und das Nationalinteresse niemals im Gegensatz zueinander stünden. Aber das ist

---

* Anm. Lists: Dieser Gemeinplatz stammt von dem französischen Importhändler Mr. de Gournay.[74]

Letter 6

Reading, July 20, 1827

II. Individual Economy is not Political Economy.[72]

An individual only provides for his personal and family purposes, he rarely cares for others or for posterity; his means and views are restricted, rarely transgressing the circle of his private business; his industry is confined by the state of society in which he lives. A nation provides for the social wants of the majority of its members, as far as the individuals cannot satisfy these wants by their private exertions; it provides not only for the present, but for future generations;[73] not only for peace but for war; its views are extended not only over the whole space of land it possesses, but over the whole globe.

An individual, in promoting his own interest, may injure the public interest; a nation, in promoting the general welfare, may check the interest of a part of its members. But the general welfare must restrict and regulate the exertions of the individuals, as the individuals must derive a supply of their strength from social power. Individuals without the regulations of a community are savages; and the principle of letting every individual alone is the most flourishing amongst the Indians. Here, too, the truth lies in the middle. It is bad policy to regulate everything and to promote everything, by employing social powers, where things may better regulate themselves and can be better promoted by private exertions; but it is no less bad policy to let those things alone which can only be promoted by interfering social power.

Look around, and you see everywhere the exertions and acts of individuals restricted, regulated, or promoted, on the principle of the common welfare. The commonplace of *laissez faire et laissez passer*, invented by a merchant* can therefore only be alleged sincerely by these merchants.

This principle would be only true if individual and national interest were never in opposition. But this is not the case. A country may possess many

---

* List's note: This common place was invented by Mr. de Gournay[74], a French importer.

nicht der Fall. Ein Land mag viele außerordentlich reiche Leute haben, aber das Land ist um so ärmer, je mehr es an einer gleichmäßigen Verteilung des Eigentums mangelt. Die Sklaverei mag ein allgemeines Unglück für ein Land sein, trotzdem mögen einige Leute an der Fortsetzung des Sklavenhandels und der Sklavenhaltung sehr gut verdienen. Mag auch das Fehlen freiheitlicher Institutionen der vollen Entwicklung der Produktivkräfte einer Nation ungemein schädlich sein, so mag es doch Gruppen geben, die aus den Mißständen Nutzen ziehen. Die Nation mag durch das Fehlen der Industrie leiden, doch können einige Leute dabei durch den Verkauf ausländischer Waren zu Wohlstand kommen. Der Bau von Kanälen und Eisenbahnen mag für eine Nation sehr wertvoll sein, aber alle Fuhrleute werden sich über diese Verbesserung beklagen. Jede neue Erfindung hat gewisse Nachteile für gewisse Einzelpersonen und gereicht doch der Allgemeinheit zum Segen.

Ein Fulton[75] mag sein ganzes Vermögen für seine Experimente aufbrauchen, aber die Nation kann aus seinen Anstrengungen eine ungeheure Produktivkraft schöpfen. Ein einzelner mag durch außergewöhnliche Sparsamkeit reich werden, aber wenn eine ganze Nation seinem Beispiel folgte, gäbe es keinen Konsum und infolgedessen keinen Absatz für die Industrie. Je mehr sich einzelne in den Südstaaten bemühen, England weiterhin Baumwolle zu einem niedrigen Preis zu liefern — indem sie größere Mengen anbauen —, um so weniger Geld wird die Baumwolle in England einbringen; um so weniger Einnahmen wird die Nation durch diesen Industriezweig haben. Einzelne mögen reich werden durch gewagte Bankspekulationen, aber die Allgemeinheit kann durch sie nur verlieren.

Ohne das Eingreifen durch die Staatsmacht gibt es keine Sicherheit, kein Vertrauen zu Währung, Maßen und Gewichten, keinen reibungslosen Betrieb in den Seehäfen; der Seehandel wäre nicht durch eine Flotte geschützt, in fremden Häfen oder Ländern kümmerten sich keine Konsuln oder Gesandte um die Bürger; es gäbe weder Ansprüche auf Grund und Boden noch Patente noch den Schutz geistigen Eigentums noch Kanäle, Eisenbahnen oder Landstraßen. Gänzlich sich selbst überlassen fiele die Industrie bald dem Ruin anheim, und eine Nation, die alles laufen ließe, beginge Selbstmord.

Die Anhänger der alten Theorie fühlen das sehr wohl, aber um nicht an den Folgen zu Fall zu kommen, weigern sie sich verzweifelt, danach zu handeln. Mr. Cooper, der wohl ahnt, daß die Anerkennung des wahren Charakters einer Nation (wie ich ihn definiere) und all die Folgen der Aufteilung der Menschheit in Nationen (wie ich sie in meinen früheren Briefen darlegte) das ganze alte System auf den Kopf stellen würden, leugnet in seinem Buch über politische Ökonomie diesen Charakter völlig, indem er schreibt: „Daher ist die moralische Einheit, das *grammatische Wesen* genannt Nati-

extremely rich men, but the country is the poorer, because there is no equal distribution of property. Slavery may be a public calamity for a country, nevertheless some people may do very well in carrying on the slave trade and in holding slaves. Notwithstanding an absence of liberal institutions may be extremely injurious to a full development of the productive powers of a nation, some classes may find their reckoning in this bad state of things. The nation may suffer from an absence of manufacturing industry, but some people may flourish in selling foreign manufactures. Canals and railroads may do great good to a nation, but all waggoners will complain of this improvement. Every new invention has some inconvenience for a number of individuals, and is nevertheless a public blessing.

A Fulton[75] may consume his whole fortune in his experiments, but the nation may derive immense productive power from his exertions. An individual may grow rich by extreme parsimony, but if a whole nation would follow his example, there would be no consumption, and, in consequence, no support of industry. The more the individuals of the southern states endeavour to supply the low price of cotton in England by planting greater quantities, the less will cotton bring in England; the less will the nation derive income from that branch of industry. Individuals may become rich by hazardous bank schemes, but the public may lose by them.

Without interference of national power there is no security, no faith in coined money, in measures and weights, no security for the health of seaports, no security for the commerce at sea by the aid of a navy, no interference for the citizens in foreign seaports and countries by Consuls and Ministers, no titles to land, no patents, no copyright, no canals and railroads, no national road. Industry entirely left to itself, would soon fall to ruin, and a nation letting every thing alone would commit suicide.

The adherents of the old theory feel this very well, but — wonderful to say — not to be obliged to fall by the consequences they desperately deny the proposition. Mr. Cooper, feeling very well that an acknowledgment of the true character of a nation (as I defined it), and all the consequences of the division of the human race into nations (as I traced them in my former letters), would overthrow the whole old system, negatived this character entirely, saying in his book on Political Economy: "Hence the moral entity — the *grammatical being*, called a nation, has been clothed in attributes

on, mit Attributen versehen worden, die in Wirklichkeit gar nicht existieren, außer in der Einbildung derer, die ein Wort zu einem Ding machen und eine *rein grammatische Erfindung* in ein real existierendes, verständiges Wesen verwandeln. Es ist von großer Bedeutung, daß wir diesen Fehler wahrnehmen, um Beschränkung, Beschreibung und Umschreibung zu vermeiden — grammatische Begriffe und nichts weiter: genau so, wie wir Zeichen und Buchstaben in der Algebra zum Rechnen benützen statt der komplexeren Zahlen, die sie vertreten." (Siehe Seite 19[76])

Gerade weil ich von den großen Talenten und der tiefen Gelehrsamkeit des Präsidenten Cooper überzeugt bin, staune ich um so mehr, wenn ich sehe, daß er auf so falscher Grundlage ein System der politischen Ökonomie aufbaut, durch welches er eine ganze Nation über ihr Interesse aufklären und die Jugend[77] dieser Nation auf das politische Leben vorbereiten will; ein System der politischen Ökonomie, das diese Nation in den Ruin, in den Selbstmord führen würde. Ein paar Worte genügen, um den großen Irrtum darzulegen, den Mr. Cooper, geblendet vom Eifer, die alte Theorie aufrechterhalten zu wollen, in diesem grundlegenden Satz zum Ausdruck bringt. Mr. Cooper verwechselt ein *grammatisches Wesen mit einem moralischen Wesen*, im Zivilrecht auch *juristische Person genannt* (ein eingetragener Verein, eine Vielzahl von Menschen, die gemeinsame Rechte und Pflichten, gemeinsame Interessen und Einrichtungen besitzen). Ein grammatisches Wesen ist ein bloßer Name, der verschiedene Dinge oder Personen bezeichnet, die nur im Sprachgebrauch eine Einheit bilden, um — wie Mr. Cooper sagt — Beschränkungen, Beschreibungen etc. zu vermeiden. Namen wie Rechtsanwaltschaft, Grundbesitzerschaft oder Mob sind solche grammatischen Wesen; die durch diesen Namen bezeichneten Personen besitzen weder soziale Rechte noch soziale Pflichten; sie können unter diesem Namen keinen Prozeß vor einem Gerichtshof führen, noch können sie angeklagt werden.

Die amerikanische Nation dagegen kann das wohl, wie Mr. Cooper aus vielen Anklageschriften ersehen kann. Ein Wesen, das Präsidenten und Abgeordnete wählt, das eine Flotte, Land und Schulden hat, das Krieg führt und Frieden schließt, dessen Interessen sich von denen anderer Nationen unterscheiden und das gegenüber seinen Mitgliedern Rechte ebenso wie Pflichten hat, ist nicht bloß ein *grammatisches Wesen*, es hat alle Eigenschaften eines *vernünftigen Wesens* und eine reale Existenz. Es hat einen Körper und realen Besitz; es hat Verstand und bringt den Mitgliedern gegenüber seine Entschlüsse durch Gesetze zum Ausdruck; es spricht mit seinem Feind nicht in der Sprache des Individuums, sondern der Kanonenrohre.

Infolge dieser falschen Grundlagen stürzt das ganze System des Mr. Cooper in sich zusammen. Vergeblich sind seine geistreichen Reflexionen und Parallelen, vergeblich all seine gelehrten Ausführungen; der gesunde Men-

that have no real existence, except in the imagination of those who metamorphose a word into a thing, and convert a *mere grammatical contrivance* into an existing and intelligent being. It is of great importance that we should be aware of this mistake, to avoid limitation, description and periphrasis — grammatical contrivances and no more; just as we use the sign's and letters of Algebra to reason with, instead of the more complex number they represent." (See p. 19[76])

The more I am convinced of the superior talents and of the great learning of President Cooper, the more I am astonished to see him build up on such false ground a system of political economy, by which he intends to enlighten a whole nation about its interest, and to prepare the youth[77] of that nation for political life; a system which would lead this nation to ruin, to suicide. A few words are sufficient to expose the gross error in which Mr. Cooper fell in this fundamental phrase, blinded by his zeal for keeping up the old theory. Mr. Cooper confounded a *grammatical being with a moral being*, or what the civilians call a *moral person* (a chartered society, a plurality of men, possessing common rights and obligations, common interests and institutions). A grammatical being is a mere name, signifying different things or persons, being only united in the use of language, in order (as Mr. Cooper says) to avoid limitations, descriptions, etc. The names bar, yeomanry, mob are such grammatical beings; the persons denoted by this name possess neither social rights nor social obligations; they cannot prosecute a law suit under this name before a court, nor can they be accused.

But the American nation can, as Mr. Cooper may learn from the title of many indictments. A being which elects presidents and representatives, which possesses a navy, land, and debts; which makes war and concludes peace; which has separate interests respecting other nations, and rights as well as obligations respecting its members, is not a mere *grammatical contrivance*; it is not a mere *grammatical being*; it has all the qualities of a *rational being* and real existence. It has body and real possessions; it has intelligence, and expresses its resolutions to the members by laws, and speaks with its enemy — not the language of individuals, but at the mouth of cannon.

With this false foundation the whole system of Mr. Cooper falls to pieces. In vain are his ingenious reflections and parallels, in vain all his learned allegations, common sense rejects his reasoning, as emanating from a false

schenverstand verwirft seine Schlüsse, da sie aus falschen Grundannahmen hervorgegangen sind. Es ist äußerst lehrreich, einen Mann von so hervorragenden Eigenschaften ein System der politischen Ökonomie auf Grundlagen aufbauen zu sehen, die er als Jurist, Philosoph und gebildeter Politiker ablehnen muß. Was hätte Mr. Cooper als Generalstaatsanwalt gesagt, wenn der Anwalt eines Beschuldigten seiner Anklage entgegengehalten hätte, daß die amerikanische Nation nur ein grammatisches Wesen, bloß ein Name[+] sei, der nur durch menschliche Erfindung in ein tatsächlich existierendes und verständiges Wesen verwandelt wurde und daher keinen Prozeß vor einem Gerichtshof führen könne?

    Hochachtungsvoll etc.
    Fr. List

[+] In der Gesamtausgabe der List-Gesellschaft heißt es irrtümlich „a mere man" statt „a mere name".

principle. It is a very instructing contemplation, to see a man of such superior talents build up a system of political economy on a ground which, as a lawyer and philosopher, and as a learned politician, he must condemn. What would Mr. Cooper, as Attorney General, have said, if the counsel of a defendant had opposed to one of his indictments, that the American nation is a mere grammatical being, a mere name;[+] which only by the contrivance of men is converted into an existing and intelligent being, and which, therefore, cannot prosecute a law-suit before a court.

Very respectfully, etc.
Fr. List

[+]The List Society's edition writes mistakenly "a mere man" instead of "a mere name".

7. Brief

Reading, den 22. Juli 1827

Ich möchte den dritten Satz meines fünften Briefes weiter ausführen.

III. Politische Ökonomie ist nicht kosmopolitische Ökonomie
Es scheint im Plan Gottes zu liegen, die Lage der menschlichen Gattung zu verbessern und ihre Kräfte und Fähigkeiten durch einen ewigen moralischen und physischen Wettstreit[78] zwischen Meinung und Meinung, Interesse und Interesse, Nation und Nation zu steigern. Die Geschichte scheint diesen Gedanken zu bestätigen. Die italienischen und deutschen Städte, die schlecht geschützt auf freiem Gelände gebaut waren, wurden mächtig und wohlhabend durch den Kampf gegen die Räuber der damaligen Zeit, der sie zwang, ihre individuelle Stärke zu vereinigen. Philipps[79] Henker schufen den Bund der Niederlande, und die Kriege der neuen Republik gegen Spanien brachten ihr ein solches Maß an Reichtum und Macht, wie man es vorher nie für möglich gehalten hätte.

So wurden Ereignisse, die zunächst für die einzelnen vernichtend schienen und die in der Tat vernichtende Folgen für die damalige Generation hatten, eine Ursache großen Glückes für die Nachwelt. So diente das, was die menschliche Gattung zu schwächen schien, zur Steigerung ihrer Kräfte. Man braucht nur die Geschichte Englands und Frankreichs zu lesen, und jede Seite wird diese Wahrheit bestätigen. Ihre eigene Geschichte, mein Herr, bietet mehr als irgendeine andere herausragende Beispiele hierfür. Nehmen Sie an, England hätte aus eigenem Entschluß diese Vereinigten Staaten selbständig werden lassen; wären sie dann so erstaunlich rasch zu Macht und Wohlstand gekommen, ohne den Ansporn eines Revolutionskrieges? Brachte nicht der letzte Krieg[80] eine Flotte hervor, und legte er nicht den Grundstein zur Industrie?

Obwohl sich die Philosophen vorstellen mögen, daß ein ewiger Friede, eine Vereinigung der ganzen Menschheitsfamilie unter einem Gesetz, den höchsten Grad menschlicher Glückseligkeit hervorrufen würde, ist es nichtsdestoweniger wahr, daß die Kämpfe zwischen Nation und Nation, so oft sie sich verderbend und vernichtend für die Zivilisation auswirkten, doch ebenso oft zur Ursache für die Höherentwicklung der Zivilisation wurden, wenn nämlich ein Volk um seine Freiheit und Unabhängigkeit gegen Tyrannei und Unterdrückung rang; und daß, so oft dies geschah, eine Anhebung der Fähigkeiten dieses Volkes und hierdurch ein Vorrücken der ganzen Menschengattung zu höherer Vollkommenheit die Folge war.

Letter 7

Reading, July 22, 1827

I proceed to develop the third proposition in my fifth letter:

III. Political Economy is not Cosmopolitical Economy

It seems to be in the plan of Providence to improve the condition of the human race, and to raise their powers and faculties by an eternal contest[78] — moral and physical — between opinion and opinion, interest and interest, nation and nation. History seems to confirm this reflection. The Italian and German cities, founded by an absence of security in the open country, grew powerful and wealthy by the contest against the robbers of the age, by which they were forced to unite their individual strength. Philip's[79] hangmen created the union of the Netherlands, and the wars of the new Republic against Spain elevated her to a degree of wealth and power which was never thought of before.

So events, which seemed at first destructive to individuals, and had indeed, destructive effects for the present generation, became a cause of happiness for posterity. So what seemed to weaken the human race, served to elevate its powers. Look at the histories of England and France, and every page will confirm this truth. And your own history, sir, affords, more than any other, bright examples of it. Suppose England had emancipated these United States by her own accord, would they have made such astonishing advances towards power and wealth, without the excitement of a revolutionary war? Did not the last war[80] create a navy, and lay the corner stone of a manufacturing industry?

Though, therefore, philosophers may imagine that an eternal peace, a union of the whole human family under a common law, would produce the highest degree of human happiness, it is nevertheless true that the contests between nation and nation, often pernicious and destructive to civilization, were as often causes of its promotion, as a people was struggling for its freedom and independence, against despotism and depression; and that as often as this happened, it produced an elevation of all its faculties, and thereby an advancement of the whole human race towards greater perfection.

Dasselbe kann man von dem industriellen Wettstreit zwischen Nationen sagen. Obwohl wir uns vorstellen können, daß der Freihandel für die Menschheit sehr vorteilhaft wäre, so ist es doch fraglich, ob ein freier und unbehinderter Verkehr unter dem Schutz eines gemeinsamen Gesetzes die Entwicklung der Produktivkräfte in gleicher Weise fördern könnte wie der jetzt stattfindende Wettstreit.

Doch wie dem auch sei, jener Zustand, der einen freien, unbeschränkten Handel erlauben würde, ist nicht der derzeitige Zustand der Welt, und solange die menschliche Gattung in unabhängige Nationen aufgeteilt ist, wird die politische Ökonomie ebenso oft von den kosmopolitischen Grundsätzen abweichen, wie die Individualökonomie von der politischen Ökonomie abweicht. Beim gegenwärtigen Stand der Dinge würde eine Nation unklug handeln, wenn sie bestrebt wäre, die Wohlfahrt der ganzen menschlichen Gattung auf Kosten ihrer eigenen Stärke, Wohlfahrt und Unabhängigkeit zu fördern. Das Gesetz der Selbsterhaltung gebietet, den eigenen Fortschritt an Macht und Stärke zum ersten Grundsatz der Politik zu machen, und je mehr eine Nation im Vergleich zu anderen Nationen an Freiheit, Zivilisation und Industrie fortgeschritten ist, um so mehr muß sie den Verlust ihrer Unabhängigkeit fürchten, um so stärker sieht sie sich veranlaßt, alle möglichen Anstrengungen zu machen, um ihre politische Stärke durch Vermehrung ihrer Produktivkräfte zu fördern.

Mr. Cooper ist nicht dieser Meinung. Da er das Wesen der Nationen gänzlich leugnet, zieht er logischerweise folgenden Schluß:

„Kein Handelszweig, keine Industrie ist einen Krieg wert. Ich neige zu der Auffassung, daß, wenn ein Kaufmann die Küsten seines eigenen Landes verläßt und überall Handel treibt, er dies auf eigenes Risiko tun sollte, und daß es ihm nicht gestattet sein sollte, den Frieden der Nation aufs Spiel zu setzen und einen Streit zwischen Nationen auf Kosten der friedlichen Konsumenten daheim vom Zaun zu brechen. Seine Tätigkeit ist den Schutz nicht wert, den sie verlangt." (Seite 120[81])

Unsere großen Seehandelskaufleute können diesem Auszug entnehmen, daß auch sie dem vom kosmopolitischen System beabsichtigten Selbstmord nicht entgingen. Mr. Cooper liefert ihre Schiffe gerade so der Gnade des Bey von Tunis und des Dey von Algier[82] aus, wie er die Manufakturen der Gnade der englischen Konkurrenz ausliefert. Er glaubt, daß beide des Schutzes durch die nationale Macht nicht wert seien. Mr. Cooper glaubt nicht an einen nationalen Handel oder an nationale Manufakturkraft; er sieht nichts als Individuen und individuellen Gewinn. Was wäre denn nun die Folge einer solchen Politik? Das erste in einem fremden Meer straflos aufgebrachte Schiff wäre das Signal zu einer Jagd auf das Eigentum aller amerikanischen Kaufleute; wir hätten binnen kurzem keine Schiffe mehr; wir könnten mit

The same may be said of the industrial contest between nations. Though we may imagine free trade would be beneficial to mankind, it is yet to be questioned whether a free and uninterrupted intercourse under a common law would promote the development of the productive powers like the existing contests.

But be that as it may, that stage of things, under which free, unrestricted trade possibly might exist, is not the actual state of the world, and as long as the division of the human race into independent nations exists, political economy will as often be at variance with cosmopolitical principles, as individual economy is at variance with political economy. In this present state of things, a nation would act unwisely to endeavour to promote the welfare of the whole human race at the expense of its particular strength, welfare and independence. It is a dictate of the law of self-preservation to make its particular advancement in power and strength the first principles of its policy, and the more it is advanced in freedom, civilization, and industry, in comparison with other nations, the more it has to fear by the loss of its independence, the stronger are its inducements to make all possible efforts to increase its political power by increasing its productive powers, and vice versa.

Mr. Cooper is not of this opinion. After having denied entirely the character of nations, he reasons quite logically as follows:

"No branch of commerce, no manufacture, is worth a war. I incline to think that when a merchant leaves the shores of his own country and trades everywhere, he ought to do this at his own risk, and ought not to be permitted to jeopardize the peace of the nation and induce a national quarrel to be carried on at the expense of the peaceable consumers at home. His occupation is not worth the protection it demands." (Page 120[81])

Our great shipping merchants may learn from this extract that they too, would not escape the national suicide intended by the cosmopolitical system. Mr. Cooper places their ships at the mercy of the Bey of Tunis and of the Dey of Algiers,[82] as he places the manufactures at the mercy of English competition, and thinks they both are not worth protection by national power. Mr. Cooper believes not in a national commerce, or a national manufacturing power — he sees nothing but individuals and individual gain. What then would be the consequence of such a policy? The first ship taken in a foreign sea, with impunity, would be the signal to hunt after the property of all American merchants; our tonnage would in a short time be

ausländischen Nationen nur in ausländischen Schiffen Handel treiben und wären abhängig von ausländischen Vorschriften und Interessen; wir wären der Gnade der englischen Flotte ausgeliefert; kurzum, unsere ganze Unabhängigkeit wäre verloren. Es verlangt einige Selbstbeherrschung, nicht mit den entsprechenden Bezeichnungen gegen solch ein System nationalen Selbstmordes zu wettern.

Wie der Handel eines Landes Schutz gegen Angriffe von außen verlangt — selbst wenn es dem Land große Kosten bereitet und selbst auf das Risiko eines Krieges hin — ebenso müssen, selbst wenn es von den meisten Individuen Opfer fordert, Landwirtschaft und Manufakturen gefördert und geschützt werden, wenn erwiesen ist, daß die Nation ohne solche Schutzmaßnahmen nie die nötige Vollkommenheit erlangen würde bzw. eine schon erworbene Vollkommenheit nicht sichern könnte. Das kann bewiesen werden, und ich will es beweisen. Und wenn die Lehrer und Schüler der kosmopolitischen Theorie von dieser Notwendigkeit nicht überzeugt sind, so ist dies kein Beweis dafür, daß diese nicht existiert, sondern es beweist nur, daß sie die wahre Natur der politischen Ökonomie nicht verstehen.

Eine Manufakturmacht kann ebenso wie eine Seemacht (darunter verstehe ich nicht nur die Flotte, sondern das ganze Schiffahrtswesen eines Landes) nur durch langwierige Anstrengungen aufgebaut werden. Es benötigt eine lange Zeit, bis die Arbeiter in den verschiedenen Berufen eine gewisse Fertigkeit erlangt haben und die nötige Anzahl von Arbeitskräften in jeder Sparte verfügbar ist. Hinzu kommt, daß je mehr Kenntnisse, Erfahrung und Können für einen Beruf erforderlich sind, desto weniger Menschen dazu bereit sein werden, ihn zu ergreifen, wenn sie nicht die volle Gewißheit haben, daß sie damit ihr ganzes Leben lang ihren Unterhalt verdienen können.

Jeder neue Gewerbezweig muß, da es an Erfahrung und Können noch mangelt, eine ganze Zeitlang Verluste hinnehmen. Der Fortschritt jeder Art von Manufaktur hängt außerdem von vielem anderen ab: von der richtigen Konstruktion der Gebäude und Werkstätten und von Geräten und Maschinen. Die damit verbundenen Probleme erschweren das Anlaufen eines neuen Unternehmens sehr, da sich die Unternehmer außerdem einem Mangel an erfahrenen Fachkräften gegenübersehen. Bei der Gründung eines neuen Unternehmens entstehen die höchsten Kosten, und die Löhne der ungelernten Arbeiter sind in der Phase der Industrialisierung eines Landes höher als die Löhne der Facharbeiter in Ländern, die schon seit längerem industrialisiert sind. All diese Kosten verdoppeln die Preise, und jeder Fehler zu Beginn verursacht schwere Verluste und manchmal das Mißlingen des ganzen Unternehmens. Überdies besitzen die Unternehmer in den meisten Fällen keine genügende Kenntnis der Mittel und Wege, vorteilhaft in den Besitz der

reduced to nothing — we could not trade with foreign countries but in foreign ships, and depending upon foreign regulations and interests — we would be placed at the mercy of the English navy — in short our whole independence would be lost. It requires some self-government not to break out with suitable epithets against such a system of national suicide.

As the commerce of a nation wants protection against foreign aggressions, even at the great expense of the country, and even at the risk of a war, so the manufacturing and agricultural interest must be promoted and protected even by sacrifices of the majority of the individuals, if it can be proved that the nation would never acquire the necessary perfection, or could never secure to itself an acquired perfection without such protective measures. This can be proved, and I will prove it. And if the masters and disciples of the cosmopolitical theory are not convinced of this necessity, that is no argument that it does not exist, but proves only that they do not understand the true nature of political economy.

A manufacturing power, like a maritime power (under which name I comprehend not only the navy, but the whole shipping of a country), is only to be acquired by long exertions. It takes a long time until the labourers are experienced in the different workmanship and accustomed to it; and until the necessary number for every business is at all times to be had. The more knowledge, experience, and skill are wanted for a particular business, the less individuals will be willing to devote themselves to it, if they have not a full assurance of their being able to make a living by it for their whole lifetime.

Every new business is connected with great losses by want of experience and skill for a considerable time. The advancement of every kind of manufactories, depends upon the advancement of many other kinds, upon the proper construction of houses and works, of instruments and machinery. All this makes the commencement of a new undertaking extremely difficult, whilst the undertakers have to contend with a want of labourers of skill and experience; the first cost of starting a business is the heaviest of all, and the wages of the unskilled labourers in countries which commence manufactories, are higher than the wages of the skilled ones in old manufacturing countries. All cost double prices, and every fault in starting the business causes heavy losses, and sometimes the failure of the whole undertaking. The undertakers possess moreover, in most cases, not a sufficient knowledge of the ways and means to get the first materials

besten Materialien zu gelangen, und während sie mit all diesen Schwierigkeiten zu tun haben, müssen sie große Anstrengungen unternehmen, um Kunden zu bekommen, und oft die Vorurteile ihrer Landsleute bekämpfen, die nach dem Gesetz der Trägheit an der alten Art, Geschäfte zu betreiben, festhalten und in den meisten Fällen ausländische Manufakturen begünstigen.

Oft mögen sie ja recht haben. Neue Betriebe sind im ersten und zweiten Jahr ihres Bestehens selten in der Lage, so ausgereifte Produkte herzustellen, wie sie es im dritten und vierten könnten, wenn man sie fördert, und trotzdem müssen ihre Waren teurer verkauft werden. Man kann nicht erwarten, daß die Konsumenten als Individuen freiwillig einen Betrieb unterstützen, indem sie schlechtere Waren zu höheren Preisen kaufen, selbst wenn sie überzeugt sind, daß sie, wenn sie sie kaufen, die Manufakturen dadurch in die Lage versetzen, ihre Produkte zu verbessern und sie nach einiger Zeit billiger herzustellen als ausländische Manufakturen.

All diese Umstände sind die Ursache dafür, daß so viele neue Unternehmensgründungen fehlschlagen, wenn man sie sich selbst überläßt. Jeder Fehlschlag richtet einen Mann zugrunde, weil der größte Teil der Ausgaben für die Installation von Maschinen, für die Beschaffung von Arbeitern aus dem Ausland etc. verloren ist. Ein einziges Beispiel eines solchen Fehlschlags läßt vor weiteren Neugründungen zurückschrecken, und auch das vorteilhafteste Geschäft kann später keine Kapitalgeber mehr finden .

In Ländern, die schon länger Manufakturen besitzen, beobachten wir das genaue Gegenteil. Da sind genug gelernte Arbeitskräfte in allen Berufen zu günstigen Löhnen zu bekommen. Alle Gebäude, Maschinen, Werkzeuge sind in bestem Zustand; die Ausgaben dafür sind zum größten Teil bereits durch Gewinne amortisiert. Aufgrund der bereits erworbenen Erfahrung und Qualifikation kann der Fabrikant ständig seine Gebäude und Werkzeuge mit geringem Kostenaufwand verbessern. Er kann Ausgaben sparen und seine Fabrikate verbessern. Der Fabrikant besitzt selbst Qualifikation, Unternehmergeist und Kapital und kann nicht dadurch in Verlegenheit geraten, daß ihm eines dieser Standbeine entzogen wird, wie dies bei neuen Unternehmungen der Fall ist, wo oft der Besitzer, der Betriebsleiter und der Kapitalgeber verschiedene Personen sind und das ganze Geschäft durch den Rücktritt eines der drei zum Stillstand gebracht werden kann. Alteingesessene Manufakturen sind kredit- und vertrauenswürdig; deshalb ist es für ihren Besitzer ebenso leicht, an weitere Kredite von Kapitalgebern heranzukommen, wie es für einen neuen Unternehmer schwer ist. Die Vertrauenswürdigkeit in seine Betriebe und sein Absatzmarkt sind gesichert; er kann zu mäßigen Preisen Qualitätswaren produzieren und außerdem noch seinen Kunden großzügig Kredit gewähren.

profitably, and whilst they are struggling against all these difficulties, they have great exertions to make to get customers, and often to contend with the prejudices of their countrymen, who, not willing to leave their old way in doing business, are in most cases in favour of the foreign manufactories.

Often they may be right. New establishments are seldom able to procure such finished articles in the first and second year, as they would in the third and fourth, if supported, and nevertheless their articles must be sold higher. It cannot be expected that the consumers, as individuals by their own accord, should support a manufactory, by purchasing less accomplished articles at higher prices, even if convinced that, in purchasing them, they would encourage the manufactures to improve their products, and to procure them after a while cheaper than foreign manufactures.

All these circumstances are the cause why so many new establishments fail if let alone. Every failure breaks a man, because the greater part of their expenditure in building machinery, in procuring labourers from abroad, etc. is lost. One example of such a failure effects a discouragement of all other new undertakings, and the most advantageous business cannot find afterwards a support from capitalists.

In old manufacturing countries we observe quite the contrary. There are plenty of skilled labourers for every kind of business, at moderate terms, to be had. All buildings, machinery, implements, are in the best condition; the expenditure for them is for the greater part reimbursed by gains already made. On the basis of the already acquired experience and skill, the manufacturer can improve daily his buildings and instruments at moderate expenses; he can save expenditures and perfect his manufactures. The manufacturer himself is possessor of skill, undertaking and capital, and he cannot be exposed to embarrassments by the withdrawal of one of these essential parts, as is the case with new undertakings, where often the undertaker, and the performer, and the possessor of capital are different men, and the whole business can be stopped by the withdrawal of one of them. Credit and confidence of the old manufactures are established, it is therefore as easy for the possessor to get new support from capitalists, as it is difficult for a new undertaker. The credit of his manufactures and his market is established, he can produce finished articles at moderate prices, and yet afford his customers a liberal credit.

Das ist der natürliche Unterschied zwischen einem alten Manufakturland und einem Land, das gerade erst mit der Manufaktur beginnt. Solange sich das alte Land seine Freiheit, seine Kraft und seine politische Macht erhält, wird es im freien Handelsverkehr immer eine aufstrebende Manufakturmacht niederhalten. Die Niederlande wären nie ihrer überlegenen Manufakturkraft von den Engländern beraubt worden ohne die Verfügungen Eduards II., Elisabeths und der folgenden Regierungen und ohne die Torheiten der Könige von Frankreich und Spanien. Ein neues Land ist überdies um so weniger in der Lage, gegen die Manufakturmacht eines alten Landes anzukämpfen, je mehr der heimische Markt dieses alten Landes durch Zölle geschützt ist und je mehr seine Konkurrenz in dem neuen Land durch Zollrückvergütung und durch das Fehlen von Zöllen an den Auslandsmärkten begünstigt wird. Welchen Effekt diese künstlichen Mittel haben, werde ich im nächsten Brief behandeln.

Ihr sehr ergebener
Fr. List

Such are the natural differences between an old manufacturing country and a new country just entering into business. The old country, as long as it preserves its freedom, its vigour, its political power, will, in a free intercourse, ever keep down a rising manufacturing power. The Netherlands would never have been deprived of their superior manufacturing power by the English, without the regulations of Edward, Elizabeth, and the following governments, and without the follies of the kings of France and Spain. A new country is, moreover, the less able to contend against the manufacturing power of the old country, the more the interior market of this old country is protected by duties, and the more its competition in the new country is supported by drawbacks, and by an absence of duties in the foreign markets. The effects which these artificial means are producing, I shall treat in my next letter.

Very respectfully yours,
Fr. List

8. Brief

Reading, den 25. Juli 1827

III. Politische Ökonomie ist nicht kosmopolitische Ökonomie
(Fortsetzung)

Ein vernünftiges Zollsystem gewährt folgende Vorteile:
1. Wenn wir unserer nationalen Gewerbetätigkeit den Binnenmarkt sichern, ist die Manufakturkraft gegen alle Widrigkeiten, gegen Preisschwankungen und jegliche Veränderungen der politischen und ökonomischen Verhältnisse in anderen Nationen gesichert. Denn es können Ereignisse eintreten, durch die eine andere Nation in die Lage versetzt wird, ihre Produkte eine Zeitlang billiger zu verkaufen, als die Inlandsfabrikanten sie herstellen können. Mag es sich dabei auch um einen vorübergehenden Zustand handeln, so kann er dennoch Auswirkungen auf das Fabrikationspotential unserer Nation haben, weil eine Stagnation von wenigen Jahren im Fabrikationsgeschäft den Ruin der Betriebe bewirken kann: Die Gebäude verfallen oder werden zweckentfremdet; der Maschinenpark verkommt oder wird als Alteisen oder Brennholz verkauft; die Arbeiter verlassen entweder das Land oder wenden sich einem anderen Industriezweig zu; das Kapital fließt ins Ausland oder wird anderweitig angelegt; die Kunden gehen verloren und mit ihnen das Vertrauen der Kapitalgeber.

Eine einzige im Ausland gemachte neue Erfindung, die nicht sofort nachgeahmt werden kann, weil sie geheimgehalten wird, kann in einem offenen Land [ohne wirtschaftliche Schutzgesetze], in kurzer Zeit einen ganzen Fabrikationszweig vernichten, während ein Schutzsystem ihn bewahren und außerdem garantieren würde, daß nach Aufhebung der Geheimhaltung die neue Erfindung unsere eigene Produktivkraft erhöht.

2. Indem wir den heimischen Markt den heimischen Manufakturen sichern, ist die Manufakturkraft zur Versorgung unseres eigenen Bedarfs nicht nur für alle Zeiten vor Ereignissen im Ausland und einer Veränderung der dortigen Verhältnisse geschützt, unsere Fabriken werden auch in der Konkurrenz mit anderen, die diesen Vorteil in ihrem eigenen Land nicht genießen, erheblich begünstigt. Es ist derselbe Vorteil, den ein Volk genießt, das durch natürliche und künstliche Befestigungsanlagen gegen ein Nachbarvolk, das in einer offenen Gegend lebt, abgeschirmt ist. Alle Kämpfe werden für solch ein ungeschütztes Volk nachteilig sein; selbst seine Siege werden es ruinieren; es wird nie die Vorteile vollständiger Sicherheit genießen; der Feind, der heute unter Verlusten von seinen Grenzen fortgetrieben wur-

Letter 8

Reading, July 25, 1827

III. Political Economy is not Cosmopolitical Economy
(Continuation)

The advantages procured by a judicious tariff system are the following:

1. By securing the interior market to our national industry, the manufacturing power is secured against all events, fluctuation of prices, and against all changes in the political and economical conditions of other nations. Events may happen whereby a foreign nation would be enabled to sell manufactures, for a time, cheaper than the interior manufacturers could make them. This state of things, though transitory, may nevertheless affect the manufacturing power of the nation, because a stagnation of a few years in manufacturing business, may effect the ruin of the establishments: the buildings would fall to ruin, or would be put to other purposes; the machinery would get out of order, or be sold for old iron or firewood; the labourers would either leave the country or apply themselves to another branch of industry; the capital would go abroad or find other employments; the customers would be lost, together with the confidence of the capitalists.

A single new invention made in a foreign country, and not imitated immediately, because yet kept secret, would destroy, in a free country, a whole branch of the manufacturing industry in a short time, whilst a protective system would preserve it until the secrecy is revealed, and our productive power increased by it.

2. By securing the home market to home manufactures, not only the manufacturing power for the supply of our own wants is for all times secured against foreign changes and events, but an ascendancy is thereby given to our manufacturing powers in competition with others, who do not enjoy this advantage in their own country. It is the same advantage that a people enjoys in being defended by natural and artificial fortifications against a neighbouring people living in an open country. All contests will be disadvantageous to such an unprotected people; it will even be ruined by its victories; it will never enjoy the fruits of perfect security; the enemy, driven to-day with a loss from their borders, may repeat his aggressions tomorrow,

de, kann morgen seinen Angriff wiederholen, und in jedem Fall wird das Land verwüstet. Genau dasselbe gilt für ein kluges, durch ein Zollsystem geschütztes Land im Vergleich zu einem anderen, das die Grundsätze des Freihandels befolgt.

Jeder, der mit dem Fabrikationsgeschäft vertraut ist, weiß: Die Existenz eines Unternehmens hängt davon ab, daß die hergestellten Güter rasch und in genügender Menge verkauft werden, damit die Kapitalzinsen bezahlt und die Produktionskosten gedeckt werden können und dabei noch ein angemessener Gewinn für den Unternehmer übrig bleibt. Solange eine Fabrik diesen Punkt nicht erreicht hat, kann das Geschäft nur in der Hoffnung, ihn zu erreichen, betrieben werden, und wenn sich diese Erwartung nach kürzerer oder längerer Zeit nicht erfüllt, wird das Unternehmen bankrott gehen.

Jedermann weiß ferner, daß die Produktionskosten im Fabrikationsgeschäft zum großen Teil von der Menge der erzeugten Produkte abhängen. Ein Mann kann 1000 Yards (ca. 900 m) Tuch pro Jahr erzeugen, ein Yard für sechs Dollar verkaufen und dabei Geld verlieren; er kann hingegen 20 000 Yards von derselben Qualität erzeugen, nicht mehr als vier Dollar pro Yard bekommen und Geld dabei verdienen. Dieser Umstand hat einen starken Einfluß auf das Anwachsen und Abnehmen der Manufakturkraft.

Wenn die Belieferung des heimischen Marktes zu einem großen Teil einer englischen Fabrik zugesichert wird, dann ist dem Fabrikanten damit ein ständiger Absatz der Menge an Gütern gewiß, die zur Aufrechterhaltung seines Unternehmens nötig ist. Er kann zum Beispiel sicher sein, jährlich 10 000 Yards Tuch für sechs Dollar pro Yard im eigenen Land zu verkaufen, um die Unkosten seines Betriebs zu decken und daneben noch eine ausreichende Summe für sich zu behalten. Durch diesen heimischen Markt wird er in die Lage versetzt, weitere 10 000 Yards feinen Tuches für den ausländischen Markt herzustellen und die Preise den im Ausland herrschenden Bedingungen anzupassen. Da seine Betriebsausgaben schon durch den Verkauf im Inland gedeckt werden, sind die Produktionskosten weiterer 10 000 Yards für den Außenmarkt erheblich geringer, und er kann auch dann noch Profit machen, wenn er sie für drei oder vier Dollar pro Yard verkauft; und falls er im Augenblick nichts dabei gewinnt, so kann der Profit sich in der Zukunft einstellen. Wenn er sieht, daß die Fabrikanten eines anderen Landes sich in einer Notlage befinden, kann er einige Jahre lang ohne Profit verkaufen — in der Hoffnung, sieben oder acht Dollar pro Yard zu bekommen, sobald die Fabriken dieses anderen Landes in Konkurs gegangen und ausgeschaltet sind, um dann für geraume Zeit 20 000 oder 30 000 Dollar im Jahr einzustreichen.

Er führt diesen Konkurrenzkampf mit vollkommener Ruhe; er verliert nichts, und die Hoffnung auf einen zukünftigen Gewinn ist ihm sicher,

and in all cases the country will be laid waste. This is exactly the case in a country protected by a wise tariff system, and another following the principle of free trade.

Every man acquainted with manufacturing business, knows that the existence of an undertaking depends upon a sufficient and speedy sale of such quantity of manufactured goods, as will cover the interest of the capital, the costs of production and a reasonable gain for the undertaker. As long as a manufactory has not reached that point, the business can only be carried on in the hope of attaining it, and if this expectation is not fulfilled after a longer or shorter time, the undertaking will go to nothing.

Everybody knows moreover, that the cost of production in manufacturing business, depends a great deal on the quantity that is manufactured. A man may manufacture 1000 yards of broad cloth a year, and sell a yard for six dollars, and he may lose money; but he may manufacture 20,000 yards of the same quality, and get not more than four dollars a yard, and he may make money. This circumstance has a mighty influence on the rise and fall of manufacturing power.

If the large supply of the home market is secured to an English manufactory, a steady sale of that quantity which is necessary to sustain his establishment, is secured to him thereby. He is, for instance, sure to sell ten thousand yards of broad cloth a year in his own country for six dollars a yard, to cover thereby the expenses of his establishment, and to clear besides a sufficient sum of money for himself. By this home market he is enabled to manufacture yet other ten thousand yards of broad cloth for the foreign market, and to accommodate his prices to the existing circumstances abroad. The expenses of his establishment being already covered by the sales at home, the costs of producing other 10,000 yards for the market abroad, come by far less high, and he may still profit by selling them for three or four dollars a yard; he may even profit in future if he gains nothing at present. Seeing the manufacturers of a foreign country lying in distress, he may sell for some years without any profit, in the hope to get seven or eight dollars a year, and to clear $ 20,000 or $ 30,000 a year for a long time after the foreign manufactures are dead and buried.

He carries this contest on with perfect tranquillity; he loses nothing, and the hope of future gain is certain to him, whilst the manufacturer of the open

während dagegen der Fabrikant des ungeschützten Landes gegen einen täglichen Verlust ankämpft und leere Hoffnungen nährt, die ihn schließlich in einen sicheren, unvermeidlichen und gründlichen Ruin treiben. Die Lage dieses unglücklichen Mannes ist ganz anders als die seines geschilderten Konkurrenten. Er kämpft mit all den Schwierigkeiten, die mit der Gründung eines neuen Unternehmens verbunden sind. Alles verschwört sich gegen ihn, so daß er nicht verkaufen kann, nicht einmal zu einem Preis, der ihm zumindest nach einigen Jahren einen gewissen Profit abwerfen würde; er kämpft gegen die Vorurteile seiner eigenen Landsleute; er verliert an Kreditwürdigkeit; das Wenige, das er verkauft, macht sein Produkt teurer und seine Verluste größer. Er ist gezwungen, im ersten Jahr seine Preise zu erhöhen, während sein Konkurrent sie senken kann.

Es muß, insbesondere bei feinem Tuch, am Anfang mit Preisunterschieden von 50 bis 80 Prozent gerechnet werden. Dieser Konkurrenzkampf kann ohne staatliches Eingreifen nicht lange geführt werden; aus dem Geschäft dieses unglücklichen Mannes wird daher nichts, und es wird zum abschreckenden Beispiel für all seine Mitbürger, daß man in einem Lande, wo man für die nationalen Interessen kein Verständnis hat, lieber keinen Unternehmungsgeist zeigt, daß man das Kapital lieber in Geschäften anlegt, welche die Produktivkräfte der Nation niederhalten, oder daß man lieber überhaupt nichts tut und alles so laufen läßt, wie es läuft. Genauso erginge es den Seekaufleuten, wenn der Seehandel nicht durch Schiffahrtsgesetze, durch eine Flotte sowie dadurch geschützt wäre, daß jeder ausländische Angreifer einen Krieg riskierte; denn dann wären ihre Schiffe (wie Mr. Cooper es empfiehlt) der Gnade des Dey von Algier ausgeliefert. Dann wäre es besser, sie würden in den Wäldern den Boden umgraben und ihre Anker in Pflugscharen verwandeln.

Daraus folgt, daß Zölle, Rückvergütung und Schiffahrtsgesetze von den Herren Smith und Say zu Unrecht Monopole[83] genannt werden. Sie sind nur in kosmopolitischem Sinne Monopole, indem sie *einer ganzen Nation ein Privileg* für gewisse Industriezweige sichern. Aber in der politischen Ökonomie sind sie es nicht, weil sie jedem Individuum der Nation das gleiche Recht verschaffen, an den Vorteilen des nationalen Privilegs teilhaben zu können. Und das der englischen Nation von der englischen Regierung verliehene Privileg, ihren heimischen Markt beliefern zu dürfen, beeinträchtigt die amerikanische Nation nur so lange, wie die amerikanische Regierung ihren eigenen Bürgern nicht das gleiche Privileg einräumt.

3. Wie ein weiterer alter Gemeinplatz der kosmopolitischen Theorie, daß man „*im Ausland kaufen (soll), wenn man dort billiger einkaufen als selbst produzieren kann*[84]", dieser Argumentation standhalten soll, kann ich nicht begreifen. Nur wenige Jahre lang kaufen wir billiger in anderen

country is struggling against a daily loss, nourishing a vain hope, leading him at last to a certain, inevitable, and radical ruin. This unhappy man is in quite a different situation from that of his projected competitor. He struggles, as we mentioned before, with all the difficulties of establishing a new business, which all conspire so that he cannot sell, even for such a price as after some years would render him a fair profit; he struggles against the prejudices of his own countrymen; his credit is shocked; the little he sells makes his produce dearer and his losses larger. He is forced to enhance his prices for the first years, whilst his competitor is enabled to diminish them.

There must be, in the commencement particularly in broad cloth a difference of from fifty to eighty per cent. This contest cannot last long without national interference. His business is going to nothing, and affords a warning example to all his fellow-citizens — not to have enterprizing spirit in a country where the national interests are not understood — rather to employ the capital in depressing the productive powers of the nation — rather to do nothing at all — to let everything alone — just as would be the case with the shipping merchants if their industry were not protected by navigation laws, by the expense of a navy, or by his running the risk of a foreign war, in case of foreign aggressions, if their ships (as Mr. Cooper advises) should be placed at the mercy of the Dey of Algiers. They might then do better to dig the ground in the backwoods, and convert their anchors into ploughshares.

Hence we learn that duties, drawbacks, navigation laws, by Mr. Smith and Say, are improperly called monopolies.[83] They are only monopolies in a cosmopolitical sense in giving to a *whole nation a privilege* of certain branches of industry. But on the ground of political economy they lose this name, because they procure to every individual of the nation an equal right of taking a share in the benefits of the national privilege. And the privilege given to the English nation by the English government of supplying the interior market, is so long an injury to the American nation, as its government procures not the same privilege to its own citizens.

3. How another old commonplace of the cosmopolitan theory „*to buy from abroad if we can buy cheaper than manufacture*",[84] may stand against such an exposition, I cannot conceive. We buy cheaper from foreign

Ländern, aber Menschenalter lang kaufen wir teurer; wir kaufen billig in Friedenszeiten, aber wir kaufen teuer in Kriegszeiten; wir kaufen scheinbar billiger, wenn wir die Preise nach ihrem augenblicklichen Geldwert schätzen, aber wir kaufen unvergleichlich teurer, wenn wir die Bedingungen veranschlagen, zu denen wir in Zukunft kaufen. Bei unseren eigenen Landsleuten könnten wir unser Tuch im Austausch für unseren Weizen und unser Vieh kaufen; in anderen Ländern können wir das nicht. Unser Verbrauch an Tuch ist infolgedessen durch die Mittel beschränkt, welche andere Nationen an Zahlungsstatt nehmen und die täglich abnehmen. Dagegen würde unser Verbrauch an in der Heimat erzeugtem Tuch in gleichem Maße wachsen wie unsere Produktion von Nahrungsmitteln und Rohstoffen, die fast unerschöpflich sind, und wie unsere Bevölkerung, die sich alle 20 Jahre verdoppelt.

Solch gewaltige Irrtümer begehen weise und gelehrte Männer, wenn ihre Theorie auf falscher Grundlage ruht, wenn sie kosmopolitische Prinzipien für politische halten, wenn sie sich auf die Wirkungen des Produktenaustausches konzentrieren, anstatt die Ursachen für das Anwachsen und Abnehmen der Produktivkräfte zu untersuchen. Smith und Say raten uns, lieber billiger zu kaufen, anstatt selbst zu höheren Kosten zu produzieren. Sie sehen dabei nur den Gewinn an Sachwerten beim Austausch von Produkten gegen Produkte. Vergleicht man aber den Gewinn an Sachwerten mit dem Verlust an Produktivkraft, wie steht es da mit dem Gleichgewicht? Wir werden sehen:

Smith und Say[85] selbst schätzen den Umfang der einheimischen Industrie beträchtlich höher ein als den des Außenhandels; sie wagen keine genaue Berechnung, sagen nur, in allen Ländern sei der Außenhandel im Vergleich mit der einheimischen Industrie von geringerer Bedeutung (Say B. I. Kap. IX). Aber andere französische Autoren schätzen den Umfang der einheimischen Industrie auf das 20- bis 30fache des Außenhandels. Mr. Cooper[86] schätzt ihn auf das Zehn- bis Zwölffache. Wir wären nicht weit von der Wahrheit, wenn wir den Mittelwert beider Extreme nähmen (das 20fache), aber bescheidenerweise werden wir Mr. Coopers Einschätzung folgen.

Wenn wir nun unter Nr. 2 ohne Zweifel bewiesen haben, daß die ausländische Industrie mit Hilfe eines produktiven Systems, die ganze Tuchfabrikation unseres eigenen Landes zerstört, wird dann nicht der Vorteil, für acht Millionen Dollar feines Tuch ungefähr zwei oder drei Millionen billiger von England kaufen zu können, als wir selbst es in den ersten zwei oder drei Jahren erzeugen könnten, durch Aufopferung einer Manufakturkraft erkauft, womit, wenn sie nach der Methode eines nationalen Systems aufgebaut würde, für immer zwölf mal mehr Tuch produziert werden könnte, als wir einführen, d.h. für 72 Millionen Dollar feines Tuch oder, nachdem wir

countries only for a few years, but for ages we buy dearer; we buy cheap for the time of peace, but we buy dear for the time of war; we buy cheaper apparently if we estimate the prices in their present amount of money, but we buy incomparably dearer if we estimate the means wherewith we can buy in future. From our own countrymen we could buy our cloth in exchange for our wheat and cattle; from foreign countries we cannot. Our consumption of cloth is consequently restricted by our means which foreign nations take for payment, which are diminishing every day: our consumption of home made cloth would increase with the increase of our production of provisions and raw materials, which are almost inexhaustible, and with our population which doubles itself every twenty years.

Into such gross errors fall wise and learned men, if their theory has a wrong basis, if they take cosmopolitical for political principles, if they treat the effects of exchange of matter instead of treating the cause of the rise and fall of productive powers. Smith and Say advise us to buy cheaper than we can manufacture ourselves, in contemplating only the gain of matter in exchanging matter for matter. But weigh the gain of matter with the loss of power, and how stands the balance? Let us see.

Smith and Say[85] themselves estimate the amount of internal industry a great deal higher than foreign commerce; they do not venture an exact calculation, they say in all countries external commerce is of small consequence in competition with internal industry. (Say, B. I. Chap. IX) But other French writers estimate internal industry to exceed foreign commerce from twenty to thirty times. Mr. Cooper[86] estimates it from ten to twelve times higher. We would not be far out of the way if we should take the medium between the two extremities (twenty times) but to be quite moderate we will follow Mr. Cooper.

If we have now proved, under number 2 beyond all doubt that foreign industry aided by a productive system destroys the whole cloth manufacturing power of our own country, will the benefit of buying eight millions of broad cloth about two or three millions cheaper from England than we could manufacture it ourselves in the first two or three years not be acquired at the sacrifice of a manufacturing power which if brought up by the aid of a national system, would produce forever twelve times more cloth than we import, i. e. 72 millions of broad cloth, or after having doubled our

unsere Bevölkerung und unseren Verbrauch verdoppelt haben (nach 20 Jahren), für 144 Millionen Dollar?

Um diese Ausführung zu untermauern, müssen wir nur den Wert des importierten feinen Tuches (nach dem Durchschnitt der drei letzten Jahre acht Millionen Dollar) unter die Einwohner unseres Landes verteilen, und das ergibt für *drei Viertel eines Dollars* feines Tuch und Wollwaren allgemein für jedes Individuum. Wären die Manufakturen angemessen geschützt und gäbe es eine adäquate Arbeitsteilung, so wäre jeder Bewohner der Vereinigten Staaten ebenso gut gekleidet, wie er jetzt ernährt ist. In diesem Fall würde jeder einzelne wenigstens für sechs Dollar feines Tuch und Wollwaren pro Jahr kaufen, was eine Produktionskraft von 72 Millionen Dollar pro Jahr oder nach 20 Jahren von 144 Millionen Dollar jährlich bedeutet. Der jetzige Gewinn beim Tausch von Produkt gegen Produkt beträgt ungefähr zwei oder drei Millionen jährlich. Das ist der Unterschied, je nachdem, ob man seinen Überlegungen kosmopolitische oder wirklich zutreffende politische Prinzipien zugrunde legt.

4. Es gibt eine allgemeine Regel, die auf alle Unternehmungen anwendbar ist, welche aber von den Gründern und Schülern der kosmopolitischen Theorie gänzlich übersehen wird, obwohl von ihrer Übertragung in die Praxis in den meisten Fällen der glückliche Erfolg sowohl individueller als auch nationaler Bemühungen abhängt. Diese Regel ist die *Stetigkeit*[87] in der Beibehaltung eines bestimmten Industriezweiges, der einmal für nötig erachtet und realisierbar befunden wurde. Jedes neue Unternehmen ist mit großen Auslagen verbunden, mit Mißgriffen und Mangel an Erfahrung und Kenntnis in tausend kleinen Dingen bei der Fabrikation, beim Kaufen und Verkaufen. Je länger ein Geschäft betrieben wird, um so einträglicher wird es, um so mehr wird das Herstellungsverfahren verbessert, um so mehr werden die erzeugten Artikel vervollkommnet, um so mehr und billiger kann man verkaufen. Das ist der Grund, warum wir so viele Leute prosperieren sehen, die genau die einmal eingeschlagene Richtung beibehalten, und warum wir so viele zugrunde gehen sehen, die dauernd etwas Neues anfangen. Dieselben Folgen sind in der nationalen Ökonomie festzustellen. Es ist nichts verderblicher für die Industrie einer Nation als Ereignisse und Umstände, welche ungleichmäßig auf die Produktivkräfte einwirken, einmal einen Industriezweig zu außergewöhnlicher Blüte bringen und ihn ein anderes Mal gänzlich lahmlegen.

Wird ein Industriezweig außergewöhnlich stark ausgebaut, so zieht er Kapital, Arbeiter und Qualifikation von anderswo ab; der außergewöhnliche Profit führt zu einem außergewöhnlichen Anstieg der Preise für Grund und Boden; die Löhne steigen, der Konsum und die Bedürfnisse der Arbeiter, der Unternehmer und der Kapitalbesitzer nehmen zu; und wenn nun eine sol-

population and our consumption (after twenty years) 144 millions?

To justify this view we have only to divide the amount of the imported broad cloth, (on an average of the last three years 8 millions) amongst the inhabitants of our country, which gives — *for three quarters of a dollar*, broad cloth and woollen goods in general to every individual. If manufactures were properly protected and labour properly divided, every individual in these United States might be as well clothed as he is now nourished, and were this the case, every individual would at least consume for six dollars of woollens a year, which makes a manufacturing power of 72 millions a year or of 144 millions after twenty years. The present gain in exchanging matter for matter is about two or three millions a 'year. Such is the difference between reasoning according to cosmopolitical principles and reasoning according to true sound political principles.

4. There is a general rule applicable to all undertakings which has been entirely overlooked by the founders and disciples of the cosmopolitical theory, though, upon its being put in practice, in the most cases a fortunate success of individuals as well as national industry is depending. This rule is *steadiness*[87] in prosecuting a certain branch of industry once thought necessary and found practicable. Every new undertaking is connected with great expenses, with mistakes and want of experience and of knowledge of a thousand little things in manufacturing, in buying and selling. The longer a business is carried on, the more it becomes profitable, the more manipulation is improved, the more the manufactured articles are accomplished, the more and cheaper can be sold. This is the reason why we see prosper so many men following exactly the line they once entered, and why we see so many running aground when in the habit of changing often. The same consequences are to be perceived in national economy. There is nothing more pernicious to the industry of a nation than events and circumstances which affect the productive power unsteadily, at one time raising a certain branch of industry to an uncommon height, at another stopping it entirely.

If such a branch is raised to an uncommon height, the business draws capital, labour, and skill from others; the uncommon profit raises property to an uncommon price; it raises wages, it increases consumption and the wants of the working people, as well as of the undertakers and capitalists; and such a period of uncommon prosperity, if merely momentary and

che Periode außergewöhnlicher Prosperität nur momentan und von kurzer Dauer ist und auf sie eine Periode des außerordentlichen Niederganges folgt, dann bewirkt dies genau das entgegengesetzte Extrem: Die Grund- und Bodenpreise fallen nicht nur, Grund und Boden haben fast gar keinen Preis mehr; die Arbeiter verdienen mit ihrer normalen Arbeit nicht einmal das zum Leben Notwendige; für das Kapital gibt es keine Investitionsmöglichkeit, Gebäude und Maschinen verfallen — kurz, überall kann man Bankrott und Elend sehen, und was zuerst allgemeine Prosperität zu sein schien, das erweist sich als der erste Schritt zum allgemeinen Unglück.

Deshalb muß eine Nation bei ihrer Wirtschaftspolitik mit als erstes darauf achten, diese *Stetigkeit* durch politische Maßnahmen zu sichern, um Rückschritte nach Möglichkeit zu vermeiden. Und das Hauptmittel, diese Stetigkeit zu erzielen, ist ein vernünftiger Zolltarif. Je mehr ein Land dadurch Stetigkeit am Markt und bei der Versorgung, bei Preisen, Löhnen und Gewinn, beim Konsum und bei den Bedürfnissen, bei Arbeitskraft und Unternehmen erzielt (immer den Schritt nach vorne fördernd, den Rückfall vermeidend), um so mehr wird dieses Land seine Produktivkräfte entwickeln.

Indem Smith die wirtschaftliche Prosperität Englands der Verfassung des Landes, dem Unternehmergeist, dem Fleiß und der Sparsamkeit seiner Bewohner zuschrieb und die heilsamen Auswirkungen der englischen Zollgesetze leugnete, verbaute er sich ein korrektes Verständnis dieser Ursache nationaler Prosperität. Seit der Zeit Elisabeths ist keine englische Tuchfabrik zerstört worden, weder durch Krieg mit einer anderen Macht auf englischem Boden noch durch ausländische Konkurrenz. Jede nachfolgende Generation konnte über das verfügen, was die vorige aufgebaut hatte, und ihre Mittel und Kräfte zum Ausbau und zur Verbesserung dessen einsetzen, was die vorige Generation bereits geschaffen hatte. Betrachten Sie dagegen Deutschland; wie weit war es in jenen alten Zeiten entwickelt, und wie unbedeutend ist sein Fortschritt im Vergleich zum damaligen Stand der Dinge; Veränderungen im Ausland und ausländische Konkurrenz zerstörten oft zweimal in einem Jahrhundert, was frühere Generationen geschaffen hatten, und jede Generation mußte wieder von vorne anfangen.

Sehen Sie sich, mein Herr, in dieser Beziehung das Schicksal Ihres eigenen Landes an. Wie oft wurden die Manufakturen und sogar die Landwirtschaft durch bestimmte Ereignisse gefördert, und wie oft wurden sie durch ausländische Konkurrenz zum größten Unglück des Landes wieder niedergedrückt! Betrachten Sie nur die Periode vom letzten Krieg bis heute. Der Krieg machte die Gründung von Manufakturen und das Züchten von Schafen nötig und ertragreich; der Friede vernichtete Manufakturen und Schafzucht. Der Krieg ermunterte zum Ackerbau und ließ die Preise von Produkten und Grund und Boden sowie die Löhne außergewöhnlich ansteigen; der

occasional, and followed by a period of uncommon decline, effectuates exactly the opposite extreme; property falls not only, but has no price at all; the labourers earn by their habitual business not even the necessaries of life; capital has no employment, houses and machinery fall to ruin — in short, bankruptcy and distress are to be seen everywhere, and what first seemed to be public prosperity, turns out to have been only the first step to public calamity.

One of the first views a nation has to take in its economy is, therefore, to effectuate *steadiness* by political measures, in order to prevent as much as possible every retrograding step, and the principal means of attaining this steadiness is a judicious tariff. The more a nation effectuates by this means steadiness in market and supply, in prices, wages and profits, in consumption and wants, in labour and enterprise — (ever promoting the step forward, ever preventing the fall backwards) — the more this nation will effectuate the development of its productive powers.

Mr. Smith, in ascribing the economical prosperity of England to her constitution, to the enterprizing spirit and laborious as well as parsimonious habits of her people, and in denying the salutary effects of the English tariff laws, was entirely destitute of correct views respecting this cause of national prosperity. Since the time of Elizabeth, no English cloth manufactory was destroyed, either by a foreign war on English ground, or by foreign competition. Every succeeding generation could make use of what the preceding generation built, and could employ its means and powers in improving and enlarging those buildings. Look at the contrast in Germany; how far was she advanced in those ancient times, and how trifling is her progress in comparison with that state of things; events and competitions from abroad destroyed often twice in one century the creations of the former generations, and every generation had to begin again from the commencement.

Contemplate, sir, in this respect, the fate of your own country. How often was the manufacturing interest, and even the agricultural interest, raised by events, and how often depressed again by foreign competition, to the utmost calamity of the country. Contemplate only the period from the last war till now. The war made the establishment of manufactures, and the wool growing business necessary and profitable; the peace destroyed manufactories and sheep. The war encouraged agriculture, and increased prices of produce, wages and property to an uncommon height; the peace and

Friede und die Außenpolitik ließen all dies in einem Maße wieder abnehmen, daß die Landwirte, welche während der vorhergehenden Periode ihren Verbrauch ihrem Einkommen angepaßt und dem voraussichtlichen Wert ihres Grund und Bodens entsprechende Verbesserungen vorgenommen hatten, ruiniert wurden.

Nun erleben die Fabriken wieder einen kleinen Aufschwung, aber die englische Konkurrenz ist im Augenblick dabei, sie wieder zugrunde zu richten. Sollte es im Laufe der Zeit wieder einen Krieg geben, so würden sie damit zweifellos wieder einen Auftrieb erhalten, aber mit dem Frieden wären sie wieder ruiniert. Und in dieser Weise wird es jahrhundertelang weitergehen: Zu einer Zeit bauen wir wieder auf, was in einer anderen zerstört worden ist, und was wieder zerstört werden wird, wenn wir nicht durch vernünftige Gesetze Schutzwälle zur Sicherung unserer Produktivkräfte errichten (wie wir sie zur Sicherung unseres Territoriums bauen), um uns gegen Angriffe von außen, gegen außenpolitische Ereignisse und gegenüber Gesetzen, Verfügungen sowie Kapital, Industrie und Politik anderer Länder abzusichern.

Allein ein stetiger Schutz der Fabriken dieses Landes kann zu einer Zunahme unserer Produktivkräfte führen, und zwar in einem Maße, das die optimistischsten Erwartungen noch überträfe.

Ein Land, das seine Industrie dem geringsten Sturm von außen schutzlos preisgibt — wie soll es mit einem anderen Land konkurrieren können, das seine Industrie für alle Zukunft geschützt hat?

Hochachtungsvoll etc.
Fr. List

foreign policy reduced all this to such a degree, that the farmers who, during the preceding period, had accommodated their consumption to their revenue, who made improvements according to the presumed value of their land, etc., were ruined.

Now are the manufactories again restored to a little animation, but English competition is at this moment about to prostrate them again. A war, if in the course of time we should have one, would undoubtedly enliven them again, but peace would destroy them again. And in that manner we will go through centuries in building up at one time what was destroyed in another, and will be destroyed again if we erect not, by judicious laws, fortresses for securing our productive powers (as we erect them for securing our territory) against foreign aggressions, foreign events, foreign laws and regulations, foreign capital, industry, and policy.

Steadiness alone in protecting the manufactories of this country would raise our productive powers beyond the conception of the most sanguine.

A nation exposing its industry to the slightest storm from abroad, how can it compete with a nation which protects its establishments for all futurity?

Very respectfully, etc.
Fr. List

9. Brief

Politische Ökonomie ist nicht kosmopolitische Ökonomie
(Fortsetzung)

Reading, den 26. Juli 1827

Geehrter Herr!

Können Sie nach Lektüre der vorangegangenen Briefe glauben, daß Mr. Canning und Mr. Huskisson von der Wahrheit der kosmopolitischen Theorie von Smith und Say überzeugt waren? Nein, mein Herr; Mr. Canning war ebenso weit entfernt, von dieser Wahrheit überzeugt zu sein, wie Pitt es war, obwohl letzterer (wie uns Smiths Schüler triumphierend versichern) die Gewohnheit hatte, einen Band von Adam Smith überall mit sich herumzutragen. Gewiß trug Mr. Pitt jenen Band zu keinem anderen Zweck in seiner Rocktasche, als um genau das Gegenteil von dem zu tun, was der Verfasser als Ratschlag angab; und Mr. Canning hat, so scheint es, diese Bände auswendig gelernt, um die Ansicht Adam Smiths anführen zu können, sooft er derselben entgegen zu handeln beabsichtigt. Diese neue Art, einen Schriftsteller zu zitieren, ist sicherlich nicht für den Hausgebrauch erfunden worden, sondern für den Export, wie ein aufgeweckter Amerikaner[88] mit Witz bemerkte.

Je mehr die englische Politik im gegenwärtigen Augenblick sich selbst zu widersprechen scheint, je unheilvoller das mystische Dunkel, in welches sie sich hüllt, für dieses Land werden mag, und je mehr es andererseits für dieses Land nötig ist, dieselbe genau zu verstehen, wie sie wirklich ist, desto mehr hoffe ich auf Nachsicht, wenn mir mein Unterfangen, sie bloßzulegen, mißlingen sollte.

Es ist in der Tat sonderbar anzusehen, wie die derzeitige Regierung Englands — von den Ultras Frankreichs, Spaniens etc. gehaßt, vom König von England unterstützt und vom britischen Volk geliebt — sich zu einer kosmopolitischen Theorie bekennt, die, wenn man sie wirklich in die Praxis umsetzte, die englische Nation ihres bisherigen Monopols berauben würde. Und dabei ist die englische Regierung doch eifersüchtig darauf bedacht, jeden Fortschritt anderer rivalisierender Länder, insbesondere der Vereinigten Staaten, zu verhindern. Da muß — das spürt jeder — ein gewisser Unterschied zwischen Worten und Taten bestehen.

Wer wagte wohl, daran zu zweifeln, daß Mr. Canning ein edel denkender, freiheitlich gesonnener Mensch ist? Nichtsdestoweniger wissen wir aus seinem eigenen Geständnis, daß er zusah, wie die spanische Nation drei Un-

Letter 9

Political Economy is not Cosmopolitical Economy
(Continuation)

Reading, July 26, 1827

Dear Sir —

After having read the foregoing letters, can you believe that Mr. Canning and Mr. Huskisson became convinced of the truth of Mr. Smith's and Mr. Say's cosmopolitical theory. No, sir, Mr. Canning was as far from being convinced of this truth as Pitt was, though the latter (as the disciples of Smith assure us triumphantly) was in the habit of carrying everywhere along with him a volume of Adam Smith. Mr. Pitt certainly carried that volume in his pocket for no other purpose than to act quite contrary to the advice of the author; and Mr. Canning, it seems, has learned these volumes by heart, in order to allege the opinions of Adam Smith as often as he intends to act contrary to them. This new manner of alleging an author, has certainly not been invented for home use, but for export, as a lively man[88] of this country wittily observed.

The more English policy, in this moment, seems to be contradictory to itself, and the more the mysticalness with which it is covered may become injurious to this country, and on the contrary, the more it is necessary for this country to understand it plainly as it is, the more I hope to be excused, if I should fail in my undertaking to unveil it.

It is indeed strange to see, at the same time, the present Ministry of England hated by the ultras of France and Spain, etc. and supported by the King of England, beloved by the British people, and nevertheless profess a cosmopolitical theory, which, if carried into effect, would deprive the English nation of the monopoly hitherto enjoyed, and yet jealously watch to prevent every progress of other rival nations, particularly of the United States. There must be — everybody feels it — some difference between sayings and doings.

That Mr. Canning is a noble, feeling, liberal man, who would venture to doubt; but nevertheless, we know, from his own acknowledgment, that he

geheuern, dem Despotismus, der Anarchie und der Besetzung, ausgeliefert wurde, damit die südamerikanischen Republiken ins Leben gerufen werden konnten. Und diese Tat entsprang sicherlich nicht uneigennütziger Freiheitsliebe und Menschlichkeit, sondern, wie er selbst zugab, dem Wunsch, für England unermeßliche Märkte zu erschließen.

Es zeugt in der Tat von liberaler Gesinnung, Portugal[89] eine freiheitliche Verfassung zu geben (denn daß der Kaiser von Brasilien aus eigenem Antrieb diese Verfassung eingeführt hätte, kann niemand glauben) und dann innerhalb von 24 Stunden mit einer Armee nach Portugal zu eilen, um diese neue Verfassung gegen die Angriffe spanischer Fanatiker zu verteidigen: Aber selbst eingedenk der Tatsache, daß England die Pflicht hat, die Verfassung seines Verbündeten zu unterstützen, kann bei der großen Eile und dem großen Eifer, mit dem der Feldzug durchgeführt wurde, niemand Zweifel hegen, daß ein gut Teil Eigeninteresse dahinter gewesen sein muß. Im Moment führt Mr. Canning Verhandlungen über den Abzug der Truppen aus Spanien; zu welchem Zweck? Falls das Ungeheuer „Besatzung" von dem Lande abließe, wäre es dem Ungeheuer „Anarchie" ausgesetzt.

Mr. Canning mag in Europa den verschiedenen Völkern verschiedene Gründe für seine verschiedenen politischen Maßnahmen angeben, je nachdem, wie es seinen Interessen entspricht. Aber hier in diesem Land steht es uns frei, die Absichten eines Mannes nach seinem Verhalten zu beurteilen, und nicht nach den Vorwänden, die er erfinden mag, um die wahren Beweggründe seiner Handlungen zu verschleiern. Wir haben uns angewöhnt, zuerst das Ziel eines Menschen herauszufinden, und manchmal ziehen wir zu diesem Zweck die Geschichte zu Rate. Aus der Geschichte lernen wir, daß Nationen im Laufe von Menschenaltern und Jahrhunderten, ebenso wie Einzelpersonen, irgendein Hauptziel verfolgen. Fragen wir nach dem Ziel Englands, so zeigt sich, daß dieses darin besteht, die eigene Manufaktur-, Handels- und Seemacht so weit zu stärken, daß kein anderes Land mehr mit England konkurrieren kann.

Wir sehen, daß es, um dieses Ziel zu erreichen, daheim liberale Grundsätze unterstützt, in Asien den Eroberer spielt und die dortigen despotischen Mächte benützt und unterstützt, während es sich auf den westindischen Inseln und in Kanada mit einer väterlichen Regierung, gemischt und versüßt mit einigen Rechten und einigen freien Institutionen, begnügt. Wir sehen, wie es seinen früheren Bundesgenossen, die Republik Genua[90], einem Monarchen übergibt und den Hansestädten wieder zu ihrer früheren Unabhängigkeit verhilft (um für seine Manufakturen in Deutschland Absatzmärkte zu haben); wir sehen, wie es Armeen gegen die französische Republik anwirbt und eine freie Verfassung für Sizilien fabriziert; wir sehen, wie es die Armeen der europäischen Monarchien mit Geld unterstützt, um Frankreich

suffered the Spanish nation to be given up to three monsters, despotism, anarchy, and foreign invasion and occupation, in order to call the South American Republics into existence. And this deed certainly did not originate in disinterested love of freedom and humanity, but in a desire, as he confessed himself, to open for England immense markets.

It is a very liberal act, indeed, to provide Portugal[89] with a free constitution (for that the Emperor of Brazil would have given this constitution from his own accord nobody can believe), and to hasten with an army, on twenty-four hours notice, to Portugal, in order to defend this new constitution against the aggressions of the fanatics of Spain; but even if we acknowledge the duty of England to support her ally's constitution, we see this expedition executed with so much haste and zeal, that nobody can doubt there must have been a good deal of selfinterest in it. In this moment is Mr. Canning treating for the evacuation of Spain. For what purpose? If the monster occupation should leave that country, it will be exposed to the monster anarchy.

Mr. Canning may give different reasons in Europe to the different people for his different political measures, as it may suit his interest. But in this country we are at liberty to judge a man's intention by his conduct, not according to the pretexts he may invent to mask the true motives of his actions. We are in the habit of finding out at first a man's aim and sometimes we consult history, from which we learn that nations, during ages and centuries, like individuals, are prosecuting some one principal aim. Inquiring after the aim of England, we find that it consists in raising her manufacturing, commercial, and naval power beyond the competition of all other nations.

For reaching this aim we see her support at home liberal principles — play the conqueror in Asia, and use and support there despotic powers — whilst contenting herself in the West India islands and in Canada with a paternal government, mixed and sweetened with some rights and some free institutions. We see her give the republic of Genoa[90], her former ally, to a monarch, and restore the Hanse Towns to their former independence, (in order to possess staple places in Germany for her manufactures): we see her hire armies against the French Republic, and manufacture a free constitution for Sicily: we see her subsidize the armies of the European monarchies to conquer France, and convert the republic of Holland into a

zu erobern, und wie es die Republik Holland in ein Königreich umwandelt; wir sehen, wie es die Vernichtung einer freien Verfassung in Spanien[91] duldet, eine Anzahl von Republiken in Südamerika[92] ins Leben ruft, eine freie Verfassung für Portugal entwirft, dieselbe gegen die Angriffe der Fanatiker verteidigt und mit Frankreich über den Abzug der Truppen aus Spanien verhandelt. Wenn wir dieses Vorgehen nach Grundsätzen beurteilen, so gibt es nichts als Widerspruch; aber wenn wir uns Englands Ziel ansehen, so zeigt sich nichts als Kohärenz.

Englands Ziel war es seit eh und je, seine Manufakturen, seinen Handel und gleichzeitig seine Flotte und seine politische Macht so weit zu stärken, daß kein anderes Land mit ihm konkurrieren kann, und immer paßte es sein Verhalten den Umständen an — indem es zu einer Zeit und an einem Ort liberale Grundsätze anwandte, dann wieder Macht oder Geld —, um entweder die Freiheit zu fördern oder zu unterdrücken, wie es seinem Ziel dienlich war. Es heißt sogar, Englands Maßnahmen gegen den Sklavenhandel seien selbstsüchtigen Interessen entsprungen, da sie ihm einen Vorwand gaben, die Kolonien anderer Länder daran zu hindern, sich mit Sklaven zu versorgen, während seine eigenen Kolonien schon mit einer ausreichenden Anzahl von Sklaven versorgt waren.

Kann irgend jemand mit gesundem Menschenverstand glauben, daß Mr. Canning Englands Ziel geändert hat oder daß dieses Ziel von ihm hätte geändert werden können, selbst wenn es seine Absicht gewesen wäre, nationale Absichten und nationale Interessen zu opfern, um kosmopolitische Ansichten und Interessen zu fördern? Nein, Mr. Canning hat nur den gegenwärtigen Umständen entsprechend die Mittel geändert, um das nationale Ziel Englands zu erreichen. Wenn es vor 15 oder 20 Jahren dem Interesse Englands dienlich war, halb Europa mit Geld zu unterstützen und Armeen dorthin zu senden, um Napoleons Kontinentalsystem auf dem Kontinent zu brechen, so stehen gegenwärtig ebendieselben Mächte, die das Reich Napoleons stürzen halfen, nachdem sie nun selbst zum Teil wieder ein Kontinentalsystem errichtet haben, Englands Ziel im Wege. Denn sie drohen den Einfluß englischer Macht auf dem Kontinent zu vernichten und sich sogar einen Anteil am Handel mit Südamerika zu erobern.

Dementsprechend hat England keine Verwendung mehr für die Grundsätze eines Lord Castlereagh;[93] im Gegenteil, jetzt werden solche Mittel und Grundsätze gebraucht, die darauf abzielen, den Einfluß Englands auf dem Kontinent zu vergrößern und der Politik der Kontinentalmächte entgegenzuwirken. Mr. Canning gibt das recht deutlich in seiner berühmten Rede[94] zu verstehen, in der er ausdrücklich die Riesenmacht betonte, die England dadurch besitze, daß es auf dem Kontinent freiheitliche Ideen zu Bundesgenossen habe. Um seinen Drohungen den nötigen Nachdruck zu ver-

kingdom: we see her suffer the destruction of a free constitution in Spain,[91] call a number of republics into existence in South America,[92] project a free constitution for Portugal, defend it against the aggressions of the fanatics, and treat with France for the evacuation of Spain. When we judge this conduct by principles, there is nothing but contradiction; but when we look at the aim of the country, there is nothing but conformity.

Her aim was always and ever to raise her manufactories and commerce, and thereby her navy and political power, beyond all competition of other nations, and always she accommodated her conduct to circumstances — using at one time and in one place liberal principles, at another, power or money — either to raise freedom or to depress it, as it suited her. Even her measures against the slave trade are said to have originated from her interest, and gave her a pretext to prevent other nations' colonies from supplying themselves, whilst her own possessed already the necessary quantity.

Can any man of sound mind believe this aim of England was changed by Mr. Canning, or could be changed even if he had the intention to sacrifice national views and national interests for promoting cosmopolitical views and interests. No; Mr. Canning has only changed the means of reaching this national aim according to present circumstances. If it suited the interests of England fifteen or twenty years ago to subsidize half Europe in order to destroy the continental system of Napoleon, and to send armies there, the same powers who aided to overthrow the empire of Napoleon having now partially revived a continental system themselves, stand at present in the light of her aim, threatening not only to destroy the influence of English power upon the continent, but even to take their share in the trade with South America. There is, consequently, no more use for the principles of Lord Castlereagh[93] for England; on the contrary, there is now use for such means and principles as are calculated to raise the influence of England upon the continent and counteract the policy of the continental powers. Mr. Canning gives this pretty clearly to be understood, in his celebrated speech[94], in alluding very expressively to the gigantic power which England possesses in having liberal ideas on the continent for an ally. To give his threatenings the necessary stress, he seems to have previously provided

leihen, scheint er jüngst Portugal mit einer freiheitlichen Verfassung ausgerüstet zu haben, um im äußersten Westen des europäischen Kontinents für seine neuen Verbündeten, die freiheitlichen Ideen, Boden zu gewinnen; sein Vorgänger[95] Lord Castlereagh hatte zuvor in diesem Land Bajonette und Geld im Kampf gegen Napoleons Kontinentalsystem[96] eingesetzt.

Ob Mr. Canning die Absicht hat, durch seine Drohungen die Kontinentalmächte zu zwingen, für sie ungünstige Handelsverträge einzugehen, oder ob er die Absicht hat, die öffentliche Meinung auf einen Wettkampf zwischen absolutistischer Macht und freiheitlichen Ideen vorzubereiten, das kann niemand sagen, der nicht mit den Geheimnissen der Kabinette aufs engste vertraut ist; aber sicher ist, daß Mr. Canning sein Ziel auf dem einen oder dem anderen Weg erreichen will.

Seine Rede zeigt deutliche Anzeichen der Unzufriedenheit mit der französischen Regierung, woraus geschlossen werden kann, daß er von dieser in einem wichtigen Anliegen enttäuscht worden sein muß. Er hatte kurze Zeit vorher dem französischen Hof einen Besuch[97] abgestattet, und es hieß damals, ein Handelsvertrag habe kurz vor dem Abschluß gestanden. Auch die Haltung der englischen Zeitungen gab Grund dazu, einen solchen Schluß zu ziehen. Sie lobten zu jener Zeit mit ungewöhnlichem Eifer die großen Vorteile, welche das kosmopolitische System von Smith und Say, wenn es in die Tat umgesetzt würde, für beide Nationen hätte, denn so könnte das Fabrikationsgeschäft der Engländer weiter prosperieren, und die Franzosen könnten ihren Weinbau ausweiten.

Als Mr. Canning seiner Unzufriedenheit Ausdruck verlieh, so geschah dies sicherlich aus wichtigeren Gründen, als nur aus dem Verlangen, sich persönlich Genugtuung zu verschaffen; ein englischer Minister würde es sich niemals erlauben, Gefühlen persönlicher Enttäuschung Ausdruck zu verleihen, wenn er Gefahr liefe, damit die Politik seines Landes zu beeinträchtigen. Mr. Cannings Drohungen wurden in Frankreich wohl kaum mißverstanden; und die jüngste Forderung Englands, Frankreich solle seine Truppen aus Spanien abziehen, zeigt recht deutlich, daß Mr. Canning die Absicht hat, die ganze Pyrenäenhalbinsel als neuen Bundesgenossen zu gewinnen.

Es ist jedoch nicht meine Absicht, die europäische Politik abzuhandeln. Mir ging es lediglich darum klarzulegen, welches Ziel Mr. Cannings Politik im allgemeinen verfolgt. Es besteht darin, den Kontinentalmächten Europas entgegenzuarbeiten und den südamerikanischen Markt zu monopolisieren. Was dieses Land [die Vereinigten Staaten] betrifft, so hat Mr. Canning keine bereits vorhandene Industriemacht zu fürchten, wohl aber eine entstehende, welche die Interessen Englands als Industriemacht in dreifacher Weise bedroht: erstens, indem sie den englischen Manufakturen den hiesigen Binnenmarkt wegnimmt; zweitens, indem sie sich mit England den südame-

Portugal with a liberal constitution, in order to gain ground on the western extremity of the European continent for his new allies, the liberal ideas; his predecessor,[95] Lord Castlereagh, first took ground in that country with his bayonets and his money, in the contest against Napoleon's continental system.[96]

Whether Mr. Canning has the intention to force the continental powers, by his threatenings, to enter into disadvantageous commercial treaties, or whether he has the intention to prepare the public mind for a contest between absolute power and liberal ideas, nobody can tell who is not intimately acquainted with the mysteries of cabinets; but so much is certain, that he intends to attain his aim either one way or the other.

His speech bears distinct marks of dissatisfaction with the French Ministry, from which we conclude that he must have been disappointed by that ministry in a darling plan. He was a short time before on a visit[97] at the French court, and it transpired that a treaty of commerce was about to be concluded. We have some reasons to draw such a conclusion, from the behaviour of the English newspapers, which were at that time uncommonly busy to praise the great advantages which the cosmopolitical system of Smith and Say, if put in practice, would have for both nations, in enabling the English to go on prosperously in their manufacturing business, and the French to increase the vineplanting business.

In uttering such feelings of dissatisfaction, Mr. Canning acted certainly from greater motives than a desire of taking personal satisfaction; an English minister would never permit himself to express feelings of personal disappointment, at the risk of affecting by this conduct the policy of his nation. The threatenings of Mr. Canning were not likely to be misunderstood in France; and the late request of evacuating Spain from French troops shows pretty clearly that Mr. Canning has the intention to gain preliminarily the whole Peninsula for his new ally.

It is, however, not my intention to treat on European policy. I only went so far to state generally the aim of Mr. Canning's policy, which is to counteract the continental powers of Europe and to monopolize the South American market. In respect to this country Mr. Canning has not to fear a present manufacturing power but a rising one, which menaces the interest of the English manufacturing power in a threefold way: in the first place in depriving the English manufacturers of our interior market, secondly, in

rikanischen Markt teilt; und drittens durch die immense Ausweitung unserer Binnen- und Hochseeschiffahrt, welche die Grundlage für den künftigen Aufschwung unserer Seemacht ist.

Nie gab es eine solche Gelegenheit, und wird es vielleicht für mehrere Jahrhunderte nicht mehr geben, wie sie die Emanzipation des südamerikanischen Volkes darstellt: eine einzigartige Gelegenheit, in wenigen Jahren einen großartigen Aufschwung der Industriemacht der Vereinigten Staaten zu erreichen und in bezug auf Macht und Wohlstand mit England gleich zu ziehen, indem wir unsere heimischen Produktivkräfte entwickeln und unseren Außenhandel sowie unsere Binnen- und Hochseeschiffahrt ausweiten.

Läßt man nur ein paar Jahre vergehen, so wird England im Süden ganz und gar Fuß gefaßt und seine Macht und seinen Reichtum durch Mr. Cannings Politik mehr vergrößert haben, als man es sich vorstellen kann. Dann wird es für Amerika nicht mehr möglich sein, sich mit England zu messen, weder was die Industrie noch was die politische Macht angeht. In den Beziehungen zwischen zwei konkurrierenden Ländern, mein Herr, heißt nicht an Stärke zuzunehmen, daß man schwächer wird. Wenn England doppelt so mächtig wird, wie es ist, während Sie stehenbleiben, dann werden Sie doppelt so schwach sein wie England.

Es ist ganz klar, daß Mr. Canning großes Interesse daran hat, dieses Land an der Einführung eines nationalen Schutzsystems zu hindern. Aber welche Mittel hat er, dies zu tun? Auf unserem Kontinent [Amerika] gibt es keinen Feind, der sich zu unserem Schrecken erheben könnte. Er kann nichts tun, außer die Interessen unserer Kommissionäre und die Verdrehtheit der sogenannten Theoretiker dazu zu benutzen, unsere Reeder und die Baumwollpflanzer im Süden [gegen ein nationales Schutzsystem] aufzuwiegeln, indem man ihnen mit Hilfe falscher Beweisführung vorlügt, daß [damit] auf Kosten der Schiffahrt und der Baumwollpflanzungen die Individualinteressen einiger Fabrikanten gefördert werden sollen.

Wir werden später sehen, aus welchen guten Gründen dies [die Förderung der Fabrikanten] geschieht, und jeder Mensch mit gesundem Menschenverstand muß sich wundern, daß man sich derart aufregen kann über Maßnahmen, die doch letzten Endes allen Interessen dienlich sind.

Ihr sehr ergebener
Fr. List

sharing with them the South American market, and thirdly, in increasing our internal and external shipping immensely, which is the basis of the future ascendancy of our naval power.

There was no occasion, and there will perhaps not in the course of centuries re-appear such an opportunity as the event of the emancipation of the South American people for raising the manufacturing power of the United States, in a few years wonderfully, and taking an equal standing in power and wealth with England by developing our internal productive powers and extending our foreign commerce and our internal and external shipping.

Let only a few years pass and England will have taken exclusive ground in the south, and will have raised her power and wealth by Mr. Canning's policy beyond all conception. There will then be no possibility for an American competition with England neither in industry nor in political power. In the relations, sir, between two rival nations, not to grow in strength and to become weak are synonymes. If England grows twice as powerful as she is, whilst you remain stationary you become twice as weak as England.

It is quite clear that Mr. Canning had a great interest to check this country in executing a national system. But what means has he to do this? On our own continent there is no foe to raise for frightening us. Nothing is to be done but to make use of the interest of our commission merchants and of the perversity of the soi-disant theorists to raise the feelings of our shipping merchants and of the southern planters, in deluding them with false demonstrations, as if the shipping and the cotton-growing interest would be depressed for the purpose of promoting the individual interest of some manufacturers.

We shall see hereafter with what good reason this is done, and every man of sound mind must be astonished to see such an excitement against measures which promote at last all interests.

Very respectfully yours,
Fr. List

10. Brief

Politische Ökonomie ist nicht kosmopolitische Ökonomie
(Fortsetzung)

Reading, den 27. Juli 1827

Geehrter Herr!

Eine Nation kann sowohl durch ihren Export als auch durch ihren Import von anderen Nationen abhängig werden, und die Ausfuhr großer Mengen Rohstoffe und Nahrungsmittel in andere Länder kann häufiger eine Quelle des Unglücks werden, der Schwäche im Inneren sowie der Abhängigkeit von anderen Mächten, als der Prosperität.

Angesichts des großen Interesses, das England daran hat, das Manufakturinteresse dieses Landes niederzuhalten und den südamerikanischen Markt zu monopolisieren, würde Mr. Canning — davon bin ich überzeugt — unserem Weizen sicher bereitwillig die Häfen Englands öffnen, wenn er die Gutsbesitzer und Landeigner[98] in beiden Häusern des Parlaments von der Vorteilhaftigkeit einer solchen Maßnahme überzeugen könnte.

Es ist zweifelhaft, ob die Farmer dieses Landes [der Vereinigten Staaten] einen augenblicklichen Gewinn um eines künftigen und dauerhaften Vorteils willen zurückweisen würden; und wahrscheinlich würde Mr. Canning durch eine solche Maßnahme die hiesigen Grundbesitzer für seine *Freihandelstheorie* einnehmen.

Was wäre aber die Folge einer solchen Maßnahme? Die Fabriken dieses Landes wären, der freien Konkurrenz überlassen, sofort ruiniert. Der größte Teil des in den Manufakturen angelegten Kapitals wäre verloren, und alles, was gerettet werden könnte, würde dann in die Landwirtschaft investiert. Arbeitskräfte, Fachkompetenz und alle in den Manufakturen eingesetzten produktiven Kräfte kehrten in die Landwirtschaft zurück. Der Preis für Weizen und Getreide stiege auf eineinhalb Dollar, der Bodenpreis und die Löhne stiegen im gleichen Verhältnis, und der Landwirt würde wieder aufgrund des erhöhten Profits, den er erwirtschaften könnte, seinen Konsum und seine Investitionen in die Landwirtschaft erhöhen. Das Geschäft der Banken würde im gleichen Verhältnis zunehmen. In der Zwischenzeit würde England seine Manufakturkraft immens vergrößern und die südlichen und alle anderen Märkte monopolisieren.

Das wäre ja noch ganz gut, hätte England es nicht in der Hand, in einer einzigen Stunde unserer gesamten Industrie einen tödlichen Schlag zu ver-

Letter 10

Political Economy is not Cosmopolitical Economy
(Continuation)

Reading, July 27, 1827

Dear Sir —

A nation may become dependent by its exports as well as by its imports from other nations, and a great sale of raw materials and provisions to foreign countries may oftener become a source of calamity and of weakness in the interior and of dependence upon foreign powers, than of prosperity.

Mr. Canning, aware of the great interest of England, to keep down the manufacturing interest of this country and to monopolize the South American market, would, I am convinced, readily open the ports of England for our wheat, could he persuade the landed interest[98] in both Houses of Parliament of the expediency of such a measure.

It is dubious whether the farmers of this country would refuse a momentary gain for a future and permanent advantage; it is probable Mr. Canning would gain by such a measure the landed interest of this country for his *free – trade theory*.

What would be the consequence of such a measure? The manufactories of this country left at the mercy of free competition would be immediately ruined. The greatest part of capital invested in manufacturing business would be lost, and all that would be saved would be invested in farming business. Labour, skill, all productive powers engaged in manufactures would return again to farming business. The price of wheat and grain would enhance to 1 1/2 dollars, the price of land and wages would rise in an equal proportion, and the farmer would again accommodate his consumptions and improvements to the increased profits he could make. The banks would increase their business in an equal proportion. In the mean time England would increase her manufacturing power immensely, and monopolize the southern and all other markets.

This would be well enough, had England not in her power to give a mortal blow in one hour to this whole industry. Any change in the mind of

setzen. Irgendein Umschwung in Mr. Cannings Denken oder in der Verwaltung oder in der Regierung oder in den beiden Häusern des Parlaments könnte derart vernichtende Folgen haben. Nachdem England seine Manufakturen ausgebaut hat, würde es sehr wahrscheinlich wieder seinen alten Plan zur Verbesserung der Lage seiner Grundbesitzer mit einer Neuauflage der Korngesetze in Angriff nehmen; es könnte auch zwischen den beiden Ländern ein Krieg ausbrechen, oder ein Minister könnte aufgrund eines feindseligen Gefühls sich in den Kopf setzen, Wohlstand und Macht der Vereinigten Staaten schwächen und den inneren Frieden des Landes stören zu wollen, indem wieder das amerikanische Getreide [vom englischen Markt] verbannt und den Erzeugnissen Preußens, Polens etc. etc. der Vorzug gegeben würde, wie es letztes Jahr hinsichtlich der englischen Besitzungen in Westindien der Fall war.

Sicher ist, daß von dem Tage einer solchen ökonomischen Abhängigkeit an die Mehrzahl der Einwohner der Vereinigten Staaten vor jeder neuen Eröffnung des englischen Parlaments zu zittern hätte, da sie von den Vorgängen und Erlassen in Westminster mehr zu fürchten und zu erwarten hätte als von jenen in Washington, und daß es in den Vereinigten Staaten keine Unabhängigkeit der Interessen und Meinungen mehr gäbe. Denn was wäre die Folge jeglicher Exportschwierigkeiten bei unserem Getreide? Das, was man in den letzten 14 Jahren[99] gesehen hat: ein Sinken der Löhne, der Gewinne, des Kapitals und der Bodenpreise, ein Mißverhältnis zwischen gewohntem Konsum und vermindertem Einkommen, zwischen wertsteigernden Maßnahmen und Zinseinkünften und infolgedessen Bankrott, Zwangsverkauf, Bankenzusammenbruch und nationales Unglück. Wäre es da nicht besser gewesen, wir hätten kein einziges Getreidekörnchen an England verkauft? Wären wir so nicht der Gnade eines Fremden, eines Rivalen, einer feindlichen Macht preisgegeben, die unsere nationale Prosperität in einer Stunde niederschmettern und um ein ganzes Jahrhundert zurückwerfen könnte?+

Hier, mein Herr, ist der richtige Ort, den engen Zusammenhang zu erwähnen, der zwischen unserem derzeitigen Banksystem und dem System unserer Volkswirtschaft besteht, und welcher, wie ich glaube, bisher nur unvollständig verstanden wurde. Dieses Banksystem steht und fällt mit dem Preis von Grund und Boden. Die Banken geben in der Regel ein gut Teil mehr Noten aus, als sie Bargeld haben. Mr. Cooper[100] gestattet ihnen, den dreifachen Wert ihres Barbestandes in Noten auszugeben, woraus ich schließe, daß sie auch mindestens soviel ausgeben. Wenn nur der dritte Teil ihrer umlaufenden Noten Bargeld repräsentiert, was repräsentieren dann die anderen zwei Drittel? — Denn, da sie an und für sich nichts anderes sind als

---

+ In der Gesamtausgabe der List-Gesellschaft heißt es irrtümlich „country" statt „century".

Mr. Canning or in the administration, or in the government, or in both Houses of Parliament, could produce such a destructive effect. After having improved her manufactures, she would very likely take up again the old plan of improving the condition of her land proprietors by reviving the corn laws; a war could happen between the two countries, or a hostile feeling of a minister could inspire him with the plan of weakening the wealth and power of the United States, and of disturbing their tranquillity and internal peace, by excluding again the American grains and by giving the preference to the produce of Prussia, Poland, etc. etc., as it was the case last year respecting the English possessions in the West Indies.

Certain is this that from the day of such an economical dependence the majority of the inhabitants of the United States would have to tremble before every new opening of the English Parliament, having more to fear and to expect from the proceedings and regulations in Westminister than from those in Washington, and that the independence of interests and of feelings in the United States would be lost. For what would be the consequence of every check of exports of our grain? What you have seen the last fourteen years[99] — a fall of wages, of profit, of capital and of land prices, a disproportion between an habitual consumption and a diminished income, between improvements and rent, and in consequence, bankruptcy, sheriffs' sales, broken banks, and national calamity. Would it not have been better, if we had not sold a single grain of corn to England? Would it not stand at the mercy of a foreigner, of a rival, of a hostile power, to break down our national prosperity in one hour, and to throw it backwards for a whole century?[+]

Here, sir, is the proper place to mention an intimate connection between our present banking system, and the system of our national economy, which, I believe, has heretofore been but imperfectly understood. This banking system stands, rises, and falls, with the price of land and property. Banks issue generally a great deal more notes than they possess cash. Mr. Cooper[100] allows them a threefold amount of their cash to issue in notes, wherefrom I conclude that they at least issue that much. If only a third part of these circulating notes represent cash, what do the other two parts represent? For, being nothing more by themselves than stamped rags,

---

[+] The List Society's edition writes mistakenly "country" instead of "century".

gestempelte Zettel, würde sie niemand benutzen, wenn sie nicht irgendeinen Wert repräsentierten. — Sie repräsentieren den Wert von Grund und Boden. Aber der wirkliche Wert von Grund und Boden hängt vom Marktpreis des Bodens ab; wenn dieser Preis steigt, so steigt die Sicherheit der Papiernoten; wenn er fällt, so fällt ihre Sicherheit. Wenn überhaupt kein Preis realisiert werden kann, so gibt es keine Möglichkeit, Bodeneigentum in Bargeld zu verwandeln, und die Sicherheit für die Inhaber der Papiernoten ist in dem Maße verloren, wie Grund und Boden die Grundlage der Bank darstellt.

Der Bodenpreis und die Möglichkeit, ihn in Geld zu verwandeln, steigt und fällt mit dem Preis der Erzeugnisse. Wenn der Weizenpreis hoch ist, so ist auch der Preis für Weizenanbauland hoch; und wenn das Produkt kaum soviel Geld einbringt, daß man die Arbeitskräfte bezahlen kann, so wäre man ein Narr, viel Geld für Weizenanbauland zu bezahlen. Daher bewirkt jede Ursache, die ein Fallen der Preise der Rohprodukte zur Folge hat, daß die Bodenpreise in gleicher Weise fallen und sich die Geschäfte der Banken auf dem Land verschlechtern, und umgekehrt. Grundvoraussetzung für ein Banksystem wie dieses ist daher, daß der Markt für landwirtschaftliche Erzeugnisse eine Stetigkeit aufweist. Diese Stetigkeit kann mit einem nationalen System erreicht werden, das größere Schwankungen verhindert. Dies kann nur dadurch erreicht werden, daß den landwirtschaftlichen Produkten durch eine heimische verarbeitende Industrie ein Absatzmarkt im eigenen Land gesichert wird. Unter diesen Umständen wirkt ein Banksystem als Produktivkraft, während in einem offenen Land [ohne wirtschaftliche Schutzgesetze] von Zeit zu Zeit die Voraussetzung für die Industrie, der *Kredit*, zunichte gemacht wird.

Man schaue 14 Jahre zurück: Hätte die Regierung der Vereinigten Staaten unmittelbar nach dem letzten Krieg die Industrie geschützt, so wären Weizenpreise, Löhne, Bodenpreise und Profite niemals so tief gefallen, die Banken wären nicht ruiniert und es wäre nicht ein Zehntel der Bürger von Haus und Hof vertrieben worden. Dieses Elend so vieler Landeigentümer entstand nicht in erster Linie durch die Banken, wie man allgemein glaubte, sondern weil es eine Revolution bei den Erzeuger- und Bodenpreisen gab, die durch unsere Abhängigkeit von ausländischen Märkten, Preisschwankungen sowie vom Ausland erlassenen Verordnungen und Beschränkungen verursacht wurde. Es mag sein, daß Bankenschwindel und Fehler in der Gesetzgebung das Unglück vergrößerten;[101] aber die Folgen — der Ruin vieler Grundbesitzer — hätten nur verhindert werden können, wenn die Hauptursache durch ein nationales System ausgeschaltet worden wäre, und die Folgen werden sich solange wiederholen, wie es die Ursache gibt, und sie entstünden auch dann, wenn es in den Vereinigten Staaten gar keine Landbanken gäbe.

nobody would take them if they would not represent anything of value. They represent a nominated quantity of money consisting in the value of property and land.

But the real value of property and land depends upon the market price of land; if that price rises, the security of the paper rises — if it falls, the security falls. If no price at all can be realized, there is no possibility to convert property into cash, and the security is lost to the holders of the notes, insomuch as the bank is founded on land and property. The price of land, and the possibility of converting it into money, rises and fails with the price of the produce. If the price of wheat is high, the price of wheat-land is high too; and if the produce will scarcely bring so much money as to pay the labour, nobody would be so great a fool as to give much money for wheat-land. Every cause, therefore, which effects a fall of the prices of the raw products, effects likewise a fall of the land prices and of the country bank-business, and vice versa. The principal condition of a banking system like this is, therefore, steadiness of the market of the agricultural products, effectuated by a national system, which prevents great fluctuations, which can only be attained by securing a home market to the products by a manufacturing industry. Under this condition, a banking system works as a productive power, whilst in an open country it destroys from time to time the roots of industry — *credit*.

Look fourteen years back: Had the United States government, immediately after the last war, protected manufacturing industry, wheat, wages, land prices, profits, would never have sunk so low — banks would never have been ruined — not the tenth part of the citizens would have been expelled from house and home. This distress of so many land proprietors arose not chiefly from the bank mania, as it was generally believed, but from a revolution in the prices of produce and land, caused by the dependence on foreign markets, foreign fluctuation of prices, foreign regulations and restrictions. It may be that swindling bank schemes and the faults of the legislature added to the distress;[101] but the effect — the ruin of a number of land proprietors, — could not have been prevented otherwise than by preventing the chief cause by a national system, and this effect will as often return as the cause will reappear, even if there is no countrybank at all in the United States.

Ein Steigen der Bodenpreise infolge ungewöhnlichen Ansteigens der Getreidepreise wird, wenn es keine Bank gibt, die Grundbesitzer veranlassen, ihr Land für nominelle Summen zu verkaufen; sie werden zufrieden sein, wenn sie ein Drittel oder ein Viertel des Kaufgeldes in bar erhalten und sie werden für den Rest Sicherheiten und Hypotheken auf das von ihnen verkaufte Land annehmen. Menschen ohne Grundbesitz, die über einiges Bargeld verfügen, werden froh sein, auf diese Weise in den Besitz von Land zu gelangen. Dabei hoffen sie, auf Grund der hohen Getreidepreise bald in der Lage zu sein, die Hypothek abzulösen. Der größte Teil derjenigen, die auf dem Erbschaftsweg Grund und Boden übernommen haben, den sie nur zum Teil besaßen, werden sich in gleicher Weise mit ihren Miterben einigen. Andere, die ihr Land nicht verkaufen, werden entsprechend der Wertsteigerung des Bodens Verbesserungsmaßnahmen durchführen und Hypotheken aufnehmen. Wenn ein solcher Zustand nur einige Jahre andauert und es dann auf einmal zu einem Zusammenbruch kommt, so wird dies immer für die Mehrheit der Bürger ein schwerer Schlag sein und die Moral, das Engagement und die Kreditwürdigkeit des Landes für ein halbes Jahrhundert zunichte machen.

In Deutschland sahen wir dieselben Auswirkungen als Folge derselben Ursachen, ohne daß Landbanken existierten. Solange viel produziert wurde und die Bodenpreise infolgedessen hoch waren, gab es große Landverkäufe; die Kreditmöglichkeiten nahmen zu; man konnte mit wenig Geld hochwertiges Gelände kaufen und den Rest mit Hypotheken finanzieren. Durch Erbschaft, Käufe, Verträge etc. wechselte mehr als die Hälfte des Landes den Eigentümer und wurde infolge der hohen Bodenpreise mit Hypotheken belastet. Der Eigentümer einer Hypothek baute auf die Stabilität der Getreide- und Bodenpreise und hatte keine Angst davor, sein Geld nicht wieder zurückzubekommen, und selbst wenn er Geld brauchte, verlangte er es selten von seinem Schuldner; er konnte es leichter bekommen, wenn er den Schuldschein an Kapitalisten verkaufte, die ihr Geld anzulegen wünschten und in die für den Schuldschein vorhandene Sicherheit Vertrauen setzten.

Aber dann setzte die sogenannte *Restauration* ein, und der *Freihandel* wurde eingeführt. Auf dem Wege des Freihandels konnte England mit der Einfuhr seiner Manufakturwaren nach Deutschland die deutschen Manufakturen vernichten und gleichzeitig, indem es mit Hilfe der Korn- und Wollgesetze die Einfuhr deutschen Getreides und deutscher Wolle nach England verhinderte, die deutschen Grund- und Landbesitzer ruinieren. Infolgedessen sanken die Preise von Grund und Boden, das Vertrauen in Schuldschein und Papierwerte war verloren und ebenso die Möglichkeit, Geld durch Verkauf von Besitztum wiederzubekommen; und so wurden die Mehrzahl der

A rise of land prices, by an uncommon rise of grain prices, will, if there is no bank, induce land proprietors to sell their land for nominal sums; they will be contented with receiving a third or a fourth part of the purchase money in cash, and for the remainder they will readily take judgments and mortgages on the property they sold. Men without property and in possession of some cash, will be glad to get that way in possession of land, hoping to be able to deliver it, by the aid of the high corn prices, from the mortgage; the most part of those who by the way of inheritance get in the possession of land of which they were only partially owners, will engage themselves in such a manner against their co-heirs. Others, who sell not their land, will undertake improvements in proportion to the increased value of the land, and enter mortgage obligations. If such a state of things only lasts for some years, and then breaks at once, it will always break the majority of the citizens, and destroy the morals, the industry and the credit of the country, for half a century.

In Germany we saw the same effects from the same causes without country banks. As long as produce, and in consequence, land prices were high, there were great sales of land; credit increased, a man with comparatively a small sum of money could buy high-valued estates, in giving mortgages for the remainder. By inheritance, sales, contracts, etc., etc., more than the moiety of the country changed proprietors, and was mortgaged under the high prices. The owner of a mortgage, trusting to the steadiness of grain prices and land prices, was not anxious to recover his money, and even if he wanted money, he asked rarely the debtor for it; he could effect this easier by selling his paper to capitalists desired to employ their money, and had confidence in the security.

But with the moment of what was called the *restauration*, with the moment of *free trade*, by which free trade the English were allowed to destroy the German manufactories, by importing their manufactures and destroy the landed interest of Germany, by prohibiting the importation of German grain and wool in their country, by corn and woollen bills, the prices of land and of property sank, the confidence in the paper was lost, as well as the possibility of recovering the money by selling the property, and the same ruin of the majority of farmers followed, like in this country. In the

Bauern ruiniert, genau wie in diesem Land [den Vereinigten Staaten]. Zur Zeit ist der Preis für die Höfe dort derart niedrig, daß mit den Einnahmen aus dem Verkauf eines Hofes noch nicht einmal die Hypothek bezahlt werden kann.

Die Begründer des kosmopolitischen Systems haben ganz und gar vergessen, etwas über die Ursachen des Steigens und Fallens der Bodenpreise und die daraus entstehenden Folgen zu sagen. — Dies ist um so erstaunlicher, als die Prosperität des überwiegenden Teils einer Nation von der Stabilität der Preise für Grund und Boden abhängt (der den größten Teil des Reichtums einer Nation ausmacht). — Die Ursache für diese Unterlassung ist jedoch offensichtlich.

In jenen Ländern, in welchen Smith sein System schuf, ist der größte Teil des Bodenbesitzes nicht im freien Handel, da ein lebenslängliches Herrschaftsrecht auf den Grundbesitz besteht, und daher nahm Smith nur die Änderungen des Pachtzinses und nicht die Änderungen der Bodenpreise wahr. Say, der in einem Land lebt, in dem fast alle Grundstücke frei verkauft werden können, übersieht dies, da er seinem Meister — ausgenommen in einigen Dingen von geringerer Bedeutung — blind folgt, wie er es immer tut. In diesem Land [den Vereinigten Staaten] wechselt Grund und Boden häufiger den Besitzer als in irgendeinem anderen Land, und deshalb können wir auf einen besonderen Mangel der berühmten Theorie hinweisen, welcher, wenn er von einer Nation übersehen wird, mindestens alle 25 Jahre die Grundbesitzer eines Landes in den Ruin treiben kann.

Je mehr ich bei der Entwicklung der Grundsätze, die ich in meinen früheren Briefen zum Ausdruck brachte, fortschreite, um so mehr bin ich geneigt, Says System für gänzlich mißlungen zu erklären, da es eher darauf berechnet ist, den gesunden Menschenverstand in der politischen Ökonomie zu zerstören und das Gedeihen jener Nationen, welche seine hohlen Phrasen als tiefe Weisheit betrachten, zunichte zu machen.

Ihr sehr ergebener etc. etc.
Fr. List

present moment, the value which can be recovered by selling properties there amounts not to the sum of the mortgages.

The founders of the cosmopolitical system forgot entirely to say anything about the causes of the rise and fall of land prices, and about the consequences of it. This is the more astonishing, as the prosperity of the greater part of a nation depends upon the steadiness of the prices of land and property (which forms the greater part of the riches of a nation). The cause of this omission is however obvious.

In those countries in which Mr. Smith composed his system, the greater part of land property, forming life estates, is not in free commerce, and therefore he only perceived alteration in rents and not in land prices. Mr. Say, who lives in a country in which nearly all real estates are in free commerce, overlooks the omission by blindly following his master, as he always does, except in some matters of little consequence. In this country there is more exchange in real property than in any other, and here we can point out a particular deficiency of the celebrated theory, which, if overlooked by a nation, may at least once in twenty-five years break down the land proprietors of a country.

Indeed, the more I advance in developing the principles I expressed in my former letters, the more I am inclined to declare Mr. Say's system a total failure, calculated rather for destroying common sense in political economy and the prosperity of those nations who contemplate its hollow phrases as profound wisdom.

Very respectfully yours, etc., etc.,
Fr. List

11. Brief

Politische Ökonomie ist nicht kosmopolitische Ökonomie
(Fortsetzung)

Reading, den 29. Juli 1827

Geehrter Herr!

Wie ein Getreidemarkt im Ausland, der jederzeit durch die Verfügungen einer fremden Macht zerstört werden kann, eher eine Quelle des Elends und der Schwäche als der Prosperität und der Macht ist, so ist dies auch der Fall bei einem Baumwollmarkt, der von einem Land wie England abhängig ist. Denn England ist aufgrund seiner dominierenden politischen Macht innerhalb kurzer Zeit in der Lage, seinen Bedarf an Baumwolle auch aus anderen vom ihm unterworfenen Ländern zu beziehen, sobald es dies aufgrund seiner Rivalität zu diesem Land [den Vereinigten Staaten] für nötig hält. Die Redner[102] aus dem Süden täten sicherlich besser daran, ihre Mitbürger dazu aufzurufen, sich auf ihre Vernunft anstatt auf ihre Waffen zu verlassen, was diese sicherlich auch tun werden, wenn sie die Sache kühl und mit Bedacht betrachten.

Zunächst einmal wollen wir sehen, wer der dumme Junge ist, der die Gans tötete, die goldene Eier legte, und dem ein bekannter Staatsmann[103] des Südens jüngst so emphatisch Beifall spendete. Ich bin gezwungen, mich zu diesem Zweck auf das zu beziehen, was Präsident Cooper mit einem gewissen Vergnügen *„den jährlichen Unsinn der Finanzberichte[104]"* (Seite 4) nennt, woraus ich nichtsdestoweniger etwas einigermaßen Sinnvolles zu entnehmen wage. In den Verzeichnissen des Schatzamtes ist folgendes aufgeführt:

Export
1816: 81 Mio. Pfund Rohbaumwolle brachten 24 Mio. Dollar
1826: 204 Mio. Pfund Rohbaumwolle brachten 25 Mio. Dollar

Zweieinhalb Pfund Baumwolle brachten demzufolge im Jahre 1826 genau so viel ein wie *ein Pfund* im Jahre 1816, weil Europa die Anzahl von Baumwollballen nicht verdauen konnte, die ihm die Südstaaten zu schlucken gaben. Hätte jeder Baumwollpflanzer die Hälfte seiner Ernte in den Mississippi geworfen, so hätte er für die andere Hälfte unzweifelhaft ebensoviel Geld erhalten, wie er nun für das Ganze bekam, und er hätte sich außerdem die Mühe des Packens bei der Hälfte der Ballen erspart. So wahr

Letter 11

Political Economy is not Cosmopolitical Economy
(Continuation)

Reading, 29th July, 1827.

Dear Sir —

As a foreign grain market which may be destroyed every day by the regulations of a foreign power, is rather a source of calamity than of prosperity, rather a source of weakness than of power, so it is with a foreign cotton market depending on a country which, like England, by its predominant political power is enabled, and by its rival feelings against this nation, induced to procure its supply after a short time from other subjected countries. The southern orators[102] would certainly do better to call their fellow citizens to stand by their reason, instead of by their arms, and they will certainly do it if they investigate the subject coolly and deliberately.

In the first place let us see who is the silly boy, who killed the goose laying golden eggs, whom an eminent statesman[103] of the south toasted late so emphatically. I am obliged to refer for that purpose to what President Cooper is delighted to style *"the annual nonsense of Finance Reports"*[104] (page 4), from which I nevertheless venture to draw something of tolerably good sense. The tables of the treasury give the following result:

Exports
1816: 81 millions of pounds raw cotton, brought $ 24,000,000
1826: 204 millions of pounds raw cotton, brought $ 25,000,000

Two and a half pounds brought consequently in 1826, just as much as *one pound* in *1816*, because Europe could not digest the number of cotton bales which the Southern States gave her to swallow. Had every planter thrown the half of his cotton crop into the Mississippi, he would undoubtedly have received as much money for the other half as he now got

es ist, daß Menschen für nichts arbeiten können, daß eine Produktivkraft sich selbst zerstören und daß eine Produktion, die für die Menschheit wohltätig ist, für ein einzelnes Land verderblich sein kann, genauso wahr ist es, daß Individualökonomie nicht politische Ökonomie und politische Ökonomie nicht kosmopolitische Ökonomie ist.

Der Pflanzer, der im Jahre 1825 wegen der niedrigen Baumwollpreise sehr wenig Gewinn machte, gedachte diesen Verlust durch Vergrößerung der Erntemenge auszugleichen, was eine sehr gute Individualökonomie war. Aber alle Pflanzer hatten den gleichen Plan; die Menge des Baumwollertrags insgesamt wuchs daher entsprechend, während die Nachfrage auf den europäischen Märkten nur wenig angestiegen war; die Preise fielen demzufolge in demselben Verhältnis, in dem die Menge sich vergrößert hatte, und die Pflanzer erhielten trotz der größeren Menge nicht einen Cent mehr als im vorangegangenen Jahr. Wir sehen hier klar und deutlich anhand der Zahlen, daß, wenn in der materiellen Produktion 2 mal 2 vier macht, dies bezogen auf die Erhöhung des Wertes manchmal nur 1 1/2 oder auch weniger ergeben kann; und ich wage vorauszusagen, daß die Baumwollpflanzer jedes Jahr dieses Resultat erzielen und schließlich 300 Millionen Pfund pflanzen und nicht mehr als 25 Millionen Dollar oder weniger dafür erhalten werden, bis sie merken, daß jedes Angebot mit der Nachfrage übereinstimmen muß. Kosmopolitischen Grundsätzen zufolge jedoch ist es ohne jede Bedeutung, welchen Reingewinn die Baumwollpflanzer durch ihren Fleiß erzielen. Der Reichtum der Welt wurde vermehrt, und alles ist gut. Aber ich frage mich, ob nicht die Pflanzer aus dem Süden es vorzögen, lieber den Luxus der Menschheit ein wenig zu vermindern und dafür ihr privates Einkommen etwas zu vergrößern.

Der große Verlust, unter welchem die Südstaaten jetzt zu leiden haben, und die Probleme, welche die Getreide anbauenden Staaten jetzt niederdrücken, haben die gleiche Ursache; die einen bauen zu viel Getreide an, die anderen zu viel Baumwolle. Beiden fehlt eine angemessene Arbeitsteilung. Dort wie hier muß ein Teil der Bewohner eine andere, eine einträglichere Beschäftigung suchen. Dies ist das ganze Geheimnis, so kann die Lage beider Länder verbessert werden.

Aber wie sonst können die Südstaaten ihre Sklaven gewinnbringend beschäftigen?[+] Einige sagen, sie sollten Seidenraupen züchten, andere, sie soll-

---

[+] List hält die Abschaffung der Sklaverei und der Leibeigenschaft für eine Voraussetzung zur Entwicklung der Nationen (vgl. *Nationales System*, 2. Buch, 12. Kap.). Und er weiß, daß aus Sklaven binnen kurzer Zeit Lohnarbeiter würden, wenn man sie mit Erfolg in Manufakturen beschäftigte. Doch hier geht es ihm erst einmal darum, die Baumwollfarmer in den Südstaaten überhaupt für die Einrichtung von Manufakturen und das Schutzzollsystem einzunehmen.

for the whole, and he would besides have saved the trouble of bagging one half the number of bags. So true is it that men may labour for nothing, and that a productive power may destroy itself, and that a production which is beneficial to mankind may be destructive for a particular country — so true is it that individual economy is not political economy, and political not cosmopolitical economy.

The planter receiving in 1825 very small interest for his capital, on account of the low cotton prices, thought to make up this loss by increasing the quantity of his crop, which was very good individual economy. But all planters had the same plan; the quantity of the whole cotton crop consequently increased in the same proportion, whilst the demand in the European markets had but little increased, the prices fell in consequence in the same proportion in which the quantity had increased, and the planters received not a cent more for their increased quantity than in the preceding year. We see here in clear numbers, that if in material production twice 2 makes 4, it may make in production of value sometimes 1 1/2 or something less; and I venture to predict that the cotton planters will every year produce this result, and that they will at last plant 300 millions of pounds, and not receive more than 25 millions, or something less, until they perceive that every supply must correspond to the demand. According to cosmopolitical principles, it matters not, however, how much the cotton planters cleared by their industry. The riches of the world were increased, and all is well. But I incline to doubt whether the southern planters would not prefer to lessen the comforts of mankind a little, by increasing their private income.

The cause of the great disadvantage from which the southern states now are suffering, is just the same cause which depresses the grain-growing states; these raise too much grain, those too much cotton. Both want a proper division of labour. There and here a part of the inhabitants must seek for another — for a more profitable employment. This is the whole secret for improving both countries.

But what else can the southern states do with their slaves in a profitable manner?+ Some say they ought to raise silk; others to plant vines. I, for my part, believe that neither the one nor the other would yield, for the present, a sufficient profit to supply their losses, which opinion I shall justify in another place. But why should they not be able to make coarse cotton

---

+List considers the abolishment of slavery and serfdom as a precondition for the development of nations (see *National System*, b.2, ch.12). And he knows that, once sucessfully employed in manufactures, the slaves would turn into wage-earning workers within a short period of time. In this letter, however, he primarily aims at winning over the cotton farmers of the Southern states to raising manufactures and accepting protective tariffs.

ten Wein anbauen. Ich für meinen Teil glaube, daß für den Augenblick weder das eine noch das andere einen genügenden Profit abwerfen würde, um die Verluste wettzumachen — eine Meinung, die ich an anderer Stelle begründen werde. Aber warum sollten sie nicht imstande sein, einfache Baumwollstoffe herzustellen (grobe Baumwollhemden, gestreiften Baumwollstoff etc.)? Ich sehe keinen Grund, warum das nicht möglich wäre. Sind einmal Maschinen aufgestellt, so übersteigt die Arbeit des Spinnens und Webens der groben Baumwolle sicher nicht die Fähigkeiten der Sklaven. Der Pascha von Ägypten hat seine Sklaven mit Erfolg für diese Art von Arbeit eingesetzt; und die alten Griechen betrieben alle ihre Manufakturen mit Sklavenarbeit. Sind die Maschinen erst einmal in Gang gebracht, so böten sich den Bewohnern des Südens sogar besondere Vorteile: Erstens könnten sie ihre Arbeiter von frühester Jugend an in einem bestimmten Gewerbe einsetzen, und ihre Fachkompetenz bliebe so der Fabrik während ihrer ganzen Lebenszeit erhalten; zweitens könnten sie die Arbeit der Frauen und Kinder, die jetzt für sie von sehr geringem Nutzen ist, in den Spinnereien besser verwenden; drittens wäre für sie die Baumwolle billiger und der südamerikanische Markt näher; viertens könnten sie mit einheimischen Pflanzenfarben, insbesondere Indigo, ohne besondere Vorbereitung färben.*

Wir wollen sehen, was dabei herauskäme, wenn sie mit einem Viertel ihrer in der Baumwollpflanzung beschäftigten Sklaven nur ein Achtel ihrer Baumwolle zu grober Ware verarbeiteten.

Sie pflanzen jetzt	204 Mio. Pfund
Werden ein Viertel ihrer Sklaven in der Fabrikation einfacher Baumwollstoffe eingesetzt, verringert sich die angebaute Rohbaumwolle um	51 Mio. Pfund
Es bleiben also	153 Mio. Pfund
Davon verarbeiten sie selbst ein Achtel	20 Mio. Pfund
Es bleiben	133 Mio. Pfund
Für diese verminderte Menge erhalten sie gemäß der Menge und dem Preis von 1820 (als sie 127 Mio. Pfund für 22 1/2 Mio. Dollar[106] verkauften)	24 Mio. Dollar

*Anm. Lists: Über das wichtige Thema, wie man die Arbeitskraft von Sklaven in Manufakturen einsetzen kann, werde ich mich in einem besonderen Briefe äußern.[105]

(coarse shirtings, ginghams, etc.)? I cannot see the reason why not.⁺ After the machineries are erected, the labour of spinning and weaving coarse cotton certainly exceeds not the faculties of the slave. The Pacha of Egypt does very well in applying his slaves to this kind of work; and the ancient Greeks carried all their manufacturing on with slave labour. After having started the machineries, the inhabitants of the south would even enjoy peculiar advantages: — first, they could apply their labourers from the prime of their youth to a certain branch of business, and their skill would be secured to the manufactory for their whole lifetime; secondly, for the spinning mills they could turn the labour of the females and of the children, who are now of very little use for them, to a better account; thirdly, they would have the cotton cheaper, and the South American market nearer; fourthly, they could dye with home raised colour plants, particularly indigo, without any preparation.*

Let us see what the result would be, if, with the fourth part of their cottonplanting slaves, they would only convert the eighth part of their cotton into coarse goods.

	Pounds
They plant now	204,000,000
For employing the fourth part of their slaves in coarse cotton manufactories they will plant less raw cotton	51,000,000
Remain	153,000,000
From this quantity they work themselves up one-eighth	20,000,000
Remain	133,000,000
For this reduced quantity they will receive, according to the quantity and price of 1820 (when they sold 127,000,000 lbs. for 22 1/2 millions of dollars)	Dollars[106]
	24,000,000

---

* List's note: On that important subject, how to use slave-labour in manufacturing, I will expose my opinion in a particular letter[105].)

Für die 20 Mio. Pfund Rohbaumwolle, die für 3 1/2 Mio. Dollar verarbeitet wurden und deren Wert sich dadurch versechsfacht, erhalten sie	21 Mio. Dollar
Macht zusammen anstatt 25 Mio. Dollar im Jahr.	45 Mio. Dollar

Die Manufakturarbeit bedeutete also einen deutlichen Gewinn, und obwohl sie nicht mehr als ein Viertel der früher mit dem Baumwollanbau beschäftigten Arbeitskräfte umfaßte, brächte sie fast so viel ein wie die anderen drei Viertel zusammen.

Daraus können die Pflanzer in den Südstaaten lernen, daß sie für all ihre Probleme mit der Sklavenhalterei und für all ihren Boden nicht den zwanzigsten Teil von dem Wert bekommen, der in Europa mit der Verarbeitung ihrer Rohbaumwolle erzielt werden kann. Wahrlich, wahrlich, die Pflanzer im Süden werden ebenso wie die französischen Ultras ihr eigenes Ziel verfehlen, wenn sie gegen die Anforderungen der Gegenwart hartnäckig opponieren, statt ihnen in vernünftiger Weise zu entsprechen. Die guten alten Zeiten können nur durch gute neue Ideen, die in die Praxis umgesetzt werden, wiederbelebt werden, indem man auf Maschinen setzt, nicht auf Waffen.

Während die Südstaatler die Früchte ihrer Arbeit vernichten, indem sie sich selbst Konkurrenz machen, sieht England sich ganz sicher bereits nach Lieferungen aus anderen Ländern um, die mehr unter seinem Kommando stehen als die Vereinigten Staaten. England will, daß Brasilien und andere südamerikanische Länder in die Baumwollproduktion einsteigen. Der Zusammenbruch des türkischen Reiches[107] — das, wenn es nicht von außen niedergeworfen wird, aller Wahrscheinlichkeit nach unter seinem eigenen Gewicht zusammenbrechen wird — wird überdies riesige Baumwolländer unter seine Oberhoheit bringen. In einem solchem Fall wird England es wahrscheinlich auf Ägypten und Kleinasien abgesehen haben, nicht nur in bezug auf die Baumwolle, sondern auch, um einen Zugang zum Roten Meer und damit nach Ostindien zu bekommen.

Das Beispiel der Südstaaten lehrt uns, daß ein Land mit Hilfe von Sklaven und einem entsprechenden Boden seine Baumwollproduktion unermeßlich erhöhen kann. England wird dann immer mehr auf die amerikanische Baumwolle verzichten und die Südstaaten mit seinen Baumwollgesetzen in dieselbe Lage bringen, in die es damals mit seinen Korn- und Wollgesetzen die Getreide- und Wollanbauländer gebracht hat.

Das Unglück, das aus solchen Maßnahmen erwächst, kann nur vermieden werden, wenn man zur rechten Zeit Vorkehrungen dagegen trifft. In seiner gegenwärtigen Lage kann England die amerikanische Baumwolle nicht

And 20,000,000 lbs., manufactured at 3 1/2 millions, and the value six times increased	21,000,000
Total	45,000,000

Instead of twenty-five millions, a year.

Thus the whole manufacturing labour would be clear gain, and though not more than the fourth part of the cotton planting labour, it would yet bring nearly as much as the other three-fourths.

By this the southern planters may learn that they receive for all their slaveholding trouble, and all their land, not the twentieth part of the value that may be produced in Europe from their raw cotton. Verily, verily the southern planters will, as well as the French ultras, fail of their aim in resisting the wants of the present time obstinately, instead of complying with them reasonably. The good old times are not to be revived otherwise than by good new ideas, carried into effect by standing at machinery, not by arms.

Whilst the Southerners destroy the fruits of their labour, by self-competition, it is quite certain that England is looking about for supply to other countries, standing more under their command than the United States. They intend to encourage Brazil and other South American countries in this business. The downfall of the Turkish Empire[107], which in all probability, if not overthrown from abroad, must sink under its own weight, will moreover bring vast cotton countries under their suzerainty. In such a case they probably aim at Egypt and Minor Asia, not only in this respect, but to get the key to the Red Sea and consequently to East India. The example of the Southern States itself teaches that with the aid of slaves and of a proper soil a country may increase its cotton produce immensely. Then they will more and more exclude American cotton and place the Southern States with their cotton bills in the same situation as they did the grain and wool growing countries with their corn and wool bills.

The calamity arising from such a measure can only be avoided by taking precaution in due time. In her present situation England cannot dispense with American cotton; she must buy it. By commencing now to raise a cotton manufacturing industry, the South will by and by diminish the quantity of raw cotton and increase home manufactories. Whilst they gain thus in a double way they will moreover secure their cotton market in England. This is effected in the following manner: If the Americans raise cotton manufactories they will rival in foreign countries the English manufactories; should then the English exclude or onerate the importation of American Cotton, the prices of raw cotton would be raised in their

entbehren; es muß sie kaufen. Wenn die Südstaaten nun beginnen, eine baumwollverarbeitende Industrie aufzubauen, so wird nach und nach die Menge der Rohbaumwolle vermindert werden, und die Zahl der Fabriken im eigenen Land wird zunehmen. Während sie so in doppelter Weise gewinnen, werden sie sich überdies den Baumwollmarkt in England sichern. Das wird folgendermaßen erreicht: Wenn die Amerikaner Baumwollfabriken aufbauen, werden sie im Ausland mit den englischen Manufakturen in Konkurrenz treten; sollten dann die Engländer die Einfuhr amerikanischer Baumwolle verbieten oder erschweren, so würden sich die Preise für Rohbaumwolle in ihrem Land erhöhen, und die amerikanischen Baumwollfabriken könnten im Ausland ihre Waren im Vergleich zu England billiger verkaufen. Der allergrößte Vorteil, den die Südstaaten von amerikanischen baumwollverarbeitenden Manufakturen hätten, bestünde jedoch darin, daß sie durch diese Maßnahme, England in ein Dilemma brächten, was sich so oder so zu ihren Gunsten auswirken würde, während sie, wenn sie ihren alten Kurs beibehalten, auf jeden Fall entweder durch Überproduktion im eigenen Land oder durch vom Ausland verhängte Maßnahmen verloren sind.

Mr. Niles hat in seinem ausgezeichneten Aufsatz über die amerikanische Landwirtschaft[108] nachgewiesen, daß die Südstaaten in Europa noch einige Millionen weniger mit ihrer Baumwolle erwirtschaften würden, wenn sie nicht eigene Manufakturen[109] hätten, welche bereits 60 Millionen Pfund Baumwolle jährlich[110] verarbeiten. Daß diese Mengenangabe richtig ist, wurde von einigen Gegnern der heimischen Industrie bezweifelt, aber meiner Überzeugung nach ohne ausreichenden Grund.

Denn, wie der Leiter der französischen Zollverwaltung Graf de St. Crique[111] erklärte, betrug der Verbrauch Frankreichs im letzten Jahr nicht weniger als 20[+] Millionen Kilogramm oder 64 Millionen Pfund Baumwolle, während der Verbrauch des vorhergehenden Jahres nur 24 Millionen Kilogramm oder 48 Millionen Pfund betragen hatte; der Verbrauch Frankreichs stieg demzufolge in einem Jahr um 16 Millionen Pfund. Auf den einzelnen Einwohner umgerechnet beträgt der Verbrauch *zwei* Pfund pro Jahr. Aber in Frankreich, wo jedermann Hemden usw. aus Leinen trägt, ist Baumwolle nicht halb so gebräuchlich wie in den Vereinigten Staaten; wir können daher den Durchschnittsverbrauch in den USA auf mindestens vier Pfund pro Kopf schätzen, was eine Menge von 48 Millionen ausmacht, den Export nicht mitgerechnet.

[+] Die List-Gesellschaft merkt an: „Es muß ‚30 Millionen Kilogramm' heißen, oder die folgende Reihe ist falsch." So stimmt die Reihe aber auch nicht ganz. Entweder man legt amerikanische Pfund (1 lb.=453,6 g) zugrunde, dann sind 30 kg=66 lbs. und 24 kg=52 lbs.; oder man rechnet 500 g pro Pfund, dann lautet die Reihe 32, 64, 24, 48.

country and the American cotton manufactories could sell cheaper in foreign countries. This is yet the greatest of all advantages which will grow out of an American manufacturing industry for the Southern States, that they place by this measure England in a dilemma which cannot fail in one case or in the other to turn out to their advantage, whilst in following their old course they will be lost in every way either by their own over-production, or by foreign measures.

Mr. Niles, in his excellent essay on American Agriculture[108], has with good reason shown that the Southern States would yet receive some millions less for their cotton in Europe, were it not for the home manufactories[109], which already consume the quantity of 60 million pounds a year[110]. This quantity has been questioned by some opponents of domestic industry, but, I am confident, with little reason.

According to the statements of the Count de St. Crique,[111] Director of the French customs, the consumption of France last year was not less than 20+ millions of kilograms, or 64 millions of pounds, and the consumption of the preceding year was not more than 24 millions of kilograms, or 48 millions of pounds; the consumption of France had consequently increased in one year 16 millions of pounds. This consumption makes for each inhabitant two pounds a year. But in France, where everybody wears linen for shirts, etc., cotton is not half so much in use as in the United States: we can, therefore, at least estimate the average consumption at four pounds per head, which would make a quantity of 48 millions, without exports.

+ The List Society notes: "It should say correctly '30 millions of kilograms', otherwise the series is wrong." But also thus, the series is not quite correct. Either you base the calculation on American pounds (1 lb.=453,6 g), then 30 kg=66 lbs. and 24 kg=52 lbs; or you calculate 500 g per pound, and you get the series 32, 64, 24, 48.

Ich bedaure sehr, daß ich nicht im Besitz der statistischen Tabellen Englands bin, aus welchen ich den Verbrauch jenes Landes ersehen könnte. Die Gesamteinfuhr an Rohbaumwolle wurde letztes Jahr auf 200 Millionen Pfund geschätzt, wovon sicherlich zwei Fünftel in England verbraucht werden.

Diesem Beispiel entsprechend kann damit gerechnet werden, daß Frankreich seinen Verbrauch in den nächsten zehn Jahren auf 100 Millionen Pfund erhöhen wird, und das gleiche gilt auch für die Vereinigten Staaten. Das wäre dann nahezu das Doppelte der Menge, die wir jetzt nach England verkaufen. Deutschland und die Schweiz, welche sich auf dem Weg über Havre de Grâce[112] zu versorgen beginnen, werden ihren Verbrauch im gleichen Verhältnis steigern. In der Zwischenzeit — während auf diesen Märkten die Nachfrage zunimmt — kann England ohne amerikanische Baumwolle nicht auskommen, und infolgedessen ist nichts verloren, aber alles zu gewinnen.

Frankreich ist weder im Besitz einer überwältigenden Seemacht, noch hat es das Ziel, die Welt mit seinen Manufakturwaren zu überschwemmen; es wird immer ein guter, sicherer Markt für amerikanische Baumwolle sein. Es besteht Grund anzunehmen, daß Frankreich auch gerne verstärkt andere Produkte aus den Vereinigten Staaten einführen würde, namentlich Tabak, Schinken, Speck und Talg, wenn die Vereinigten Staaten geeignete Maßnahmen träfen, mehr aus Frankreich zu importieren. Die richtige Politik bezüglich Englands und Frankreichs einzuschlagen, ist sicherlich zu lange vernachlässigt worden. Die Vereinigten Staaten erwarben sich ihre politische Unabhängigkeit, indem sie sich von England trennten und mit Frankreich zusammentaten, und auf diesem Weg, nur auf diesem Weg, können sie auch ihre wirtschaftliche Unabhängigkeit gewinnen.

Ihr sehr ergebener
Fr. List

I regret very much that I am not in possession of the statistical tables of England, from which I could derive the internal consumption of that country. The total import of raw cotton was estimated last year at 200 millions, from which quantity certainly two-fifths are consumed in England.

According to this example, France may increase her consumption in the course of the next ten years to 100 millions of pounds, and so may the United States, which would make nearly the double of the quantity we sell at present to England. The interior of Germany and Switzerland, which begin to supply themselves by the way of Havre de Grace[112] will increase in an equal ratio their consumption. In the meantime, while these markets increase their demand, England cannot do without American cotton, and consequently nothing can be lost, whilst all may be gained.

France is neither in possession of an overwhelming naval power, nor has she the aim to inundate the world with her manufactures; she will ever be a good and sure market for American cotton. There are strong reasons to believe that France would readily increase the importation of other products from the United States, particularly tobacco, ham, lard, and tallow, if the United States would take proper measures to increase their importation from France. The true policy of this country respecting England and France, has certainly too long been neglected. The United States acquired their political independence by separating from England, and by uniting with France — and in that way — only in that — they can acquire their economical independence.

Very respectfully yours,
Fr. List

12. Brief

Politische Ökonomie ist nicht kosmopolitische Ökonomie
(Schluß)
Reading, den 27. Juli 1827

Geehrter Herr!

Nachdem ich in den beiden letzten Briefen gezeigt habe, daß die Getreide- und Baumwollfarmer durch den Aufschwung der Industrie gleichermaßen Vorteile haben, bleibt noch zu bemerken, daß auch das Transportwesen und der Handel nicht weniger von diesen nationalen Verbesserungen profitieren. Ich verweise auf die vorherigen Ausführungen über den immensen Aufschwung, den die inländische Produktion und Verarbeitung von Schaf- und Baumwolle etc. durch die Förderung der heimischen Manufakturen nimmt. Mit dem Austausch von Rohstoffen und Nahrungsmitteln gegen Manufakturwaren im Inland nehmen im gleichen Maße der Binnenhandel sowie die Küsten-, Fluß- und Kanalschiffahrt zu. Hinzugerechnet werden müssen außerdem noch das Anwachsen der Exporte von Manufakturwaren ins Ausland und die durch die verstärkten Exporte hervorgerufenen erhöhten Importe. *Selbst Adam Smith stellt fest, daß große Industriestaaten bei weitem mehr ausländische Waren verbrauchen als ein armes Agrarland**.

Ein einziger Blick auf England wird diese Behauptung besser als jedes andere Argument bestätigen. Was wären Handel und Schiffahrt dieses Landes, wenn sie nur für den Austausch von Rohstoffen gegen Industriegüter aus dem Ausland da wären? Wie sieht die heutige Wirklichkeit aus? So groß Englands Außenhandel auch ist, er wird doch vom Binnenhandel zehnmal

---

* Anm. Lists: Wealth of Nations. 3. Buch, 3. Kap.: „Kein großes Land, das muß hier festgehalten werden, konnte jemals oder kann überhaupt ohne inländische industrielle Verarbeitung überleben; und wenn von einem solchen Land behauptet wird, es habe keine Industrie, ist das so zu verstehen, daß es keine feineren, veredelteren Waren oder solche herstellt, die sich für einen weiteren Transport eignen. In allen großen Staaten wird der Bedarf an Bekleidung und Haushaltsgegenständen zum größten Teil durch die einheimische Industrie abgedeckt. Das trifft in noch größerem Umfang für arme Länder zu, von denen man gemeinhin sagt, sie hätten keine verarbeitende Industrie, als für reiche, von denen es heißt, sie hätten sie im Überfluß. *In den letzteren wird man, sowohl was Kleidung, als auch was Haushaltsgegenstände betrifft, auch bei der untersten Bevölkerungsschicht einen größeren Anteil ausländischer Produkte finden als in den ersteren.*"

Letter 12

Political Economy is not Cosmopolitical Economy
(Conclusion)

Reading, July 27, 1827

Dear Sir —

After having shown by the two foregoing letters that the grain growers and the cotton growers are equally benefited by raising a manufacturing industry, it remains yet to mention that the shipping and commercial interests in general will not less gain by this national improvement. I refer to the preceding expositions of the immense increase of our internal production and consumption of woollen, cotton etc. which would be effected by fostering domestic manufactories. The internal exchange of raw materials and victuals for manufactories would increase in an equal ratio internal trade, and coast, river, and canal shipping. To this must be added the increase of our exports of manufactured goods, and the increase of the imports produced by our greater exports. *Adam Smith himself confesses that great manufacturing countries consume by far a greater quantity of foreign goods than a poor agricultural country.**

A single glance on England will prove this assertion better than any other argument. What would the commerce and the shipping of that country be, if it would only consist in an exchange of raw produce for foreign manufactures? And what is it now? Great as her external commerce is, yet it is exceeded by her internal commerce tenfold, great as her shipping to foreign countries is, yet the tonnage of her coast, river and canal shipping is of

---

* List's note: Wealth of Nations. Book III, Chap. III: "No large country it must be observed ever did or could subsist without some sort of manufactures being carried on in it; and when it is said of any such country that it has no manufactures it must always be understood of the finer and more improved, or of such as are fit for distant sale. In every large country both the clothing and household furniture of the far greater part of the people are the produce of their own industry. This is even more universally the case in those poor countries which are commonly said to have no manufactures, than in those rich ones that are said to abound in them. *In the latter, you will generally find, both in the clothes and household furniture of the lowest rank of people, a much greater proportion of foreign productions than in the former.*"

übertroffen, und so wichtig seine Seeschiffahrt in fremde Länder ist, die Tonnage, welche über die englische Küsten-, Fluß- und Kanalschiffahrt befördert wird, ist doch unvergleichlich größer. Und basiert nicht selbst Englands gesamter Außenhandel auf seiner verarbeitenden Industrie? Mit anderen Worten, um bei der Gesamttonnage, dem Handel und der Stärke zur See auf das gleiche Niveau wie England zu gelangen, gibt es nur einen Weg: Wir müssen unsere Industrie dem Niveau unserer natürlichen Rohstoffquellen und unserer Bevölkerungszahl anpassen.

Wozu nun all diese Geschäftigkeit? Warum der Lärm bei den Seekaufleuten und Baumwollpflanzern? Warum ihre turbulenten Versammlungen, ihre heftigen Reden, ihre aufreizenden Trinksprüche? Was für ein schmerzlicher Anblick, wenn diejenigen[113], deren Pflicht es ist, die Jugend Prinzipien, Vernunft und Gesetze zu lehren, ihre Lehrstühle verlassen und bei öffentlichen Veranstaltungen mit schärfsten Worten *den Nutzen der Union*[114] in Frage stellen.

„Jupiter, du greifst nach deinen Blitzen; du mußt dich irren!" Dies ist das Land der Vernunft und der Prinzipien und nicht des Terrors und der Drohungen — es ist geschützt durch einen dreifachen Schild der Vernunft; so müssen die Blitze zurückprallen und dich selbst treffen. Wann wurde jemals, seit der Vater dieses Landes sich zum letztenmal[115] an seine Kinder wandte, eine solche Sprache in diesem Land gehört? War es, als die Fabrikanten wegen mangelnder Unterstützung ruiniert worden waren, während die Baumwollfarmer im Überfluß[116] schwammen? War es, als das Eigentum der Getreidefarmer in Pennsylvanien unter den Hammer des Sheriffs[117] kam? Nein. Eine solche Sprache wurde niemals zuvor gehört, nicht einmal von denjenigen, die infolge schwerer Mängel in der allgemeinen Gesetzgebung von Überfluß und Wohlstand in Mangel und Armut gestürzt wurden.

Und worüber beschweren sich die Baumwollfarmer? Ihre gegenwärtigen Schwierigkeiten sind nur die Folge ihrer eigenen Überproduktion. Und was haben sie von einer Ausweitung der verarbeitenden Industrie zu befürchten? Nichts als die Befreiung von diesen Schwierigkeiten: einen sicheren, guten Markt für unbegrenzte Zeit. Wenn Baumwollfarmer und Kaufleute gegen derart vorteilhafte Maßnahmen sind, dann verkennen sie ihre eigenen Interessen. Sie haben sich durch falsche Darstellungen derjenigen verleiten lassen, die im Trüben fischen wollen.

Laßt uns deshalb ganz nüchtern bleiben; Bewegung ist immer nur an der Meeresoberfläche; die Mehrheit der Farmer in den Südstaaten wird in Kürze zu unseren Anhängern werden. Und die Scharfmacher — nicht das Wohlergehen ihres Landes — überläßt sich selbst. Es gibt keine Bevölkerungsgruppe, die letztendlich durch das amerikanische System Nachteile erleiden wird, die englischen Kommissionshändler ausgenommen; und aus

incomparative greater amount. And are not even all her external commerce and shipping founded on her manufacturing industry? In one word, to raise the amount of our tonnage, and our commerce, and our naval strength equally with the English, there is only one way, we must bring our manufactories on a level with the resources of our natural means, and our population.

Why now all this bustle? Why this noise from the part of the shipping merchants and of the cotton growers? Why their turbulent meetings, their violent speeches, their piquant toasts? What a painful sight, if those,[113] whose duty it is to teach the youth principle, reason and law, leave their chairs to question before meetings of the people, in the most violent language, *the benefit of the Union.*[114]

"Jupiter you put hand to your thunderbolts, you must be wrong!" This is the country of reason and principles, not of terror and menaces — shielded by a threefold shield of reason, they must fall back on your own head. When was ever such language heard in this Union, since the Father of his Country addressed his children for the last time?[115] Was it when the manufacturers were ruined by want of support, whilst the cotton growers floated in superabundance?[116] Was it when the property of the grain growers of Pennsylvania was sold under the sheriff's hammer?[117] No. Such language was never heard before, even not from those who, by the great faults of the general legislature, were reduced from abundance and wealth to poverty and penury.

And what are the cotton growers complaining for? Their present embarrassment is only produced by their overdone cotton production. And what have they to fear from a raising of manufacturing industry? Nothing but deliverance from that embarrassment — a certain and a good market for an infinite time. The cotton growers and shipping merchants can only oppose to such beneficial measures, by misapprehending their true interest, from false expositions of such whose intention it is to fish in troubled waters.

Let us, therefore, never oppose passionately; the motion is only on the surface of the sea; the majority of the southern planters themselves will in a short time become our adherents; and the violent — not the welfare of their country — let alone. There is no class of people which will ultimately lose by the American System, except the English commission merchants; and

dieser Ecke kommt all der Lärm, den wir zu hören bekommen, seit das amerikanische System zur Debatte[118] steht. Zuerst erschreckte man uns mit Drohungen, daß England uns den Krieg erklären würde. Weil das offenbar nicht ausreichte, wird nun der Nutzen der Union in Zweifel gezogen.

Ihr sehr ergebener
Friedrich List

from this quarter arises all the noise we heard since the American System is in question.[118] First we were frightened with threatenings that England would declare war. But seeing this would not do, the benefit of the Union is brought in question.

Very respectfully yours,
Frederick List

Kommentar

Friedrich List und das „amerikanische System" der Wirtschaftspolitik

Im Juli 1827 verfaßte Friedrich List in der Form von zwölf Briefen einen *Grundriß der amerikanischen politischen Ökonomie*. List schrieb in englischer Sprache und gab ihm den Titel *Outlines of American Political Economy*. Dieser Text war bislang im deutschen Sprachraum praktisch unbekannt. Eine 1908 publizierte deutsche Übersetzung ist nicht nur äußerst unbefriedigend, sondern in wichtigen Passagen sinnentstellend. Es drängt sich die Vermutung auf, daß der Übersetzer Curt Köhler nicht nur fachlich überfordert war, sondern durch inhaltliche Sinnentstellungen List zu diskreditieren versuchte, worauf auch seine Titelgebung, *Problematisches zu Friedrich List,* hindeutet.[1] Diese Übersetzung wurde folglich bei der Herausgabe der gesammelten Werke Lists zwischen 1927 und 1935 durch die Friedrich-List-Gesellschaft (FLG) nicht berücksichtigt.[2]

In der List-Gesamtausgabe wurde der *Grundriß* nur im englischen Originaltext veröffentlicht, was um so bedauerlicher ist, da im Führungskreis der List-Gesellschaft die Wichtigkeit dieses Textes klar erkannt wurde. Während der redaktionellen Arbeiten an der List-Gesamtausgabe schrieb am 22. Oktober 1930 Prof. Edgar Salin an den damaligen Vorsitzenden der List-Gesellschaft Prof. Bernhard Harms: „Gewiß haben wir uns seinerzeit gesagt, daß das *Natürliche System* [der politischen Ökonomie, 1837 von List in Paris verfaßt] schon darum übersetzt werden muß, weil List nur ein miserables Französisch schrieb, während sein Englisch erstaunlich gut ist. Aber ich bin doch der Ansicht, daß man es überhaupt nicht begreifen würde, wenn wir in einer deutschen Ausgabe nicht die *Outlines* auch in deutscher Übersetzung brächten."[3] Darauf antwortete Harms: „Die *Outlines* sind Bestandteil der Weltliteratur, folglich soll man sie den Deutschen in der Heimatsprache des Mannes zugänglich machen, der sie verfaßt hat."[4] Aus Gründen, die heute nicht mehr eindeutig zu erhellen sind, wurde aber dann doch auf eine deutsche Übersetzung in der List-Gesamtausgabe verzichtet.

Commentary

Friedrich List and the "American System" of Economy

In July 1827 Friedrich List wrote an *Outline of American Political Economy* in the form of twelve letters. That was the title List gave to the collection of letters, composed in English. This text has been as good as unknown in the German-speaking areas of the world up to this time. One German translation, published in 1908, is not only extremely unsatisfactory, but the sense of entire crucial passages is distorted. The suspicion seems unavoidable that the translator, Curt Köhler, not only lacked the qualifications for this work, but that the distortions were a deliberate attempt to discredit List. His own rendition of the title, "Problematical Aspects of Friedrich List," would also suggest that.[1] Consequently, this translation was left out of account by the Friedrich-List-Society when it published List's Collected Works between 1927 and 1935.[2]

The Collected Works included the *Outlines* only in the original English version, which is all the more regrettable, since the leading people in the List Society clearly understood the importance of this text. During the editorial work on List's Collected Works, Prof. Edgar Salin wrote on October 22, 1930 to Prof. Bernhard Harms, who was chairman of the List Society at the time: "To be sure, when we discussed the issue of the *Natural System* [of Political Economy, which List wrote in Paris in 1837], we said that it would have to be translated, if only because List wrote a miserable French, while his English is remarkably good. But I am of the opinion, that it would appear utterly incomprehensible if we did not provide a German translation of the *Outlines* in a German edition.[3] Harms replied: "The *Outlines* are an integral part of world literature, and so we should make it available to Germans in the mother tongue of the man who wrote them."[4] But, for reasons which can not be clarified today, the Collected Works of List in the German edition did not include such a translation.

Der *Grundriß* wurde zwischen August und November 1827 unter dem Titel „Das amerikanische System" in der Zeitung *National Gazette* von Philadelphia abgedruckt. Philadelphia war damals die zweitgrößte Stadt der Vereinigten Staaten und die *National Gazette* eine der führenden Zeitungen der USA. Es folgten Nachdrucke in mehr als 50 anderen amerikanischen Zeitungen, und Ende 1827 erschien der *Grundriß* als Broschüre, die von der „Gesellschaft zur Förderung des Manufakturwesens und der mechanischen Künste in Pennsylvania" herausgegeben wurde.

Lists amerikanische Zeit (1825-1832) und die Tatsache, daß er amerikanischer Staatsbürger wurde, sind heute in Deutschland weitgehend unbekannt. List wird heute als bedeutende Gestalt der Geschichte der Wirtschaftstheorie und -politik zwar abstrakt anerkannt, und an runden Jahrestagen von Lists Geburt oder Tod werden über seine „Größe und Tragik" Festreden gehalten, aber der Inhalt seiner Wirtschaftstheorie und -politik wird entweder als „nicht mehr zeitgemäß" und für die Gegenwart bedeutungslos abgetan oder als „dirigistisch" und „protektionistisch" scharf abgelehnt.[5]

Auf typische Weise wird diese Haltung zu Friedrich List von Otto GRAF LAMBSDORFF zum Ausdruck gebracht. Der ehemalige deutsche Wirtschaftsminister, Mitglied der ultraliberalen Mont-Pèlerin-Gesellschaft und Leiter der europäischen Sektion der Trilateralen Kommission, schrieb am 28. Oktober 1995 in der *Neuen Zürcher Zeitung*: „Das von *Friedrich List* erfundene Argument, die ‚jungen' Industrien unterentwickelter Länder müßten erst geschützt werden, um dann wettbewerbstauglich zu werden, hat dabei verheerende Wirkungen gezeigt." Lambsdorff bezeichnet den „Irrweg" des Protektionismus als „moderne Form des Imperialismus".[6]

Gleichermaßen ist heute in Deutschland auch in Wirtschaftsfragen Bewanderten der Begriff des „amerikanischen Systems" praktisch unbekannt. Schlimmer noch, dieser Begriff wird mit einer neoliberalen Wirtschaftspolitik des ungezügelten „freien Marktes" in Verbindung gebracht, die das genaue Gegenteil dessen ist, was das „amerikanische System" inhaltlich tatsächlich darstellt. Auf eine Formel gebracht bedeutet das amerikanische System die Synthese der Eigeninitiative des privaten Unternehmertums mit staatlichem Dirigismus in der Wirtschafts- und Sozialpolitik. Wir werden im weiteren etwas ausführlicher auf die gegenwärtig in den Vereinigten Staaten stattfindende neue Wirtschaftsdebatte eingehen, in der auf faszinierende Weise viele der wirtschaftspolitischen Grundsatzfragen wieder aufgebracht werden, die List zum Thema seines *Grundrisses* machte.

The *Outlines* were published between August and November 1827 under the title of "The American System" in the *National Gazette* newspaper of Philadelphia. At the time, Philadelphia was the second largest city in the United States and the *National Gazette* was one of the most prominent newspapers in the USA. More than 50 other American newspapers reprinted the *Outlines* and the work was published late in 1827, published by the "Society for the Promotion of Manufacturing and Mechanical Arts in Pennsylvania," as a brochure.

List's time in America (1825-1832) and the fact, that he became an American citizen, are by and large unknown today in Germany. List is recognized abstractly as a significant figure in the history of economic theory and policies, and the decade anniversaries of List's birth or death are the occasion for speeches on his "greatness and tragedy", but the content of his economic theory and policy are either brushed aside as "no longer appropriate," and thus of no importance for the present time, or they are curtly rejected as "dirigist" and "protectionist."[5]

Otto Count Lambsdorff recently gave characteristic expression to this attitude toward Friedrich List. Lambsdorff, the former German Ministry for Economy, member of the ultraliberal "Mont Pelerin Society" and leader of the European section of the Trilateral Commission, wrote on October 28, 1995 in the *Neue Zürcher Zeitung*: "The argument invented by *Friedrich List* that 'young industries' of underdeveloped countries must first be protected in order to become capable of competing, has had disastrous effects." Lambsdorff characterizes the "mistake" of protectionism as "the modern form of imperialism."[6]

In the same vein, the notion of the "American System" is largely unknown today in Germany even among those who deem themselves informed on matters of economic policy. Worse yet, this notion is connected to a neoliberal economic policy of an unbridled "free market", which is precisely the contrary of what the "American System" actually represents in content. To express it in a formula, the "American System" signifies the synthesis of state dirigism in economic and social policy with private entrepreneurial initiative. In the following, we shall explore in greater detail the current new economic policy debate, ongoing in the United States, in which many of the fundamental issues addressed by List in his *Outlines* surface in a fascinating way once more.

I. Der historische Kontext von Friedrich Lists „Grundriß"

a) Biographische Daten zu Lists Aufenthalt in den USA

Am 9. Juni 1825 betrat Friedrich List in New York amerikanischen Boden.[7] Im Januar 1825 war List aus dem Gefängnis Hohenasperg nahe Stuttgart entlassen worden. Dort hatte er fast sechs Monate zur Verbüßung einer Strafe wegen „Verleumdung" der württembergischen Staatsorgane verbracht. Die politische Verfolgung Lists im Königreich Württemberg mittels eklatanter Rechtsbeugungen wurde maßgeblich auf die persönliche Initiative des österreichischen Staatskanzlers FÜRST METTERNICH (1773-1859) hin in Gang gesetzt. Noch zehn Jahre später, List war als Konsul der amerikanischen Regierung nach Deutschland zurückgekehrt, schrieb Metternich: „List ist bekanntermaßen einer der tätigsten, verschlagensten und einflußreichsten Revolutionsmänner", der wegen „revolutionärer Umtriebe" zu einer „entehrenden Kriminalstrafe" verurteilt worden sei. List sei ein „entsprungener Häftling", und Preußen und Österreich müßten gleichermaßen daran interessiert sein, daß die „Pläne des List nicht zustande kommen."[8]

Lists Freilassung im Januar 1825 war faktisch mit einer Ausbürgerung verbunden und erfolgte unter der Auflage, daß er in die Vereinigten Staaten ausreisen werde. Nachdem List auch in Frankreich eine Aufenthaltserlaubnis verweigert worden war, verließ er am 26. April 1825 in Begleitung seiner Familie von Le Havre aus europäischen Boden.

Vor seiner Inhaftierung hatte List bei einer Reise nach Paris Anfang 1824 den MARQUIS DE LAFAYETTE (1757-1834) kennengelernt. Dieses Treffen hatte Lists väterlicher Freund, der Verleger JOHANN FRIEDRICH COTTA (1764-1832), arrangiert. Angesichts der politischen Verfolgung Lists hatte ihn General Lafayette bei dieser Gelegenheit, und danach noch mehrfach schriftlich, eingeladen, ihn auf seiner für das folgende Jahr geplanten Amerikareise zu begleiten. Als Lafayette im Frühsommer und Sommer 1925 die Vereinigten Staaten besuchte, tat er dies als „Gast der Nation", womit die Dankbarkeit für seine bedeutende Rolle an der Seite General Washingtons im amerikanischen Unabhängigkeitskrieg zum Ausdruck gebracht wurde. Anfang Juni 1825 hielt Lafayette sich im nördlichen Teil des Staates New York auf. Am 12. Juni traf er in Albany mit List zusammen.

List wurde von dem gefeierten, damals 67jährigen General aufs freundlichste empfangen und reiste in den folgenden drei Monaten mit ihm durch die USA, wobei Lafayette ihn in die führenden Kreise Amerikas einführte. So begegnete List u.a. Mathew Carey (1760-1839); Charles Ingersoll (1782-1862); HENRY CLAY (1777-1852), der als Sprecher des Repräsentantenhauses, Senator, Außenminister und Mitbegründer der das amerikanische System vertretenden „Whig-Partei" die amerikanische Politik nachhaltig be-

I. *The Historical Context of List's "Outlines"*

a) Biographical Information on List's Stay in the United States

List set foot on American soil on June 9, 1825.[7] In January 1825, List had been released from the prison of Hohenasperg in the vicinity of Stuttgart. List spent six months in that prison as punishment for having "slandered" the government institutions of Wuerttemberg. The fact that List was persecuted in the kingdom of Wuerttemberg, in a case of blatant judicial abuse, was due chiefly to the direct and personal initiative of the Austrian Chancellor, PRINCE METTERNICH (1773-1859). Ten years later, when List returned to Germany as a Consul of the American Government, Metternich wrote: "List is known to be one of the most active, most insidious, and most influential revolutionaries," who was sentenced to a "dishonorable punishment" on account of his "revolutionary activity." List, according to Metternich, was an "escaped convict," and Prussia and Austria ought to be equally interested in seeing to it "that List's plans do not come to fruition."[8]

List's release from prison in January 1825 was *de facto* linked to the annulment of his German citizenship: he was only released on condition, that he go to the United States. Following the refusal of French authorities to grant List a residency permit, he left Europe on April 26, 1825, with his family from the port of Le Havre.

During a trip to Paris at the beginning of 1824, before his imprisonment, List had made the acquaintance of the MARQUIS DE LAFAYETTE (1757-1834). The meeting was arranged by List's fatherly friend, the publisher JOHANN FRIEDRICH COTTA (1764-1832). On that occasion, and also several times in writing, later, General Lafayette invited List to accompany him on a tour of America, planned for the following year, as a way of escaping political prosecution in Europe. When Lafayette visited the United States in the early summer of 1825, he did so as the "nation's guest," which was an expression of gratitude for the important role Lafayette had played at the side of General Washington in the American War of Independence. At the beginning of June 1825 Lafayette was in the north of the state of New York. On June 12, he met List in Albany.

List was most cordially received by the then 67 year old, celebrated general. He travelled with him through the USA for the following three months, whereby Lafayette took the occasion to introduce List to the leading circles of America. Among others, List met Mathew Carey (1760-1839), Charles Ingersoll (1782-1862), HENRY CLAY, who was to have a lasting influence upon American politics as Speaker of the House of Representatives, Senator, Secretary of State, and cofounder of the "Whig

einflußte; Präsident JOHN QUINCY ADAMS (1767-1848); und dem späteren Präsidenten ANDREW JACKSON (1767-1845).

Nachdem Lafayette im September 1825 die Heimreise angetreten hatte, kaufte List im November in der Nähe von Harrisburg, der Hauptstadt Pennsylvaniens, eine Farm. Der Versuch, sich als Farmer zu betätigen, scheiterte jedoch. Im Sommer 1826 zog List mit seiner Familie nach Reading, einem zwischen Harrisburg und Philadelphia gelegenen Städtchen. Hier wohnte die Familie List bis zu ihrer Rückkehr nach Europa im Jahre 1832. In Reading wurde List Schriftleiter der seinerzeit in Pennsylvanien einflußreichen Zeitung *Readinger Adler*. Im Jahre 1796 gegründet, hatte diese deutschsprachige Zeitung 1826 rund 2500 Abonnenten. Die meisten Artikel Lists für den *Readinger Adler* blieben unsigniert, aber durch die journalistische Arbeit kam List mit mannigfachen, für ihn neuartigen Fragen des wirtschaftlichen und politischen Lebens in den Vereinigten Staaten in Berührung.

Er schrieb dazu: „Wildnisse sieht man hier reiche und mächtige Staaten werden. Erst hier ist mir die stufenweise Entwicklung der Volksökonomie klar geworden. Ein Prozeß, der in Europa eine Reihe von Jahrhunderten nahm, geht hier unter unseren Augen vor sich — nämlich der Übergang aus dem wilden Zustand in den der Viehzucht, aus diesem in den Agrikulturzustand und aus diesem in den Manufaktur- und Handelsstand. Hier kann man beobachten, wie die Rente aus dem Nichts allmählich zur Bedeutenheit erwächst. Hier versteht der einfache Bauer sich praktisch besser auf die Mittel, die Agrikultur und die Rente zu heben, als die scharfsinnigen Gelehrten der alten Welt — *er sucht Manufakturisten und Fabrikanten in seine Nähe zu ziehen*. Hier treten die Gegensätze zwischen Agrikultur- und Manufakturnationen einander aufs schneidendste gegenüber und verursachen die gewaltigsten Konvulsionen. Nirgends so wie hier lernt man die Natur der Transportmittel und ihre Wirkung auf das geistige und materielle Leben der Völker kennen."[9]

Die Redakteurstelle beim *Readinger Adler* bedeutete neben einer gewissen finanziellen Absicherung für List auch die Möglichkeit einer nicht unbeträchtlichen politischen Einflußnahme. Die deutschstämmige Einwohnerschaft von Pennsylvanien war ein entscheidender Stimmfaktor bei Wahlen, nicht nur in diesem Bundesstaat, sondern auch auf Bundesebene. List war sich dessen bewußt, und die Spalten des *Readinger Adler* aus den Jahrgängen 1826-1830 legen davon ein beredtes Zeugnis ab.

Um Lists Stellungnahme zu den wichtigen Fragen der amerikanischen Politik im richtigen Zusammenhang zu verstehen, sollte man sich die politische Lageentwicklung in den USA zu jener Zeit kurz vergegenwärtigen. In den 20er Jahren trat die unmittelbar durch den Unabhängigkeitskrieg ge-

Party", which supported the American System. List also met President JOHN QUINCY ADAMS (1767-1848) and the later president, ANDREW JACKSON.

Following Lafayette's return home to France in September 1825, in November of that year List bought a farm near Harrisburg, the capitol of Pennsylvania. List's attempt to become a farmer was a failure, however. In the summer of 1826, he moved with his family to Reading, a little town between Harrisburg and Philadelphia. List lived there up to his departure to Europe in 1932. In Reading, List became a writer for the *Readinger Adler*, a newspaper which had extensive influence in Pennsylvania at the time. Founded in 1796, this German-language newspaper had some 2500 subscribers in 1826. Most of List's articles for the *Readinger Adler* were unsigned, but his journalistic work familiarized List with manifold issues of the economic and political life in the United States, issues which were new to him.

List wrote: "Here you see rich and powerful states arise out of the wilderness. It was here, that it became first clear to me, how the economy of a people develops step by step. A process which required a succession of centuries in Europe, unfolds here in front of our eyes — the transition from a condition of wilderness into animal husbandry, then into a developed agriculture, followed by manufacturing and commerce. Here you can observe how the landowner's income increases gradually, from nothing at all, to considerable levels. Here, the simple farmer understands the practical means for elevating agriculture and his income far better than the shrewd scholars in the Old World — *he seeks to draw manufacturers and industries into his vicinity.* Here, the contrasts between agricultural and industrial nations are extreme and give rise to the most violent convulsions. There is no better place to learn about the nature of means of transportation and its effects upon the mental and material life of people."[9]

In addition to a certain financial security, the position of editor at the *Readinger Adler* also provided List with the opportunity to have considerable political influence. The German-speaking residents of Pennsylvania were a decisive weight in elections, not only in that state, but also at the national level. List was aware of that factor and his columns in the *Readinger Adler* from 1826 to 1830 are eloquent testimony of his influence.

To be able to appreciate List's positions on important issues of American politics in the appropriate context, it is useful to recall political developments in the United States at that time. In the '20s, those persons who had direct leading roles in the War of Independence, left the political stage. At

prägte Führungsschicht von der politischen Bühne ab. Gleichzeitig verschärfte sich der Gegensatz zwischen den vorwiegend freihändlerischen Südstaaten und den mehr in der protektionistischen Tradition der Gründerväter stehenden nördlichen Bundesstaaten. 1825 wurde JOHN QUINCY ADAMS als Nachfolger von JAMES MONROE (1758-1831) zum sechsten Präsidenten der USA gewählt. Adams, der Sohn des früheren US-Präsidenten John Adams (1797-1801), hatte 1823 als Außenminister an der Formulierung der „Monroe-Doktrin" mitgewirkt. Darin erklärten die Vereinigten Staaten, daß sie Interventionen der europäischen Mächte für die Gesamtheit des amerikanischen Kontinents als unzulässig betrachteten.

Zugleich stand John Quincy Adams konsequent für eine Wirtschaftspolitik des amerikanischen Systems, das heißt, er vertrat eine Politik der aktiven Förderung von Landwirtschaft, Industrie und Wissenschaft durch die Bundesregierung. Unter seiner Präsidentschaft wurde die erste Eisenbahnstrecke in den USA in Betrieb genommen, während gleichzeitig der Bau von Straßen und Kanälen vorangetrieben wurde. Adams forcierte auch die Erforschung und Vermessung der westlichen Territorien Nordamerikas bis hin zur Pazifikküste. Adams trat konsequent für die Dominanz der Institutionen des Bundes — Regierung und Kongreß — gegenüber den Bundesstaaten ein.

Aber die Wahl Adams' zum Präsidenten war sehr kontrovers verlaufen. Da weder Adams noch seine Gegenkandidaten ANDREW JACKSON, W.H. Crawford und Henry Clay eine Mehrheit im Wahlmännergremium erlangten, entschied das Repräsentantenhaus die Wahl. Es wurde aber nicht der stimmenmäßig führende Jackson, sondern der zweitplazierte Adams gewählt. Daraufhin gründete Jackson die Partei der „Demokraten-Republikaner", während Adams und Clay die Partei der „National-Republikaner" bildeten, aus der 1828 die „Whig-Partei" hervorging. Adams und Jackson waren zwei völlig entgegengesetzte Charaktere, der erstere distanziert-würdevoll, der andere ein Populist, „Old Hickory" genannt.

Jackson hatte im zweiten britisch-amerikanischen Krieg von 1812-1814 als General mehrere Schlachten, darunter die Schlacht von New Orleans, gegen die Briten gewonnen und sich später in mehreren Indianerkriegen hervorgetan. Aber Jackson vertrat, wenn auch zunächst nicht offen, die freihändlerischen Interessen der Südstaaten. Er stand der Wirtschaftspolitik der amerikanischen Systems ablehnend gegenüber und betonte die Eigenständigkeit der Bundesstaaten gegenüber dem Bund. Durch Jacksons Populismus und eine geschickte, auf seine Person bezogene Politik waren seine tatsächlichen politischen, insbesondere seine wirtschaftspolitischen Positionen oft nur schwer erkennbar. Um Adams bei dessen eigenen protektionistischen Anhängern in ein schiefes Licht zu rücken, zögerte Jackson im

the same time, the conflict between the predominantly free-trade orientation of the southern states and the northern states of the Union, which were more inclined to the protectionist tradition of the Founding Fathers, escalated. In 1825, JOHN QUINCY ADAMS was elected to succeed JAMES MONROE (1758-1831) as the sixth president of the United States. Adams, the son of the earlier U.S. President John Adams (1797-1801), had contributed, as Secretary of State, to the formulation of the "Monroe Doctrine" of American foreign policy. In that doctrine, the United States declared that the intervention of European powers was considered illegitimate for the entirety of the American continent.

At the same time, Adams was a vehement proponent of the "American System" of economic policy, i.e., he favored a policy of active government promotion of agriculture, industry and science. The first railroad line in the USA went into operation during his presidency, while the construction of roads and canals was also pushed ahead. Adams also promoted the exploration and surveying of the western territories of North America all the way to the coast of the Pacific Ocean. Adams was a proponent of the primacy of the institutions of the Federal Government — the Government and Congress — over those of the federal states.

Adam's election was very controversial, however. Neither Adams nor his opponents, Andrew Jackson, W.H. Crawford and Henry Clay, achieved a majority in the Electoral College. Thus, the House of Representatives decided the election. But the vote in the House did not go to Jackson, who had more popular votes, but to Adams, who ranked second. Following Adam's election, Jackson founded the party of the "Democratic Republicans", while Adams and Clay formed the party of the "National Republicans," from which the Whig Party was born in 1828. Adams and Jackson were two completely contrary characters, the first proper and honorable, the second a populist, which earned him the nickname of "Old Hickory."

In the second British-American war of 1812-1814, Jackson had won a number of battles against the British as a general, among them the Battle of New Orleans, and he also played a prominent role later in a number of the Indian wars. But Jackson represented the free-trade interests of the southern states, although not openly at first. He was opposed to the economic policy of the "American System" and promoted the particular jurisdiction of the states against the federal government. With Jackson's populism and the sophisticated way in which he coupled his policies to his own person, his real political positions, in particular his economic policies, were often difficult to make out. In order to discredit Adams among his protectionist

Vorwahlkampf von 1828 nicht, extrem hohe, prohibitive Schutzzölle im Kongreß vorzuschlagen. Dabei hatte Jackson darauf spekuliert, daß Adams diese exzessiven Importzölle ablehnen würde, was dieser aber nicht tat. Doch bei den Präsidentschaftswahlen im gleichen Jahr ging Jacksons Rechnung auf: Er wurde zum Präsidenten gewählt.

In der nun folgenden „Jacksonian democracy" kam es erstmals zu einer systematischen Säuberung von Staatsbediensteten, deren Positionen nun von Parteigängern Jacksons besetzt wurden. Sein wahres Gesicht zeigte Jackson spätestens, als er die Schließung der „zweiten Nationalbank der Vereinigten Staaten" durchsetzte. Wir werden im folgenden die Bedeutung der Nationalbank ausführlicher darlegen. Hier sei jetzt nur festgestellt, daß die öffentlich-rechtliche Nationalbank ein Kernstück des amerikanischen Systems war, da durch sie die Bundesregierung wirtschaftspolitische Maßnahmen finanzieren konnte.[10] Nachdem auf Veranlassung Jacksons am 1. Oktober 1833 die Einlagen der Bundesregierung bei der Nationalbank zurückgezogen worden waren, hörte die Bank auf zu existieren. Jackson leitete gleichzeitig die Senkung der Schutzzölle ein, ohne aber zu riskieren, das Schutzzollsystem gänzlich abzuschaffen. Jacksons Präsidentschaft endete im Januar 1837 in einer tiefgehenden Finanz- und Wirtschaftskrise. In dieser großen Finanzkrise verlor auch Friedrich List sein amerikanisches Vermögen.

Wir erwähnen die Präsidentschaft Jacksons etwas ausführlicher, nicht nur um den hin- und herwogenden Kampf zwischen der englandfreundlichen Freihändlerpartei und der Partei des amerikanischen Systems zu skizzieren. Jackson spielte für das Wirken Friedrich Lists in den USA, und darüber hinaus, eine wichtige Rolle. Für List hätte eigentlich nichts näher liegen müssen, als sich der Partei von Adams anzuschließen und dessen Wiederwahl nachdrücklich zu unterstützen, denn Adams trat für das amerikanische System ein. Aber List unterstützte Jackson und nutzte dazu konsequent die publizistischen Möglichkeiten beim *Readinger Adler*. Bei der Wahl Jacksons zum Präsidenten in Jahre 1828 spielte die Unterstützung für ihn durch die deutschstämmigen Bewohner Pennsylvaniens eine äußerst wichtige Rolle. Diese Deutsch-Amerikaner waren das entscheidende Zünglein an der Waage zugunsten Jacksons, da die Stimmenanteile für Adams im Osten und die für Jackson im Süden und Westen der USA ungefähr gleich waren.

Als List später Jackson im Weißen Haus besuchte, bedankte sich dieser für die „standhafte Anhänglichkeit" der „deutschen Bürger Pennsylvaniens".[11] Als List 1830 die amerikanische Staatsbürgerschaft erlangt hatte, zeigte sich Jacksons ihm auch dadurch erkenntlich, daß er ihm eine Stelle als Konsul im US-Außenamtsdienst versprach. Tatsächlich bekam List — unbezahlte — Konsularstellen in Hamburg, Baden und Leipzig. Eine wirk-

followers, Jackson did not hesitate to propose extremely high protective tariffs in Congress during the primary elections of 1828. Jackson speculated, that Adams would reject these excessive import duties, but his speculation proved wrong. His calculations bore fruit that same year in the presidential elections: he was elected president.

The first purge of the government bureaucracy ensued in the subsequent "Jacksonian Democracy", and Jackson's followers were put into the positions that had been vacated. Jackson showed his true colors when he ordered the closure of the Second National Bank of the United States. We will elaborate on the importance of the National Bank in greater detail below. Here, suffice it to say, that the governmental institution of the National Bank was a cornerstone of the American System since it was through this bank that the Federal Government was able to finance its economic policy decisions.[10] On October 1, 1833, Jackson ordered the withdrawal of the deposits of the Federal Government from the National Bank, and the institution ceased to exist. Jackson also began to lower the protective tariffs, but without running the risk of abolishing the system of tariffs altogether. Jackson's presidency ended in January 1837 amidst a severe financial and economic crisis. Friedrich List also lost his American wealth in this great financial crisis.

We have dealt with the presidency of Andrew Jackson in some detail, not only in order to sketch the back and forth battle between the Anglophile party of the free-trade faction and the party of the "American System." Jackson played an important role in the work of Friedrich List in the USA and beyond. Nothing would have been more obvious than for List to have joined in with the party of Adams, and to have supported his reelection. Adams, after all, was a proponent of the "American System." But List supported Jackson and exploited his journalistic influence at the *Readinger Adler* to Jackson's benefit. The support of the German immigrants in Pennsylvania was a crucial factor in Jackson's election to the presidency in 1828. These German-Americans tilted the scales in favor of Jackson, since the proportion of votes for Adams in the East and for Jackson in the South were approximately equal.

When List visited Jackson later in the White House, the president expressed his gratitude for the "staunch support" of the "German citizens of Pennsylvania."[11] When List became an American citizen in 1830, Jackson's gratitude took the form of promising to List a position as Consul in the foreign service of the United States. List did in fact become Consul to Hamburg, Baden and Leipzig — all unpaid positions. But his effectiveness

same Tätigkeit als US-Konsul wurde aber durch systematische Intrigen auf beiden Seiten des Atlantiks immer wieder hintertrieben, bis List schließlich 1837 aus dem US-Konsulardienst ausschied.

Auch heute ist es schwer, zu einer abschließenden Bewertung von Lists Motiven für die Unterstützung Jacksons zu kommen. Jacksons volkstümliche Persönlichkeit und dessen populistische Politik, die „Demokratie" für die „einfachen Leute" postulierte, muß List so stark beeindruckt haben, daß sein sonst sehr scharfes politisches Urteilsvermögen darunter litt. Dies ist wenig verwunderlich, wenn man Lists politische Verfolgung durch die restaurative Autokratie und ihre Polizeistaatsmethoden im Deutschland der Heiligen Allianz in Rechnung stellt. List war der sprichwörtliche „anständige Mensch", der Doppelzüngigkeit und Intrigantentum gegenüber gelegentlich eine gewisse naive „Schwäche" zeigte, wenn man das überhaupt so ausdrücken kann. Vollends tragisch sollte sich dieser Charakterzug Lists auswirken, als er sich 1846 zu einer Reise nach England überreden ließ und dort versuchte, im persönlichen Gespräch und mit Memoranden Führungspersonen der britischen Oligarchie davon zu überzeugen, doch im eigenen Interesse einen wirtschaftspolitischen Kurswechsel weg vom „britischen System" zu vollziehen. Wie nicht anders zu erwarten, endete der Englandbesuch Lists für ihn in einem Fiasko.

Eine weiterer entscheidend wichtiger Komplex in Lists amerikanischer Zeit betrifft seine Aktivitäten für den Eisenbahnbau. List berichtet selbst: „Es bot sich mir ein Unternehmen dar, das mich für lange Zeit verhinderte, meine Zeit literarischen Beschäftigungen zu widmen. Politik und Schriftstellerei sind in Nordamerika wenig lukrative Beschäftigungen; wer sich ihnen widmen will, aber nicht von Hause aus Vermögen besitzt, sucht allererst durch irgendeine Unternehmung seine Existenz und seine Zukunft sicherzustellen. Auch ich fand für gut, diese Maxime zu befolgen, und Gelegenheit dazu gab meine Bekanntschaft mit den Eisenbahnen, die ich früher schon in England gemacht hatte, eine glückliche Auffindung neuer Steinkohleflöze und ein nicht minder glücklicher Ankauf der dazu gehörigen sehr bedeutenden Ländereien."[12]

Für das damals in Amerika in seinen ersten Anfängen steckende Eisenbahnwesen hatte sich List längst lebhaft interessiert, und im *Readinger Adler* hatte er fortlaufend die neuesten Nachrichten über den Fortschritt auf diesem Gebiet der Transporttechnik publiziert und zustimmend kommentiert. In das Jahr 1827 fallen auch die Anfänge der Korrespondenz Lists mit dem damaligen bayerischen Oberbergrat JOSEPH RITTER VON BAADER (1765-1841) in München, einem entschiedenen Verfechter des Eisenbahnbaus in Deutschland. Lists Briefe sind zum Teil in der *Augsburger Allgemeinen Zeitung* erschienen. In diesen Briefen geht List näher auf das Straßen-, Kanal-

as Consul was constantly undermined by systematic intrigues on both sides of the Atlantic, up to the point that List left the Consular Service in 1837.

It is difficult, even today, to come to a conclusive evaluation of List's motives for supporting Jackson. Jackson's charismatic personality and his populist policies, demanding democracy for the simple people, must have impressed List so strongly, that his otherwise sharp political judgment suffered from that impression. This is somewhat surprising if the political persecution of List under the restorationists' autocracy and their police-state methods in the Germany of the Holy Alliance is taken into account. List was the proverbial "honest person" who was somewhat naive now and then when it came to hypocrisy and intrigues. This character trait of List's was to have tragic consequences when he let himself be persuaded to travel to England in 1846 and attempted to convince leading people in the British oligarchy, verbally and in memoranda, to shift away from the British system of economic policy in their own interest. As was to be expected, List's visit in England ended in a fiasco for him.

Another decisive and important complex in List's American period concerns his activities on behalf of railroad construction. List himself reports: "An enterprise was offered to me, which prevented me from devoting my time to literary pursuits for a long time. Politics and writing in North America are not very lucrative vocations; he who wishes to commit himself to them, but is not naturally wealthy, seeks to secure his existence and his future first of all by means of some enterprise. I, too, found it advisable to follow this maxim, and the opportunity to that end was provided by my acquaintance with railroads, which I had already made earlier in England, a fortunate discovery of new coal deposits and a no less fortunate purchase of the land upon which these deposits were located."[12]

List had been very interested in the railroads in America, which were just then beginning to develop, and in the *Readinger Adler* List wrote constantly and approvingly on the most recent news of progress in this area of transportation technology. In 1827, List also began his correspondence with the Bavarian Superior Mining Councilor, JOSEF RITTER VON BAADER (1765-1841) in Munich, an important proponent of railroad construction in Germany. Some of List's letters were published in the *Augsburger Allgemeinen Zeitung*. In these letters, List discussed the projects for road,

und Eisenbahnwesen in Amerika ein, um die Überlegenheit des Eisenbahntransports aufzuzeigen.

Die oben von List angesprochenen Steinkohlevorkommen lagen in Berks County in Pennsylvanien. Sie konnten aber nur wirtschaftlich erschlossen werden, wenn günstige Transportbedingungen zu den größeren Städten im östlichen Pennsylvanien geschaffen wurden. Das hieß, es mußte eine Eisenbahn mindestens bis zum Fluß Little Schuylkill gebaut werden. Ab Dezember 1828 widmete List seine Arbeitskraft hauptsächlich der Little Schuylkill Navigation, Railroad and Canal Company, in deren Geschäftsleitung er tätig war. List plante, die recht kurze Little Schuylkill-Linie zunächst bis Reading und dann nach Philadelphia fortzuführen. In Lists Vorstellung sollten diese Linien Teil eines umfassenden nordamerikanischen Eisenbahnsystems werden. Aber zunächst wurde List im Jahr 1829 von schwierigen Geschäfts- und Finanzierungsverhandlungen beansprucht, die im November dieses Jahres abgeschlossen werden konnten. Danach begann der Bau der Eisenbahn, die Ende 1831 den Betrieb aufnahm.

Die Erfahrungen Lists mit der Little Schuylkill-Bahn sollten für sein späteres Wirken vor allem in Deutschland eine enorme Bedeutung erlangen. Er schreibt dazu in der Vorrede zu seinem *Nationalen System der politischen Ökonomie*:

„Früher hatte ich die Wichtigkeit der Transportmittel nur gekannt, wie sie von der *Wertetheorie* gelehrt wird; ich hatte nur den Effekt der Transportanstalten im einzelnen beobachtet und nur mit Rücksicht auf Erweiterung des Marktes und Verminderung des Preises der materiellen Güter. Jetzt erst fing ich an, sie aus dem Gesichtspunkt der Theorie der produktiven Kräfte und in ihrer *Gesamtwirkung als Nationaltransportsystem*, folglich nach ihrem Einfluß auf das ganze geistige und politische Leben, den geselligen Verkehr, die Produktivkraft und die Macht der Nationen zu betrachten. Jetzt erst erkannte ich, welche Wechselwirkung zwischen der *Manufakturkraft* und dem *Nationaltransportsystem* besteht, und daß die eine ohne das andere nirgends zu hoher Vollkommenheit gedeihen könne.

Dadurch ward ich in den Stand gesetzt, diese Materie — ich darf es wohl behaupten — umfassender abzuhandeln als irgendein anderer Nationalökonom vor mir, und namentlich die Notwendigkeit und Nützlichkeit ganzer *Nationaleisenbahnsysteme* in ein klares Licht zu stellen, noch ehe irgendein Nationalökonom in England, Frankreich oder Nordamerika daran gedacht hatte, sie aus diesem höheren Gesichtspunkt zu betrachten."[13]

Am 8. November 1830 wurde List zum amerikanischen Konsul in Hamburg ernannt. Daraufhin reiste er nach Frankreich und Deutschland. Nachdem der Hamburger Senat die Akkreditierung Lists verweigerte und er auch die Bestätigung durch den Senat in Washington nicht erhielt, kehrte er im

canal and railroad construction in America, in order to demonstrate the advantages of railroad transportation.

The coal deposits, mentioned above, were in Berks County in Pennsylvania. These deposits could be exploited economically only if cheap and efficient transportation to the larger cities in eastern Pennsylvania could be created. A railroad would have to be built, at least reaching as far as the Little Schuylkill River. From December 1828 onward, List devoted his energies primarily to the Little Schuylkill Navigation, Railroad and Canal Company, where he took active part in the management. Listed planned to extend the short Little Schuylkill line initially to Reading, and then on to Philadelphia. In List's design for the project, these railroad lines were to be part of a comprehensive north American railroad system. In 1829 List's time was taken up with the difficult negotiations on financing, which were concluded in November of that year. Then construction was begun on the railroad, and it began operation at the end of 1831.

List's experience with the Little Schuylkill line were to be of immense importance for his later work in Germany. In the Foreword to his *National System of Political Economy*," List writes: "I previously knew the importance of means of transportation only from the standpoint taught by the theory of values; I had only observed the effect of transport businesses in particular instances and only with respect to the expansion of the market and the reduction of prices for material goods. Only now did I begin to consider it from the point of view of the *theory of productive forces* and in its total effect as a *national transportation system*, consequently, according to its influence upon the entire mental and political life, social intercourse, the productivity and the power of nations. Only now did I recognize the reciprocal relationship which exists between manufacturing power and the national system of transportation, and that the one can never develop to its fullest without the other.

"Thus was I able to study this material — this I dare to claim — more comprehensively than any other economist before me had done, and to cast a clear light upon the necessity and the utility of entire national systems of railroads, and I did this before any economist in England, France, or North America had thought of considering these matters from this higher standpoint."[13]

On November 8, 1830, List was nominated to the position of American Consul in Hamburg. He traveled to France and Germany. When the Senate of the city of Hamburg refused to accredit List, and when he also was not confirmed by the Congress in Washington, he returned to the USA in

Oktober 1831 wieder in die USA zurück. Im Juli 1832 wurde List zum amerikanischen Konsul in Baden ernannt, worauf er die Vereinigten Staaten mit seiner Familie verließ. Über seinen Wunsch, nach Deutschland zurückzukehren, schrieb List: „Mir geht's mit meinem Vaterlande wie den Müttern mit krüppelhaften Kindern, sie lieben sie um so stärker, je krüppelhafter sie sind. Im Hintergrunde aller meiner Pläne liegt Deutschland, die Rückkehr nach Deutschland."[14]

b) Grundlegende Fragen der amerikanischen Politik während Lists US-Aufenthalt

Als List nach Amerika kam, tobte dort eine wirtschaftspolitische Auseinandersetzung, bei der es vereinfacht ausgedrückt um folgendes ging: Sollten die Vereinigten Staaten primär ein Exporteur von Rohstoffen und Landwirtschaftsgütern (Baumwolle, Tabak, Getreide) auf dem von Großbritannien beherrschten Weltmarkt sein, oder sollten sie eine auf die Entwicklung des Binnenmarktes ausgerichtete Wirtschaftspolitik betreiben, die den weiteren Ausbau der Landwirtschaft mit dem vorrangigen Aufbau der Industrie sowie der Infrastruktur kombinierte? Erstere Meinung stand unter dem ideologischen Banner des Freihandels, während die zweite Tendenz das amerikanische System der Entfaltung der nationalen produktiven Kräfte verkörperte.[15]

Wenn List den Begriff „amerikanische *politische* Ökonomie" gebrauchte, so weist dies darauf hin, daß er damit mehr als Wirtschaftspolitik im engeren Sinne meint. Der skizzierte Grundsatzstreit über die Wirtschaftspolitik betraf zugleich die zentralen politischen Existenzfragen. Die Vereinigten Staaten entstanden als unabhängige Republik wesentlich deshalb, weil die Gründerväter um BENJAMIN FRANKLIN (1706-1790) und GEORGE WASHINGTON (1732-1799) entschlossen waren, das Diktat der britischen Kolonialmacht nicht länger zu akzeptieren, das die 13 Kolonien in Nordamerika zwang, ausschließlich Rohstoffe zu exportieren und sämtliche Fertigwaren aus England zu importieren. Das mit Waffengewalt durchgesetzte Verbot Londons, in den amerikanischen Kolonien größere Handwerksbetriebe und Manufakturen zur Selbstversorgung mit Fertigwaren aufzubauen, und der Versuch, mit Gewalt die Einfuhr britischer Fertigwaren in den Kolonien zu erzwingen, war eine zentrale Ursache für die Erklärung der Unabhängigkeit und den siebenjährigen Unabhängigkeitskrieg.

Es ist wenig bekannt, daß ADAM SMITH (1723-1790) in *Wealth of Nations* eine direkte Polemik gegen die Absicht der amerikanischen Kolonien führt. Mit drohendem Unterton „warnt" er die amerikanischen Kolonien, doch von dem Vorhaben Abstand zu nehmen, sich eine eigenständige wirtschaftliche Basis über die Landwirtschaft hinaus zu schaffen. Smiths Haupt-

October 1831. In July 1832, List was nominated Consul to Baden, whereupon he left the United States with his family. List wrote about his desire to return to Germany: "The relationship I have to my fatherland is like that of mothers with crippled children: they love them all the more, the more crippled they are. Germany is the background of all my plans, the return to Germany."[14]

b) Fundamental Issues of American Politics During List's Stay in the United States

When List arrived in America, a battle over economic policy was raging, in which, to simplify somewhat, the issue was the following: Were the United States to be primarily an exporter of raw materials and agricultural products (cotton, tobacco, grain) on the world market dominated by England, or would the country have an economic policy based upon the development of its own internal market, which would combine the development of agriculture with the priority on development of industry and infrastructure? The former point of view marched under the flag of Free Trade, while the second embodied the tendency toward the "American System" of development of national "productive forces".[15]

When List employs the term "American *political* economy," he is pointing to economic policy in the broader sense. The indicated battle over principles of economic policy concerned the fundamental political issues of the country's very existence. The United States emerged as an independent republic, primarily because the Founding Fathers around BENJAMIN FRANKLIN (1706-1790) and GEORGE WASHINGTON (1732-1799) were determined to no longer accept the dictates of the British colonial power, which compelled the thirteen colonies in North America to export raw materials exclusively, and to import finished goods only from England. London's prohibition, enforced with military might, against the founding of larger craft-businesses and manufactures, so that the colonies could provide for their own finished products, and the attempt to enforce the import of British finished products by the colonies, was the central issue leading to the Declaration of Independence and the seven years of the War of Independence.

It is not generally known, that ADAM SMITH (1723-1790) launched a direct polemic against the intention of the American colonies in his *Wealth of Nations*. In a threatening undertone, he warned the American colonies to drop their designs for creating an independent economic base above and

werk wurde 1776 veröffentlicht, also zeitgleich mit dem Ausbruch des amerikanischen Unabhängigkeitskrieges. Smith schreibt dort:

„Die prinzipielle Ursache für den schnellen Fortschritt unserer amerikanischen Kolonien zu Reichtum und Größe lag darin, daß ihr gesamtes Kapital bisher in der Landwirtschaft eingesetzt wurde. Sie haben keine Manufakturen, mit Ausnahme der Herstellung von Haushaltsgütern und Geräten, die mit dem Fortschritt der Landwirtschaft zusammenhängen, und die in der Familie von Frauen und Kindern gefertigt werden. Der Großteil des Exports und des amerikanischen Küstenhandels wird mit dem Kapital von Kaufleuten, die in Großbritannien ansässig sind, getätigt. Selbst ein Großteil der Läden und Lagerhäuser, welche die Güter in einigen Provinzen verteilen, vor allem in Maryland und Virginia, gehören Kaufleuten aus dem Mutterland; dies ist einer der seltenen Fälle, in denen der Einzelhandel einer Gesellschaft mit dem Kapital von Leuten erfolgt, die nicht dort leben. Sollten die Amerikaner, entweder durch Zusammenrottung oder irgendeine andere Art der Gewalt, die Einfuhr europäischer Manufakturgüter unterbinden und, indem sie einheimischen Produzenten solcher Güter damit ein Monopol verschaffen, einen bedeutenden Teil ihres Kapitals in diesen Tätigkeitsbereich umleiten, so würden sie die weitere Steigerung des Wertes ihrer jährlichen Erzeugung bremsen, statt sie zu beschleunigen; sie würden den Fortschritt ihres Landes hin zu Reichtum und Größe untergraben, statt ihn zu befördern. Dies wäre um so mehr der Fall, wenn sie [die Amerikaner] versuchten, auf die gleiche Weise den Exporthandel für sich zu monopolisieren."[16]

In der Zeit von Lists Aufenthalt in den USA stand also, wenn auch in veränderter Form, das ursprüngliche wirtschaftspolitische Zentralmotiv des amerikanischen Unabhängigkeitskampfes wieder auf der Tagesordnung. Wieder ging es nicht nur um wirtschaftspolitische Fragen im allgemeinen, sondern um Fragen der „politischen Ökonomie", die unmittelbar die politische Existenz der USA betrafen. Die in den Südstaaten vorherrschende politische Tendenz wollte den Freihandel, das heißt Landwirtschaftsexporte nach Großbritannien und ungehinderte Importe preisgünstiger englischer Fertigwaren in die USA. Aber auch im Norden, vor allem in New York und Boston, gab es politisch einflußreiche Handels- und Finanzinteressen, die die Position des Freihandels vertraten. ALBERT GALLATIN, der Finanzminister unter den Präsidenten Thomas Jefferson (1743-1826) und James Madison (1751-1836) repräsentierte diese Tendenz. Die Vertreter des amerikanischen Systems wollten die staatlich geförderte wirtschaftliche Entwicklung des inneren Marktes durch das kombinierte Wachstum von Landwirtschaft, Industrie und Infrastruktur und die Absicherung dieser inneren Entwicklung durch Schutzzölle, die sich natürlich primär gegen Großbritannien richteten.

beyond agriculture. This, Smith's main work, was published in 1776, thus simultaneous with the beginning of the American War of Independence.

Smith wrote: "It has been the principal cause of the rapid progress of our American colonies towards wealth and greatness, that almost their whole capitals have hitherto been employed in agriculture. They have no manufactures, those household and coarser manufactures excepted which necessarily accompany the progress of agriculture and which are the work of the woman and children in every private family. The greater part both of the exportation and coasting trade of America, is carried on by the capital of merchants who reside in Great Britain. Even the stores and warehouses from which goods are retailed in some provinces, particularly in Virginia and Maryland, belong, many of them, to merchants who reside in the mother country, and afford one of the few instances of the retail trade of a society being carried on by the capitals of those who are not resident members in it. Were the Americans, either by combination or by any other sort of violence, to stop the importation of European manufactures, and, by thus giving a monopoly to such of their own countrymen as could manufacture the like goods, divert any considerable part of their capital into this employment, they would retard instead of accelerating the further increase in the value of their annual produce, and would obstruct instead of promote the progress of their country towards real wealth and greatness. This would be still more the case, were they to attempt, in the same manner, to monopolize to themselves their whole exportation trade."[16]

Thus, the original economic policy motivations of the American War of Independence were once again on the agenda, albeit in somewhat altered form, during List's stay in the United States. Once again, it was not a matter of economic policy issues in general, but of issues of "political economy", which immediately impinged upon the political existence of the USA. The predominant political faction in the southern states wanted Free Trade, i.e., agricultural exports to Great Britain and unbridled imports of cheap English finished products into the USA. In the north as well, however, especially in New York and Boston, there were politically influential commercial and financial interests which took a pro-Free Trade stance. ALBERT GALLATIN, Treasury Secretary under Presidents Thomas Jefferson (1743-1826) and James Madison (1751-1836), represented this tendency. The proponents of the "American System" wanted state-promoted economic development of the domestic market by means of the combined growth of agriculture, industry and infrastructure and they wanted to secure this domestic development with protective tariffs, which were naturally directed primarily against Great Britain.

Ein halbes Jahrhundert nach der Unabhängigkeitserklärung entschied der Ausgang des Kampfes zwischen den englandfreundlichen Freihändlern und den Vertretern des amerikanischen System zugleich darüber, ob die Union als Nation und Volkswirtschaft weiter wachsen und sich im Innern politisch festigen würde, oder ob der innere Zusammenhalt der Union sich immer mehr abschwächen und sie schließlich politisch auseinanderbrechen würde. Letztlich ging es um die Frage, ob sich Großbritannien mittels der Handelspolitik wieder die faktische Kontrolle über die einstigen Kolonien würde verschaffen können, die es zweimal — 1776-1783 und 1812-1814 — mit militärischen Mitteln nicht wiedererlangen konnte.

Diese politische Realität in den USA reflektiert sich im *Grundriß* auf das deutlichste. Wie List in diesen Briefen ausdrücklich und wiederholt betont, besteht ein unmittelbarer Zusammenhang zwischen der Innen- und Außenpolitik einerseits und dem Entwicklungsstand der nationalen Produktivkräfte andererseits. Das Wachstum der produktiven Kräfte bedeutet gleichzeitig das Anwachsen der nationalen Sicherheit — nach innen und nach außen. List verweist im *Grundriß* wiederholt auf den amerikanischen Unabhängigkeitskrieg und den britisch-amerikanischen Krieg von 1812-14 und spricht voller Sarkasmus von den Freihändlern, die noch im Kriegsfall kostengünstig beim Feind die Waffen kaufen wollten.

In den 20er Jahren des 19. Jahrhunderts war THOMAS COOPER (1759-1840), Professor für politische Ökonomie am South Carolina College, einer der ideologischen Hauptgegner des amerikanischen Systems in den Vereinigten Staaten. Im *Grundriß* polemisiert List mehrfach und scharf gegen Cooper. Dieser verfaßte nicht nur eine umfängliche, aggressive, aber akademisch verbrämte Propagandaliteratur für den Freihandel, sondern auch für die Sklaverei als Grundlage der Baumwollexportwirtschaft der Südstaaten. Wie eng die Frage von Freihandel und Sklavenwirtschaft mit der nationalen Existenz der Vereinigten Staaten verknüpft war, zeigt sich in einer Rede Coopers vom 2. Juli 1827. (Man beachte, daß List den ersten Brief des *Grundrisses* mit dem 10. Juli datiert.) In dieser Rede sagte Cooper: „Es wird nicht mehr lange dauern, bis wir den Wert unserer Union abwägen müssen, und wir uns fragen müssen, was uns dieses höchst unausgewogene Bündnis nützt? Ist doch der Süden immer der Verlierer, und der Norden hat den Vorteil. Macht es Sinn, diese Staatengemeinschaft fortzusetzen, wenn der Norden verlangt, unser Herr zu sein und wir seine Vasallen sein sollen?... Aber die Frage wird sich schnell auf die Alternative Unterwerfung oder Trennung zuspitzen."[17]

Auch wenn es noch 34 Jahre dauern sollte, bis die Partei des Freihandels und der Sklavenwirtschaft in den Südstaaten den offenen Bruch mit der Union vollzog und mit der Sezession den amerikanischen Bürgerkrieg einleite-

A half century following the Declaration of Independence, the outcome of this battle between the anglophile free traders and the representatives of the American System, was to decide both the issue of whether the Union would continue to grow as a nation and an economy, and whether it would consolidate in the domestic political arena or become weaker and weaker, until it ultimately broke apart. The issue was ultimately whether Great Britain would be able to regain control over its erstwhile colonies by means of its trade policy, which it had failed to accomplish twice, in 1776-1783 and again in 1812-1814, with military means.

This political reality in the USA is reflected in the *Outlines* most clearly. As List explicitly and repeatedly emphasizes in these letters, there is an immediate connection between domestic and foreign policy, on the one hand, and the level of development of the national productive forces on the other hand. The growth of the productive forces signifies simultaneously the growth of national security, domestically and abroad. List refers to the War of Independence repeatedly in the *Outlines*, and also to the British-American war of 1812-14. He speaks of the "Free Traders" sarcastically, who want to buy their weapons "cheaply" from the enemy when it comes to war.

In the '20s of the 19th century, THOMAS COOPER (1759-1840) was Professor for political economy at the South Carolina College, one of the main ideological opponents of the "American System" in the United States. In the *Outlines*, List polemicizes a number of times against Cooper. Cooper had authored a comprehensive and aggressive, but also academically narrow-minded propaganda literature in favor of the Free Traders, and also in favor of slavery as the foundation of the cotton-export economy of the southern states. A speech which Cooper delivered on July 2, 1827, exemplifies how closely the issues of free trade and slave-economy were connected to the issue of the national existence of the United States. (In this connection, it is worth noting, that List dated his first letter in the *Outlines* July 10 of that year.) In his speech Cooper said: "I have said, that we shall 'ere long be compelled to calculate the value of our union; and to enquire of what use to us is this most unique alliance? By which the south has always been the loser, and the north always the gainer. Is it worth our while to continue this union of states, when the north demands to be our masters and we are required to be their tributaries? ... The question, however, is fast approaching to the alternative of submission or separation."[17]

Although it would be 34 years later, that the party of Free Trade and the slave-economy in the southern states broke openly with the Union and instigated the Civil War with their secession, Cooper's words indicate, that

te, so zeigen doch Coopers Worte, daß bereits zur Zeit von Lists Amerikaaufenthalt die Gefahr der Sezession schwelte.

Dieser politische Hintergrund ist für Lists *Grundriß* von entscheidender Bedeutung, denn diese Schrift ist kein akademisches Traktat. List vereint wirtschaftspolitische und politische Polemik mit der prägnant-pädagogischen und praxisorientierten Darlegung der Grundkonzepte, wie die Entwicklung der Volkswirtschaft — die Entfaltung der „produktiven Kräfte" und das Wachstum der „allgemeinen Wohlfahrt" — bewirkt werden kann.

II. Der ideengeschichtliche Kontext von Lists „Grundriß"

a) List und Adam Smith

Im Zentrum des *Grundrisses* steht die beißende Polemik gegen ADAM SMITH. Für List ist Smith der *spiritus rector* der Ideologie des Freihandels und der Negierung staatlichen Wirkens in der Volkswirtschaft. List behandelt Smith als Ideologen, weil er dessen Wirtschaftstheorie weitgehend als deklamatorisch betrachtet. List betont immer wieder, daß zwischen Smiths Postulaten, wie das von ihm als vorbildlich und überlegen dargestellte britische Wirtschaftssystem angeblich funktioniere, und der Realität des britischen Wirtschaftsgeschehens ein tiefer Widerspruch bestehe. Das britische System von Adam Smith sei sozusagen nur für den Export bestimmt, um damit andere, noch unterentwickelte Volkswirtschaften daran zu hindern, ihre produktiven Kräfte auf- und auszubauen. Den Aufbau seiner Handelsflotte („Navigationsakte" von 1651), des Textilsektors und anderer Exportzweige verdanke England gezielten Eingriffen seiner Regierungen, die in bezug auf das Wachstum der britischen Binnenwirtschaft gerade nicht auf eine Politik des Freihandels setzten. Das britische Manufakturwesen sei stets und konsequent von der britischen Regierung gegen auswärtige Konkurrenz abgeschirmt worden. Zur Erreichung und Absicherung seiner Hegemonialstellung im Welthandel habe England stets rücksichtslos auch politische und militärische Macht eingesetzt. Die Amerikaner müßten begreifen, so List in einer Rede am 3. November 1827 in Philadelphia, daß Smith mit seinen Büchern nicht etwa bezweckte, „die Nationen aufzuklären, sondern sie zum Nutzen seines Landes [Englands] zu verwirren".[18]

Wie List selbst schreibt, hatte sich bei ihm bereits vor seiner Übersiedlung in die USA eine klare Position gegen Adam Smith und „seine verstockten Nachbeter", vor allem in Deutschland, herausgebildet. Vor seiner Abreise in die USA schrieb List: „Mag dieser Lehrer der Nationalökonomie [Smith] um die Völker sich in anderer Hinsicht verdient gemacht haben, so viel er will: Alle seine Verdienste können den unerhörten Schaden nicht vergüten, den

the danger of that secession was already looming during List's stay in the United States.

This political background is crucially important for List's *Outlines*, because this work is certainly not an academic treatise. List combines polemics on economic policy and politics with the pedagogical and practical demonstration of fundamental conceptions, such as how the development of the economy as a whole — the development of "productive forces" and the growth of the "general welfare", can be brought about.

II. The Methodological Context of List's "Outlines"

a) List and Adam Smith

The core of the *Outlines* is the biting polemic against ADAM SMITH. For List, Smith is the *spiritus rector* of the ideology of Free Trade and opposition to state guidance in the national economy. List treats Smith as an ideologue, because he considers his economic theory as, by and large, declamatory. List emphasizes time and again, that there is a profound contradiction between Smith's postulates, such as his representation of how the allegedly exemplary and superior British economic system functions, and the reality of the British economy. The British System of Adam Smith, as List shows, is only suited to exports aimed at preventing other, still underdeveloped economies from developing and expanding their own productive forces. The development of the maritime fleet ("Navigation Act" of 1651), the development of the textile industry, and other branches of exports, England owed to the targeted intervention of the government, which certainly did not rely upon a policy of Free Trade for the growth of Britain's domestic economy. British manufacturing, as List showed, was always and strictly protected by the British government against foreign competition. To the purpose of obtaining and securing its hegemonic position in world trade, England always employed political and even military power without flinching. Americans had to understand — as List said in a speech on November 3, 1827, in Philadelphia — that "his system, considered as a whole, is so confused and distracted, as if the principal aim of his books were not to enlighten nations, but to confuse them for the benefit of his own country."[18]

As List himself writes, he had developed a clear position against Adam Smith and "his stubborn admirers," particularly in Germany, before he settled in the USA. Before his trip to the USA, List wrote: "However this teacher of national economy [Smith] is esteemed in other respects, all of his merits can not compensate for the immeasurable damage which the fable of

die Grille des sogenannten freien Verkehrs, die er einigen unserer Theoretiker in den Kopf gesetzt, verursacht hat. Smiths Grundirrtum besteht darin, daß er dem Kapital eine Produktivkraft zuschreibt, während nur die Arbeit mit Beihilfe eines größeren oder kleineren Kapitals produziert. — Zwar habe ich schon in den früher für den Handelsverein verfaßten Aufsätzen diese Theorie bekämpft, aber der Gegenstand verdient, daß man ihn besonders bearbeitet und dabei die eigenen Worte des Stifters der Schule zugrunde legt."[19]

Im vierten Brief betont List, mit dem *Grundriß* lege er nur eine kurze Darstellung, keine „wissenschaftliche Erörterung" über die konzeptionellen Grundfehler von Adam Smiths Theorie vor. In der Tat bleibt dies seinen späteren Hauptwerken vorbehalten. Nichtsdestoweniger stößt List zum Kern von Smiths Theorie vor, wenn er schreibt, daß Smith und der Franzose Sayas „Ziel und Inhalt der politischen Ökonomie" völlig mißverstanden hätten. „Dieses Ziel ist nicht materieller Gewinn, indem man Produkte gegen Produkte eintauscht, wie dies... im Kaufmannsgewerbe der Fall ist." Smith und Say befaßten sich jedoch wie die Händler „mit den Wirkungen des Austauschs von Produkten und nicht mit der Produktivkraft". Smiths Negierung der Produktivkraft führe dazu, daß er „die Ursachen für ihre Zu- und Abnahme innerhalb einer Nation" ignoriere. Smith schenke deshalb auch „dem tatsächlichen Effekt der verschiedenen Bestandteile der Produktivkraft" keine Aufmerksamkeit. Er gebe statt dessen dem „vorhandenen Vorrat von Produkten" ohne jede Differenzierung den „allgemeinen Namen Kapital" und schreibe diesem eine geradezu „allmächtige Wirkung" zu. Smith weigere sich zu berücksichtigen, daß „die Produktivität dieses Kapitals von den intellektuellen und sozialen Verhältnissen einer Nation sowie den von der Natur zur Verfügung gestellten Mitteln abhängig ist".

Nach List beruhen „die produktiven Kräfte einer Nation" auf dem „natürlichen Kapital", dem „geistigen Kapital" und dem „Produktenkapital". Dabei werde „die Produktivkraft... hauptsächlich durch die intellektuellen und gesellschaftlichen Umstände der Menschen bestimmt, durch das, was ich als geistiges Kapital bezeichne". List zählt dazu „Fleiß, Ausbildung, Unternehmungsgeist, Ausdauer, Armee, Flotte und Regierung". Seien diese Voraussetzungen im positiven Sinne gegeben, so könne „vernünftigerweise erwartet werden, daß sie [die Nation] in der Lage ist, sich die nötigen Fertigkeiten anzueignen, um in kurzer Zeit ihre Produktivkraft durch Manufakturen... zu entwickeln" und zugleich die „politische Macht" zu erreichen, um ihre produktiven Kräfte zu schützen.

In den Vereinigten Staaten sei ein Überfluß an natürlichem wie geistigem Kapital vorhanden. Kein anderes Land der Welt verfüge über derart günstige Voraussetzungen.

so-called free trade, which he has implanted in the ears of our theoreticians, has caused. Smith's basic error consists in the fact, that he ascribes a productive power to capital, although only labor produces, with the assistance of a greater or lesser capital. I have, indeed, fought against this theory in earlier essays, written for the Association of Commerce, but the subject deserves a more thorough treatment, one based upon the words of the founder of this school."[19]

In the fourth letter of the *Outlines* List emphasizes, that he would present only a "short exposition" and not a "scientific development" of the fundamental conceptual errors in Adam Smith's theory. List did provide a thorough refutation of Smith in his later works. In the *Outlines*, List nevertheless strikes at the core of Smith's theory when he writes, that Smith and the Frenchman, Say, "entirely misapprehended the aim of political economy. This object is not to gain matter, in exchanging matter for matter, as it is... in the trade of a merchant." Smith and Say "treat, therefore, principally of the effects of the exchange of matter, instead of treating of productive power." Smith's negation of productive forces leads to his ignoring "the causes of its rise and fall in a nation." Smith therefore also pays no attention to "the true effect of the different component parts of productive power". Without any differentiation, Smith calls the "existing stock of matter" by the "general name of capital," and to this he attributes a downright "omnipotent effect." Smith refuses to consider, that "the productiveness of this capital depends upon the means afforded by nature, and upon the intellectual and social conditions of a nation."

Thus, according to List, "the productive powers of a nation" are based upon a "capital of nature," a "capital of mind" and a "capital of productive matter." "Greater part of the productive power consists in the intellectual and social conditions of the individuals, which I call capital of mind." Among these, List numbers "industry, instruction, enterprising spirit, perseverance, armies, naval power, government." If these conditions are met, then "it is reasonably to be expected that it [the nation] can acquire the necessary skill to complete in a short time its productive power by these manufactories" and also to achieve the "political power" to protect its productive forces.

A surplus of "capital of nature", people and mental capital as well as material capital, were already available for the United States. No other country in the world had such favorable conditions.

Der Begriff des Geisteskapitals als Schlüsselbegriff seiner Theorie der produktiven Kräfte wird, wie diese Theorie selbst, erst im *Natürlichen System* und *Nationalen System* umfassender behandelt. Die erst skizzenartigen Ausführungen im *Grundriß* werden vielleicht klarer, wenn man die folgenden Zitate aus dem *Natürlichen System* miteinbezieht. Dadurch dürfte ersichtlich werden, daß Lists Begriff des Geisteskapitals den wissenschaftlich-technischen Fortschritt als Basis wirtschaftlicher Entwicklung umschreibt. Die Wissenschaft, angewandt auf die durch sie stetig verbesserten instrumentellen Kräfte der Produktion, ist Produktivkraft.

„Der jetzige Zustand der Nationen ist eine Folge der Anhäufung aller Entdeckungen, Erfindungen, Verbesserungen, Vervollkommnungen und Anstrengungen aller Generationen, die vor uns gelebt haben, sie bilden das *geistige Kapital der lebenden Menschheit*, und jede einzelne Nation ist nur produktiv in dem Verhältnis, in welchem sie diese Errungenschaft früherer Generationen in sich aufzunehmen und sie durch eigene Erwerbungen zu vermehren gewußt hat..."[20]

„Je mehr der Mensch durch Vervollkommnung der Wissenschaften, vermittelst Erfindung oder Verbesserung von Maschinen, die Naturkräfte zu seinen Zwecken zu benützen lernt, desto mehr wird er produzieren..."[21]

„Wenn aber die Nation durch ein gutes Zollsystem die Errichtung und den kontinuierlichen Ausbau der Manufakturkräfte garantiert und sichert, so läßt sie nicht nur im Innern des Landes die erste, die größte, die nützlichste *Arbeitsteilung*, die *Teilung* zwischen *Agrikultur* und *Industrie* erstehen, sondern sie rüstet auch für die Zukunft diesen beiden Zweigen *ein progressives Wachstum*, da sie durch ihre Tätigkeit sich wechselseitig heben, und bietet ihnen *die sicherste Garantie gegen jede Rückwärtsbewegung*."[22]

Konzentration und Zusammenwirken von Industrie und Landwirtschaft „*münden in einem Wachstum der produktiven Kräfte, das eher in geometrischer als in arithmetischer Proportion zunimmt.*"[23]

Demgegenüber fehlt Adam Smith jedes tiefere Verständnis des wissenschaftlich-technischen Fortschritts und des wirtschaftlichen Wachstums. Für Smith sind die Arbeitsteilung an sich und konsumverzichtendes Sparen die entscheidenden Triebkräfte des wachsenden „Wohlstands der Nationen". Smith versteht Arbeitsteilung im Sinne der Zerlegung manueller Arbeitsgänge bei der Güterherstellung. Technische Neuerungen im Produktionsprozeß als Auslöser von Arbeitsteilung spielen bei ihm keine Rolle. Die Arbeitsteilung auf volkswirtschaftlicher Ebene interessiert ihn nur im Hinblick auf Austauschprozesse — den Handel. Technische Neuerungen in der Produktion und die Erfindung neuer Produkte als die eigentlichen Ursachen der gesellschaftlichen Arbeitsteilung und des Wirtschaftswachstums liegen außerhalb von Adam Smiths Denken.

The conception of "mental capital" as the key conception of his theory of productive forces, and this theory itself, is dealt with more broadly in List's *Natural System* and in the *National System*. The first sketch of this theory in the *Outlines* becomes clearer, however, in light of the following quotes from the *Natural System*. It becomes apparent that List's notion of "mental capital" describes scientific-technological progress as the basis for economic development. Science, applied to the thus continuously improved instrumental forces of production, is productive power.

"The present condition of nations is a consequence of an accumulation of all discoveries, inventions, improvements, perfections and efforts of all generations which have lived before us, they form the *capital of mind of living humanity*, and each nation is only productive to the degree in which it assimilates these achievements of earlier generations and knows how to enhance them with its own achievements..."[20]

"The more a person learns how to use the forces of nature for his own purposes, by means of perfecting the sciences and the invention and improvement of machines, the more he will produce."[21]

"If, however, the nation guarantees and secures the establishment and continuous development of manufacturing forces by means of a good system of tariffs, then not only does the first, the greatest, and the most useful *division of labor* emerge in the nation, that between *agriculture* and *industry*, but it assures a *progressive growth* also for the future of these two branches of activity, since by means of their activity, they will elevate each other mutually, and provide each the *most secure guarantee against any backwards movement*."[22]

"The concentration and reciprocal effect of industry and agriculture conjoin in a growth of productive powers, which increases more in geometrical than in arithmetical proportion."[23]

In contrast, Adam Smith utterly lacks a deeper comprehension of scientific-technological progress and of economic growth. For Smith, the division of labor itself and frugality are the decisive driving forces of the growth of the "wealth of nations." Smith understands "division of labor" in the sense of the allocation of manual steps of labor in the production of goods. Technical innovation in the process of production, as the initiator for the division of labor, plays no role at all in Smith's conception. The division of labor in the economy interests Smith only with respect to processes of exchange — commerce. Technical innovations in production and the invention of new products, as the real cause of the social division of labor and economic growth, are beyond Smith's ken.

Smith, der als angeblicher „Vater der industriellen Revolution" ausgegeben wird, hat keinerlei Verständnis für den technischen Fortschritt. Prototypen der Dampfmaschine gab es schon seit Anfang des 18. Jahrhunderts. 1769, sieben Jahre vor der Veröffentlichung des *Wealth of Nations*, hatte JAMES WATT die erste voll einsatzreife Dampfmaschine entwickelt, aber bei Smith fehlt jeder Hinweis auf die Dampfmaschine und ihr enormes wirtschaftliches Potential. Smith ist vielmehr darüber besorgt, daß verbesserte und deshalb zunächst teurere Maschinen die Profite der Unternehmer schmälern könnten. Smith will billige und einfache Maschinen in arbeitsintensiven Produktionsformen einsetzen. Er argumentiert, daß beim Einsatz verbesserter Maschinen Kapital gebunden werde, das man anderweitig profitabler hätte einsetzen können: „Eine bestimmte Menge von Materialien und die Arbeit einer bestimmten Anzahl von Arbeitern werden so [in die Herstellung von Maschinen] umgeleitet, beides [Materialien und Arbeiter] hätte man unmittelbar einsetzen können, um für die Gesellschaft Nahrungsmittel, Kleidung und Wohnungen, notwendige und Genußwaren, zusätzlich zu schaffen... Dies ist der Grund dafür, daß all jene Verbesserungen in der Mechanik, die der gleichen Anzahl von Arbeitern die gleiche Menge Arbeit mit billigeren und einfacheren Maschinen zu tun erlaubt, als es vorher üblich war, in jeder Gesellschaft immer als vorteilhaft betrachtet werden."[24]

Es sei hier auch noch angemerkt, daß List die Senkung des Lebensstandards der arbeitenden Bevölkerung als Mittel zur Steigerung des volkswirtschaftlichen Wohlstands für eine Absurdität hält. Während Adam Smith mit Nachdruck für die Senkung der Lohnkosten und Ausdehnung der Arbeitszeit — „Kapitalbildung" durch „Sparen" — eintritt, erklärt Friedrich List: „Schlechte Ernährung bringt nur ein verkümmertes und schwächliches Arbeitergeschlecht hervor und zerstört die produktiven Kräfte der folgenden Geschlechter."[25]

In der oben erwähnten Rede, der sogenannten *Philadelphia Speech*, greift List die zweite axiomatische Aussage des Smithschen Systems an: das Axiom des Nicht-Wissens. Smith behauptet, daß über die Konstatierung des Wirkens der Mechanismen des freien Marktes hinaus der Entwicklungsgang volkswirtschaftlicher Prozesse der menschlichen Vernunft unzugänglich sei. Das Wirken der Marktmechanismen, also der Preismechanismus von Angebot und Nachfrage, wird üblicherweise mit dem mystifizierenden Ausdruck „unsichtbare Hand" umschrieben. Zwar hätten die Menschen „ein starkes Verlangen, die richtigen Mittel"[26] zur Erlangung von „allgemeinem Glück" oder „Wohlergehen und Erhaltung der Gesellschaft" zu ergründen, aber dem stünden „die Schwäche seiner Kräfte, die Enge seines Verstandes"[27] und das „langsame und unsichere Walten unserer Vernunft" entgegen. Daraus folgert Smith: „Größtenteils leitet uns die Natur in diese Richtung durch die ur-

Smith, touted as the supposed "father of the industrial revolution", has no comprehension of technological progress. There were prototypes of the steam-engine since the beginning of the 18th century. In 1769, seven years before the publication of *Wealth of Nations*, James Watt developed the first fully operational steam-engine, but Smith makes no reference whatsoever to the steam-engine and its enormous economic potential. Smith, instead, is concerned that improved, and, therefore, initially more expensive machines, might reduce the profits of the entrepreneurs. Smith wants to use cheap and simple machinery in labor-intensive forms of production. He argues, that the use of improved machines binds capital which could have been more profitably employed elsewhere: "A certain quantity of materials, and the labour of a certain number of workmen, both of which might have been immediately employed to augment the food, clothing and lodging, the subsistence and conveniences of the society, are thus diverted to another employment... It is upon this account that all such improvements in mechanics, as enable the same number of workmen to perform an equal quantity of work, with cheaper and simpler machinery than had been usual before, are always regarded as advantageous to every society."[24]

For List, the idea that lowering the standard of living of the working population can increase economic wealth, is an absurdity. While Adam Smith pleads for reducing wage-costs and for lengthening the working time — "capital formation" by "saving" — List states: "Bad nutrition just generates a stunted and feeble work force and destroys the productive capacities of succeeding generations."[25]

In the *Philadelphia Speech* mentioned above, List assaults the second axiomatic dictum of Smith's system: the *axiom of ignorance*. Smith claims that, apart from being able to accept the effect of the mechanism of the *free market*, the development processes of a national economy are not accessible to the human mind. The efficacy of the market mechanisms, i.e., the price-mechanism of supply and demand, is usually described with the mystifying expression of the "invisible hand." According to Smith, human beings have "a strong desire" to find out "the proper means" of bringing about "universal happiness" or "the welfare and preservation of society",[26] this desire is opposed by the "weakness of his powers", "the narrowness of his comprehension" and the "slow and uncertain determinations of our reason."[27] It thus follows, that "Nature has directed us to the greater part of

sprünglichen und unmittelbaren Instinkte, Hunger, Durst, die Leidenschaft, welche die Geschlechter vereinigt, die Liebe zum Genuß und die Angst vor Schmerz; diese Instinkte bringen uns dazu, Dinge um ihrer selbst willen zu tun und ohne in Erwägung zu ziehen, daß sie eine Tendenz hin zu den guten Zwecken haben, die der große Lenker der Natur durch sie zu erreichen beabsichtigt."[28] Ein Erkenntnisbemühen, das darüber hinausgehen will, sei nicht Sache der Menschen. Ein jeder solcher Erkenntnisversuch müsse, so Smith, immer unzähligen Illusionen ausgesetzt sein. Denn keine menschliche Weisheit und kein Wissen wird jemals ausreichen, um die Fähigkeit zu erlangen, eine der gesamtwirtschaftlichen Entwicklung zugrundeliegende Gesetzmäßigkeit zu erfassen.

Daraus folgt Smiths kategorische Behauptung, was man nicht erkennen könne, lasse sich erst recht nicht vernunftgemäß gestalten. Es sei absolut unmöglich, die wirtschaftlichen Tätigkeiten von „Privatleuten" in die Richtung „von Aktivitäten zu lenken, die dem Interesse der Gesellschaft am besten entsprechen"[29]. Weiter schreibt Smith: „Der Staatsmann, der versuchen würde, Privatleute in der Art, wie sie mit ihrem Kapital umzugehen haben, zu dirigieren, zöge nicht nur in höchst unnötiger Weise die Aufmerksamkeit auf sich, sondern beanspruchte auch eine Autorität, die man keiner einzelnen Person noch irgendeinem Rat oder Senat sicher anvertrauen könnte und die nirgendwo so gefährlich wäre wie in den Händen eines Mannes, der die Tollkühnheit und Anmaßung besitzt, sich selbst für dazu fähig zu halten."[30]

Bei seinen Attacken gegen eine dirigistische Wirtschaftspolitik ist Smiths zentrales, mit Namen genanntes Feindbild nicht zufällig der „merkantilistische" französische Finanzminister JEAN BAPTISTE COLBERT (1619-1683). Über diesen schreibt er: „Statt einem jedem zu erlauben, sein eigenes Interesse auf seine Weise, gemäß dem liberalen Plan von Gleichheit, Freiheit und Gerechtigkeit, zu verfolgen, verschaffte er [Colbert] gewissen Zweigen der Wirtschaft außerordentliche Privilegien. Nicht nur neigte er zur Förderung der städtischen Wirtschaft mehr als der des Landes, sondern um die städtische Wirtschaft zu unterstützen, war er bereit, die des Landes niederzuhalten..."[31] „Wenn die heimischen Produkte ebenso billig wie die der ausländischen Wirtschaft erworben werden können, dann ist die Regulierung [des Handels] offensichtlich nutzlos. Andernfalls ist sie schädlich. Es ist die Maxime eines jeden weisen Familienvaters, niemals zuhause zu produzieren, wenn ihm dies teurer zu stehen käme, als wenn er es einkaufte..."[32] „Was in jedem privaten Haushalt weise ist, das kann wohl kaum für ein großes Königreich falsch sein."[33]

Es sei hier nochmals betont, daß Smith nicht irgendeine spezielle dirigistische Wirtschaftspolitik wie die Colberts oder spezifische Aspekte des Dirigismus kritisiert, sondern kategorisch jede Form staatlicher Wirtschaftspo-

these by original and immediate instincts: Hunger, thirst, the passion that unites the two sexes, the love of pleasure, the dread of pain, prompt us to apply those means for their own sake, and without any considerations of their tendency to those beneficent ends which the great Director of Nature intended to produce by them."[28] Any effort to know which goes beyond this, is not the affair of human beings. Such an attempt to know, according to Smith, will always be assaulted by countless illusions. For no human wisdom or knowledge will ever be sufficient to achieve the capability of comprehending the lawfulness behind the development of an economy as a whole.

From this follows Smith's categorical claim, that it is impossible to reasonably form that which one can not know. It were thus absolutely impossible to steer the economic activity of "private people" in the direction of "employments most suitable to the interest of the society".[29] Smith further writes: "The statesman, who should attempt to direct private people in what manner they ought to employ their capitals, would not only load himself with a most unnecessary attention, but assume an authority, which could safely be trusted to no single person, to no council or senate whatever, and would nowhere be so dangerous as in the hands of a man who had folly and presumption enough to fancy himself fit to exercise it."[30]

It is hardly fortuitous that Smith's most prominent adversarial target of his attacks against dirigist economic policy, is the "mercantilist" French Minister of Finance, JEAN BAPTISTE COLBERT (1619-1683). On Colbert, Smith writes: "Instead of allowing every man to pursue his own interest his own way, upon the liberal plan of equality, liberty, and justice, he [Colbert] bestowed upon certain branches of industry extraordinary privileges, while he laid others under extraordinary restraints. He was not only disposed... to encourage more the industry of the towns than that of the country; but, in order to support the industry of the towns, he was willing even to depress and keep down that of the country."[31] "If the domestic produce can be bought there [domestically] as cheap as that of foreign industry, the [trade] regulations are evidently useless. If it can not, it must be hurtful. It is the maxim of every prudent master of a family never to attempt to make at home what will cost him more to make than to buy...."[32] "What is prudence in the conduct of every private family, can scarce be folly in that of a great kingdom."[33]

It is worth emphasizing, that Smith does not criticize some specific dirigistic economic policy such as that of Colbert, nor any specific aspect of dirigism. Smith categorically rejects any form of state economic policy, any

litik, jede Form von Dirigismus verneint. Aus der Skizzierung der Theorie der produktiven Kräfte im vierten Brief des *Grundrisses* geht bereits hervor, wie absurd Smiths Behauptung der axiomatischen Unwißbarkeit wirtschaftlicher Entwicklung ist.

Im sechsten Brief des *Grundrisses* geht List dann noch direkter auf Smiths antidirigistische Postulate ein und erläutert dort zugleich die Faktoren, die das Wachstum bzw. den Niedergang von Volkswirtschaften bestimmen: „Ein einzelner mag bei der Durchsetzung seines eigenen Interesses das allgemeine Interesse schädigen; eine Nation, die das allgemeine Wohl fördert, mag dadurch den Interessen eines Teiles ihrer Mitglieder im Wege sein. Aber um das allgemeine Wohlergehen zu sichern, müssen die Bestrebungen der einzelnen beschränkt und reguliert werden, wie andererseits die einzelnen durch die gesellschaftliche Macht an Stärke gewinnen müssen. Individuen ohne die Regeln einer Gemeinschaft sind Wilde... Es ist schlechte Politik, von oben herab alles zu regulieren und alles zu fördern, wenn die Dinge durch private Bemühungen besser reguliert und gefördert werden können; aber es ist nicht weniger schlechte Politik, denjenigen Dingen ihren Lauf zu lassen, welche nur durch das Eingreifen der gesellschaftlichen Macht gefördert werden können.

Blickt man um sich, so sieht man, daß überall die Bestrebungen und Handlungen der einzelnen nach dem Grundsatz des Gemeinwohls entweder beschränkt oder gefördert werden. Der von einem Kaufmann erfundene Grundsatz des *laissez faire et laissez passer* kann daher auch nur von diesen Kaufleuten ernsthaft vorgebracht werden.

Dieser Grundsatz wäre nur richtig, wenn das Einzelinteresse und das Nationalinteresse niemals im Gegensatz zueinander stünden. Aber das ist nicht der Fall... Mag auch das Fehlen freiheitlicher Institutionen der vollen Entwicklung der Produktivkräfte einer Nation ungemein schädlich sein, so mag es doch Gruppen geben, die aus den Mißständen Nutzen ziehen. Die Nation mag durch das Fehlen der Industrie leiden, doch können einige Leute dabei durch den Verkauf ausländischer Waren zu Wohlstand kommen. Der Bau von Kanälen und Eisenbahnen mag für eine Nation sehr wertvoll sein, aber alle Fuhrleute werden sich über diese Verbesserung beklagen. Jede neue Erfindung hat gewisse Nachteile für gewisse Einzelpersonen und gereicht doch der Allgemeinheit zum Segen.

Ein Fulton [Erfinder des Dampfschiffes] mag sein ganzes Vermögen für seine Experimente aufbrauchen, aber die Nation kann aus seinen Anstrengungen eine ungeheure Produktivkraft schöpfen. Ein einzelner mag durch außergewöhnliche Sparsamkeit reich werden, aber wenn eine ganze Nation seinem Beispiel folgte, gäbe es keinen Konsum und infolgedessen keinen Absatz für die Industrie. Je mehr sich einzelne in den Südstaaten

form of dirigism. List's sketch of the theory of productive forces in the fourth letter of the *Outlines* already demonstrates how absurd Smith's claim is about the axiomatic unknowability of economic development.

In the sixth letter of the *Outlines*, List discusses Smith's anti-dirigist postulates more directly and also explains the factors which determine the growth or decline of national economies: "An individual, in promoting his own interest, may injure the public interest; a nation, in promoting the general welfare, may check the interest of a part of its members. But the general welfare must restrict and regulate the exertions of the individuals, as the individuals must derive a supply of their strength from social power... It is bad policy to regulate everything and to promote everything, by employing social powers, where things may better regulate themselves and can be better promoted by private exertions; but it is no less bad policy to let those things alone which can only be promoted by interfering social power.

"Look around, and you see everywhere the exertions and acts of individuals restricted, regulated, or promoted, on the principle of the common welfare. The commonplace of *laissez faire et laissez passer*, invented by a merchant, can therefore only be alleged sincerely by these merchants.

"This principle would only be true if individual and national interest were never in opposition. But this is not the case... Notwithstanding an absence of liberal institutions may be extremely injurious to a full development of the productive powers of a nation, some classes may find their reckoning in this bad state of things. The nation may suffer from an absence of manufacturing industry, but some people may flourish in selling foreign manufactures. Canals and railroads may do great good to a nation, but all waggoners will complain of this improvement. Every new invention has some inconvenience for a number of individuals, and is nevertheless a public blessing. A Fulton may consume his whole fortune in his experiments, but the nation may derive immense productive power from his exertions. An individual may grow rich by extreme parsimony, but if a whole nation would follow his example, there would be no consumption, and, in consequence, no support of industry. The more the individuals of the

bemühen, England weiterhin Baumwolle zu einem niedrigen Preis zu liefern — indem sie größere Mengen anbauen —, um so weniger Geld wird die Baumwolle in England einbringen; um so weniger Einnahmen wird die Nation durch diesen Industriezweig haben. Einzelne mögen reich werden durch gewagte Bankspekulationen, aber die Allgemeinheit kann durch sie nur verlieren.

Ohne das Eingreifen durch die Staatsmacht gibt es keine Sicherheit, kein Vertrauen zu Währung, Maßen und Gewichten, keinen reibungslosen Betrieb in den Seehäfen; der Seehandel wäre nicht durch eine Flotte geschützt, in fremden Häfen oder Ländern kümmerten sich keine Konsuln oder Gesandte um die Bürger; es gäbe weder Ansprüche auf Grund und Boden noch Patente noch den Schutz geistigen Eigentums noch Kanäle, Eisenbahnen oder Landstraßen. Gänzlich sich selbst überlassen fiele die Industrie bald dem Ruin anheim, und eine Nation, die alles laufen ließe, beginge Selbstmord."

Wie List in seinen amerikanischen Schriften immer wieder betont, werde die von ihm vertretene Staatskonzeption, mit klaren Worten in der amerikanischen Verfassung zum Ausdruck gebracht. Die US-Verfassung gebiete der Regierung und dem Kongreß, für die allgemeine Wohlfahrt zu wirken. Dies sei kein abstraktes Postulat, vielmehr sei der Kongreß verpflichtet, die eingenommenen Steuern, Abgaben und Zölle für das Allgemeinwohl einzusetzen, um „die größte gemeinsame Wohlfahrt im Innern und das größte Maß an Sicherheit im Hinblick auf andere Nationen zu schaffen". Dazu habe die Regierung „nicht nur das Recht, sondern die Pflicht", schreibt List im zweiten Brief.

So streitet List für das Recht der Nationen auf wirtschaftliche Entwicklung, auf die Vermehrung ihres Wohlstandes und ihrer politischen Macht, aber eben nicht im Sinne eines destruktiven Nationalismus, der sich auf Kosten anderer Nationen bereichern will, sondern allein durch die Entwicklung der eigenen „produktiven Kräfte".

b) Alexander Hamilton und das „amerikanische System"

Die Grundpositionen Lists, die sich bereits Anfang der 20er Jahre herausgebildet hatten, wurden unter dem konkreten Eindruck der Verhältnisse in den Vereinigten Staaten nachhaltig vertieft und ausgebaut. Dies gilt zuvorderst für seine ganz praktischen Erfahrungen in den USA, worüber er schreibt: „Das beste Werk, das man in diesem neuen Lande über politische Ökonomie lesen kann, ist das Leben... Dieses Buch habe ich begierig und fleißig gelesen und die daraus geschöpften Lehren mit den Resultaten meiner früheren Studien, Erfahrungen und Reflexionen in Einklang zu stellen gesucht."[34]

southern states endeavor to supply the low price of cotton in England by planting greater quantities, the less will cotton bring in England; the less will the nation derive income from that branch of industry. Individuals may become rich by hazardous bank schemes, but the public may lose by them.

"Without interference of national power there is no security, no faith in coined money, in measures and weights, no security for the health of sea-ports, no security for the commerce at sea by the aid of a navy, no interference for the citizens in foreign seaports and countries by Consuls and Ministers, no titles to land, no patents, no copyright, no canals and railroads, no national road. Industry entirely left to itself, would soon fall to ruin, and a nation letting everything alone would commit suicide."

As List repeatedly emphasizes in his American writings, the conception of the state which he favors is expressed in the *American Constitution* in clear words. The American Constitution obliges the government and the Congress to act in order "to promote the general welfare." This is not an abstract postulate: it is the responsibility of Congress to employ the taxes collected, other fees and customs duties for the general welfare, in order to "create the greatest quantity of common welfare in the interior and the greatest quantity of security as regards other nations." The government has "not only the right, but it is its duty" to do so, List writes in the second letter.

List thus does battle for the right of nations to economically develop, to increase their prosperity and their political power, but not in the sense of a destructive nationalism which seeks to enrich itself at the cost of other nations, but solely through the development of its own "productive powers."

b) Alexander Hamilton and the "American System"

List's basic conceptions, which had already crystallized at the beginning of the 20s, underwent a more profound development under the impression of the specific conditions in the United States. That is particularly true for his quite practical experiences in the USA, about which List wrote: "The best book one can read in this new country on the subject of political economy, is that of life itself... I have read this book eagerly and diligently and I have attempted to bring the lessons learned thereby into accord with the results of my earlier studies, experiences and reflections."[34]

Zugleich aber wurde List von der amerikanischen Wirtschaftstheorie nachhaltig, wenn nicht entscheidend beeinflußt. Wie gesagt, die Qualität, ja die Existenz dieser amerikanischen Wirtschaftstheorie — das „amerikanische System" — ist heute aus dem öffentlichen Bewußtsein weitgehend verdrängt worden. Die Schlüsselfigur für die Wirtschaftstheorie und -politik des amerikanischen Systems ist zweifellos ALEXANDER HAMILTON (1757-1804), der von 1789 bis 1795 Finanzminister unter George Washington war. Es war Hamilton, der als erster den Begriff „produktive Kräfte" prägte. Hamilton ist der Autor dreier in der Geschichte der Wirtschaftstheorie entscheidend wichtiger Texte: dem *Bericht über die öffentlichen Schulden* (1790), dem *Bericht über eine Nationalbank* (1790), und dem *Bericht über das Manufakturwesen* (1791). Die Kernaussagen der drei Berichte lassen sich wie folgt zusammenfassen:[35]

- Die Bundesregierung der Vereinigten Staaten muß eine aktive oder dirigistische Finanz- und Wirtschaftspolitik betreiben.
- Hamilton bezieht sich auf die amerikanische Verfassung, die Kongreß und Regierung zur Förderung des Gemeinwohls verpflichtet (Präambel), und dem Kongreß „die Macht gibt, Steuern, Zölle, Abgaben und Ausgaben festzusetzen und zu erheben, über die Bezahlung der Schulden zu entscheiden, für die Landesverteidigung und das Gemeinwohl zu sorgen; Geld zu leihen, den Außen- und Binnenhandel zu regeln; Regeln in bezug auf Bankrott und Einbürgerung festzulegen; Geld zu prägen und den Geldwert zu regeln; ... den Krieg zu erklären; eine Armee und Miliz aufzubauen und aufrechtzuerhalten; für den Aufbau und Erhalt einer Flotte zu sorgen..." (Artikel 1, Abschnitt 8).
- Laut Hamilton mißt sich „der Wohlstand einer Nation nicht daran, welchen reichlichen Vorrat an Edelmetallen sie besitzt, sondern daran, was ihre Arbeitskräfte und Industrie an Erzeugnissen herstellen". Folglich „muß der Entwicklungsstand von Landwirtschaft und Manufakturen, die Quantität und Qualität der Arbeitskräfte und Industrie, die Zunahme oder Abnahme des Besitzes an Gold und Silber beeinflussen und bestimmen", und nicht umgekehrt.
- Zur Mehrung des Volkswohlstandes ist eine Nationalbank zu schaffen, die als öffentlich-rechtliche Einrichtung mit Krediten die Entwicklung der „produktiven Kräfte" (Landwirtschaft, Manufakturen, Infrastruktur) fördert.
- Die Kapitalbasis der Nationalbank darf nicht auf aktuell vorhandene Edelmetalleinlagen beschränkt bleiben, sondern sollte auch Einlagen in Form von Schuldentiteln der US-Regierung umfassen. Dadurch kann das Volumen der Kreditgebung dem produktiven Entwicklungspotential der Volkswirtschaft gemäß ausgeweitet werden.

List was profoundly influenced by American economic theory. The quality, indeed the very existence of this American economic theory — the "American System" — has been largely displaced in public consciousness today. The key figure for the economic theory and policy of the "American System" is doubtlessly ALEXANDER HAMILTON (1757-1804), who was Secretary of the Treasury from 1789 to 1795 under George Washington. It was Hamilton who first coined the notion of "productive powers." Hamilton is the author of three crucial works in the history of economic theory: the *Report on Public Debt* (1790), the *Report on a National Bank* (1790) and the *Report on Manufactures* (1791). The core of the three reports can be summarized as follows:[35]

- The government of the United States must pursue an active or dirigist financial and economic policy.
- Hamilton refers to the American constitution, which obliges Congress and government "to promote the general welfare" (preamble) and "gives Congress power to lay and collect taxes, duties, imports, excises, payment of debts, and provide for common defence and general welfare; borrow money, regulate foreign and domestic commerce; establish rules of bancruptcy and naturalization; coin and regulate value of money; ... declare war; raise and support armies and militia; provide and maintain a navy..." (article 1, section 8).
- According to Hamilton, "the intrinsic wealth of a nation is to be measured, not by the abundance of the precious metals contained in it, but by the productions of its labour and industry." Consequently, "the state of agriculture and manufactures, the quantity and quality of its labour and industry must influence and determine the increase or decrease of its gold and silver," and not the reverse.
- A National Bank is to be created to increase the national wealth, which promotes the development of "productive powers" (agriculture, manufactures, infrastructure) with credits as a government institution.
- The capital base of the National Bank must not be limited to the currently available volume of precious metals, but must include assets in the form of debt titles of the U.S. Government. Thus may the volume of credit issuance be extended as appropriate to the productive potential of the economy.

- Die öffentliche Förderung von Erfindungen, „mechanischen Verbesserungen", neuen Maschinen und Anlagen für die Industrie ist notwendig. Dies kann durch Kredite der Nationalbank, staatliche Subventionen und Staatsaufträge erreicht werden. Diese staatlich geförderten Neuerungen bewirken die Ausweitung der Manufakturen und der Industrie. Sie schaffen so neue Arbeitsplätze und sichern den Absatz heimischer Landwirtschaftserzeugnisse auf dem Binnenmarkt.
- „Schutzzölle" gegen konkurrierende, billigere Waren aus dem Ausland sind legitim und notwendig, um die aufstrebende, aber noch nicht international konkurrenzfähige Produktion im Inland abzusichern. Schutzzölle dürfen aber nur wohlüberlegt und maßvoll angewendet werden, sie dürfen keine lethargisierende, sondern müssen eine stimulierende Wirkung haben.
- Die Verbesserung der Verkehrsinfrastruktur, vor allem der Bau von Straßen, Brücken und Kanälen, ist eine vorrangige staatliche Aufgabe auf Bundes-, bundesstaatlicher- und lokaler Ebene, weil sie die Produktionskosten senkt und die Voraussetzung eines wirklichen Binnenmarktes ist.

Die Umsetzung dieser Prinzipien Hamiltonischer Wirtschaftspolitik ermöglichte es den Vereinigten Staaten, schnell aus der finanziellen und realwirtschaftlichen Zerrüttung herauszukommen, in die sie durch den Unabhängigkeitskrieg und seine Nachwirkungen geraten waren. Bei diesem nachhaltigen Wirtschaftsaufschwung spielte die Nationalbank, die am 12. Dezember 1791 ihre Arbeit aufnahm, eine herausragende Rolle. Auf Druck der sklavenhaltenden Baumwoll- und Tabakpflanzer und deren Exportinteressen wurde die Nationalbank 1811 abgeschafft. Aber nach dem zweiten amerikanisch-britischen Krieg von 1812-1814 wurde die „zweite Nationalbank der Vereinigten Staaten" 1816 begründet, die bis 1833 auf die amerikanische Volkswirtschaft ähnlich stimulierend und wachstumsfördernd einwirkte wie ihre Vorgängerin.

c) Mathew Carey

Nachdem Alexander Hamilton 1804 in einem Duell getötet worden war, wurde vor allem MATHEW CAREY (1760-1839) in politisch-publizistischer Hinsicht zur treibenden Kraft für das amerikanische System. Aus Irland stammend, geriet Carey schon in jungen Jahren in Konflikt mit dem dortigen britischen Besatzungsregime. Des Landes verwiesen, begab er sich nach Frankreich, wo er sich dem dort wirkenden Benjamin Franklin (1706-1790) anschloß. Nach einem Zwischenaufenthalt in Irland, ging Carey in die USA und siedelte sich in Philadelphia an, wo auch Franklin seine letzten Lebenjahre verbrachte. Carey entfaltete in Philadelphia eine rege politisch-publi-

- The promotion of inventions, "mechanic improvements," new machines and plant for industry, is necessary. This can be achieved by means of credits of the National Bank, state subsidies and state contracts. These state-promoted improvements contribute to expanding manufactures and industry, and thus create new jobs and secure the sale of domestic agricultural produce on the domestic market.
- "Protecting duties" against competing, cheaper products from abroad are legitimate and necessary in order to protect the domestic production which is in the process of growth, but not yet capable of competing internationally. Protective tariffs must, however, be well considered and measured, they must not have the effect of causing lethargy, but must have a stimulating effect.
- Improvements in transportation infrastructure, especially the construction of roads, bridges, canals, is a priority task of the state at the federal, state and local levels of government, because they reduce the costs of production and create the conditions for a real domestic market.

The practical application of these principles of Hamiltonian economic policy, allowed the United States to quickly overcome its financial and economic turmoil, into which it had fallen in the aftermath of the War of Independence. The National Bank played a prominent role in the consistent economic development which followed. The Bank opened its doors on December 12, 1791. Under the pressure of the slave-holding cotton and tobacco planters and their exporter supporters, the National Bank was abolished in 1811. Following the second American-British war of 1812-1814, however, the Second National Bank of the United States was founded in 1816, and it exerted a similarly stimulating and growth-promoting influence on the American economy as its predecessor.

c) Mathew Carey

Following the assassination of Alexander Hamilton in 1804 in a duel, MATHEW CAREY (1760-1839) became the driving force of the "American System" in politics and journalism. Carey came from Ireland. In his youth, he came into conflict with the British occupation regime there. He was exiled and then traveled to France, where he joined up with Benjamin Franklin (1706-1790). After a brief sojourn back to Ireland, Carey went to the USA and settled down in Philadelphia, where Franklin, too, spent the last years of his life. Carey developed a feverish political-journalistic activity

zistische Tätigkeit in Sinne der Hamiltonischen Wirtschaftspolitik. Carey leitete einen Verlag und eine Buchhandlung, er gab Zeitungen heraus und veröffentlichte eine Vielzahl von Aufsätzen, Broschüren sowie mehrere Bücher. Schließlich war er mehrere Jahre im Vorstand der Zweigstelle der Nationalbank für Pennsylvanien tätig. 1819 begründete Carey die „Gesellschaft zur Förderung der Nationalen Industrie zu Philadelphia".

In einem Aufsatz Mathew Careys aus dem Jahre 1819, in dem er gegen Adam Smith polemisiert, wird deutlich, wie unmittelbar er an Alexander Hamilton anknüpft. Er bezeichnet Smith als das „Orakel von Delphi der politischen Ökonomie". Die praktische Umsetzung von Smiths „giftiger Theorie" müsse unweigerlich zu wirtschaftlichem Niedergang, Verarmung der Bevölkerung und Verlust der nationalen Unabhängigkeit führen. Smiths „Doktrin" setzt Carey dann folgende wirtschaftspolitischen „Maximen" entgegen, deren Richtigkeit durch die historische Erfahrung für jedermann nachvollziehbar belegt wird:

„1. Die Industrie ist die einzige sichere Grundlage für nationale Tugend, Glück und Größe; in allen ihren nutzbringenden Ausformungen hat sie den zweifelsfreien Anspruch auf Schutz durch die Regierung.
2. Keine Nation hat jemals, entsprechend ihren Möglichkeiten, prosperiert, ohne daß die Binnenwirtschaft auf angemessene Weise geschützt gewesen wäre.
3. Überall auf der Welt und zu allen Zeiten hat die Förderung der Industrie die Menschen zugleich arbeitsam gemacht.
4. Nationen wie Individuen steuern dem Ruin zu, wenn ihre Ausgaben ihr Einkommen übersteigen.
5. Immer wenn Nationen in einer solchen Lage sind, ist es zwingend notwendig, daß die Regierenden solche Maßnahmen ergreifen, die das Übel im Hinblick auf seine Ursache beseitigen.
6. Es gibt wenige oder gar keine politischen Übel, für die durch weise Gesetzgebung, deren Beratung und Entscheidung ohne Druckausübung erfolgt, nicht ein Ausweg gefunden werden kann.
7. Die Beispiele Italiens, Portugals und Spaniens beweisen eindeutig, daß natürliche Vorteile, wie groß und vielfältig sie auch immer sein mögen, den schlimmen Folgen einer falschen [Wirtschafts-]Politik nicht entgegenwirken können; gleichzeitig zeigen Venedig, Genua, die Schweiz, Holland, Schottland, daß alle natürlichen Nachteile durch eine richtige (Wirtschafts-)Politik überwunden werden können.
8. Ein freies Regierungssystem bedeutet nicht an sich Glück [Wohlfahrt]. Es ist nur ein Mittel, aber eines, das bei weisem Einsatz mit Sicherheit Glück hervorbringt.

in Philadelphia in the direction of Hamilton's economic policy. Carey led a publishing company and a trading company in books. He published newspapers and a number of essays, brochures and numerous books. He was also active for a number of years in the Board of Directors of the Philadelphia branch of the National Bank. In 1819, Carey founded the "Society for the Promotion of National Industry at Philadelphia."

In an essay of Mathew Carey's from 1819, in which he polemicizes against Adam Smith, it becomes quite clear how closely he associates his own thinking with that of Alexander Hamilton. He calls Smith the "Delphic Oracle of political economy." The practical application of Smith's "poisonous theory" would necessary lead to economic collapse, the impoverishment of the population and the loss of national independence. Against Smith's "doctrine", Carey then formulates the following "maxims" of economic policy. Historical experience is sufficient to demonstrate to anyone how correct Carey's maxims are:

"1. Industry is the only sure foundation of national virtue, happiness, and greatness; and, in all its useful shapes and forms, has an imperious claim on government protection.
"2. No nation ever prospered to the extent of which it was susceptible, without the protection of domestic industry.
"3. Throughout the world, in all ages, wherever industry has been duly encouraged, mankind have been uniformly industrious.
"4. Nations, like individuals, are in a career of ruin when their expenditures exceed their income.
"5. Whenever nations are in this situation, it is the imperious duty of their rulers to apply such remedies, to correct the evil, as the nature of the case may require.
"6. There are few, if any, political evils, to which a wise legislature, untrammeled in its deliberations and decisions, cannot apply an adequate remedy.
"7. The case of Spain, Portugal, and Italy, prove beyond controversy, that no natural advantages, how great or abundant so ever, will counteract the baleful effects of unsound systems of policy; and those of Venice, Genoa, Switzerland, Holland, and Scotland, equally prove, that no natural disadvantages are insuperable by sound policy.
"8. Free government is not happiness. It is only the means, but, wisely employed, is the certain means of insuring happiness.

9. Die Interessen der Landwirtschaft, der Industrie und des Handels sind so untrennbar miteinander verknüpft, daß jede Schädigung des einen sich auf die anderen nachhaltig auswirken muß.
10. Der Binnenmarkt für die Erzeugnisse der Erde und der Industrie ist wichtiger als alle Auslandsmärkte, was selbst für Länder gilt, die über einen enormen Außenhandel verfügen.
11. Es ist unmöglich, daß eine Nation in ihrer Landwirtschaft, Industrie oder ihrem Handel eine schwere oder allgemeine Krise erleiden sollte (von Krieg, Hungersnot, Seuchen oder Unwetter einmal abgesehen), wenn sie [wie die USA] über immense natürliche Vorteile (eine schier unendliche Vielfalt in Böden und Klima), über Erzeugnisse schier unschätzbaren Wertes, über Energie und Unternehmungsgeist ihrer Bewohner und über keine erdrückenden Schulden verfügt. Es sei denn, es gäbe überragende und radikale Fehler im System der politischen Ökonomie dieser Nation."[36]

Im Jahre 1826 war Mathew Carey Mitbegründer der „Gesellschaft zur Beförderung der Manufakturen und der mechanischen Künste in Pennsylvanien". Diese Gesellschaft, in deren Gründerkreis List durch General Lafayette 1825 eingeführt worden war, war für sein Wirken in den USA von herausragender Bedeutung. Lists *Grundriß*, der ja in Brieffform gehalten ist, richtet sich an den Vizepräsidenten der Gesellschaft Charles Jared Ingersoll. List ist Mathew Carey mehrfach persönlich begegnet und hat seine Schriften gelesen. Die Gesellschaft sorgte auch für die Wiederveröffentlichung und Verbreitung der drei „Berichte" Alexander Hamiltons mit einem Vorwort von Carey. List studierte Hamiltons Aufsätze und zitierte sie im *Grundriß* und anderen in Amerika verfaßten Schriften, wie auch später in seinem *Nationalen System*.

d) List und die frühe italienisch-französische Wirtschaftstheorie

Im dritten Brief des *Grundrisses* nennt List historische Persönlichkeiten, die gezielt eine Wirtschaftspolitik zur Förderung der produktiven Kräfte, des Aufbaus ihrer „Nationalökonomien" betrieben haben: den englischen König Edward III. (1327-1377), die englische Königin Elisabeth I. (1558-1603), den französischen „Wirtschaftsminister" Jean-Baptiste Colbert (1619-1683), den französischen Ökonomen Baron de Turgot (1727-1781), den preußischen König Friedrich II. (1740-1786), den österreichischen Kaiser Josef II. (1741-1790), die britischen Staatsmänner William Pitt (1708-1778) und Charles James Fox (1749-1806), Napoleon Bonaparte (1769-1821) sowie die Amerikaner George Washington (1732-1799), Thomas Jefferson (1743-1826) und Alexander Hamilton (1757-1804). Diese Liste umfaßt mit Aus-

"9. The interests of agriculture, manufactures, and commerce, are so inseparably connected, that any serious injury suffered by one of them must materially affect the others.

"10. The home market for the productions of the earth and manufactures, is of more importance than all the foreign ones, even in countries which carry on an immense foreign commerce.

"11. It is impossible for a nation, possessed of immense natural advantages, in endless diversity of soil and climate — in productions of inestimable value — in the energy and enterprise of its inhabitants — and unshackled by an oppressive debt — to suffer any great or general distress, in its agriculture, commerce, or manufactures, (war, famine, pestilence and calamities of seasons excepted) unless there be vital and radical errors in its system of political economy..."

In 1826, Mathew Carey was the co-founder of the "Society for the Promotion of Manufactures and Mechanical Arts in Pennsylvania." Friedrich List was introduced by General Lafayette in 1825 to the people who founded this Society . The Society proved to be of crucial importance for List's work in the United States. List's *Outlines*, which is composed in the form of correspondence, is directed to the vice-president of the Society, Charles Jared Ingersoll. List met Mathew Carey personally a number of times and read his works. The Society provided for the republication and circulation of the three "Reports" of Alexander Hamilton, with a Foreword by Carey. List studied Hamilton's essays and quotes them in the *Outlines* as well as in other writings composed in America and in the *National System*.

d) List and the Early Italo-French Economic Theory

In the third letter of the *Outlines*, List names the historical personalities who explicitly promoted an economic policy aimed at the development of the productive forces, i.e., the development of their "national economies: the English King Edward III (1327-1377); the English Queen Elizabeth I (1558-1603); the French "Minister of Economy" Jean-Baptiste Colbert (1619-1683); the French economist Baron de Turgot (1727-1781); the Prussian King Frederick II (1740-1786); the Austrian Emperor Josef II (1741-1790); the British statesmen William Pitt (1708-1778) and Charles James Fox (1749-1806); Napoleon Bonaparte (1769-1821); as well as the Americans George Washington (1732-1799), Thomas Jefferson (1743-1826), and Alexander Hamilton (1757-1804). With the exceptions of Turgot and Hamilton, the list consists exclusively of political personalities. List

nahme Turgots und Hamiltons ausschließlich politische Persönlichkeiten. Als beispielhafte Ökonomen stellt List die Franzosen CHARLES DUPIN (1784-1873) und JEAN ANTOINE CHAPTAL (1786-1832) heraus.

Diese Auflistung wird in Lists Werken mehrfach wiederholt, wobei List im *Nationalen System* dem italienischen Ökonomen ANTONIO SERRA (geb. 1570, Todesdatum unbekannt) besondere Aufmerksamkeit widmet.[37] In der Tat ist Serras *Diskurs über die Quellen des Reichtums von Staaten ohne Gold- und Silberminen* (Neapel, 1613) für die Herausbildung der modernen Wirtschaftstheorie ein sehr wichtiger Beitrag. Serra unterscheidet zwei Kategorien der Schöpfung von Reichtum: *accidenti propri* und *accidenti communi*. Erstere bezeichnen die Schöpfung von Reichtum durch a) das Vorhandensein von Gold- und Silberminen, b) durch besonders günstige geographische Bedingungen wie fruchtbares Land und c) eine für den Handel besonders günstige geographische Lage.

Aber diese drei Voraussetzungen — *accidenti propri* — sind nur für wenige Staaten gegeben, deshalb sind die *accidenti communi* entscheidend. Diese sind: a) Handwerk und Manufakturen, b) die „Qualität" der Bevölkerung in Sinne von Mentalität, Bildung und Kultur und c) die herrschende Staatspolitik. Diese *accidenti communi* oder „subjektiven" Faktoren gelten für jeden Staat und jede Volkswirtschaft, unabhängig von Bodenschätzen, Geographie und Klima. Für Serra sind Handwerk und Manufakturen die wichtigste Quelle des Reichtums, wichtiger noch als die Landwirtschaft. Bei der Landwirtschaft spiele die Natur noch eine dominierende Rolle, während Handwerk und Manufakturen direkt von der menschlichen Arbeit und dem menschlichen Geist bestimmt sind. Deshalb kann die Erzeugung von Handwerks- und Manufakturgütern praktisch unbegrenzt vermehrt werden, auch können diese Güter über weite Strecken transportiert werden. Die Steigerung der Erzeugung von Handwerks- und Manufakturprodukten werde entscheidend vom Bildungsstand der Bevölkerung bestimmt. Die Staatspolitik müsse deshalb dafür sorgen, daß wissenschaftliche Erkenntnisse in die Erzeugung von Handwerks- und Manufakturerzeugnissen einfließen. Serra betont die Überlegenheit von durch menschliche Arbeit veredelten Fertigprodukten gegenüber Roh- und Halbfertigprodukten aus Landwirtschaft und Bergbau. Der Staat müsse deshalb dafür sorgen, daß der Schwerpunkt der Binnenwirtschaft unbedingt bei Handwerk und Manufakturen liege. Deren veredelte Erzeugnisse — nicht Rohstoffe — müßten exportiert werden.

Serras wirtschaftstheoretische und -politische Prinzipien waren bereits im 15. Jahrhundert in Frankreich unter der Regierung von KÖNIG LUDWIG XI. (1461-1483) zur Anwendung gekommen. Ludwig XI. war unmittelbar durch die Florentiner Renaissance beeinflußt und definierte den Staat durch das Prinzip des Gemeinwohls — *le bien public, bonum commune* oder

prominently cites the Frenchmen CHARLES DUPIN (1784-1873) and JEAN ANTOINE CHAPTAL (1786-1832), as exemplary economists.

List repeated this list a number of times in his works. In the *National System*, List pays special attention to the Italian economist, ANTONIO SERRA (born 1570, date of death unknown).[37] Serra's *Discourse on the Sources of the Wealth of Nations without Gold- and Silver-Mines* (Naples, 1613) is indeed a very important contribution to the development of modern economic theory. Serra distinguishes two categories of wealth creation, the *accidenti propri* and *accidenti communi*. The former denote the creation of wealth by a) the availability of gold and silver mines, b) particularly favorable geographical conditions, fertile soil, and c) a geographical position which favors trade.

But these three conditions — *accidenti propri* — apply only for few nations. Thus, the *accidenti communi* are decisive. These are: a) crafts and manufactures, c) the "quality" of the population in the sense of mentality, education and culture, and c) the predominant policy of the state. These *accidenti communi*, or "subjective" factors, are valid for each nation and any economy, quite apart from raw material resources, geography, and climate. For Serra, crafts and manufactures are the most important sources of wealth, even more important than agriculture. Nature still plays the dominant role in agriculture, while the crafts and manufactures are directly determined by human labor and the human mind. Thus, the production of the products of the crafts and manufactures can be increased practically without limit, and these products can also be transported over long distances. The increase of production of the products of the crafts and manufactures is decisively determined by the *educational level* of the population. The policy of the state must, therefore, provide that economic knowledge in the production of the products of the crafts and manufactures is broadly proliferated. Serra emphasizes the superiority of those finished products ennobled by human labor to raw materials and semi-finished products from agriculture and mining. The state must, therefore, see to it, that the main emphasis in the domestic economy is put on the crafts and manufactures. These refined products — and not raw materials — must be exported.

Serra's economic theoretical and political principles were already applied in the 15th century in France under the government of King Louis XI (1461-1483). Louis XI was directly influenced by the Florentine Renaissance and defined the state by the principle of *the common good — le bien public, bonum commune* or *commonweatlh*. This truly revolution-

commonwealth. Diese wahrhaft revolutionäre Neukonzipierung des Begriffs des Staates als Nationalstaat oder „la republique" ist explizit in seinem Buch *Der Rosenbusch des Krieges*, eine Art Regierungsanleitung für seinen Sohn, enthalten.

Auf der Basis des Gemeinwohlprinzips schuf Ludwig XI. den ersten modernen Nationalstaat und die erste moderne Nationalökonomie, in der es darum ging, den Reichtum des Nationalstaates insgesamt zu erhöhen, nicht nur den des Herrscherhauses, der Feudalklasse und einer kleinen Händlerschicht. Unter Ludwig XI. wurde es Ziel der Wirtschaftspolitik, durch die allgemeine Hebung der materiellen und kulturellen Lebensverhältnisse der Bevölkerung den Reichtum der Nation zu mehren. Es wurde erkannt, daß eine ungebildete, abgestumpfte und völlig in Traditionen verhaftete Bevölkerung keinen wachsenden Nationalreichtum erzeugen konnte.

Unter Ludwig XI. wurde in Frankreich ein einheitliches Münzsystem eingeführt. Sein Steuersystem begünstigte gezielt das städtische Handwerk und die Frühformen städtischer Manufaktur, es belastete unproduktive Gesellschaftsschichten, einschließlich des Adels. Die Einwanderung qualifizierter ausländischer Fachkräfte wurde gefördert. Die Verbesserung von Straßen und Häfen wurde in Angriff genommen und eine Vielzahl von Regulierungen und Normen in den Bereichen Wirtschaft, Arbeitsbedingungen, Hygiene und Recht eingeführt, welche die Willkür und Unordnung reduzierten.[38]

Der wirtschaftspolitische Ansatz des auf dem Gemeinwohlprinzip basierenden Nationalstaates wurde nach Ludwig XI. von JEAN BODIN (1520-1596) fortgeführt. Bodin ist bereits mehr ein Wirtschaftstheoretiker, der systematisch die Instrumente des Staates zur Beförderung des Nationalreichtums darlegt. Darunter nehmen „protektionistische" Maßnahmen einen führenden Platz ein: Die Einfuhr ausländischer Fertigprodukte und die Ausfuhr einheimischer Rohstoffe soll besteuert werden, während für die Einfuhr von Rohstoffen und die Ausfuhr von inländisch erzeugten bzw. veredelten Fertigprodukten das Gegenteil zur Anwendung kommt. Auch Bodin geht es um die gezielte Förderung der städtischen Frühmanufaktur durch königliche Privilegien, Schenkungen und Aufträge, staatliche Subventionen für neue Erfindungen und Arbeitsgeräte, Steuererleichterungen, Einführung von Normen und Kontrolle der Arbeitsbedingungen. Es wird schwerlich zu übersehen sein, daß diese Prinzipien auch der französischen Wirtschaftspolitik von JEAN-BAPTISTE COLBERT im 17. Jahrhundert zugrunde lagen.

e) List, die frühe Kameralistik und Leibniz

Die eben skizzierten wirtschaftspolitischen Vorstellungen in Frankreich und Italien lagen auch der frühen Kameralistik im deutschsprachigen Raum zugrunde. Führende Kameralisten waren MELCHIOR VON OSSE (1506-1557),

ary reconception of the notion of the state as a nation state, or "la republique" is explicitly contained in his book, *The Rose-Bush of War*, a form of instruction on government written for his son.

On the basis of the principle of the commonwealth, Louis XI created the first modern nation state and the first modern national economy, in which the priority lay upon increasing the wealth of the nation state as a whole, not only that of the royal dynasty, the feudal class, and a small layer of traders. Under Louis XI, it became a goal of economic policy to increase the wealth of the state by bringing about the general elevation of the material and cultural conditions of life of the population. It was recognized, that an uneducated and dulled population, one bound to tradition, would not be capable of increasing the national wealth.

Under Louis XI, a unified coinage was introduced. His system of taxation was aimed to favor urban crafts and the early form of urban manufactures; it penalized the unproductive layers of society, including the nobility. The immigration of skilled foreign labor was promoted. The improvement of the streets and ports was begun and a number of regulations and norms were introduced in the economy, conditions of labor, hygiene and law, which reduced the whimsical practices of subordinated authorities and social-political disorder.[38]

The economic policy initiative of the nation state, based on the principle of the commonwealth, was continued following Louis XI by JEAN BODIN (1520-1596). Bodin was more an economic theoretician, who systematically explored the instruments at the disposal of the state for promoting the increase of national wealth. Among these, protectionist measures played a prominent role: The import of foreign finished products and the export of domestic raw materials was to be taxed, while the import of raw materials and the export of domestically produced or refined finished products was financially promoted. For Bodin, too, the specific promotion of urban early manufacturing with royal privileges, grants and commissions, state subsidies for new inventions and tools, reduced taxes, the introduction of norms and controls of the conditions of labor, all had a high priority. Needless to say, these principles were then also inherited in the French economic policy of JEAN-BAPTISTE COLBERT in the 17th century.

e) List, the Early Cameralists, and Leibniz

The just sketched economic policy ideas in France and Italy also formed the basis for the early cameralists in the German-speaking areas of Europe. Leading cameralists were MELCHIOR VON OSSE (1506-1557), LUDWIG VON

LUDWIG VON SECKENDORFF (1626-1692), JOHANN JOACHIM BECHER (1635-1682), PHILIPP WILHELM VON HÖRNIGK (1640-1714) und JOHANN DANIEL KRAFFT (1624-1697). Diese frühe Phase der Kameralistik zeichnet sich durch große Ideenfrische und geistige Lebendigkeit aus, in der Elemente der Ökonomie im engeren Sinne mit naturwissenschaftlich-technischen, staatspolitischen und religiös-philosophischen Fragen kombiniert werden. Die Kameralistik des 18. Jahrhunderts, deren wichtigster Vertreter JOHANN HEINRICH GOTTLOB VON JUSTI war, wirkt demgegenüber weitgehend systematisiert und formalisiert.

Wie gesagt, der Begriff „produktive Kräfte" stammt von Alexander Hamilton. Das diesem Begriff zugrundeliegende inhaltliche Konzept läßt sich ohne Schwierigkeiten auf Ludwig XI., Bodin und Colbert zurückverfolgen. Und das gilt zumindest gleichermaßen für die frühe deutsche Kameralistik. Zu den großen „schwarzen Löchern" der Geschichte der Wirtschaftstheorie gehört die überragende Rolle, die GOTTFRIED WILHELM LEIBNIZ (1646-1716) in der frühen deutschen Kameralistik und damit bei der Herausbildung der Wirtschaftstheorie der produktiven Kräfte spielte. Dies ist heute praktisch unbekannt, Leibniz wird nur als Philosoph, Mathematiker und Wissenschaftsorganisator zur Kenntnis genommen. Den „politischen" Leibniz kennt, außer ganz wenigen Spezialisten, kaum jemand. Daß Leibniz zu Fragen der Wirtschaftstheorie einen wesentlichen Beitrag geleistet hat, der — wenn auch indirekt — Hamilton und List beeinflußte, wird meist mit einem ungläubigen oder ärgerlichen Kopfschütteln abgewehrt.

Nun ist Leibniz nicht nur mehrfach Colbert persönlich begegnet, sondern er stand bereits vor diesen Begegnungen mit den Kameralisten Becher, v. Hörnigk und Krafft in regem Austausch. Mit Krafft, der in den 60er Jahren des 17. Jahrhunderts die englischen Kolonien in Nordamerika besuchte, verband Leibniz eine lebenslange Freundschaft. Zwischen 1668 und 1673 stand Leibniz im Dienst des Mainzer Kurfürsten Johann Philip von Schönborn (1605-1673). In dieser Zeit schrieb Leibniz mehrere Aufsätze zur Wirtschaftstheorie und -politik, die für die Theorie der produktiven Kräfte oder der „physikalischen Ökonomie" grundlegend sind. Wir wollen im folgenden skizzieren, wie Leibniz eine zentrale Frage, die in der Wirtschaftstheorie von Mitte des 15. Jahrhunderts bis Mitte des 17. Jahrhunderts nicht gelöst werden konnte, auf den Weg der Lösung brachte.

Für Leibniz ist der Inhalt der Ökonomie die Förderung des Gemeinwohls. Er spricht vom *bonum commune, bonum publicum* oder der „Wohlfahrt des Vaterlandes". Ausgangspunkt seiner ökonomischen Überlegungen ist die Frage nach der Natur des Menschen, die für Leibniz dadurch bestimmt ist, daß der Mensch Ebenbild Gottes, *imago viva Dei* ist. Deshalb ist der Mensch vor allem durch die schöpferische Vernunft und die Liebe zu

SECKENDORFF (1626-1692), JOHANN JOACHIM BECHER (1635-1682), PHILIP WILHELM VON HÖRNIGK (1640-1714), and JOHANN DANIEL KRAFFT (1624-1697). This early phase of cameralism is characterized by a wealth of fresh ideas and intellectual vitality, in which the elements of economics in the narrow sense are combined with scientific-technological, state-political, and religious-philosophical issues. Cameralism in the 18th century, the most important representative of which was JOHANN HEINRICH GOTTLOB VON JUSTI, strikes one, by contrast, as systematized and formalized.

As already mentioned, the notion of "productive forces" comes from Alexander Hamilton. The content of this fundamental concept can easily be traced back to Louis XI, Bodin, and Colbert. The same holds for the early German Cameralism. One of the large "black holes" in the history of economic theory is the exceptional role played by GOTTFRIED WILHELM LEIBNIZ (1646-1716) in early German Cameralism and, thus, the role he played in the formulation of the economic theory of productive powers. Today, Leibniz's importance for economics is forgotten. Leibniz is acknowledged as a philosopher, mathematician, and scientific organizer. Hardly anyone except a few scholars knows the "political Leibniz." The suggestion, that Leibniz made an essential contribution which — albeit indirectly — influenced Hamilton and List, is most often met with incredulity.

Leibniz not only met Colbert personally many times. He had an active relationship with the Cameralists Becher, Hörnigk, and Krafft even prior to these meetings. With Krafft, who visited the English colonies in North America in the 17th century, Leibniz had a lifelong friendship. Between 1668 and 1673, Leibniz was in the service of the Mainz Elector Prince Johann Philip von Schönborn (1605-1673). Leibniz wrote a number of essays on economic theory and policy in this period, works which are of fundamental importance for the theory of productive powers, or "physical economy." In the following, we shall sketch how Leibniz solved the central question of economic theory, which could not be solved between the mid-15th century and the mid-17 century.

For Leibniz, the content of economics is the promotion of the common good. He speaks of *bonum commune, bonum publicum*, or of the "welfare of the fatherland." His takeoff point for his economic investigations is the issue of the nature of human beings, which is determined, for Leibniz, by man's being in the image of God, *imago viva Dei."* Thus, man is characterized by creative reason and love of God and his fellow men (caritas).

Gott und den Mitmenschen (*caritas*) bestimmt. Leibniz sieht also die menschliche Natur als das Gegenteil des neuzeitlichen Menschenbilds, das Adam Smith zunächst in seinen moralphilosophischen Schriften (*Theory of Moral Sentiments*, 1759) und dann in *Wealth of Nations* gezeichnet hat. Smiths *homo oeconomicus* ist ein Mensch, dessen Denken und Handeln hauptsächlich instinktiv, durch Lustprinzip, Habgier und Dominanzstreben sowie eine natürliche Neigung zum Tauschen bestimmt ist. Angesichts des schwachen, beschränkten Geistes der Menschen sei es eine „Anmaßung", versuchen zu wollen, vernunftgemäß die Entwicklung der Nationalwirtschaft fördern oder gar steuern zu wollen. Deshalb sorge die „unsichtbare Hand" dafür, daß das instinktgemäße, egoistische Verhalten beim Austausch auf dem Markte dennoch zur allgemeinen Wohlfahrt führe.

Für Leibniz sind Nächstenliebe und Vernunft keine willkürlichen Forderungen, sondern in der menschlichen Natur angelegt, wodurch die „natürlichen Gemeinschaften erhalten und befördert werden". Die materielle und geistig-psychologische Reproduktion der Familie ist naturgesetzlich nur auf Basis von Nächstenliebe und Vernunft möglich. Egoismus als „Ordnungsprinzip" in der Familie muß diese unausweichlich zerstören. Was für die Familie gilt, sagt Leibniz, muß gleichermaßen für Nationen und Volkswirtschaften gelten. Deshalb kann die Existenz von Völkern, deren soziale Wertsysteme auf Egoismus, Habsucht oder innerer Ausbeutung und Imperialismus nach außen beruhen, nicht dauerhaft gesichert sein. Leibniz war Realist, der sich über die weitverbreitete – individuelle und soziale – Negierung des inhärenten Potentials der Menschen keine Illusionen machte. Eben deshalb sah er in dem neuzeitlichen, postchristlichen Menschen- und Gesellschaftsbild, wie es Adam Smith ausformulierte, eine selbstzerstörerische Dummheit.[39]

Für Leibniz muß die schöpferische Vernunft, der zweite Zentralaspekt der Natur des Menschen, auf das *bonum publicum* oder Gemeinwohl ausgerichtet sein. Die fortschreitende wissenschaftliche Erkenntnis der Natur, das Forschen und Entdecken, muß auf *bona opera*, gute Taten und Werke zur Verbesserung der geistigen und materiellen Lebensbedingungen der breiten Bevölkerung, hinauslaufen. Aus wissenschaftlichen Erkenntnissen muß laut Leibniz die Beförderung und Verbesserung „der Mechanik", „der Arbeitsmaterialien" und damit „der Ernährung der Armen" resultieren. Die „Handwerke" müßten mit „Maschinen", „Stahl und Eisenwerk" und allgemein neuen „Instrumenten" verbessert werden, wozu „alles in der Chemie und der Mechanik auszuprobieren" sei. Es seien „Manufakturen zu stiften", die Rohwaren kostengünstig veredelten. So könne auch der Teuerung vorgebeugt werden. Man müsse „gleichsam einen Handel und Kommerz mit den Wissenschaften anfangen, die den Vorteil haben, daß sie unerschöpflich sind und ihr Einsatz nichts verteuert".

Leibniz's image of man is, thus, the contrary of the conception of man of modernity, elaborated by Adam Smith in his "moral philosophical" works (*Theory of Moral Sentiments*, 1759) and then in *Wealth of Nations*. Smith's *homo oeconomicus* is a person whose thought and deeds are determined primarily by the pleasure principle, greed, striving for domination as well as a natural inclination to exchange. Since the intellect of human beings is weak and limited, it is arrogance, according to Smith, to attempt to promote or guide the development of a national economy according to criteria of reason. Therefore, the "invisible hand" sees to it, that instinctual and egotistical behavior in the process of exchange at the market leads, nevertheless, to the general good.

For Leibniz, the love of the neighbor and reason are not arbitrary criteria: human nature is endowed with these qualities, such that "natural communities are maintained and promoted." The material and intellectual-psychological reproduction of the family is lawfully only possible on the basis of the love of one's neighbor and Reason. Egoism, as the ordering principle in the family, would necessarily destroy that family. What is true for the family, says Leibniz, is also true for nations and national economies. Thus, the existence of populations whose "social systems of value" are based on egotism, greed, or domestic exploitation and imperialism abroad, can not be secured over the long run. Leibniz was a realist who had no illusions about the widespread negation — individual and social — of the inherent potential of human beings. Leibniz looked upon the modern "post-Christian" image of man and society, as elaborated by Adam Smith, as a self-destructive folly.[39]

For Leibniz, creative reason, the second characteristic of the nature of human beings, must be directed to the *bonum publicum* or common good. Progressing scientific knowledge of nature, research and discovery, must be consummated in *bona opera*, good deeds and works for the improvement of the spiritual and material conditions of life of the general population. Scientific knowledge, according to Leibniz, must result in the promotion of improvements of "mechanics", "the material of labor," and thus the "nourishment of the poor." The "handcrafts" must be improved with "machines," "iron and steel works," and, in general, new "instruments," to which end "everything in chemistry and mechanics should be tested." "Manufactures" should be established, which efficiently refine raw products. This may also contribute to an "extermination of price increases." "Trade and Commerce must be initiated, which begin with the sciences which have the advantage, that they are inexhaustible and their employment makes nothing more expensive."

Die Auswanderung verelendeter Bevölkerungsteile müsse aufhören; arme Leute solle man lieber „in Arbeit stellen", so daß sie „Weib und Kind ernähren" könnten. Brachliegendes Land müsse mit „Familien bevölkert und genutzt" werden. Die allgemeine Schulbildung für die breite Bevölkerung müsse eingerichtet werden. Die Medizin, insbesondere die Seuchenbekämpfung, müsse verbessert werden. Die Realisierung dieses Wirtschaftsprogramms, sagt Leibniz, sei keine „utopische Chimäre". Es gehe ihm nicht darum, Utopien à la Campanella (1568-1639), Thomas Morus (1478-1535) oder Francis Bacon (1561-1626) zu verfassen. Es sei leicht nachzuvollziehen, daß bei seinen Vorschlägen die aufzuwendenden Mittel und Kosten weit geringer seien als der durch sie geschaffene wirtschaftliche Nutzen für die Allgemeinheit. „Mit einem wenigen Fundo und etlichen geringen Unterstützungsmaßnahmen" könne „diese [Wirtschafts-]Maschine in Schwung gebracht" werden. Dann werde ein „stets werendes Circulum [andauernder Wirtschaftskreislauf] den fundum conservieren und vermehren." Der Wohlstand werde „kontinuierlich", „ohne Ende wachsen". Das Wachstum der Wirtschaft habe keine Obergrenze.[40]

Die eben genannten Zitate stammen aus Leibniz' „Denkschrift über die Errichtung einer Societät zur Förderung der Künste und Wissenschaft in Deutschland" aus dem Jahre 1671, worin er die Schaffung einer deutschen Akademie vorschlägt. Aber Leibniz' Societät ist keine Akademie im üblich gewordenen Sinne, sondern ein Wissenschafts- und Forschungszentrum, eine „Denkfabrik", die zugleich weitreichende volkswirtschaftliche Leitungs- und Steuerungsfunktionen ausübt. Man könnte Leibniz' Societät vielleicht als frühen Vorläufer des französischen *Commissariat du plan* unter General de Gaulle (1890-1970) bezeichnen.

So weit entspricht das Societäts-Memorandum dem damaligen Stand der Wirtschaftstheorie in Italien, Frankreich und Deutschland. Man wußte, daß Bevölkerungswachstum die Voraussetzung des Anwachsens der Arbeitskraft der Nation und damit des Wachstums volkswirtschaftlichen Reichtums war. Gleichzeitig hatte man aber erkannt, daß die bloße Ausweitung der verfügbaren Menge von Arbeitskraft im Sinne menschlicher und tierischer Muskelarbeit zusammen mit der Wind- und Wasserkraft, nicht ausreichen würde, den volkswirtschaftlichen Reichtum nachhaltig zu steigern.

1662 verfaßte JOHANN JOACHIM BECHER sein Werk *Politischer Diskurs. Über die Ursachen des Wachstums und Niedergangs von Städten und Staaten*. Darin schrieb er, daß zwar eine wachsende Bevölkerung die Voraussetzung wachsenden Reichtums ist, aber der Bevölkerungszuwachs müsse mit dem Wachstum der landwirtschaftlichen und sonstigen Gütererzeugung einhergehen. Becher unterschied die gütererzeugenden („nahrhaften") Klassen in Landwirtschaft und Manufakturen, die er als „gesunden Körper

The emigration of impoverished layers of the population must cease, which must instead "be given work so that they can feed their wives and children." Idle land must be "populated by families and put to use". A general education for the broad population must be established. Improvements in medicine are necessary, especially to eradicate epidemics. The realization of this economic program, says Leibniz, is not an "utopian chimera." His proposal, he insists, is not to compose a utopia like Campanella (1568-1639), Thomas Morus (1478-1535), or Francis Bacon 1561-1626). It is easily comprehensible, that the expenditures and the costs involved by his proposals, are far less than the economic benefits for the general population which would ensue from them. "With a moderate fund and some slight measures of support", this "[economic] machine can be set into motion. Then a continuous economic metabolism will conserve and increase the fund." Welfare will grow "continuously," "without end." There is no upper limit to the growth of the economy.[40]

The proposals and remarks just cited, are from Leibniz' "Memorandum on the Establishment of a Society to Promote Arts and Sciences in Germany" of 1671, in which he proposed the creation of a German Academy. But Leibniz' "Societät" is no academy in the sense currently understood: it is a center for science and research, a "think-tank" which also carries out broad ranging steering and guidance functions for the economy. Leibniz' "Societät" might be seen as a predecessor of the French *Commissariat du plan* under General de Gaulle (1890-1970).

In that sense, the Memorandum on that Society coheres with the level of development at that time in economic theory in Italy, France, and Germany. It was known, that population growth is a prerequisite for the growth of the labor power of a nation, and thus also for the growth of national economic wealth. But it was also recognized, that the mere extension of the available volume of labor power in the sense of manual labor of more people, together with that of animals, wind, and hydropower, would not be sufficient to provide for lasting increases in economic wealth.

In 1662, JOHANN JOACHIM BECHER published his *Political Discourse. On the Causes of Growth and Decline of Cities and States.* He wrote there, that a growing population is the prerequisite of growth, but that the growth of population must go hand in hand with the growth of agricultural and other production. Becher distinguished the goods-producing ("nourishing") classes in agriculture and manufactures, which he calls "the healthy body of

der Gesellschaft" bezeichnet, von deren Überbau: Regierung, Verwaltung, Kirche, Kunst und Wissenschaft. Becher erkannte, daß zwischen beiden Hauptklassen bestimmte Proportionen gewahrt werden mußten. Becher machte auch eine Vielzahl von Vorschlägen für technische Detailverbesserungen in Landwirtschaft, Bergbau und Manufakturen.

Aber LEIBNIZ erkannte, daß wirtschaftliche Entwicklung grundlegenden technischen Fortschritt, nicht nur stetige Verbesserungen, notwendig machte. Leibniz erkannte, daß die volkswirtschaftliche Basistechnologie grundlegend verändert werden mußte. Grundlage der Wirtschaft zu Leibniz' Zeiten waren immer noch menschliche Muskelkraft, tierische Muskelkraft, Wasserkraft und Windkraft. Diese Kraftquellen bewegten einfache Werkzeuge und Transportmittel. Durch stetige technische Verbesserungen konnte der Wirkungsgrad dieser verfügbaren Kraftpotentiale nicht wesentlich ausgeweitet werden. Das verfügbare Kraftpotential mußte durch eine technische Revolution qualitativ und quantitativ ausgeweitet werden.

Im Societäts-Memorandum schrieb Leibniz: „Weil die Bewegung aller Maschinen entweder vom Gewicht der Erde, von der Unzertrennlichkeit des Wassers, von der Gewalt der gepreßten bzw. zertrennten Luft oder dem Vielfraß des Feuers herrührt", müsse es darum gehen, diese Elemente „unter das menschliche Joch zu zwingen". Es gehe darum, „die Natur der Kunst zu unterwerfen".

Um die Manufakturen und Handwerksinstrumente nachhaltig zu verbessern, müsse erreicht werden, daß man „stetig und effizient Feuer und Bewegung als Fundament aller mechanischen Wirkungen" zur Verfügung habe. Dahingehend müsse man „alle Einfälle und Konzepte, eigene und die anderer, ausprobieren, was sich nicht lange hinschleppen darf", schreibt Leibniz im Societäts-Memorandum. Leibniz erkannte also die Notwendigkeit einer Kraftmaschine, sollte die wirtschaftliche Entwicklung entscheidend vorankommen.

Leibniz verfolgte intensiv und aktiv die Entwicklung der ersten Wärmekraftmaschinen. Vorarbeiten dazu waren von Christian Huyghens (1629-1695), der mit Leibniz in persönlichem Kontakt stand, in Holland geleistet worden. DENIS PAPIN (1647-1714) entwickelte dann zwischen 1690 und 1706 die erste funktionsfähige Dampfmaschine. Leibniz und Papin korrespondierten. Leibniz schrieb: „Es gefällt mir sehr, daß Sie auf der Entwicklung der Feuermaschinen bestehen, denn mir scheint, daß das zum Wichtigsten gehört, was man in der Mechanik tun kann." Leibniz an Papin in einem anderen Brief: „Ich bin begeistert, daß Ihre Feuermaschine so gute Fortschritte macht, denn ich meine, daß sie, wenn sie erst ihre Vollendung erreicht hat, sehr nützlich sein kann. Es wäre deshalb nicht schlimm, wenn man nur ein Drittel der Ausgaben damit hereinholte." Und Papin schrieb

the economy," from the "superstructure," the government, administration, the church, arts and sciences. Becher recognized, that certain proportions must prevail between these two main classes. Becher also made a number of proposals for detailed improvements in agriculture, mining and manufactures.

But LEIBNIZ understood, that economic development requires fundamental technological progress, and not only incremental improvements. Leibniz recognized, that the economic *base-technology* had to be fundamentally changed. In Leibniz' lifetime, the basis for the economy was still human muscle-power, animal-muscle-power, waterwheels, and windmills. These sources of power moved simple machines and means of transportation. The efficiency of these available potentials of power could not be essentially extended by means of incremental technical improvements. The power-potentials available would have to be qualitatively and quantitatively extended by a technological revolution.

In the memorandum on the Society for Arts and Sciences, Leibniz writes: "Since the movement of all machines derives either from the weight of the earth, from the inseparability of water, from the power of compressed or decomposed air, or from fire," the aim must be to subjugate these elements to "the human yoke." The aim is "to subjugate nature to art."

In order to bring about a fundamental improvement of manufactures and the instruments of the handcrafts, one must have "continuous and efficient fire and movement" available, "as the basis of all mechanical effects." Thus, all "ideas and concepts, one's own and those of others, must be tested, and this must not be procrastinated," Leibniz writes in the same memorandum. Leibniz thus understood the necessity of a power machine, if there were to be a decisive development of the economy.

Leibniz actively followed the development of the first heat-machines. Early work in this direction was done by Christian Huyghens (1629-1695) in Holland, who was in personal contact with Leibniz. DENIS PAPIN (1647-1714) developed the first functioning steam engine between 1690 and 1706. Leibniz and Papin corresponded on this development. Leibniz wrote: "I am most happy to learn that you insist on developing these fire machines, for it seems to me one of the most important endeavors in mechanics." Leibniz to Papin in another letter: "I am enthused by the good progress of your fire machine, because I think, once it will have reached perfection, it can be very useful. Therefore, it wouldn't matter if it would earn only one third of the expenses." And Papin wrote to Leibniz, that "the new invention will enable

ihm, daß „die neue Erfindung durch Feuerkraft einen oder zwei Mann befähigen wird, eine größere Wirkung als mehrere hundert Ruderer zu erzielen."[41]

Leibniz' Erkenntnis war es, daß der wissenschaftlich-technische Fortschritt das Kraftpotential der Wirtschaft qualitativ und quantitativ erweitern mußte und konnte. Die Kraftmaschine mit ihrem stetigen, hohen Wirkungsgrad ermöglichte den Einsatz von Werkzeug-, Arbeits-, und Transportmaschinen, womit die Güterproduktion und das Transportwesen um Größenordnungen ausgeweitet werden konnten. Diese Erkenntnis macht Leibniz zum eigentlichen Begründer der Wirtschaftstheorie der produktiven Kräfte oder der „physikalischen Ökonomie".

Es gibt keinen konkreten Hinweis, daß List die ökonomisch-politischen Schriften von Leibniz kannte, aber das folgende Zitat aus seinem *Natürlichen System* zeigt deutlich die geistige Nähe zwischen Leibniz und List in bezug auf das Konzept der produktiven Kräfte: „Die geistige Arbeit aber ist in der Gesellschaftsökonomie, was die Seele im Körper. Durch neue Erfindungen vermehrt sie fortwährend die Kraft des Menschen. Erinnern wir uns hier nur an die Leistungen der wenigen, deren Arbeiten man die Erfindung und Vervollkommnung der Dampfmaschine verdankt; nicht nur haben sie einer geringen Anzahl Menschen die Kraft verliehen, Arbeiten zu verrichten, zu deren Zustandebringung früher Millionen Hände erforderlich gewesen wären."[42]

III. List und die Theorie der produktiven Kräfte in der Gegenwart

a) LaRouches Theorie der „physikalischen Ökonomie"

International war eine Wirtschaftspolitik auf Grundlage der Wirtschaftstheorie Lists und Hamiltons von der Mitte des 19. Jahrhunderts bis in die 60er Jahre des 20. Jahrhunderts hegemonial. Die Wirtschaftsgeschichte der Vereinigten Staaten, Deutschlands und Japans in diesem Zeitraum zeigt das am klarsten. Lists und Hamiltons Ideen waren weltweit sozusagen wirtschaftspolitisches Gemeingut, eine Sache des *common sense* geworden, meist ohne daß bei den wirtschaftspolitisch Handelnden ein klares Bewußtsein darüber geherrscht hätte. Dies gilt sogar für die wirtschaftlichen Aufbauphasen kommunistischer Staaten, denn für den Prozeß des Aufbaus von Industrie und Infrastruktur waren die Theorien von Karl Marx (1818-1883) und Friedrich Engels (1820-1895) wenig ergiebig.

Im Reich der akademischen Wirtschaftstheorie allerdings blieben List und Hamilton meist Außenseiter. Hier bestand fast ungebrochen die Hege-

one or two men, with the help of heat power, to do more work than several hundred rowers."[41]

Leibniz understood, that scientific-technological progress could and must qualitatively and quantitatively extend the power-potential of the economy. The power machine, with its continuous high degree of efficiency, makes it possible to employ tools, machines, and means of transportation, which extend production and transportation by orders of magnitude. It is this insight which makes Leibniz the actual founder of the economic theory of productive powers or "physical economy."

There is no specific evidence, that List knew of Leibniz' economic policy writings, but the following quote, from List's *Natural System*, demonstrates how close List and Leibniz were conceptually with respect to the notion of productive powers: "Mental work is in social economy what the soul is to the body. By means of new inventions, it continuously increases the power of the human being. Let us here recall only the achievements of the few to whose work we owe the invention and perfection of the steam engine... They have provided a small number of people with the power which had required millions of hands earlier." [42]

III. List and the Theory of Productive Powers Today

a) LaRouche's Theory of "Physical Economy"

An economic policy on the basis of the economic theory of List and Hamilton was internationally hegemonic from the mid-19th century up to the '60s of the 20th century. The economic history of the United States, Germany, and Japan in this period, is a lucid demonstration of that fact. List's and Hamilton's ideas were economic common property, so to speak. It had become a matter of "common sense," often without a clear consciousness of the fact, that these ideas were the foundation of the economic policies actually employed. This is true even for the so-called construction-period of communist states, since the theories of Karl Marx (1818-1883) and Friedrich Engels (1820-1895) were of little use when it came down to building up industry and infrastructure.

In the realm of academic economic theory, of course, List and Hamilton usually remained outsiders. The "British System" of economic theory

monie des britischen Systems der Wirtschaftstheorie, der Schule Adam Smiths und ihrer vielfältigen neoliberalen Varianten. Auch der Keynesianismus löste sich nie wirklich von den Axiomen des Adam Smith. Doch seit den 70er Jahren des 20. Jahrhunderts gewann der Neoliberalismus als Basis der Wirtschaftspolitik auf internationaler Ebene die Oberhand. Das britische System schien schließlich nach dem Zusammenbruch des Kommunismus mit historischer Endgültigkeit zur einzig möglichen Grundlage der Wirtschaftspolitik geworden zu sein.

Paradoxerweise gewann aber genau seit den 70er Jahren eine Wirtschaftstheorie an Einfluß, die nicht nur an List und Hamilton anknüpft, sondern deren Wirtschaftstheorie qualitativ weiterentwickelte. Es ist dies the Wirtschaftstheorie des Amerikaners LYNDON LAROUCHE (geb. 1922). In der Einleitung zu seinem Buch *Christentum und Wirtschaft* (1991) schreibt LaRouche: „Es erfordert nur einen etwas weiter zurückblickenden Geist, um die glücklichere ‚merkantilistische' Wirtschaftspolitik des amerikanischen Systems, eines Friedrich List, Charles de Gaulle, Konrad Adenauer oder des Italieners Enrico Mattei wachzurufen."[43] In der historischen Perspektive „kommt der sogenannte *Merkantilismus*, der sich aus dem *Colbertismus* in Frankreich entwickelte und stark von Leibniz beeinflußt war, einer politischen Ökonomie in Übereinstimmung mit christlichen Prinzipien am nächsten. Der amerikanische Finanzminister Alexander Hamilton (1757-1804) bezeichnete sie offiziell als ‚das amerikanische System der politischen Ökonomie'. Unter diese Bezeichnung fällt auch das Werk der amerikanischen Wirtschaftswissenschaftler Mathew Carey (1760-1839) und Henry Carey (1793-1879) sowie des deutschen Nationalökonomen Friedrich List (1789-1846)..."[44]

„Erstens bildete es [das amerikanische System, Anm. M.L.] zu seiner Zeit und noch lange danach auf dem Gebiet der politischen Ökonomie den einzigen bedeutenden Widerstand zu dem Übel des britischen Imperialismus des 18. Jahrhunderts. Und zweitens ist das von Leibniz, Hamilton und List geprägte amerikanische Modell der modernen politischen Ökonomie die einzig historisch bemerkenswerte, erfolgreiche Alternative zu den völlig gescheiterten Modellen des britischen Liberalismus und des Kommunismus. Das amerikanische System ist das einzige moderne agro-industrielle Wirtschaftssystem, das den moralischen Anforderungen von *Rerum novarum* [Sozialenzyklika von Papst Leo XIII., Anm. M.L.] annähernd genügt."[45]

In seinem Ökonomielehrbuch mit dem Titel *Was Sie schon immer über Wirtschaft wissen wollten* schrieb LaRouche 1983: „Während der Periode von 1791 bis 1830 wurde Leibniz' Wirtschaftswissenschaft dann weltweit als *amerikanisches System der Nationalökonomie* bekannt. Dieser Begriff wurde von Alexander Hamilton geprägt, dem ersten amerikanischen Fi-

prevailed almost without interruption, the school of Adam Smith and its numerous neoliberal variations. Even Keynesianism never really broke away from the axioms of Adam Smith. But, since the 1970s, neoliberalism gained the upper hand in economic policy at the international level. Finally, after the collapse of communism, the "British System" was portrayed as the only possible foundation of economic policy with any historical validity.

Paradoxically, since the mid-1970s an economic theory gained in influence, which not only referred back to List and Hamilton, but developed their economic theory further. This is the economic theory of the American, LYNDON H. LAROUCHE, JR. (born 1922). In the introduction to his book, *The Science of Christian Economy* (1991), LaRouche writes: "It requires only a slightly longer reach of the American or European mind to recall the happier 'mercantilist' policies of the American System, Friedrich List, Charles de Gaulle, Konrad Adenauer, or Italy's Enrico Mattei..."[43] "Historically, to date, the closest approximation of a form of political economy consistent with Christian principles is the so-called *mercantilist* form growing out of *Colbertism* in France, and the far-reaching influence of Leibniz. This outgrowth came to be known by the name given to it officially by U.S. Treasury Secretary Alexander Hamilton (1757-1804), 'the American System of political economy.' This name came to be associated with the work of the U.S. economists Mathew Carey (1760-1839) and Henry Carey (1793-1879), and of Germany's Friedrich List (1789-1846)..."[44]

"First, it [the American System] was, in the domain of political economy, the only significant resistance at the time to the evils of the eighteenth century British imperialism, and for as long as it did resist that evil thereafter. Second, that, relative to the British liberal and communist systems, the Leibniz-Hamilton-List form of American System is the only historically notable form of modern political economy which is a proven successful alternative to the twin, catastrophic moral failures of British liberalism and communism. Thus, historically, the American System is the only significant approximation of a modern agro-industrial system which tends to afford the means to satisfy the moral requirements of *Rerum Novarum*" (social policy encyclical of Pope Leo XIII. Note: M.L.).[45]

In his economics textbook, *So, You Wish to Learn All About Economics?* (1983), LaRouche wrote: "Over the period from 1791 through about 1830, Leibniz's economic science became identified worldwide as the *American System of political economy*. This name was coined by U.S. Treasury Secretary Alexander Hamilton, in 1791, within a U.S. policy

nanzminister, der ihn in seinem *Bericht über die Frage der Manufakturen* an den amerikanischen Kongreß 1791 gebraucht. Nach Ende des Krieges 1812 arbeiteten die Kreise um Lazare Carnot und dem Marquis de Lafayette eng mit den führenden Männern der Vereinigten Staaten zusammen, insbesondere über eine amerikanische Freimaurergesellschaft, die in Europa von Lafayette geleitet wurde und den Namen Cincinnatus-Gesellschaft trug.

Ein ehemaliger enger Mitarbeiter Franklins und Hamiltons, der Verleger Matthew Carey aus Philadelphia, sorgte für die Wiederbelebung der Wirtschaftspolitik Hamiltons, wodurch die Vereinigten Staaten ihre schwere Wirtschaftskrise überwinden konnten. Lafayette machte Carey auch mit dem deutschen Ökonomen Friedrich List bekannt, der später den Deutschen Zollverein gründete und damit die industrielle Entwicklung Deutschlands im 19. Jahrhundert ermöglichte. Der führende amerikanische Nationalökonom Mitte des 19. Jahrhunderts war Henry C. Carey, der Sohn Matthew Careys. Henry Clay und seine Whig-Partei orientierten sich wirtschaftspolitisch an dem amerikanischen System Hamiltons, Careys und Lists, was auch für den aus dieser Partei hervorgegangenen Präsidenten Abraham Lincoln galt."[46]

Man könnte dieses Zitat mit dem Zusatz abschließen: „Und dies gilt auch für LaRouche am Ausgang des 20. Jahrhunderts." Die Wirkung von LaRouches Wirtschaftstheorie war zunächst hauptsächlich in der Dritten Welt spürbar, bei der Debatte um eine Neue Weltwirtschaftsordnung in der zweiten Hälfte der 70er Jahre und in bezug auf die lateinamerikanische Schuldenkrise Anfang der 80er Jahre. Ab Mitte der 80er Jahre begannen sich die verheerenden realwirtschaftlichen und sozialen Folgen des international hegemonialen Neoliberalismus nicht nur in den Entwicklungsländern der Dritten Welt, sondern auch in den Industriestaaten abzuzeichnen. Den ehemaligen kommunistischen Staaten war zwischen 1989 und 1992 das neoliberale Modell der „Schocktherapie" des Internationalen Währungsfonds (IWF) aufoktroyiert worden, was dort zu einem massiven Niedergang der Produktion und des Lebensstandards führte. Man begann sich in diesen Staaten, vor allem in Rußland, nach einer alternativen Wirtschaftspolitik umzusehen. Deshalb nahm das Interesse an der Wirtschaftstheorie LaRouche in Rußland, ebenso wie in China, immer mehr zu.

Mitte der 90er Jahre führten Freihandel („Globalisierung") und Entstaatlichung der Wirtschaftspolitik zu Massenarbeitslosigkeit nie gekannten Ausmaßes, Produktions- und Sozialabbau und einer in der Geschichte beispiellosen Finanzspekulation. Im spekulativ aufgeblähten Weltfinanzsystem setzte der Desintegrationsprozeß ein. Vor diesem Hintergrund erfolgte die wirtschaftspolitische Intervention LaRouches, und zwar zuvorderst in den Vereinigten Staaten selbst. Er verlangte die Reorganisation des Finanzsy-

document submitted to Congress entitled *A Report on the Subject of Manufactures*. After the end of the War of 1812, the circles around Lazard Carnot and the Marquis de Lafayette collaborated intimately with leading circles in the United States, especially through channels of the U.S. military freemasonic association which the Marquis de Lafayette led in Europe, the Society of the Cincinnati."

"A close former associate of both Franklin's and Hamilton's, Philadelphia publisher Mathew Carey, led the revival of Hamilton's economic policies in pulling the United States out of a deep economic depression at that time. Lafayette introduced a German economist, Friedrich List, to Carey; List later organized the German Customs Union (*Zollverein*) which made the nineteenth-century industrial development of Germany possible. The leading U.S. economist of the mid-nineteenth century was Mathew Carey's son, Henry C. Carey. Henry Clay and his Whig Party were committed to the Hamilton-Carey-List American System as U.S. economic policy, as was the Clay-Carey Whig, President Abraham Lincoln."[46]

This citation might be concluded with the following addition: "And this is also true for LaRouche at the end of the 20th century." LaRouche's economic theory was initially most influential in the Third World during the debate over the New World Economic Order in the second half of the '70s and in relation to the Latin American debt crisis at the beginning of the 1980s. From the beginning of the 1980s onward, the disastrous economic and social consequences of the internationally predominant policy of neoliberalism began to be felt, not only in the developing countries but also in the industrial economies. The neoliberal model of "Shock Therapy" of the International Monetary Fund was imposed upon the formerly communist states between 1989 and 1992, which led to a massive decline in production and standard of living. Leading circles in these states, but chiefly in Russia, began looking for an alternative economic policy. Interest in LaRouche's economic theory thus increased in Russia, and likewise in China.

By the mid-1990s, *free trade* ("Globalization") and *denationalisation* of economic policy has led to mass unemployment of unparalleled dimensions, declines in production and social services and a level of financial speculation unknown at any previous time in historical memory. A process of disintegration began to take hold of the ballooned world financial system. This was the backdrop for the economic policy intervention of LaRouche, and indeed primarily in the United States. He called for a reorganization of

stems nach dem Modell der Hamiltonischen Nationalbankpolitik, eine Reaktivierung und Modernisierung der amerikanischen Industrie und damit produktive, gutbezahlte, hochqualifizierte Arbeitsplätze. Statt Freihandel und Globalisierung forderte LaRouche die Ausrichtung an der *nationalen wirtschaftlichen Sicherheit* auf Basis einer dirigistischen Wirtschaftspolitik.

Am 27. November 1993 erschien im Wirtschaftsteil der *Neuen Zürcher Zeitung,* dem Hausorgan der Schweizer Banken, ein Artikel mit der Überschrift „Neuer Interventionismus ante portas?". Darin heißt es, daß sich in der wirtschaftspolitischen Diskussion „ein neuer Dogmenstreit abzuzeichnen beginnt". Nur wenige Jahre nach dem Zusammenbruch des kommunistischen Wirtschaftssystems regten sich in der Weltwirtschaft, vor allem in den wachstumsstarken Volkswirtschaften Südostasiens, wieder Kräfte, die „den Gedanken lautstark von sich weisen, ihre wirtschaftliche Zukunft ausschließlich den Marktkräften zu überlassen". Es tauchten in der wirtschaftspolitischen Debatte wieder Positionen auf, die „mehr oder minder stark auf interventionistische Instrumente" zurückgreifen.

Es ist eine unbestreitbare geschichtliche und zeitgeschichtliche Tatsache, daß realwirtschaftliche Entwicklung — die Schaffung stets neuer personeller, technologischer und infrastruktureller Produktivkräfte — immer die Folge „interventionistischer" Wirtschaftspolitik war. Diese wirtschaftsgeschichtliche Realität läßt sich an der Namensliste festmachen, die von Ludwig XI. über Colbert zu Hamilton und List hin zu F.D. Roosevelt (1882-1945), J.F. Kennedy (1917-1963) oder General de Gaulle führt. Und in dieser Kontinuität dirigistischer Wirtschaftspolitik steht LaRouche. Er will die Wiederherstellung des amerikanischen Systems der Wirtschaftspolitik unter den Bedingungen des Eintritts ins 21. Jahrhundert.

Wir wollen im folgenden versuchen, den konzeptionellen Kern von LaRouches Wirtschaftstheorie zu skizzieren. Er definiert Entwicklung als die dauerhaft gesicherte Reproduktion menschlicher Gesellschaften. An Leibniz anknüpfend sagt LaRouche, daß die Voraussetzung wirtschaftlicher Entwicklung einerseits „metaphysische", moralisch-intellektuelle Qualitäten der Menschen und andererseits physikalisch-ökonomische Gesetzmäßigkeiten sind. Wirtschaftliche Entwicklung bedeutet die „transfinite Aufwärtstransformierung" des wissenschaftlich-technischen Fortschritts, der potentiellen Bevölkerungsdichte und des volkswirtschaftlichen Kraftpotentials. Die Kernpunkte der Theorie wirtschaftlicher Entwicklung bei LaRouche könnte man wie folgt zusammenfassen:

• Der „transfinite", also unstetig und nichtlinear verlaufende, wissenschaftlich-technische Fortschritt verursacht einen Pro-Kopf-Zuwachs der Fähigkeit der Gesellschaft, die Natur insgesamt zu beherrschen. Das Kraft-

the financial system on the model of the policy of Hamilton's *National Bank*, a reactivation and modernization of American industry, and thus the creation of productive, well-paid, skilled jobs. Instead of free trade and globalization, LaRouche called for orientation toward *national economic security* on the basis of a dirigist economic policy.

On November 27, 1993, the economics section of *Neue Zuericher Zeitung*, the mouthpiece of the Swiss banks, published an article titled "New Interventionism Ante Portas?" According to the article, "a *new debate over dogmas*" has begun to take shape in the general discussion of economic policies. Only a few years after the collapse of the communist economic system, forces were awakening in the world economy, primarily in the growth oriented economies of southeast Asia, "which vehemently refuse to allow their economic futures to be decided exclusively by market forces." Positions were being taken in the economic policy debate which rely "more or less on interventionist instruments."

It is an undeniable historical fact, that real economic development — the creation of continuously new personal, technological, and infrastructural productive forces — has always been the result of an "interventionist" economic policy. This economic historical reality can be affixed to a list of names, those ranging from Louis XI to Colbert and Hamilton, List to F.D. Roosevelt (1882-1945), J.F. Kennedy (1917-1963), or General de Gaulle. And LaRouche stands in the continuity of this dirigist economic policy. He wants the re-establishment of the "American System" of economic policy under the conditions of the beginning 21st century.

In the following, we shall attempt to sketch the conceptual core of LaRouche's economic theory. He defines development as the lastingly assured reproduction of human societies. Following Leibniz, LaRouche says that the prerequisite for economic development is the "metaphysical", moral-intellectual quality of human beings, on the one hand, and physical economic lawfulness on the other hand. Economic development signifies the "transfinite upward transformation" of scientific, technological progress, of the potential population density and of national economic power potentials. The central point of the *theory of economic development* for LaRouche can be summarized as follows:

• The "transfinite", and, thus, discontinuous and non-linear characteristic of scientific-technological progress, causes a per-capita growth in the capacity of the society to exert dominion over nature as a whole. The power

potential der Gesellschaft nimmt zu, was wiederum als Zuwachs der potentiellen Bevölkerungsdichte zum Ausdruck kommt.

• Somit besitzt eine geistige Tätigkeit des Menschen — seine aus der schöpferischen Vernunft entspringenden Erkenntnisfortschritte — die Kraft einer physikalischen Wirkung.

• Die Transformation von Wissen in Wirtschaftspraxis verursacht ein „Aufwärtstransformieren" der potentiellen Bevölkerungsdichte und den weiteren Aufschwung bei der Erzeugung, Weitergabe und wirksamen Aneignung wissenschaftlich-technischer Fortschritte.

• Dadurch kann der physische Lebensstandard und die Lebenserwartung wachsen. Der Kraftverbrauch pro Kopf und pro Quadratkilometer Wirtschaftsfläche muß steigen. Die Kapitalintensität — das Verhältnis von Produktions- und Infrastrukturgütern zu Konsumgütern — muß steigen. Dieser Prozeß ist auf die physikalische Produktivkraft der Arbeit fokussiert, aber nicht eng darauf beschränkt: Er betrifft auch notwendige soziale Dienstleistungen (Erziehung und Bildung, Gesundheitsfürsorge, Alterssicherung, innere und äußere Sicherheit).

Die enge konzeptionelle Verbindung von LaRouches Theorie der wirtschaftlichen Entwicklung mit der Friedrich Lists mag das folgende Zitat Lists, wiederum aus dem *Natürlichen System*, unterstreichen: „Je mehr die Wissenschaft sich entwickelt, um so mehr neue Erfindungen gibt es, die Arbeit und Rohmaterial sparen und neue Produkte hervorbringen. Je mehr Aufklärung und Wissenschaft sich unter den Gewerbetreibenden verbreiten, um so prompter und erfolgreicher findet die praktische Anwendung der Erfindungen und der wissenschaftlichen Fortschritte statt."[47]

Es sei hier angemerkt, daß LaRouches Konzeption „transfiniter" Entwicklung nachhaltig von dem Philosophen und Mathematiker GEORG CANTOR (1847-1917) beeinflußt ist. Die zunehmende „Mächtigkeit" transfiniter Wirtschaftsentwicklung äußert sich einerseits im Zuwachs potentieller Bevölkerungsdichte und andererseits in Zuwächsen des verfügbaren Kraftpotentials und der Kraftdichte pro Kopf und pro Wirtschaftsflächeneinheit. Der transfinite Veränderungsprozeß, der wirtschaftliche Entwicklung konstituiert, darf nicht mit stetigen, linearen Veränderungen verwechselt werden. Wirtschaftliche Entwicklung als transfiniter Veränderungsprozeß macht die dauerhaft gesicherte Überlebensfähigkeit der menschlichen Gesellschaft aus.

Wirtschaftskrisen, sei es auf der volks- oder der weltwirtschaftlichen Ebene, sind zwangsläufig das Resultat, wenn die geistigen und materiellen „Erzeugungsprinzipien" wirtschaftlicher Entwicklung mißachtet werden. Der typische Ausdruck von Wirtschaftskrisen ist die sich immer weiter öffnende „Schere" zwischen dem exponentiellen Wachstum von Finanzag-

potential of the society increases, which is reflected as a growth in the potential population density.
- Thus does the intellectual activity of the human being — the progress in improvement of his knowledge of nature ensuing from creative reason — evidence the power of a physical effect.
- The transformation of knowledge into economic practice, caused by an "upwards transformation" of the potential population density and the additional increase in the production, transmission and effective assimilation of scientific-technological progress.
- This leads to growth of the physical standard of living and of life-expectancy. Power consumption per capita and per square-kilometer of economic surface area must grow. The capital-intensity — the relationship between goods of production and infrastructure to goods of consumption — must increase. This process is focused on the physical productive power of labor, but is not limited to that. It also concerns the necessary social services (education, health services, care of the elderly, domestic and foreign security).

The close conceptual relationship of LaRouche's theory of economic development with that of Friedrich List may be emphasized with the following quote from List's *Natural System*: "The more science develops, the more new inventions there are, which save labor and raw materials and bring forth new products. The more knowledge and science proliferates among the entrepreneurs, the more promptly and more successfully will the practical application of inventions and scientific progress occur."[47]

LaRouche's conception of "transfinite" development was decisively influenced by the philosopher and mathematician GEORG CANTOR (1847-1917). The increasing "Mächtigkeit" (power) of transfinite economic development, is reflected in the growth of potential population density and, on the other hand, in the growth of available power-potential and power-density per capita and per unit of economic surface area. The transfinite process of change, which constitutes economic development, should not be confused with incremental, linear transformations. Economic development, as a transfinite process of change, constitutes the lastingly assured survivability of human society.

Economic crises, whether at the national or at the international level, are the inevitable consequence, if the intellectual and material "generative principles" of economic development are disregarded. The typical expression of economic crises is the growing gap between the exponential growth of financial aggregates, on the one hand, and a stagnation of the

gregaten einerseits und basistechnologischer Stagnation, abnehmendem Kraftpotential (und -dichte) und sinkender potentieller Bevölkerungsdichte andererseits.

Demgegenüber postuliert die neoliberale Wirtschaftstheorie, direkt an Smith anknüpfend, das Axiom des Nicht-Wissens. Der einflußreichste Repräsentant des Neoliberalismus des 20. Jahrhunderts ist der in Wien gebürtige FRIEDRICH VON HAYEK (1899-1992). Er war lange Jahre Professor an der London School of Economics und gründete die ultraliberale, international agierende Mont-Pèlerin-Gesellschaft. Direkt an Adam Smith anknüpfend behauptet von Hayek, es könne im Hinblick auf wirtschaftliche Prozesse nur „partikuläres Wissen" geben, das ausschließlich nach den rein empiristischen Prinzipien von „Versuch und Irrtum" zu erlangen sei. Die endlose Mannigfaltigkeit der Aktivitäten der Wirtschaftssubjekte „auf dem Markt" sei axiomatisch der menschlichen Vernunft nicht zugänglich. Die gegenteilige Behauptung sei die „Anmaßung des Wissens". Außer dem Marktmechanismus, der die Gleichgewichtstendenz von Angebot und Nachfrage bewirke, gebe es keine Gesetzmäßigkeit in der Wirtschaft.

Von diesem Hayekschen Postulat ausgehend, schreibt beispielsweise Prof. Horst Siebert (geb. 1938), der langjährige Chef des neoliberalen Kieler Instituts für Weltwirtschaft, sei es axiomatisch unmöglich, „zukunftsträchtige (Wirtschafts-)Branchen zu identifizieren". Keine Person oder Institution könne je über die Information oder das erforderliche Wissen verfügen, um zu erkennen, „welche Produkte, welche Produktionsverfahren und welche (Wirtschafts-)Sektoren in der Zukunft florieren werden".

Für die neoliberale Wirtschaftsideologie macht es tatsächlich volkswirtschaftlich keinen Unterschied, ob „Computerchips oder Kartoffelchips" erzeugt werden. Wer das Gegenteil behauptet und Kriterien für optimale Wirtschaftsentwicklung im Sinne des Gemeinwohls zu definieren versucht, der maße sich die fiktive „Weisheit einer höheren Instanz" an.[48]

b) Wissenschaftlich fundierte Wirtschaftspolitik: Indikative Steuerung
Die physikalische Ökonomie LaRouches schafft die theoretische Grundlage, um genau die wissenschaftlich-technischen Durchbruchspotentiale zu identifizieren, welche die maximale Wirkung auf die Erhöhung des Kraftpotentials/der Kraftdichte der Volkswirtschaft — das heißt pro Kopf und pro Wirtschaftsflächeneinheit — haben und zugleich die potentielle Bevölkerungsdichte erhöhen. Gerade weil sich die physikalische Ökonomie an den Begriffen Kraftpotential, Kraftdichte und potentielle Bevölkerungsdichte orientiert, verfügt sie über die wirtschaftswissenschaftlichen Kriterien, um solche Technologien zu identifizieren, die das maximale „Schockwellenpotential" zur Aufwärtstransformierung der Wirtschaft besitzen. Deshalb ist ei-

technological base, declining power-potential (and power-density), and declining potential population-density, on the other hand.

Neo-liberal economic theory postulates the direct contrary position, leaning on Adam Smith and the axiom of non-knowability. The most influential representative of neoliberalism in the 20th century is Viennese-born FRIEDRICH VON HAYEK. He was professor for many years at the London School of Economics and founded the ultraliberal, internationally active Mont Pelerin Society. Directly following Adam Smith, von Hayek claims, that there can only be "particular knowledge" concerning economic matters, which is to be obtained solely according to the empiricist procedures of "trial and error." The endless multiplicity of the activities of the economic subjects "on the market", is axiomatically not accessible to human reason. The contrary claim represents an *"arrogance of knowledge"*. Outside of the market mechanism, which brings about a tendency toward equilibrium of supply and demand, there is no lawfulness in the economy.

On the basis of this Hayekian postulate, Prof. Horst Siebert (born 1938), for example, the director of the neoliberal "Institut für Weltwirtschaft" in Kiel, Germany, writes that it is axiomatically impossible "to identify promising branches of economic activity for the future." Neither a person nor an institution could ever have the information or required knowledge to be able to know "which products, which production processes, and which economic sectors will flourish in the future."

For neoliberal economic ideology, it makes no economic difference whether one produces "computer chips or potato chips." Whoever makes a contrary claim, and attempts to define criteria for an optimal economic development in the sense of the common good, he is arrogantly assuming a fictional "wisdom of higher authority."[48]

b) Scientifically Founded Economic Policy: "Indicative planning"

LaRouche's physical economy provides the theoretical foundation to precisely identify the scientific-technology breakthrough-potentials, which have the maximal effect upon increasing the power-potential and density, i.e., per capita and per economic unit of surface area, and at the same time increase the potential population density. For the very reason that physical economic is guided by the conceptions of power-potential, power-density and potential population density, it has scientific economic criteria at hand in order to identify those technologies which possess the maximum "shock-

ne wissenschaftlich gesicherte wirtschaftspolitische Entscheidungsfindung möglich.

Dazu schreibt LaRouche: „Eine nationale, regionale und globale Wirtschaftspolitik muß sich, unabhängig von Preiskalkulationen, an diesen physikalischen Größen orientieren, da sie alle mittel- bis langfristigen Folgen der Entscheidung für eine bestimmte Art von Energieproduktion, Wasserzufuhr, Transport oder Produktionstechnologie bestimmen. Diese Entscheidungen führen immer dazu, daß mittel- bis langfristig das größtmögliche technologische Niveau verlangt wird, sowie die Entwicklung noch weiter fortgeschrittener Technologien."[49]

Die aus der physikalischen Wirtschaftstheorie resultierende „politische Ökonomie" kann man als dirigistische Wirtschaftspolitik bezeichnen. Genauso angemessen erscheint der Begriff „indikative Wirtschaftssteuerung". Diese basiert auf den wirtschaftspolitischen und finanzpolitischen Konzepten Alexander Hamiltons und Friedrich Lists sowie der Wirtschaftstheorie LaRouches. Hier sei nun ganz kurz skizziert, wie man sich heute indikative Wirtschaftssteuerung vorstellen könnte:

• Die staatliche Wirtschaftsbehörde definiert zuerst bestimmte Infrastrukturprojekte wie Schnellbahnlinien, Kernkraftwerke, Projekte der Luft- und Raumfahrt etc. Neben Großprojekten würden dann technologische Bereiche in Industrie und Mittelstand gefördert, die ein hohes Potential an Produktivitätsentfaltung oder technischer Schockwellenwirkung haben.

Was den Typus einer solchen staatlichen Wirtschaftsbehörde betrifft, so wäre zunächst eine Institution nach dem Modell der Hamiltonischen Nationalbank zu denken oder auch des *Commissariat du plan* in Frankreich unter de Gaulle, das eine höchst unbürokratische Institution von nicht mehr als 250 hochqualifizierten Mitarbeitern war und als Motor des französischen Wirtschaftswunders zwischen 1958 und 1968 fungierte.[50]

• Die staatliche Nationalbank schöpft auf Basis der nationalen Finanzhoheit Kreditmittel, die für die Finanzierung der Infrastruktur- und Technologieprojekte — und zwar nur dieser — bestimmt sind. Die bereitgestellten Kredite sind langfristig und niedrig verzinst (1-2%). Gleichzeitig werden zinsgünstige Sonderkredite für technologisch anspruchsvolle Investitionspläne privater Unternehmen bereitgestellt.

• Die Kredite können durch die Nationalbank direkt vergeben werden, wobei man sich an der Arbeitsweise der Kreditanstalt für Wiederaufbau (KfW) im Nachkriegsdeutschland orientieren könnte. Dies dürfte für Infrastrukturprojekte naheliegen. Oder aber die Nationalbank stellt dem privaten Bankensystem und den Sparkassen Liquidität zu Verfügung. Diese privaten Institutionen lassen dieses Kreditvolumen in die private Wirtschaft fließen, indem sie den an den definierten Infrastrukturprojekten bzw. Inve-

wave potential" for an upward transformation of the economy. Thus, a scientifically secured economic policy decision process is possible.

On that issue, LaRouche writes: "National, regional and global economic policy must be in correspondence with these physical parameters. Correspondingly, independent of short-term considerations of prices and with respect to the cumulative medium- to long-term effect, selection must be made of the processes for energy production, water economy, transportation infrastructure and industrial production. This choice must always orient to the medium- to long-term highest level of technology. The goal is higher, ever higher energy-flux densities."[49]

The "political economy" resulting from physical economic theory, can be called a dirigist economic policy. Equally appropriate would be the characterization as "indicative economic planning." This is based on the economic policy and financial policy concepts of Alexander Hamilton and Friedrich List, as well as LaRouche's economic theory. We briefly sketch how one might conceive of indicative economic planning today:

• State economic authorities define, firstly, certain infrastructural projects, such as railroad lines, nuclear power plants, projects in aviation and aerospace, etc. In addition to large projects, technologies are promoted in industry and medium-sized firms, which have a high potential for unleashing productivity increases or technological shock-wave effects.

As far as the nature of such a "state economic authority" is concerned, this would correspond to the model of the Hamiltonian "National Bank" or also to the *"Commissariat du plan"* in France under de Gaulle, which was a highly unbureaucratic institution of no more than 250 highly skilled associates, and it became the motor of the French economic miracle between 1958 and 1968.[50]

• The state National Bank creates credit on the basis of its financial sovereign authority, credits which are assigned to the financing of infrastructural and technological projects — and only for these purposes. The credits thus generated are long-term and bear low-interest (1-2%). At the same time, low cost special credits are made available to private entrepreneurs for the purpose of promoting investments in technologically promising areas.

• These credits may be granted directly by the National Bank, in a way analogous to the working procedures of the German Kreditanstalt für Wiederaufbau (Credit Institution for Reconstruction) in post-war Germany. This mode of credit issuance is appropriate for infrastructural projects. Or the National Bank provides liquidity to the private banking system and savings banks. These private institutions issue credit to the private economy by opening lines of credit to businesses participating in the defined infra-

stitionsprogrammen beteiligten Unternehmen entsprechende Kreditlinien eröffnen. Dieser zweifache Weg wurde während des Zweiten Weltkriegs in den USA zur Finanzierung der enormen Rüstungsproduktion gewählt, ohne daß es zu der befürchteten Inflation gekommen wäre.

• Die staatliche Kreditschöpfung bewirkt, daß die an den Infrastruktur- und Technologieprogrammen beteiligten privatwirtschaftlichen Unternehmen ihre Arbeitskräfte bezahlen und neue einstellen können. Sie können neue Kapitalgüter anschaffen und die Leistungen ihrer Zulieferer bezahlen. Der Kreditanschub für Infrastruktur- und Technologieprojekte bewirkt die Ausweitung der Nachfrage nach Kapitalgütern und nachgeordnet auch für Konsumgüter. Kurz, brachliegende Produktivpotentiale werden aktiviert, neue werden geschaffen.

• Darüber hinaus steigt das Steueraufkommen bereits während des Baus der Infrastrukturprojekte wieder an. Damit wird der Staat in die Lage versetzt, den am Bau beteiligten Privatunternehmen ihre Leistungen zu bezahlen, die zwischenzeitlich durch die staatlichen Kreditlinien abgesichert waren. Bei erfolgreichem Abschluß der Projekte und nach Ende ihrer Laufzeit könnten die ursprünglichen Kredite auch in nicht rückzahlbare Darlehen (*grants*) verwandelt werden. Sind die Infrastrukturprojekte fertiggestellt, erhöht sich die volkswirtschaftliche Gesamtproduktivität, und das Wirtschaftswachstum wird stimuliert. Dies wiederum verbessert erneut das Steueraufkommen, ohne daß die Steuern erhöht werden. Die staatlichen Kredite für technologisch anspruchsvolle Investitionsprogramme von Industrie und Mittelstand werden mit privatem Risiko getragen. Hier wirken einerseits die minimalen Finanzierungskosten stimulierend, während andererseits die Produktion von Gütern mit dem größten Potential an Produktivitätssteigerungen die besten Chancen am Markt hat.[51]

Es ist hier nachdrücklich zu betonen, daß das Hamiltonische Modell produktiver Kreditschöpfung sich grundsätzlich vom Keynesianismus unterscheidet. JOHN MAYNARD KEYNES (1883-1946) hat nie staatliche, produktive Kreditschöpfung auch nur in Erwägung gezogen. Der Keynesianismus unterscheidet nicht zwischen dem produktiven und unproduktiven Einsatz der durch Staatsverschuldung finanzierten staatlichen Ausgabenprogramme. Die Zielsetzung der Erhöhung der realwirtschaftlichen Produktivität durch technologischen Fortschritt existiert bei ihm nicht. Keynes zielte vielmehr nur auf den durch „*deficit spending*" bewirkten „Beschäftigungseffekt". *Deficit spending* heißt, staatliche Ausgabenprogramme durch konventionelle Staatsverschuldung an den privaten Kapitalmärkten zu finanzieren. Die daraus resultierende Aufblähung der Staatsverschuldung, deren Bedienung immer mehr vom Staatshaushalt auffrißt, ist der hauptsächliche Grund für das Scheitern des keynesianischen Modells seit den 70er Jahren.

structure projects or investment programs. This two-track way of generating and issuing credit was employed in the USA during World War II for the purpose of financing the immense buildup of the armaments industry, without the inflationary effects which had been feared.

• State credit-creation enables the private entrepreneurs participating in the infrastructure and technology program, to pay their labor force and hire new operatives. They can purchase new capital goods and pay their suppliers. The "credit priming" for infrastructure and technology projects expands the demand for capital goods and, in a subordinate way, also for consumer goods. In a word, productive potentials which lie fallow, are activated and new potentials created.

• During the period of construction of the infrastructure projects, tax income already begins to increase. This enables the state to pay for the services of the businesses participating in the construction, which are secured by government lines of credit. Upon successful completion of the projects, and once the loans have matured, the original credits can be transformed into grants, which need not be repaid. Once the infrastructure projects are finished, the total productivity of the economy is increased and economic growth is stimulated. That contributes to an additional improvement of the tax-income base, without an increase in the rates of taxation. State credits for high technology industrial and medium-sized business investments are made on a private risk basis. Here, the minimal financing costs have a stimulating effect, while, on the other hand, the production of goods with the highest potential for productivity increases, has the best chances on the market.[51]

It deserves to be emphasized, that the Hamiltonian model of credit-creation is fundamentally different from Keynesianism. JOHN MAYNARD KEYNES (1883-1946) never even considered state productive credit-creation. Keynesianism does not distinguish the productive investment and unproductive employment of state expenditure programs financing by increasing the debt of the state. The aim of increasing the real economic productivity by means of technological progress, does not exist for Keynes. Keynes' aim, instead, is the "employment effect" to be achieved by means of *"deficit spending"*. "Deficit spending" means the financing of state-sponsored programs by means of conventional state indebtedness on the private capital markets. The resulting ballooning of state debt, the servicing of which consumes greater and greater portions of the state budget, is the main reason for the failure of the Keynesian model since the 1970s.

c) Die Konferenz der Friedrich-List-Gesellschaft vom September 1931

Hier sei ein Hinweis auf die wirtschafts- und finanzpolitische Debatte in Deutschland während der Weltwirtschaftskrise der 30er Jahre erlaubt, die — im Gegensatz zu Keynes — an Lists und Hamiltons wirtschaftspolitische Konzepte anknüpft. 1991 wurde das Protokoll der Geheimkonferenz der FRIEDRICH-LIST-GESELLSCHAFT vom 16/17. September 1931 erstmals veröffentlicht. Bei dieser Konferenz ging es um Möglichkeiten und Folgen einer Kreditausweitung zur Wiederankurbelung der deutschen Wirtschaft unter den Bedingungen der Weltwirtschaftskrise. An dieser Konferenz nahmen neben dem damaligen Reichsbankpräsidenten Dr. Hans Luther (1879-1962) rund 30 führende Ökonomen, Bankiers, Industrielle und Wirtschaftspolitiker teil, darunter Prof. Edgar Salin (1892-1974), Mitherausgeber von Friedrich Lists *Gesammelten Werken*. Das Hauptreferat hielt DR. WILHELM LAUTENBACH (1891-1948), ein höherer Beamter des Reichswirtschaftsministeriums und ein bedeutender, wenngleich heute weitgehend unbekannter Wirtschaftstheoretiker. Er war Mitglied der List-Gesellschaft und nahm an allen Konferenzen der Gesellschaft in den Jahren 1928-32 teil, die jeweils vordringliche Themen der deutschen Volkswirtschaft in fachkundigem Kreise behandelten.

Lautenbachs Memorandum hatte den Titel „Möglichkeiten einer Konjunkturbelebung durch Investition und Kreditausweitung"[52]. Er schreibt darin: „Der natürliche Weg zur Überwindung eines wirtschaftlichen und finanziellen Notstandes ist... nicht Einschränkung, sondern Leistungssteigerung". Lautenbach unterscheidet zweierlei Notsituationen: Einerseits gebe es Notstände, aus denen Produktionsaufgaben resultieren. Als Beispiele dafür nennt er die Kriegswirtschaft, die Umstellung von Kriegs- auf Friedensproduktion oder auch den Aufbau Japans nach dem großen Erdbeben von 1923. Andererseits gebe es wirtschaftliche und finanzielle Notstände von nationaler und internationaler Dimension, in denen zwar allgemein klar sei: „Wir sollen und wollen mehr produzieren. Der Markt aber, der einzige Regulator der kapitalistischen Wirtschaft, gibt offensichtlich keinerlei positive Direktiven."

Der Wirtschaftsnotstand der zweiten Kategorie — der Depression oder der Zusammenbruch des Finanzsystems — sei durch den „paradoxen Zustand" gekennzeichnet, „daß trotz außerordentlich gedrosselter Produktion laufend die Nachfrage hinter dem Angebot zurückbleibt, und daher die Tendenz zu immer weitergehender Produktionsdrosselung" sich durchsetzt. Unter Depressionsbedingungen gebe es normalerweise zwei wirtschaftspolitische Reaktionen. Die erste sei die Deflationspolitik: Das Budgetdefizit wird durch staatliche Ausgabenkürzungen reduziert, Preise und Löhne werden gesenkt. Zugleich werden Kredite verknappt. Geschieht das nicht, führt das

c) The Conference of the Friedrich List Society, September 1931

We take the opportunity here to include a reference to the economic and finance policy debate in Germany during the world economic crisis in the 1930s, which — in contrast to Keynes — was directly connected to the economic policy conceptions of List and Hamilton. The transcript of the secret conference of the FRIEDRICH LIST SOCIETY of September 16-17, 1931, was published for the first time in 1991. The issue at the conference was the possibility and consequences of expanding credit issuance in order to boost German economic activity under conditions of world economic crisis. In addition to Reichsbank president, Dr. Hans Luther (1879-1962), some 30 leading economists, bankers, industrialists and economic politicians participated, including Prof. Edgar Salin (1892-1974), co-publisher of List's *Gesammelte Werke* (Collected Works). The keynote speech was held by Dr. Wilhelm Lautenbach (1891-1948), a high official in the Reich Economics Ministry and an important, although now little known economic theorist. He was a member of the Friedrich List Society and took part in everyone of its conferences during the years 1928-32, that used to discuss priority issues of the German economy.

Lautenbach's memorandum was titled, "The Possibilities of Boosting Economic Activity by Means of Investments and Expansion of Credit."[52] He there writes, "The natural course for overcoming an economic and financial emergency" is "not to limit economic activity, but to increase it." Lautenbach distinguished two emergency situations: on the one hand, there were emergencies out of which "tasks for production ensue." As an example of this kind of emergency, he cited a war-economy, the conversion from war-production to peace-time production, or also the "reconstruction of Japan following the great earthquake" in 1923. On the other hand, there were economic and financial emergencies of national and international dimensions, in which it was clear, in general, that "we should and want to produce more. But the market, the sole regulator of the capitalist economy, does not provide any obvious positive directives."

The economic emergency of the second category — a Depression and/or the collapse of the financial system — was characterized by the "paradoxical condition", that "despite curtailed production, demand is less than supply and thus leads to the tendency to decrease production further." Under conditions of depression, there are normally two economic policy reactions. The first was a policy of deflation: the budget deficit is reduced by cutting state expenditures, prices and wages are lowered. At the same time, credit is

niedrige Zinsniveau zum Abfluß ausländischer Kapitalanlagen, was den Wechselkurs gefährdet und das verfügbare Kapital in der Binnenwirtschaft weiter verknappt.

Steuersenkungen unter Depressionsbedingungen hält Lautenbach für praktisch unmöglich, da das Steueraufkommen bereits zusammengeschrumpft ist und die öffentlichen Haushalte auf das äußerte angespannt sind. All diese Maßnahmen, so Lautenbach, erzeugen „große neue Kapitalverluste der einzelnen Unternehmungen in Handel und Industrie", machen sie „leistungs- und kreditunfähig", zwingen „zu Betriebseinschränkungen und Arbeiterentlassungen in allergrößtem Ausmaß" und haben „gleichzeitig eine Verschlechterung des Status der Banken zur Folge".

Die Beschneidung öffentlicher Ausgaben durch rigorose Ausgabenkürzungen ist doppelt kontraproduktiv, da öffentliche Aufträge und die Massenkaufkraft weiter reduziert werden. Die Senkung der Löhne werde sich zwar auf die Exporte zunächst günstig auswirken, aber zugleich einen weit stärkeren Nachfrageausfall in der Binnenwirtschaft verursachen. „Die Anpassung an diese verminderte Nachfrage durch entsprechende Preisherabsetzungen bewirkt Verluste... und zieht dadurch weitere Betriebseinschränkungen nach sich." Die so zusätzlich wachsende Arbeitslosigkeit bewirke, daß die Abwärtsspirale der Wirtschaft sich nur beschleunige. Deshalb, so Lautenbach, werde die „Deflationspolitik unausweichlich zu einer völligen wirtschaftlichen und politischen Katastrophe führen".

Aber unter Depressionsbedingungen gebe es „Warenüberschüsse, brachliegende Produktionsanlagen und brachliegende Arbeitskräfte". Der Einsatz dieses starken ungenützten Produktionsspielraumes sei „die eigentliche und dringendste Aufgabe der Wirtschaftspolitik, und sie ist im Prinzip verhältnismäßig einfach zu lösen": Der Staat müsse einen „neuen volkswirtschaftlichen Bedarf" erzeugen, der aber, das ist Bedingung, „volkswirtschaftlich eine Kapitalanlage darstellt. Hierbei ist an solche Aufgaben zu denken, wie ... öffentliche oder mit öffentlicher Unterstützung durchgeführte Arbeiten, die für die Volkswirtschaft einen Wertzuwachs im Vermögen bedeuten und bei Wiederkehr normaler Verhältnisse ohnehin ausgeführt werden müssen." Lautenbach dachte vor allem an die Verkehrsinfrastruktur (Straßen/Autobahnen und Eisenbahnbau).

Nun stellt Lautenbach die Frage: „Wie können, da uns langfristiges Kapital weder auf dem ausländischen noch auf dem inländischen Kapitalmarkt zur Verfügung steht, solche Projekte finanziert werden?" Und er fügt hinzu, daß man wegen der leeren öffentlichen Kassen nun „in der tiefsten Depression an sich vernünftige öffentliche Arbeiten unterläßt". Kommt die Finanzierung durch die leere Staatskasse oder private Kapitalmärkte auch nicht

restricted. If credits are not curtailed, low interest rates would lead to an outflow of foreign capital, which endangers the exchange rate and produces yet greater scarcity of available capital for the domestic economy.

Lautenbach thought it was practically impossible to reduce taxes in a depression, because the tax base had already contracted and public budgets were already strained for resources. All of these measures, according to Lautenbach, produce "new and large losses of capital for the individual entrepreneur in commerce and industry", it makes them "uncompetitive and insolvent", compels a "reduction of production and layoffs of the workforce in large dimensions", and also leads to "a deterioration of the status of the banks."

The reduction of public expenditures is doubly counterproductive, since public contracts and mass purchasing power are further reduced. The reduction of wages has an initially favorable effect upon exports, but it causes a far greater reduction in demand in the domestic economy. "The adjustment to reduced demand by correspondingly reducing prices causes losses... and draws additional reductions of production in this wake." The thus additionally growing unemployment, effects an acceleration of the downward spiral of the economy. Thus, Lautenbach argued, the deflationary policy will "inevitably lead to complete economic and political catastrophe."

But, in a depression, there are "surpluses of commodities, unused production capacities, and unemployed labor." The use of this "largely unused latitude for production" is "the actual and most urgent task of economic policy, and it is simple to solve, in principle." The state must "produce a new national economic demand," which, however — and this is the condition — "represents a national investment for the economy. One should think of tasks like... public or publically supported works which signify a value-increase for the economy and would have to be done anyway, under normal conditions." Lautenbach was thinking primarily of transportation infrastructure in this connection (roads/highways and railroads).

Then Lautenbach posed the question: "Since long term capital is neither available to us on the foreign nor on the domestic market, how are such projects to be financed?" And he adds, that "reasonable public works are already neglected due to the empty treasury in times of deep depression." If there is no possibility to finance the projects through the (empty) state

in Frage, so sei „die Konsequenz aus dieser Feststellung... nicht, daß man demzufolge Arbeiten der vorgeschlagenen Art nicht ausführen könne".
Aber wie können diese Arbeiten finanziert werden? Lautenbach stellt zunächst fest: „Die Liquidität ist zunächst formal eine technisch-organisatorische Frage. Die Banken sind dann liquide, wenn sie einen ausreichenden Rückhalt bei der Reichsbank haben." Das Ausmaß der tatsächlichen Inanspruchnahme der Reichsbank, bei etwaiger Kreditexpansion der privaten Banken zur Finanzierung von Arbeitsbeschaffungsmaßnahmen und Investitionen, sei immer nur ein Bruchteil des insgesamt für diese Projekte gewährten Kreditvolumens. Lautenbach schlägt vor, daß die Reichsbank den Banken eine Rediskontgarantie für Wechsel zur Finanzierung der „volkswirtschaftlich vernünftigen und notwendigen Aufgaben" gibt.

Die kurzfristige Kreditfinanzierung durch diskontfähige, prolongierbare Wechsel für Arbeitsbeschaffungs- und Investitionsprogramme wirke unmittelbar und mittelbar. Die kreditfinanzierte Realisierung der Projekte bedeutet die Steigerung der Produktion durch die produktive Inanspruchnahme von Maschinen, Roh- und Betriebsstoffen. Die Nachfrage für Kapitalgüter zieht an. Die Finanzlage der Unternehmen wird entspannt, und damit zugleich die ihrer Hausbanken. Die kreditfinanzierte Realisierung der Projekte bedeutet die Entlohnung neu eingestellter Beschäftigter, die eine zusätzliche Konsumgüternachfrage bewirkt.

Lautenbach geht davon aus, daß „die Reizwirkung der primären Kreditexpansion" zur Finanzierung von Infrastrukturprojekten eine „die Gesamtproduktion belebende Bewegung" in der Wirtschaft bewirkt. Die Anschubfinanzierung der Infrastruktur- und Investitionsprojekte führt zu ansteigender Konjunktur der Gesamtwirtschaft. Der Einsatz brachliegender Produktionskapazitäten und die Verbesserung der Infrastruktur bewirken die Steigerung der volkswirtschaftlichen Produktivität. Die Verbesserung des Steueraufkommens ermöglicht es dem Staat, die ursprüngliche Liquiditätsbereitstellung zur Vorfinanzierung der Projekte langfristig abzuwickeln.

Zur Befürchtung, daß kreditfinanzierte Infrastrukturprojekte die Gefahr der Inflation heraufbeschwören, sagt Lautenbach, solche Projekte seien „rationell und wirtschaftlich völlig unbedenklich". Durch sie werde im „materiellen Sinne echte volkswirtschaftliche Kapitalbildung" geleistet. Die Kreditfinanzierung resultiert in der Schaffung realwirtschaftlicher Werte. Darüber hinaus betont Lautenbach die Ungleichmäßigkeit von Kreditexpansion und Produktionsausweitung bei Infrastrukturprojekten. „Ausmaß und Tempo der Produktionsausweitung" wüchsen überproportional zum „Ausmaß und Tempo der Kreditausweitung". Er denkt hier wohl an einen produktiven Multiplikatoreffekt.

treasury, nor through the capital markets, "the consequence to be drawn, ought not be, that it is not possible to realize projects of this sort."

But how? Lautenbach makes the initial observation, that "liquidity is chiefly a technical organizational issue. Banks are liquid when they are sufficiently supported by the Reichsbank." The degree of actual claims upon the Reichsbank in the credit expansion of the private banks for financing measures to create jobs and investments, was always only a fraction of the total credit volume provided for these projects. Lautenbach proposed, that the Reichsbank give the banks a "rediscount guarantee" for the bonds for financing the "economically reasonable and necessary projects."

The short-term credit financing by means of discountable, prolongable bonds for creating jobs and investments, had a direct and an indirect effect. The realization of the projects, financed by credits, signified an increase of production with the productive utilization of machines, raw materials and operating materials. The demand for capital goods would increase. The financial situation of the businesses would relax, and thus also the situation of their banks. The realization of the projects on credit would entail payment of wages to newly engaged labor, which would have the effect of generating additional demand for consumption goods.

Lautenbach proceeded on the assumption, that "the stimulating effect of the primary credit expansion" for financing infrastructure projects, would effect "a stimulating movement in total production" in the economy. The initial boost of infrastructure and investment projects would lead to the "upward conjuncture" of the entire economy. The utilization of unused capacities of production would have the effect of increasing economic productivity. The improvement of tax-income would enable the state to shift to a long-term management of the original liquidity provided to pre-finance the projects.

To the fear, that credit-financing of infrastructure projects would incur the risk of inflation, Lautenbach said that such projects are "rational and unobjectionable from an economic standpoint." These projects represented "in a material sense real economic capital formation." The credit-financing would result in the creation of real economic values. Lautenbach furthermore emphasized that the expansion of credit and the expansion of production in infrastructure projects are disproportional. "The extent and rate of the expansion of production" grows at much higher rates than the "degree and rate of credit expansion." Here, Lautenbach was apparently thinking of a "productive multiplier effect."

Zusammenfassend sagt Lautenbach: „Durch eine solche Investitions- und Kreditpolitik wird gerade das Mißverhältnis von Angebot und Nachfrage auf dem Inlandsmarkt beseitigt und damit der Gesamtproduktion wieder Richtung und Ziel gegeben. Unterlassen wir eine solche positive Politik, so steuern wir unvermeidlich in einen weiteren wirtschaftlichen Verfall und vollkommene Zerrüttung unserer Staatswirtschaft hinein, in einen Zustand, der dann, um innenpolitische Katastrophen zu vermeiden, eine starke neue kurzfristige öffentliche Verschuldung zu rein konsumtiven Zwecken erzwingt, während wir es heute noch in der Hand haben, durch Inanspruchnahme dieses Kredits für produktive Aufgaben zugleich unsere Wirtschaft und unsere öffentlichen Finanzen wieder ins Gleichgewicht zu bringen."

Wäre der Lautenbach-Plan 1931 umgesetzt worden, hätten zwei Jahre später wirtschaftliche und politische Bedingungen geherrscht, unter denen die Nationalsozialisten keine Chance gehabt hätten, auch nur in die Nähe der Macht zu gelangen. Der israelische Wirtschaftshistoriker Prof. Avraham Barkai (geb. 1921) hat recht, wenn er schreibt, daß eine reale historische Chance bestanden habe, die Machtergreifung der Nazis zu verhindern, „wenn frühere Regierungen, Wirtschaftler und Politiker sich aus den Fesseln überkommener Wirtschafts- und Finanzprinzipien befreit und früher antizyklische Wirtschaftsmaßnahmen angewandt hätten".[53]

Es sollte offensichtlich sein, daß der Lautenbach-Plan große konzeptionelle Ähnlichkeit mit der Wirkungsweise von Hamiltons Nationalbank aufweist. Dieser Plan zeigt zugleich eine realwirtschaftlich orientierte Herangehensweise an Finanzierungsprobleme, die für Friedrich List typisch ist. Daß diese Konferenz, mit dieser Themenstellung und mit diesem Teilnehmerkreis von der FRIEDRICH-LIST-GESELLSCHAFT veranstaltet wurde, ist sicher kein Zufall. Die Stärke der Listschen Wirtschaftspolitik zeigt sich auch und gerade unter den Bedingungen schwerer Wirtschaftskrisen, wenn im direktesten Sinne von der Wiederentfaltung der brachliegenden und verkümmerten produktiven Kräfte die ökonomische, soziale und politische Existenz der Nation abhängt.

Es sollte auch klar sein, daß der Lautenbach-Plan eben deswegen keinesfalls nur eine wirtschaftsgeschichtliche Episode, sondern von hoher Aktualität ist. Das wird auch deutlich, wenn wir uns jetzt abschließend der gegenwärtigen wirtschaftpolitischen Diskussion in den Vereinigten Staaten zuwenden.

In summary, Lautenbach said, "by means of such an investment and credit policy, the disproportion of supply and demand on the domestic market will be alleviated and thus total production once more provided with a direction and a goal. If we neglect to undertake such a policy, we will inevitably be heading in the direction of continuing economic disintegration and a complete disruption of our national economy, into a condition in which, then, in order to avoid domestic political catastrophe, one will be compelled to undertake a strong increase of new short-term public debt for purely consumptive purposes, while today we have the instruments, by means of utilizing this credit for productive tasks, to bring both our economy and our public finances into balance once more."

Had the Lautenbach-Plan of 1931 been implemented, economic and political conditions would have prevailed two years later, under which the National Socialists would not have had a chance to come anywhere near seizing power. The Israeli historian of economics, Prof. Avraham Barkai (born 1921) is correct, when he writes, that a real historic chance did exist to prevent the Nazis from seizing power, "if earlier governments, economists and politicians had freed themselves of the chains of outmoded economic and financial principles, and if they had applied anti-cyclical economic policies earlier."[53]

It ought to be obvious, that the Lautenbach Plan bears a great conceptual resemblance to the way in which the National Bank of Alexander Hamilton functioned. This plan also demonstrates a real-economy-oriented approach to problems of financing, which is typical of Friedrich List. It was certainly not fortuitous, that the *Friedrich List Society* sponsored this conference, with this theme, and with such a circle of participants. The strengths of List's economic policies are evident also, and particularly under conditions of severe economic crisis, when, quite directly, the social and political existence of a nation depends upon the utilization of the unused and debilitated productive forces.

It also ought to be clear, that the Lautenbach Plan was certainly no mere economic historical episode. Its relevance for today is direct. This will become clearer as we now turn to the current economic policy discussion in the United States.

IV. Das „amerikanische System" und die neue Wirtschaftsdebatte in den Vereinigten Staaten

In jüngster Zeit (1995-96) findet in der amerikanischen Öffentlichkeit eine tiefgreifende Grundsatzdebatte über die Wirtschafts- und Sozialpolitik statt. Wir wollen ihren bisherigen Verlauf im folgenden skizzieren, weil wir glauben, daß es sich dabei nicht um ein tagespolitisches Ereignis handelt. Vereinfacht ausgedrückt geht es bei dieser Debatte darum, ob in den Vereinigten Staaten die neoliberale Wirtschaftspolitik der letzten 25 Jahre fortgesetzt oder ob ein tiefgreifender wirtschaftspolitischer Kurswechsel eingeleitet wird. Zentrale Themen der Debatte sind: die „wirtschaftliche Unsicherheit" der Mittelklasse, sinkende Realeinkommen der Bevölkerungsmehrheit, Industrieabbau, „Freihandel", „Globalisierung" und die Finanzspekulation sowie die Rolle des Staates in der Wirtschaftspolitik.

Dabei drängt sich die Frage des drohenden Kollapses des Finanzsystems immer mehr in den Vordergrund, denn die Schere zwischen den exponentiell anwachsenden Finanzaggregaten und der stagnierenden bzw. schrumpfenden Realwirtschaft öffnet sich immer weiter. Tatsächlich geht es nicht mehr darum, ob es zu einer „systemischen" Finanzkrise kommt, sondern wann.

Als Antwort auf die genannten Krisensymptome wird — teilweise implizit, teilweise explizit — die Rückkehr zu den wirtschaftspolitischen Prinzipien des „amerikanischen Systems" diskutiert. Meist wird in dieser Debatte die Wirtschaftspolitik unter den Präsidenten Franklin D. Roosevelt und John F. Kennedy mit dem „amerikanischen System" assoziiert, aber es finden sich auch vermehrt direkte Hinweise auf Hamilton, Carey und List. Um hier Mißverständnisse zu vermeiden, sollte festgehalten werden, daß die Wirtschaftspolitik der Präsidenten Roosevelt und Kennedy tatsächlich fest in die Tradition des „amerikanischen Systems" eingebettet war. Die neue Wirtschaftsdebatte ist zwar von mancherlei parteitaktischen Manövern und auch von politischer Inkonsequenz gekennzeichnet, aber, wie im folgenden deutlich werden wird, zeigt diese Debatte frappierende Ähnlichkeit mit den grundsätzlichen wirtschaftspolitischen Auseinandersetzungen zur Zeit Alexander Hamiltons und Friedrich Lists. Aus diesem Grund halten wir es für gerechtfertigt, ja geboten, den bisherigen Verlauf der Debatte hier in groben Zügen nachzuzeichnen.

LYNDON LAROUCHE hat bei dieser neuen Wirtschaftsdebatte in den USA intellektuell und politisch die zentrale katalytische Rolle gespielt. Ihr gegenwärtiges politisches Zentrum (Frühjahr 1996) liegt bei einer Gruppe von führenden demokratischen Senatoren und Kongreßabgeordneten um Senator EDWARD KENNEDY. Aber auch im republikanischen Milieu gibt es ver-

IV. The "American System" and the Recent Debate on Economic Policy in the United States

A profound debate on the fundamentals of economic policy occurred recently (1995-1996) in the American public domain. In the following, we shall sketch how this debate unfolded, because we believe that it is not an ephemeral phenomenon. What is at stake, is whether or not the United States will continue the neoliberal economic policy of the past 25 years, or whether a far-reaching change will be introduced in economic policy. The key issues in this debate are the "economic insecurity" of the middle class, reductions in the real income of the majority of the population, stripping of industry, "free trade," "globalization", and financial speculation, as well as the role of the state in economic policy.

The issue of the threatening collapse of the financial system is increasingly at center stage, for the gap between the exponential growth of financial aggregates and stagnating or shrinking real economic factors, is growing ominously. In fact, the issue is not whether there will be a systemic financial crisis, but when.

A return to the economic policy principles of the American System is under discussion as an answer to the cited symptoms of crisis. In this debate, the economic policy of Presidents Franklin Delano Roosevelt and John F. Kennedy, are associated with the American System, but there are, increasingly, references to Hamilton, Carey and List. To avoid misunderstanding here, it should be noted, that the economic policy of Presidents Roosevelt and Kennedy were, in fact, firmly embedded in the tradition of the American System. The new economic debate is, indeed, characterized by some party-tactical maneuvering and also political inconsistency, but, as will become clear in the following, this debate bears an uncanny resemblance to the fundamental economic policy arguments at the time of Alexander Hamilton and Friedrich List. For this reason, it seems justified, even necessary, to sketch this debate in rough outline.

LYNDON LAROUCHE has played the central catalytic role, intellectually and politically, in this new debate on economics in the USA. Currently, the political center of this debate (Spring 1996) lies in a group of leading Democratic Senators and Congressmen around Senator Edward Kennedy. There are individuals also in the Republican milieu who are beginning to

235

einzelte Stimmen, die sich von der neoliberalen Ideologie des „freien Marktes" und der „Konservativen Revolution" vorsichtig zu distanzieren beginnen.

a) Die „Konservative Revolution"

Unter der Präsidentschaft von George Bush (1988-1992) erreichte die ultraliberale Wirtschaftspolitik in den USA einen Höhepunkt. Die Hauptquelle dieser Wirtschaftspolitik war die radikal-freimarktwirtschaftliche oder „thatcheristische" Ideologie der MONT-PÈLERIN-GESELLSCHAFT, die auf den oben erwähnten Wirtschaftsideologen Friedrich von Hayek (1899-1992) zurückgeht. Eine Vielzahl von Instituten, wobei besonders die HERITAGE FOUNDATION zu nennen wäre, sorgten seit Ende der 70er Jahre in den USA für eine breitangelegte Propagandaoffensive zugunsten einer ultraliberalen Wirtschaftsideologie. Die militärischen und militärtechnischen Erfordernisse unter den Bedingungen des Ost/West-Gegensatzes hatten während der Präsidentschaft Ronald Reagans einer thatcheristischen Wirtschaftspolitik in den USA noch gewisse Grenzen gesetzt. Aber unter Bush breiteten sich Industrieabbau (*„downsizing"*), Einkommensverluste der Bevölkerungsmehrheit und Arbeitslosigkeit massiv aus. Parallel dazu wuchsen die Unternehmensgewinne, Stichwort *„shareholder value"*, durch radikale Kostensenkung bei den materiellen und personalen Produktionsfaktoren. Steuersenkungen bei Höchstverdienenden wurden forciert, was zusammen mit der Deregulierung der Finanzmärkte ein wichtiger Faktor der explodierenden Finanzspekulation wurde. Durch die Freihandelspolitik wuchsen die Importe in die USA immer weiter, und das Handelsdefizit verschlechterte sich zunehmend. Bei entscheidend wichtigen Produktionssparten, wie etwa dem Maschinenbau, führte das *„downsizing"* praktisch bis zum Verschwinden dieses Industriesektors in den USA.

Im November 1991 erklärte der New Yorker Spitzenbankier Felix Rohatyn: „Wir haben gerade das Ende einer Dekade erlebt, die durch die größte Spekulation und finanzielle Verantwortungslosigkeit gekennzeichnet war. Finanzielle Deregulierung, leichtes Geld, lasche Bankenaufsicht zusammen mit der Degradierung unseres Wertesystems haben eine Religion des Geldes und des Protzens hervorgebracht... Die Finanzspekulanten haben unser Land und seine Werte in ein Kasino verwandelt."[54]

Es waren im wesentlichen wirtschaftliche und soziale Gründe, die zur Abwahl von Bush führten. Aber unter der Präsidentschaft Bill Clintons kam es bei den Kongreßwahlen im November 1994 wieder zu einer neoliberalen Gegenbewegung, die sich selbst als „Konservative Revolution" titulierte und als deren Führer Newt Gingrich, der Sprecher des Repräsentantenhauses, auftrat. Gingrichs ideologisch-politisches Programm der „Konservativen Re-

take their distance from the neoliberal ideology of the "free market" and the "Conservative Revolution."

a) The "Conservative Revolution"

The influence of ultraliberal economic policy in the USA reached a high point during the presidency of George Bush (1988-1992). The chief intellectual source of this economic policy was the radical free-market economic, or "Thatcherite" ideology of the *Mont Pelerin Society*, which bases itself on the mentioned Viennese economic ideologue, Friedrich von Hayek. A number of institutions, among them the *Heritage Foundation*, launched a broad propaganda offensive at the end of the 1970s in favor of an ultraliberal economic ideology. The military and military-technological requirements, under conditions of the East/West conflict, had set strict limits to the actual application of such Thatcherite economic policy in the USA during the presidency of Ronald Reagan. But under George Bush, reduction of industrial capacities ("downsizing"), income reduction for the majority of the population and unemployment gained the upper hand. In parallel, corporate profits increased ("shareholder value") by radically reducing the costs of material and personnel in production. Tax reductions for the higher income earners were forced through, which, together with the deregulation of the financial markets, became an important factor in the exploding financial speculation. The free-trade policy allowed imports in the USA to grow, and the balance of trade deficit deteriorated further. "Downsizing" in a number of particularly crucial branches of industry, such as machine tools, made this branch of industry in the USA practically disappear.

In November 1991, the New York banker, Felix Rohatyn, stated: "We have just experienced the end of a decade characterized by the greatest speculation and financial irresponsibility. Financial deregulation, easy money, loose banking oversight, together with the degradation of our system of values have brought about a religion of money and greed... The financial speculators have turned our country into a casino."[54]

It was chiefly economic and social factors which led to the defeat of George Bush's bid for reelection to the presidency of the USA. But under the presidency of Bill Clinton, there was once again a neoliberal counter-movement in the interim congressional elections in November 1994, one which called itself the "Conservative Revolution". The Speaker of the House of Representatives, Newt Gingrich, assumed the role of leader in this

volution" wurde als „Vertrag mit Amerika" bekannt.[55] Seine Hauptinhalte waren:
- radikale Freihandelspolitik, konsequentes Verfechten der „Globalisierung" im Finanz- und Güterbereich bei gleichzeitiger Dämonisierung des Protektionismus;
- Propagierung der „postindustriellen", tatsächlich antiindustriellen „Informationsgesellschaft";
- einschneidende Schrumpfung (*„downsizing"*) der Bundesregierung und der Bundesbehörden, Privatisierung und Deregulierung von Staatsfunktionen vor allem im Bereich der Wirtschaft, radikale Ablehnung aller Formen des „Dirigismus" in der Wirtschaftspolitik;
- „Ausgleich" des Haushaltsdefizits durch drakonische und umfassende Kürzungen bei Sozialleistungen; Beseitigung von gesetzlichen Sozialleistungen für Arme, Behinderte und Alte (Renten) auf Bundesebene (Kongreß, Bundesregierung); gezielte Propagierung eines sozialdarwinistischen Wertewandels.
- Senkung der Besteuerung für Besser- und Höchstverdienende (*„capital gains tax"*); Lockerung bzw. Aufhebung von Kontrollen bezüglich der Finanzspekulation; konsequente Unterstützung für die Unternehmenspolitik des *„shareholder value"*.

b) Widerstand gegen die „Konservative Revolution"

Das Programm der „Konservativen Revolution" ist ein radikaler, fast spiegelbildlicher Gegenentwurf zum „amerikanischen System". Gegen dieses neoliberale Kampfprogramm mußte sich Widerstand regen, was auch geschah. LaRouche führte als erster einen gezielten politischen Gegenangriff auf die Konservative Revolution. Er wies nach, daß die Wirtschaftsideologie, die dem „Vertrag mit Amerika" zugrunde liegt, exakt die des „britischen Systems" ist und der Tradition des „amerikanischen Systems" diametral entgegensteht. Mehr noch, das Programm der Konservativen Revolution ist verfassungswidrig, es widerspricht nicht nur dem Geist, sondern den konkreten Aussagen der amerikanischen Verfassung, und zwar nicht nur der Gemeinwohlklausel dieser Verfassung. Gingrichs Demagogie bezüglich des „Haushaltsausgleichs" hielt LaRouche entgegen: „Das Problem mit dem Haushalt besteht nicht darin, daß wir zuviel Geld ausgeben. Wir geben nicht mehr Geld aus, als wir in den 60er Jahren vorgesehen haben. Allerdings ist seither die realwirtschaftliche Basis in den Unternehmen und bei den Arbeitnehmern, und damit die Basis des Steueraufkommens, eingebrochen."

Neben LaRouche trat auch Senator EDWARD KENNEDY offen der Konservativen Revolution entgegen. Am 11. Januar 1995 hielt Kennedy im Nationalen Presseklub eine Rede, worin er sagte, das Herzstück jeder Wirtschafts-

movement. Gingrich's ideological-political program for the "Conservative Revolution" became known as the "Contract with America."[55] Its chief content was:
- Radical free-trade policy, consistent promotion of "globalization" in the financial and commodities sectors, while also demonizing protectionism;
- Propaganda for the "post-industrial," actually anti-industrial "information society";
- Reduction ("downsizing") of the federal government and government authorities, privatization and deregulation of various functions of the state, particularly in the economic area, radical rejection of all forms of "dirigism" in economic policy;
- "Balancing" the budget by means of draconian and comprehensive cuts in social services; annulment of social services for the elderly, disabled, and the poor at the federal level (Congress, Federal Government); propagandizing of a social-darwinist paradigm shift.
- Tax reductions for the higher income earners (*"capital gains tax"*); relaxation or annulment of controls on financial speculation; support for "shareholder value" corporate policies.

b) Resistance against the "Conservative Revolution"

The program of the "Conservative Revolution" is a radical counter-design to the American System. It was inevitable, that resistance would develop against such a neoliberal battle-program, and it did. LaRouche was the first to launch a targeted counterattack against the "Conservative Revolution." He demonstrated, that the economic ideology embodied in the "Contract with America", corresponds precisely to the "British System," and is diametrically opposed to the "American System." Moreover, the program of the "Conservative Revolution is anti-constitutional, it contradicts not only the spirit but also the concrete stipulations of the American Constitution, and that not only with respect to the provisions for the general welfare. LaRouche countered Gingrich's demagogy of the "balanced budget": "The problem of the budget is not that we are spending too much money. We are not spending any more money than we had planned in the 1960s. But the real economic base in businesses and for workers, and thus the tax base, has collapsed in the meantime."

In addition to LaRouche, Senator Edward Kennedy also moved into open opposition to the "Conservative Revolution." Speaking before the National Press Club in Washington on January 11, Kennedy said that the

politik müßten „neue, qualifizierte und gutbezahlte Arbeitsplätze" sein. „Die Präsidenten Franklin D. Roosevelt und John F. Kennedy hätten verstanden, daß Wirtschaftswachstum die „eigentliche Triebkraft" der amerikanischen Nation sei. „Ich glaube an das freie Unternehmertum, aber zugleich auch an eine aktive Regierung... Staatliche Programme sind nicht die Lösung für alle Probleme. Aber der Staat hat nach wie vor eine wichtige Rolle, um gesellschaftliche Probleme zu lösen und dafür zu sorgen, daß in die Menschen und in die für den wirtschaftlichen Erfolg unseres Landes und das Fortkommen seiner Bürger nötige Infrastruktur investiert wird. Gegenteilige Auffassungen widerstreben den Grundwerten unseres Landes und dem geschichtssbildenden Grundsatz ‚wir, das Volk' in unserer Verfassung. Wir dürfen den Menschen nicht die ‚Ressource' Staat wegnehmen. Es ist ihre Regierung, sie muß für sie da sein... Die Bürger wollen einen schlanken, aber keinen ‚kalten' Staat... Es besteht ein Riesenunterschied... zwischen einer Regierung, die das Gemeinwohl befördert, und einer Regierung, die ihre Macht mißbraucht, um den Mächtigen zu Diensten zu sein und die Machtlosen zu bestrafen... Wir müssen uns dem geistlosen Angriff unserer Gegner auf den Staat und seine Regularien entgegenstellen. Hinter dieser Rhetorik für Entstaatlichung verbirgt sich eine Vielzahl von Ungerechtigkeiten und Desinteresse" an den Nöten der Menschen.[56]

Mit dem einsetzenden Haushaltskrieg im Herbst 1995 und der zweimaligen Lahmlegung der Bundesregierung kam es in der amerikanischen Bevölkerung zu einem Stimmungsumschwung gegen die ultraliberale Ideologie des „Vertrags mit Amerika". Es breitete sich die Einsicht aus, daß Gingrichs drakonische Haushaltskürzungen im Namen des „ausgeglichenen Haushalts" keineswegs nur die Ärmsten „am Rande der Gesellschaft" treffen, sondern auch gegen die breite Mittelklasse der Arbeiter, Angestellten und Rentner gerichtet sind. Erstmals seit der Ermordung Martin Luther Kings im Jahre 1968 begannen die Afroamerikaner sich im Herbst 1995 wieder politisch zu artikulieren. Der friedliche, disziplinierte „Marsch der Million Männer" im Oktober 1995 in Washington bedeutete den Beginn einer Wiedergeburt der schwarzen Bürgerrechtsbewegung, wobei wirtschaftliche und soziale Fragen eine Schlüsselrolle spielen.

Im Herbst 1995 begann auch die amerikanische Gewerkschaftsbewegung aus ihrem fast 20jährigen Dämmerzustand zu erwachen. Bei der neuen, aktivistischen Gewerkschaftspolitik geht es nicht nur um die Umkehr des Mitgliederschwunds und um Einkommensverbesserungen für die Arbeitnehmer. Die neue Gewerkschaftsführung scheint entschlossen, sich aktiv in die Debatte um die „große" Wirtschaftspolitik einzuschalten und sie im Sinne der Politik Roosevelts und Kennedys zu beeinflussen.

core of every economic policy had to be "jobs, the expansion of jobs, good jobs, well paid". Presidents Franklin D. Roosevelt and John F. Kennedy understood, that economic growth is the "driving force" of the American nation. "I believe in free enterprise, but I believe in active government too... A federal program is not the solution to every problem. But there continues to be an important federal role in solving the problems of our society by investing in people and the infrastructure needed for our country to succeed and our citizens to thrive. To believe otherwise is hostile to the basic values of our country and to the historic concept of 'we the people' in our constitution. We must not rob the people of the resource of government. It is their government, and we must make it work for them... People want government to be lean, not mean. There is a large difference... between using government to promote the general welfare and misusing it to pander to the powerful and punish the powerless... We must also resist our opponents' mindless anti-government vendetta against regulation, a rhetoric leading to an across-the-board assault on government that hides a multitude of injustices and indifferences."[56]

With the beginning budget war in the fall of 1995 and the paralysis of the Federal Government, there was a shift of mood in the American population against the ultraliberal ideology of the "Contract with America." It was understood, that Gingrich's draconian budget cuts, in the name of the "balanced budget", were not only aimed against the poorest at the fringes of society, but especially against the broad middle class of workers and pensioners. For the first time since the assassination of Martin Luther King in 1968, the Afro-Americans began to articulate themselves once again in the fall of 1995. The peaceful and disciplined "Million Man March" in October 1995 in Washington, D.C., signified the beginning of the rebirth of the Black *Civil Rights Movement*, and economic and social issues were the crucial factor here too.

In the Fall of 1995, the American Trade Union Movement woke up out of a daze of nearly 20 years. The issue for the new activist trade union policy is not only to reverse the pattern of reduced membership and improving incomes for the members. The new trade union leadership seems determined to actively intervene into the debate over the larger issues of economic policy and to influence policy in the direction of Roosevelt and Kennedy.

c) List und Hamilton werden „ausgegraben"

Die neue Wirtschaftsdebatte entbrannte erst im Jahre 1996 in vollem Umfang, aber bereits seit Anfang der 90er Jahre waren, neben der konsistenten, seit Mitte der 70er Jahre offensiv vertretenen Position LaRouches für das „amerikanische System", vereinzelt Aufsätze und Artikel erschienen, die einen Bezug zwischen Hamiltons und Lists Wirtschaftstheorie und der Wirtschaftspolitik der Gegenwart herstellten. Es seien hier einige Beispiele genannt:

Fast zeitgleich mit der oben erwähnten Rede Ted Kennedys erschien am 7. Januar 1995 in der *International Herald Tribune* ein Artikel des US-Kolumnisten WILLIAM PFAFF mit der Überschrift: „Der Markt allein kann keine gute Gesellschaft produzieren." Pfaff attackiert die Vorstellung, daß die „Maximierung des Welthandels" der einzige Weg sei, „Prosperität für alle" zu schaffen. Die „religiöse Verklärung des Marktes" und die „Orthodoxie der internationalen Arbeitsteilung" hätten in vielen, einst vollbeschäftigten Ländern zu „10-20 Prozent Arbeitslosigkeit" geführt. Diese Arbeitslosen hätten früher „Reichtum produziert" und seien zugleich „Konsumenten und Steuerzahler" gewesen.

In der Geschichte gebe es genügend Beweise für das Funktionieren einer anderen Wirtschaftspolitik als die der letzten Jahre, schreibt Pfaff. „Die ‚Wirtschaftswunder', die in den 50er und 60er Jahren in Japan und in anderen asiatischen Ländern in den 70er und 80er Jahren stattfanden, sind das Ergebnis förmlichen oder informellen Protektionismus — der weiter anhält. Das gleiche gilt für den großen Aufschwung der amerikanischen Wirtschaft im 19. Jahrhundert. Und das britische Empire dominierte die Weltwirtschaft, indem es den Freihandel predigte, aber in der Praxis die Interessen des Empire obenan stellte. Wie James Fallows meint, verschließt die gängige orthodoxe Lehrmeinung amerikanischer und britischer Ökonomen, die die Theorie der Handelsmaximierung vertreten, lieber die Augen vor den Gründen für die kontinentaleuropäischen und japanischen Erfolge in der Nachkriegszeit. Diese Länder gaben (und geben) der Produktion, nicht dem Konsum den Vorzug. Sie handeln in der Tradition des deutschen Ökonomen Friedrich List aus dem 19. Jahrhundert (und, wie Mr. Fallows anmerkt, auch von Alexander Hamilton). List sagte, das Wohlergehen einer Gesellschaft und ihres Reichtums sei nicht davon abhängig, was sie kaufen, sondern was sie herstellen können."

Der von Pfaff erwähnte JAMES FALLOWS hatte Mitte 1994 im *Atlantic Monthly* eine Serie von Artikeln veröffentlicht, worin er darlegte, daß die Vereinigten Staaten durch die Wirtschaftspolitik von Hamilton und List zur weltweit führenden Industriemacht geworden sind. Im gleichen Jahr veröffentlichte Fallows sein Buch *Looking into the Sun* über den „Aufstieg des

c) List and Hamilton Are Hauled off the Book-shelves

The new economic debate flamed up again in 1996 in yet greater dimensions. Many of the themes struck by LaRouche since the mid-1970s on the issues of American System economic policy, are reflected in this debate, but over the course of the 1990s, in general, there have been scattered essays and articles referencing the economic theory and policies of Hamilton and List, and their relevance for the present. Merely to cite some examples of this:

In the same time-frame as Senator Kennedy's remarks at the National Press Club, an article by U.S. columnist, WILLIAM PFAFF, was published in the January 7, 1997 edition of the *International Herald Tribune*, titled "The Market Alone Cannot Produce a Good Society". Pfaff attacked the idea, that the "maximization of world trade" is the only way to create "prosperity for all." The "religious elevation of the market" and the "orthodoxy of the international division of labor has lead to a situation in many countries, where there was once full-employment, of "10-20% unemployment." These unemployed previously "produced wealth," and they were then also "consumers and taxpayers."

History, Pfaff argued, provides sufficient proof that an economic policy quite different from that practiced in recent years, does function. "The 'economic miracles' which occurred in the '50s and '60s in Japan and other Asiatic countries in the '70s and '80s are the consequences of a formal and informal protectionism — and it is still being practiced. The same is true of the growth of the American economy in the 19th century. and the British Empire dominated the world economy by preaching free-trade, while it practiced a protectionism of the preferences of the Empire. As James Fallows said, the current orthodox academic American and British economists, who preach a theory of maximizing trade, prefer to shut their eyes to the reasons for the continental European and Japanese successes in the postwar period. These countries gave (and give) priority to production, and not consumption. They act in the tradition of the German economist Friedrich List in the 19th century (and, as Mr. Fallows notes, also of Alexander Hamilton). List said, that the welfare of a society and its wealth are not dependent upon what it buys, but upon what it can produce."

JAMES FALLOWS, mentioned by Pfaff, published a series of articles mid-1994 in the *Atlantic Monthly*, where he demonstrated, that the United States had become a leading economic power worldwide by means of the economic policy of Hamilton and List. In the same year, Fallows published his book, *Looking into the Sun*, on the "rise of the new economic and

neuen ökonomischen und politischen Systems in Ostasien", in dem er den Einfluß von List und Hamilton in Asien nachdrücklich betont.[57]

Im Dezember 1994 veröffentlichte das US-Magazin *The National Interest*, worin sonst eher neokonservative Kreise zu Worte kommen, eine Art „Rehabilitierung" Lists und Hamiltons. MICHAEL LIND, ein Redakteur des US-Magazins *Harper's*, schreibt darin, daß List und Hamilton auch für die Festlegung der heutigen Wirtschaftsstrategien in den westlichen Industrieländern, den postkommunistischen Ländern und der Dritten Welt erhebliche Bedeutung zukomme. Er verwirft den Mythos, der Freihandel mit wirtschaftlicher Prosperität gleichsetze. Genausowenig sei der Freihandel die Ursache des wirtschaftlichen Aufstiegs der USA gewesen, das Gegenteil treffe zu. Lind zeigt auch den wichtigen Einfluß der Ökonomen des amerikanischen Systems Matthew und Henry Carey sowie Henry Clay auf die Politik Präsident Abraham Lincolns auf. Es sei abwegig zu behaupten, der globale Freihandel habe die Basis für die *Pax britannica* des 19. Jahrhunderts gelegt, denn diese Zeit sei keineswegs friedlich gewesen. Die „Londoner City" sei von „vielen amerikanischen und deutschen Wirtschaftspionieren des 19. Jahrhunderts gefürchtet und verabscheut" worden. Der industrielle Aufstieg der Vereinigten Staaten sei eben nicht das Ergebnis einer „*Laissez-faire*-Entwicklung". Und Lind wendet sich auch gegen jene, die behaupten, daß „protektionistische Zölle, welche die Grundlage der Industrialisierung Amerikas, Deutschlands und Japans legten", den Weg für den „Faschismus und den Zweiten Weltkrieg bereitet hätten". „Tatsächlich entwickelten sich die USA vor allem auf der Grundlage einer eigenständigen amerikanischen Theorie des Kapitalismus, der amerikanischen Theorie der ‚Nationalwirtschaft'... Der Vater des amerikanischen Wirtschaftsnationalismus ist Alexander Hamilton."

Lind charakterisiert die Südstaaten als Instrument der britisch-imperialen Politik, denn „natürlich wurde die antiindustrielle Freihandelspolitik der von den Südstaaten dominierten Vereinigten Staaten von der britischen Elite unterstützt, weil sie wollte, daß die USA eine Quelle von Nahrungsmitteln und Rohstoffen blieb, anstatt zum Konkurrenten in Industrie und Handel zu werden... Die ‚Hamiltonier' kamen schließlich 1860 mit Abraham Lincoln und der Republikanischen Partei an die Macht. Die Sklavenhalter im Süden verließen prompt die Union... Die Philosophie des Hamiltonischen Nationalismus beseelte die Republikanische Partei, als sie den Süden zerschlug und zwischen 1860 und 1932 den Grundstein für die amerikanische Weltmacht legte." Dabei sei Lincolns Politik der Entwicklung des Eisenbahnnetzes in den Vereinigten Staaten hervorzuheben.

Lind weist darauf hin, daß in der Mitte des 19. Jahrhunderts Henry Carey auch Rußland und Deutschland aufgefordert habe, „das oppressive Frei-

political system in East Asia," in which he explicitly emphasizes the influence of List and Hamilton in Asia.[57]

The U.S. magazine, *The National Interest*, usually the mouthpiece of neoconservative circles, published an article in December 1994 which was tantamount to a "rehabilitation" of List and Hamilton. The article, authored by MICHAEL LIND, an editor of the U.S. magazine *Harper's*, stated that List and Hamilton were very important for economic strategies today in western industrial countries, post-communist countries and in the Third World. Lind rejects the myth that free trade and economic prosperity are equivalent. Free trade, Lind argued, was not responsible for the economic rise of the United States, but the contrary. Lind documented the influence of the economists of the American System such as Mathew and Henry Carey as well as Henry Clay on the economic policy of Abraham Lincoln. It were ridiculous to claim, that global free trade was the basis for the *Pax Britannica* of the 19th century, since that period was anything but peaceful, and the "City of London... had been feared and detested by many American and German modernizers in the 19th century." The industrial rise of the United States was not the result of a "laissez-faire development", Lind writes. And he denounces those, who accuse "protectionist tariffs, the foundation for American, German and Japanese industrialisation" of "inspiring fascism and World War II". "In fact, the U.S. developed largely on the basis of an indigenous American theory of capitalism, the American School of 'national economy'... The father of American economic nationalism is Alexander Hamilton."

Lind characterized the southern states of the USA as instruments of British imperial policy. "Not unnaturally, the anti-industrial, free trade policies of the Southern-dominated United States were encouraged by the British elite, who wanted the United States to be a source of foodstuffs and raw materials rather than a rival in industry and commerce... The Hamiltonians finally came to power, in the form of Abraham Lincoln and the Republican party, in 1860. The Southern slave-owners promptly left the union... The philosophy of Hamiltonian nationalism guided the Republican party as it crushed the South and laid the foundation for American world power between 1860 and 1932." Lincoln's policy of building the railroad network was exemplary.

Lind points out, that Henry Carey called upon Russia and Germany in the middle of the 19th century to oppose "the oppressive system of free

handelssystem" zu bekämpfen. Deutschland sei dem „amerikanischen Modell des protektionistischen Kapitalismus" gefolgt, wodurch es zur „anderen großen wirtschaftlichen Erfolgsgeschichte des 19. Jahrhunderts" geworden sei. Entscheidenden Anteil daran habe Friedrich List gehabt, der „in Deutschland Hamiltons Lehre verbreitete".

Diese von Pfaff, Lind und Fallows präsentierten historischen Fakten waren bis zu diesem Zeitpunkt fast ein Vierteljahrhundert lang in der amerikanischen Öffentlichkeit praktisch als Tabu behandelt worden. Die große Ausnahme dabei waren wiederum Lyndon LaRouche und seine Mitarbeiter. Linds Artikel von 1994 zeigt übrigens auffallende Ähnlichkeiten mit dem Buch *Der Bürgerkrieg und das amerikanische System*, das 1978 von dem 1992 verstorbenen ALLEN SALISBURY, einem engen Mitarbeiter LaRouches, veröffentlicht worden war.

d) Eine neue Wirtschaftsstrategie?

Doch nun zurück zur Wirtschaftsdebatte des Jahres 1996. Am 8. Februar 1996 erfolgte TED KENNEDYS zweite grundlegende wirtschaftspolitische Intervention. Er entwarf eine „neue Wirtschaftsstrategie" gegen Amerikas „stille Depression". Haussierende Börsen mit ihren „Indikatoren" erweckten den Anschein, es ginge der Wirtschaft sehr gut, doch „dieser Schein trügt". Tatsächlich, „arbeiten die Amerikaner mehr und verdienen weniger. Ihr Lebensstandard stagniert oder sinkt. Sie geraten immer tiefer in Schulden und haben weniger Geld zur Verfügung. Sie haben Sorgen — daß sie ihre Arbeitsplätze und ihre Krankenversicherung verlieren, daß sie sich die Erziehung ihrer Kinder und die Pflege ihrer alten Eltern nicht mehr leisten und irgendwie etwas als Sicherheit für ihr eigenes Alter zurücklegen können."

Kennedy zitierte seinen ermordeten Bruder John F. Kennedy mit dem Satz: „Eine steigende Flut hebt alle Boote", und fuhr dann fort: „In den goldenen Jahrzehnten nach dem Zweiten Weltkrieg war dies auch so. Aber die Flut von heute hebt nur wenige Boote — vor allem die Jachten. Der größte Teil der wirtschaftlichen Gewinne fließt einigen wenigen zu, während die Arbeiter, die Stärke und Seele dieses Landes und seiner Wirtschaft, zu kurz kommen. Vom Zweiten Weltkrieg bis 1973 kam das nationale Wirtschaftswachstum der überwältigenden Mehrheit der Amerikaner zugute. Seit 1973 aber mußten die unteren 60 Prozent der amerikanischen Beschäftigten sogar Einbußen hinnehmen, während das Einkommen der reichsten 5 Prozent um beinahe ein Drittel gestiegen ist und sich das Einkommen des obersten

trade." Germany followed the model of "American-style protectionist capitalism," which made it into "the other great economic success story of the 19th century." Friedrich List played an important role in that achievement, because he spread Hamilton's doctrines to Germany.

The historical facts cited by Pfaff, Lind, and Fallows had been forbidden and poisoned fruit for nearly a quarter century, as far as the American public and its knowledge of its own history was concerned. The relevant exception, once again, was Lyndon LaRouche and his associates. Lind's article of 1994 very much resembles the book *The Civil War and the American System* (1978) by ALLEN SALISBURY (deceased 1992), a close associate of Lyndon LaRouche.

d) A New Economic Strategy?

We return to the economic policy debate of 1996. On February 8, 1996, at the Center for National Policy in Washington, D.C., Senator TED KENNEDY made a second fundamental economic policy intervention. He proposed a "new economic strategy" against America's "quiet depression". Booming stockmarkets with their "indicators" give an appearance that the economy is doing well, "but those appearances are deceiving." "The prosperity is less than it seems — because it is uneven, uncertain, and inequitable. All is not well in the American economic house, because all is not well in the homes of too many American workers and their families. Americans are working more and earning less. Their standard of living is stagnant or sinking. They have been forced deeper into debt and they have less to spend. They worry — about losing their jobs, losing their health insurance, affording their children's education, caring for their parents in old age, and somehow still saving for some semblance of security in their own retirement."

The Senator cited his assassinated brother, John F. Kennedy, that "a rising tide lifts all boats." He noted: "And for the golden decades after World War II, that was true. But today's rising tide is lifting only some of the boats — primarily the yachts. The vast majority of economic gains are being channeled to the wealthy few, while the working men and women who are the strength and soul of this country and its economy are being shortchanged. From World War II until 1973, national economic growth benefited the vast majority of Americans. We were all growing together; but now we are growing apart — and the result is a tip-of-the-iceberg economy. Since 1973, the lower 60 percent of American wage earners — three fifths of our entire workforce — have actually lost ground. Real family income has fallen for 60 percent of all Americans, even as the income of the wealthiest 5 percent increased by nearly a third, and income for the top 1 percent

Prozents verdoppelt hat. Am Beginn des 21. Jahrhunderts stehen wir vor einer wirtschaftlich ungerechtfertigten, sozial gefährlichen, historisch beispiellosen und moralisch inakzeptablen Einkommensschere zwischen den Reichen und dem Rest unseres Volkes..."

Diese Schere werde noch durch die vielen Entlassungen verschärft, was die wirtschaftliche Unsicherheit vervielfache und die sozialen und kulturellen Werte untergrabe. Kennedy beklagte, es gebe „sogar in meiner eigenen Partei Leute, die zwischen Wirtschaftspolitik und den Grundwerten unterscheiden — ein theoretischer Gegensatz, den sie als Vorwand nehmen und mißbrauchen, den fundamentalen wirtschaftlichen Fragen auszuweichen. Aber wir können große soziale Probleme nicht lösen, indem wir den Leuten sagen, sie sollen gute Menschen sein, während sich ihre finanzielle Lage immer mehr verschlechtert... Wir haben keine Chance, die Werte wiederherzustellen, wenn wir die Lebensbedingungen der amerikanischen Arbeiter nicht verbessern. Wenn die Wirtschaft nicht stimmt, stimmt auch alles andere nicht... Die Regierung muß eine Rolle als Anwalt unserer gemeinsamen Interessen und als Ausdruck unserer gemeinsamen Werte spielen."

Als Grundvoraussetzung für alles weitere, betonte er, müsse ein verläßliches, substantielles und dauerhaftes Wirtschaftswachstum sichergestellt werden. Die Federal Reserve — die unabhängige US-Notenbank — müsse Wirtschaftswachstum fördern: „Die Charta der Fed schreibt vor, zwei Ziele zu verfolgen: die Arbeitslosigkeit zu reduzieren und die Inflation zu bekämpfen. Beide Ziele sind wesentlich. Aber die Fed scheint viel zu oft nur eines von ihnen zu verfolgen... Amerika ist historisch eine Wachstumsnation — und jede Politik, die diese Geschichte mißachtet, wird die Gesellschaft in Gefahr bringen."

Insbesondere forderte Kennedy ein „zweigleisiges Steuersystem..., das Unternehmen belohnt, die hier im Inland bessere und besser bezahlte Arbeitsplätze schaffen". Er schlug vor, eine Kategorie meistbegünstigter Unternehmen zu schaffen, für die sich Unternehmen qualifizieren würden, die in den vorangegangenen vier Jahren nachweislich Arbeitsplätze geschaffen, Entlassungen zur Profitmaximierung vermieden, angemessene Löhne gezahlt, Gewinne investiert, aus- und weitergebildet und angemessene Krankenversicherungen und Pensionsleistungen geboten haben. Diese Unternehmen sollten geringer besteuert werden. Ein weiteres wesentliches Element der „neuen Wirtschaftsstrategie" sei es, der Forschung und Entwicklung Priorität einzuräumen: „Nichts kann kurzsichtiger sein als eine Politik, die unnötige Steuersenkungen durch den Rückzug von den wissenschaftlichen Fronten künftiger Prosperität finanziert." Laser, Transistoren, Computer, integrierte Schaltkreise, medizinische Errungenschaften und sogar die Revolution des Internet seien Ergebnis staatlich geförderter Forschung und Entwicklung.[58]

almost doubled. As we approach the 21st century, we confront an economically unjustified, socially dangerous, historically unprecedented, and morally unacceptable income gap between the wealthy and the rest of our people..."

The gap is increasing with the many layoffs, which magnifies economic insecurity and undermines social and cultural values. Kennedy complained, that "there are those, even in my own party, who see a separation between economics and values — a theoretical opposition which they use and misuse as an excuse for evading fundamental economic questions. But we cannot solve great social problems by instructing people to be good while their financial situation is going from bad to worse... We have no chance of restoring values if we don't improve the lives of working Americans. When the economy is wrong, nothing else is right... Government does have a role to play as the agent of our common concerns, and the expression of our shared values."

The basic prerequisite for everything else, he emphasized, must be reliable, substantial and lasting economic growth. The Federal Reserve has to promote economic growth: "The Fed's charter requires it to pay attention to two goals: reducing unemployment and fighting inflation. Both goals are critical, but the Board too often seems to attend to only one of them. We need greater growth... America is historically a growth nation — and any policy that long defies that history will put this society at risk."

Specifically, Kennedy proposed a "two-tier corporate tax rate..., that rewards those corporations which create higher quality and better paying jobs here at home... I am not proposing tax penalties for bad corporate conduct, but tax incentives for good corporate citizenship." He called for creating "a category of 'Most Favored Companies': businesses would qualify for Most Favored Company status on the basis of their quantifiable track record over a rolling four-year period in creating jobs — avoiding layoffs designed simply to maximize profits-paying adequate wages—sharing gains—training and upgrading skills — and providing decent health care and retirement benefits. Most Favored Companies will be taxed at a reduced rate."

Another crucial feature of what he described as a "new economic strategy" would be to "make research a priority... Nothing could be more short-sighted than this policy of financing an unneeded tax cut by retreating from the scientific frontiers of future prosperity. Both the laser and the transistor resulted from government financed R&D." Lasers, transistors, computers, integrated circuits and medical advances, even the revolution of the Internet, were all consequences of state-sponsored Research and Development.[58]

Am 28. Februar 1996 veröffentlichten die Senatoren TOM DASCHLE und JEFF BINGAMAN einen 80seitigen Bericht der von ihnen geleiteten „Arbeitsgruppe hohe Löhne". In der Studie werden eine Reihe von Steueranreizen und anderen Förderungsmaßnahmen dargestellt, die bereits Kennedy angesprochen hatte. Die amerikanischen Unternehmen sollen steuerlich „belohnt" werden, wenn sie bei Löhnen und Ausbildung ihrer Mitarbeiter bestimmte Mindestziele einhalten. Investitionen in neue Fabriken und Ausrüstungen sowie in den Bereich Forschung und Entwicklung (F&E) in den Vereinigten Staaten sollen steuerlich stärker gefördert werden, während Steuerbegünstigungen für reine Finanztitel und für Auslandsinvestitionen beseitigt werden sollen. Importe, nicht Exporte sollen besteuert werden. Steuerlich sollen nur noch zwei Kategorien von Unternehmen unterschieden werden: Firmen, die sich nach den oben genannten Kriterien als „A-Unternehmen" qualifizieren, und jene, die es nicht tun. Bemerkenswert ist der Vorschlag, die Finanzspekulation mit Derivaten zu besteuern, um so den Kapitalzufluß in langfristige Investitionen in Fabriken und Infrastruktur zu erleichtern. Bei allen Wiederverkäufen von Wertpapieren, die innerhalb von zwei Jahren nach deren Kauf getätigt werden, würde eine Wertpapiertransfersteuer (STET) erhoben.[59]

Am 7. März 1996 legte der demokratische Senator BYRON DORGAN das „Gesetz für amerikanische Arbeitsplätze" vor. Dorgan steht Kennedy, Daschle, Bingaman und dem Sprecher der demokratischen Minderheit im Repräsentantenhaus RICHARD GEPHARDT nahe. Dorgan faßte die Kernpunkte seines Gesetzentwurfes wie folgt zusammen: Die amerikanischen Arbeiter „brauchen anständige Arbeitsplätze mit anständigen Löhnen". Lücken in den US-Steuergesetzen, die Unternehmen begünstigen, die ihre Produktion in Billiglohnländer verlegen, müßten beseitigt werden. „Dieses Land existiert nicht allein durch den Konsum. Die wirtschaftliche Gesundheit dieses Landes kommt von dem, was wir erzeugen, industriell fertigen... Die Quelle des Wohlstands in diesem Land ist das, was dieses Land produziert. Wer glaubt, Amerika werde langfristig auch ohne florierende Industrie eine wirtschaftliche Weltmacht bleiben, der hat die britische Krankheit langanhaltenden, allmählichen wirtschaftlichen Niedergangs seit der Jahrhundertwende nicht studiert."

Dorgan machte sich über die professionellen Ökonomen der herrschenden neoliberalen Schule lustig: „Ehrlicherweise sollte ich sagen, daß ich einige Jahre im College Ökonomie gelehrt habe; es ist mir seither gelungen, darüber hinweg zu kommen." Die Ökonomen hätten vergessen, daß Wohlstand das Ergebnis von „guten Investitionen in die Produktion" sei.[60]

On February 28, 1996, Democratic Senators TOM DASCHLE and JEFF BINGAMAN published an 80-page report on a "high wages task force" which they led. The study proposes a number of tax incentives and other measures to promote economic growth, which Senator Kennedy had already addressed. American businesses should be given tax "rewards" if they adhere to certain minimum goals in the wages and training of their workers. Investments in new factories and equipment, as well as in Research and Development, would be given stronger tax incentives, while tax incentives for pure financial titles and foreign investments would be annulled. Imports, not exports, should be taxed. Two categories of corporations should be distinguished for tax purposes: those firms which qualify as "A-corporation" according to the above criteria, and those which do not qualify. One remarkable proposal is to tax financial speculation with derivatives in order to facilitate the flow of capital into long-term investments in industry and infrastructure. Another such proposal is to levy a stock-transfer tax on all resale transactions on stocks, bonds, securities held for less than two years since the original purchase (STET).[59]

On March 7, 1996, Democratic Senator BYRON DORGAN presented "The American Jobs Act". Politically, Dorgan is close to Kennedy, Daschle, Bingaman and the speaker of the Democratic minority in the House of Representatives, RICHARD GEPHARDT. Dorgan summarized the main points of his proposed legislation: American workers "need decent jobs at decent wages." Loopholes in U.S. tax laws which favor businesses which shift production to low-wage countries, must be closed. " "This country does not exist by consumption alone. Economic health in this country is described by what we produce — manufacture, production. The genesis and source of wealth in this country is what does this country produce. Those who believe America will remain a long-term economic world power without a strong vibrant manufacturing economy have not studied the British disease of long, slow economic decline at the turn of the century, when they decided it did not matter where manufacturing existed."

Dorgan mocked the so-called professional economists, who provide the measurements of economic activity. He said: "I guess I should make clear, with truth in labeling, that I taught economics in college for a couple of years, part time; I was able to overcome that and go on and do other things in life." He said the economists who describe "how wonderfully healthy America's economy is" are describing "how much we are consuming, a fair amount, incidentally with debt, debt-assisted consumption, as opposed to manufacturing assisted by good investment."[60]

e) „Protektionist und stolz darauf"

Am 22. März 1996 veröffentlichte der demokratische Senator ERNST HOL-LINGS aus South Carolina in der *Washington Post* einen Artikel mit der Überschrift „Protektionist und stolz darauf". Der „Südstaatler" Hollings verwies auf Abraham Lincolns dirigistische Politik: „Lincoln hätte die heutigen Herausforderungen verstanden. Seine Berater rieten ihm, für den Bau der transkontinentalen Eisenbahnen Stahl aus England zu kaufen. Im Grunde sagte Lincoln: ‚Nein, wir werden unsere eigenen Stahlwerke bauen, so daß die Vereinigten Staaten nach der Fertigstellung nicht nur die Eisenbahn, sondern auch Stahlerzeugungskapazitäten haben werden.' Lincoln dachte nicht an den Handel; Lincoln dachte an den Aufbau der Wirtschaft."

Hollings fuhr fort: „Am Ende des Zweiten Weltkriegs arbeiteten 50 Prozent der Arbeitskräfte in der Produktion; heute sind es nur 13 Prozent. Das waren hochbezahlte Arbeitsplätze, die es einer Familie erlaubten, ein Haus zu besitzen und ihre Kinder auf die Universität zu schicken — und außerdem noch den Marshallplan zu finanzieren, der Europa wieder aufbauen half. Wir müssen den amerikanischen Weg schützen..., bevor Amerika den Weg Englands geht. Der Verlust von Arbeitsplätzen, der Rückgang der Löhne, Kriminalität, der Verfall der familiären Werte, die Not in den Städten, die Erosion der Infrastruktur, der Trend zur Teilung der Gesellschaft in zwei Klassen, all dies ist die Folge einer geschwächten Wirtschaft.

Den ‚Freihandel' gibt es nicht... Ende des Zweiten Weltkriegs verbreiteten die Vereinigten Staaten die Idee des Freihandels, um den Kapitalismus zu verbreiten und um Konsumenten für ihre überwältigende Produktion zu entwickeln. Aber die Länder am Rand des Pazifiks lehnten es ab, Adam Smiths Freihandel zu folgen. Statt dessen gewann Friedrich Lists Kapitalismus, der auf der Stärkung der nationalen Wirtschaft beruhte, in Japan an Boden, und sein Erfolg machte den Protektionismus zum Modell der Weltwirtschaft. Wir versuchten, das zu verhindern. 45 Jahre lang verloren wir Marktanteile... Zölle sind ein Instrument der Handelspolitik. Das zweite Gesetz in der Geschichte des amerikanischen Kongresses, das am 4. Juli 1789 verabschiedet wurde, war ein Zoll auf 60 [Import-]Artikel... Amerika wurde mit Zöllen geschaffen — ,Protektionismus'. Wir müssen uns von der Idee befreien, daß Protektionismus schlecht ist... Es gibt Hunderte von Universitätslehrgängen, Beratern und Denkfabriken, die von ausländischen Produzenten finanziert werden, um den Freihandel zu fördern... Alle anderen Nationen schwatzen vom Freihandel, aber praktizieren Protektionismus. Wenn wir darauf bestehen, werden wir unsere Wirtschaftskraft und unseren Einfluß auf die weltweiten Angelegenheiten verlieren und ironischerweise als Nation isoliert werden... Der sicherste Weg, um eine gefährliche Rückkehr

e) "Protectionist, and Proud of It"

On March 22, 1996, the Democratic Senator ERNST HOLLINGS, from South Carolina, published an article in the *Washington Post* titled "Protectionist and Proud of It." Hollings, a 'Southerner', favorably cited the dirigistic policies of Abraham Lincoln: "Lincoln would have understood today's challenge. To build the transcontinental railroad, his advisers counseled purchasing the steel from England. In essence, Lincoln said, 'No, we shall build our own steel mills, so that, upon completion, not only will we have the railroad, but the United States will have a steel capacity.' Lincoln wasn't thinking of trade; Lincoln was thinking of building the economy."

Hollings continued: "At the end of World War II, 50 percent of our workforce was in manufacturing; today it's only 13%. These were high-paying jobs, that permitted a family to own a home, send the kids to college — and still finance a Marshall Plan that helped resurrect Europe. We must protect the American way — and strengthen the economy leg before America tilts the way of England. Job loss, wage loss, crime, loss of family values, urban blight, the erosion of infrastructure, the drift to two classes of society, all spring from a weakened economy.

"There is no such thing as 'free trade... At the end of World War II, the United States promoted the idea of free trade to spread capitalism and develop consumers for its overwhelming production. But the Pacific Rim countries refused to follow Adam Smith's free market. Instead Friedrich List's capitalism based on strengthening one's national economy took hold in Japan, and its success made protectionism the model for the global economy. We tried to prevent it. For 45 years, we suffered loss of market share."

The Senator recommended that "tariffs... be an instrument of trade policy. The second law passed in the history of the Congress on July 4, 1789, was a tariff bill on 60 articles. The income tax that everyone wants to flatten, was not enacted until 1913; America was built with tariffs—'protectionism.' We must disenthrall ourselves from the idea that 'protectionism' is evil. The fundamental duty of government is to protect. We have the army to protect from enemies without, the FBI to protect from enemies within. We have Medicare to protect from ill health and Social Security from the ravages of old age. We have environmental laws to protect the air we breathe... This is the American standard of living. This standard must be protected."

Hollings concluded: "There are hundreds of college courses, consultants and think tanks financed by foreign manufacture in order to promote free trade... All other nations jawbone free trade but practice protectionism. If we persist, we will lose our economic strength, lose our influence in world

in den Isolationismus herbeizuführen, ist es, den amerikanischen Lebensstandard auf dem Altar des Freihandels zu opfern."[61]

f) Auch Republikaner erinnern sich an das „amerikanische System"
Am 25. April 1996 veröffentlichte der amerikanische Kolumnist GEORGE WILL, der auch zur neokonservativen Strömung des amerikanischen politischen Spektrums gehört, einen Artikel, der das „amerikanische System" und dessen Mitbegründer Henry Clay behandelt. Will nimmt Clay als Referenzpunkt für die aktuelle Notwendigkeit, die staatlichen Ausgaben für die Verkehrsinfrastruktur der USA auszuweiten. Dazu schreibt Will: „Im Jahre 1807 fand sich der junge Senator Clay, der über mit Holzbohlen befestigte Wege aus Kentucky nach Washington gekommen war und dabei noch andere Gefahren überwinden mußte, schon bald in Opposition zu Präsident JEFFERSON, der der Meinung war, die amerikanische Verfassung gestatte es der Bundesregierung nicht, ‚innere Verbesserungen' wie etwa Brückenbauten, die der Kongreß nach Clays Ansicht über den Potomac errichten lassen sollte, zu finanzieren. Solche Verbesserungen standen im Zentrum dessen, was einmal Clays ‚amerikanisches System' werden sollte. Es sah Maßnahmen des Bundes zur Förderung der wirtschaftlichen Dynamik vor, nicht nur, um Prosperität zu schaffen, sondern auch, um Harmonie zwischen den Regionen der Nation herzustellen. Diese Maßnahmen würden die nationale Vitalität befördern, die zu dem führt, was Clay als ‚moralische und intellektuelle Verbesserung des Volkes' bezeichnete."

Abraham Lincoln, der sich für „den Bau der ersten transkontinentalen Eisenbahnen" einsetzte, sei ein „Anhänger Clays" gewesen. Will weist darauf hin, daß in den 50er Jahren unter Präsident Eisenhower mehr als 40 000 km Autobahnen gebaut wurden. Dies „reflektierte ein Denken mit einem langen, stark republikanischen Stammbaum — das tatsächlich bis in die Zeit vor der Entstehung der Republikanischen Partei aus den Resten von Henry Clays Whig-Partei zurückreicht". Deshalb dürfe heute „kein Republikaner in der Tradition von Clay, Lincoln und Eisenhower" staatliche Infrastrukturprojekte in Frage stellen.[62]

Schlußbemerkung

Die neue Wirtschaftsdebatte in den Vereinigten Staaten ist keineswegs abgeschlossen, sie wird weitergehen und sich noch verschärfen. Aber sie hat bereits bewirkt, daß das amerikanische System Hamiltons, Careys und Lists wieder in die aktuelle wirtschaftspolitische Auseinandersetzung und in das öffentliche Bewußtsein zurückgekehrt ist. Genau die wirtschaftspolitischen Grundsatzfragen, die gegenwärtig in den USA zur Debatte stehen, werden

affairs, and ironically become isolated as a nation... The best way to ensure a dangerous return to isolationism is to continue to sacrifice the American standard of living on the altar of free trade."[61]

f) Republicans Remember the "American System"

On April 25, 1996, the American columnist GEORGE WILL, who also belongs to the "neoconservative current" of American political life, published an article on the "American System" and its co-founder, Henry Clay. Will endorses Clay by name, as a reference-point for why there must be more spending for transportation infrastructure. Will wrote: "In 1807, young Senator Clay, having come from Kentucky to Washington over corduroy roads (formed by split treetrunks and logs) and other hazards, quickly found himself in opposition to President Jefferson, who thought the Constitution did not empower the federal government to fund 'internal improvements' such as the toll bridge Clay thought Congress should build across the Potomac. Such improvements were central to what became Clay's 'American System.' It envisioned federal measures nurturing economic dynamism, not just to produce prosperity but to foster harmony among the nation's regions. All of them would have a stake in national vitality conducive to what Clay called the 'moral and intellectual improvement of the people.'

Also Abraham Lincoln, who advocated "the first transcontinental railroads", had been "a Clay man". Will points out, that under President Eisenhower, more than 40,000 miles of new highways were built during the 1950s. This "reflected thinking with a long, strong Republican pedigree — indeed, one that predated the emergence of the Republican Party from, among other groups, remnants of Henry Clay's Whig Party." Will's conclusion is, that "no Republican in the Clay-Lincoln-Eisenhower tradition" should question the national role in addressing such infrastructure needs.[62]

Conclusion

The "new economy debate" in the United States is by no means over with. It will continue and intensify. But it has already had the effect, that the "American System" of Hamilton, Carey and List is once again at the center the current economic debate in the public consciousness. The very fundamental issues of economic policy currently debated in the USA are still

zur Zeit in Europa, vor allem in Deutschland, noch als scheinbar unumstößliche Dogmen gehandelt. Aber für den aufmerksamen Beobachter werden erste Auswirkungen der amerikanischen Wirtschaftsdebatte auch in Europa sichtbar. Mit der sich verschärfenden finanziellen, ökonomischen und sozialen Krise geht die 30jährige Hegemonie des Neoliberalismus zu Ende. Natürlich unterscheiden sich die geschichtlich gewachsenen Verhältnisse in den USA und Westeuropa, aber das wirklich wichtige bei der neuen Wirtschaftsdebatte in Amerika sind nicht spezifische Einzelfragen und parteitaktische Aspekte, sondern die strategische Grundausrichtung der Wirtschaftspolitik.

Noch ist die Weltfinanzkrise kein Thema in der breiten Öffentlichkeit, aber der Zusammenbruchsprozeß des spekulativ aufgeblähten, faktisch bankrotten Finanzsystems, ist nicht mehr nur schleichend. Die offene Systemkrise rückt näher, die international die wirtschaftspolitische Grundsatzdebatte erzwingen wird, deren Anfänge wir gegenwärtig in den Vereinigten Staaten beobachten können. Dann wird man allseits fragen, wen es denn in der Wirtschaftstheorie außer Adam Smith und seinen Nachfolgern sonst noch gibt? Zur Antwort auf diese Frage soll dieses Buch beitragen.

Auch außerhalb Europas und Amerikas werden diese zwölf Listschen Briefe, in denen er mit Leidenschaft für die Entwicklung Amerikas zur Industrienation eintritt, aufmerksame Leser finden. Lists ganzes Werk ist einer Theorie der nationalen wirtschaftlichen Entwicklung gewidmet. Und so wird man in den großen und kleinen Entwicklungsländern rund um die Welt, ebenso wie in jenen Nationen, die nach dem Zusammenbruch des Kommunismus in die Mühlen des globalen Freihandelssystems geraten sind und nun nach einer Alternative zu beiden Mißerfolgen suchen, Lists *Grundriß der amerikanischen politischen Ökonomie* gern als ein Dokument von aktueller Bedeutung zur Hand nehmen.

Michael Liebig, im Mai 1996

treated as irrefutable dogma in Germany. But careful observers ought to be able to notice the initial effects of the American economic debate in Europe, as well. As the financial, economic and social crisis intensifies, 30 years of neoliberal hegemony are coming to an end. The historically conditioned situations in the USA and Europe are different, to be sure, but the important features of the "new economic debate" in America are not specific issues and party-tactical considerations: the fundamental direction of economic policy is up for debate.

The world financial crisis is still not a theme for the broader public, but the process of collapse of the speculatively inflated, de facto bankrupt financial system, is no longer a graduated phenomenon. The open reality of the systemic crisis is approaching closer, which will force an economic policy debate on fundamentals internationally, the beginnings of which we can see now in the United States. Then the question will be: "Aside from Adam Smith and his followers, who else is there in economic theory?" This book is intended to be a contribution to providing an answer to that question.

These twelve letters by List, in which he passionately fights for America's development to become an industrial nation, will also find attentive readers beyond Europe and America. List's entire work is devoted to a theory of national economic development. Thus, in the larger and smaller developing countries around the world, and also in those nations which have been entrapped in the mills of the global free-trade system following the collapse of communism and are now seeking alternatives to both failures, List's *Outlines of American Political Economy* will be eagerly taken up as a document with quite current importance.

Michael Liebig, May 1996

Nachwort

Leibniz und die List-Hypothese

VON LYNDON H. LAROUCHE, IM JULI 1996

Die Unfähigkeit der meisten amerikanischen und deutschen Akademiker, Friedrich List angemessen zu verstehen, hat die gleiche Ursache wie das unzutreffende Bild, das die meisten Angehörigen der russischen Intelligenz vom Grafen Sergej Witte haben: Die Geschichtsschreibung der Neuzeit, so wie sie heute in den USA, Deutschland oder in der ehemaligen Sowjetunion gelehrt wird, ist eine Ansammlung von Märchen, wie giftige Großmütter sie erzählen; wer sie hört, wird unfähig, die wirklichen Persönlichkeiten der wirklichen Geschichte zu erkennen.

Um den Friedrich List, der aus den USA nach Deutschland zurückkehrte, tiefergehender begreifen zu können, müssen wir zu den ersten beiden Jahrzehnten des 18. Jahrhunderts zurückgehen, als der Charakter der künftigen Vereinigten Staaten geprägt wurde. Mit dem Tod der englischen Königin Anna gewann die Fraktion der neovenetianischen Finanzoligarchie um den Herzog von Marlborough und den Thronfolger aus Hannover Georg Ludwig die Oberhand über die englischen Patrioten. Unter diesen Umständen richteten die unterlegenen Patrioten ihre Aufmerksamkeit auf die halbautonomen Kolonien in Nordamerika und sahen in diesen Kolonien die einzige Hoffnung, daß England, Schottland und Irland eines Tages wieder zur Wahrnehmung ihrer eigenen patriotischen Mission zurückfinden könnten.[1]

Die Quellen zeigen dem Historiker, daß diese englischen, schottischen und irischen Patrioten, wie zum Beispiel Jonathan Swift, einem internationalen Netzwerk angehörten, an dessen Spitze der Deutsche Gottfried Wilhelm Leibniz stand. Diese Patrioten und Leibniz sahen ihren Feind in den Dogmen von Ideologen der „venezianischen Partei" Englands wie Thomas Hobbes und John Locke. Seit der Regierungszeit der englischen Königin Anna bis zum heutigen Tag wird die innere Geschichte der nordamerikanischen Kolonien und späteren Vereinigten Staaten von einem Grundkonflikt ge-

---

[1] Vgl. Graham Lowry, *How The Nation Was Won*, Vol. I, EIR, Washington, D.C., 1987.

Epilogue

Leibniz & the List Hypothesis

BY LYNDON H. LAROUCHE, JR., JULY 1996

There is a single, principal reason, that most U.S. and German academics today have been incapable of competent appreciation of Friedrich List, as most among today's Russian intelligentsia lack competent views on Count Sergei Witte. Modern history, as taught in today's U.S.A. and Germany, as in the former Soviet Union, is a collection of wicked grandmother's fairytales, which prevents the victim's mind from recognizing the real people of real history.

To understand more fully the Friedrich List who returned to Germany from the United States, we must go back to the first two decades of the Eighteenth Century, when the character of the future U.S.A. was defined. The death of England's Queen Anne marked the victory of a Venice-directed, financier-oligarchical faction of the Duke of Marlborough and Hannover's George Ludwig, over England's patriots. In this circumstance, the defeated patriots turned their attention to the semi-autonomous colonies in North America, viewing those colonies as the only hope for a future return of England, Scotland, and Ireland, each to its own patriotic cause.[1]

As the records show the historian, those English, Irish, and Scottish patriots, typified by Jonathan Swift, were joined to that international network which was headed by Germany's Gottfried Wilhelm Leibniz. For these patriots, as for Leibniz, the enemy was typified by the dogmas of such English "Venetian Party" doctrinaires as Thomas Hobbes and John Locke. From the reign of England's Queen Anne, to this present day, the internal

---

[1] See H. Graham Lowry, *How The Nation Was Won*, Vol. I, Executive Intelligence Review, Washington, D.C., 1987.

prägt: dem Kampf der „amerikanischen Tories" gegen die amerikanischen Patrioten. Ersteren ging es um John Lockes Parole „Leben, Freiheit, Eigentum", letztere kämpften im Sinne Leibniz' für das unveräußerliche Recht des einzelnen auf „Leben, Freiheit und das Streben nach Glück". Unabhängigkeitserklärung und Präambel der US-Verfassung von 1789 zeugen davon, daß die amerikanischen Patrioten in Leibniz' Fußstapfen wandelten.[2]

In den nordamerikanischen Kolonien des 18. Jahrhunderts und danach in den Vereinigten Staaten haben die Feinde der US-Verfassung und ihrer Präambel stets die „venezianische Partei" Londons — die Partei des üblen Herzogs von Marlborough, John Lockes oder des britischen Empire — den englischen, schottischen und irischen Patrioten vorgezogen. Die „amerikanischen Tories" der Zeit von 1763-1783 wurden im britisch-amerikanischen Krieg von 1812-14 zu offenen Verrätern. Im 19. Jahrhundert fand man unter ihnen die Opiumhändler von Newburyport, Salem und Boston in Massachusetts sowie von New York. Aus den Reihen der „amerikanischen Tories" kamen auch die britischen Agenten, welche die Rebellion der Sklavenhalter inszenierten und anführten, die als „amerikanischer Bürgerkrieg" bekannt wurde.

Die anglophilen US-Präsidenten Franklin Pierce, James Buchanan, Grover Cleveland, Theodore Roosevelt und Woodrow Wilson standen alle in der Tradition der „amerikanischen Tories". Sie alle beförderten gezielt die Sache der Südstaatenkonföderation. Die Präsidenten Calvin Coolidge und George Bush repräsentieren die „Yankee"-Variante unter den anglophilen Übeltätern an der amerikanischen Staatsspitze; sie gehören jedoch zu den schlimmsten „amerikanischen Tories" überhaupt, die aus dem Yankee- und dem Südstaatenlager zusammengenommen.[3] Die Konföderation bekannte sich offen zu Lockes doktrinärer Apologetik der Sklaverei und artikulierte ihren Haß auf die Leibnizschen Prinzipien in der Unabhängigkeitserklärung und der US-Verfassung. Im Mittelpunkt des Kampfes zwischen den amerikanischen Patrioten einerseits und den verschiedenen anglophilen Kräften andererseits stand jedoch die Entscheidung der Patrioten für das *amerikanische System der politischen Ökonomie*. Auf Leibniz zurückgehend, wurde das „amerikanische System der politischen Ökonomie" wesentlich vom amerikanischen Finanzminister Alexander Hamilton formuliert. Die Patrioten stellten sich damit gegen das Dogma des „Freihandels" von Adam Smith, das dieser in *Wealth of Nations*, seinem antiamerikanischen Traktat von 1776, formuliert hatte.

---

[2] Die Präambel der US-Verfassung, zusammen mit der Unabhängigkeitserklärung von 1776, etabliert das fundamentale Rechtsprinzip, von dem der darauf folgende Verfassungstext abgeleitet ist.

[3] Vgl. Anton Chaitkin, Treason in America, New York 1986.

history of Eighteenth-Century North American colonies, and the United States, has been a war by "American Tory" devotees of John Locke's "Life, Liberty, and Property," against the American patriots commited to Leibniz's "Life, Liberty, and the Pursuit of Happiness." As the U.S. Declaration of Independence, and the Preamble of the 1789 U.S. Federal Constitution attest, the patriots of the United States have always followed in the footsteps of Leibniz.[2]

Inside the Eighteenth-Century colonies, and inside the United States since, the treasonous opponents of the Federal Constitution and its Preamble, have always preferred the "Venetian Party" London of the evil Duke of Marlborough, of John Locke, and the British Empire, to the English, Irish, and Scottish patriots. The Yankee "American Tories" of 1763-1783, became the outright traitors of 1812-1815. They were the Nineteenth-Century opium-traders, both of Massachusetts' Newburyport, Salem, and Boston, and of New York City. These American "Tories" also supplied the British agents who organized and led the slave-holders' rebellion called the "Civil War."

Anglophile U.S. Presidents of this same "American Tory" tradition, such as Franklin Pierce, James Buchanan, Grover Cleveland, Theodore Roosevelt, and Woodrow Wilson, were fully witting promoters of the Confederates' cause. Presidents Calvin Coolidge and George Bush, were plainly Yankee varieties of scoundrel, but among the worst scoundrels of the U.S.'s Anglophile chief executives, Yankee or pro-Confederacy alike.[3] As the Confederacy openly avowed its devotion to the pro-slavery doctrine of Locke, and hatred against the contrary, Leibnizian principle of the U.S. Declaration of Independence and Federal Constitution, the fight (between the U.S.'s patriots, on the one side, and all the treasonous Anglophiles, on the other), has been centered in the patriots' choice of the Leibnizian *American System of political-economy* of U.S. Treasury Secretary Alexander Hamilton, against the contrary, "free trade" dogma of Adam Smith's anti-American tract of 1776, the so-called *Wealth of Nations*.

---

[2] The Preamble to the U.S. Constitution, taken as subsuming the 1776 Declaration of Independence, sets forth the fundamental principle of law under which the remainder of the Constitution is subsumed.

[3] See Anton Chaitkin, *Treason in America*, 2nd edition, New Benjamin Franklin House, New York 1986.

Auch heute lebt die verräterische Tradition der „amerikanischen Tories" fort. Mit existentialistischen Sympathien für die „verlorene Sache" der Konföderation vermischt, wird sie von den anglophilen Ideologen der großen Medienkonzerne Murdoch, Hollinger oder Bertelsmann getragen und findet ihren Ausdruck etwa im *Wall Street Journal,* der *Washington Times* oder in Magazinen wie *Commentary* und *American Spectator.* Aus diesen Komponenten setzt sich die profaschistische politische Tendenz des „Vertrages mit Amerika" zusammen. Hinzu kommen noch die radikalen Vertreter des „Kommunitarismus". Bei alledem geht es darum, eine „Weltregierung" zu schaffen, indem man die US-Verfassung und mit ihr die noch souveräne, angeblich so „übermächtige" Regierung der Vereinigten Staaten zersetzt.

Der fortlaufende Konflikt zwischen der republikanischen und der oligarchischen Tradition in Nordamerika ist von entscheidender Bedeutung, will man den Geist eines Friedrich List verstehen, der die amerikanischen Prinzipien der Nationalökonomie in Deutschland eingeführt hat. Gottfried Wilhelm Leibniz' prägender Einfluß auf das Denken der amerikanischen Patrioten ist entscheidend, wenn man den Einfluß des amerikanischen Systems der politischen Ökonomie auf das Denken von Friedrich List verstehen will.

Leibniz' Einfluß auf die Herausbildung der patriotischen Institutionen der Vereinigten Staaten wirkte noch auf eine andere Art auf Friedrich List. Man vergleiche die. amerikanische Verfassung von 1789 mit allen anderen „Verfassungen", die nach 1789 in Kraft gesetzt wurden. Großbritannien hat zum Beispiel gar keine Verfassung im eigentlichen Sinne. Die meisten sogenannten „Verfassungen", sofern sie überhaupt irgendein Prinzip zum Ausdruck bringen, bestehen hauptsächlich aus Auflistungen von „Geboten" und „Verboten". Es handelt sich dabei um eine komplexe, oft widersprüchliche Ansammlung von „Grundgesetzen". Beispiele dafür sind die Verfassungen praktisch aller lateinamerikanischen Staaten, die alte Verfassung der Sowjetunion oder auch das deutsche *Grundgesetz.* Bevor der Begriff der „Grundgesetze" in das amerikanische Staatsrecht einsickerte, indem man eine Kombination zweifelhafter Verfassungszusätze und seltsamer juristischer Verdrehungen der ursprünglichen Verfassungsabsicht einführte, war das „Grundgesetz" der US-Verfassung mit den prinzipiellen Verpflichtungen der Präambel zum Ausdruck gebracht. Der übrige Verfassungstext beschreibt die Institutionen, die notwendig sind, um die Selbstregierung der Staatsbürger und ihrer Nachkommenschaft zu gewährleisten. Die amerikanische Bundesrepublik war so konzipiert, daß sie von gewissen Prinzipien geleitet würde, und nicht von irgendwelchen wirren Regularien.

Uns geht es hier darum, die Leibnizschen Implikationen der Unabhängigkeitserklärung und der US-Verfassung zu beleuchten, die beide auf dem

Today, that same, treasonous, "American Tory" tradition, with strong existentialist affinities to the "Lost Cause" of the Confederacy, together with the Anglophile ideologues of the Hollinger, Murdoch, Bertelsmann, *Wall Street Journal*, *Washington Times*, *Commentary*, and *American Spectator* publishing enterprises, are the core of the leading profascist political currents in today's "Contract with America" and "communitarian" radicals working to build up world government through the weakening of the U.S. Constitution, and its sovreign "big government."

That continuing conflict between the republican and oligarchical traditions within North America, is key for understanding the mind of the Friedrich List who introduced the American principles of national economy to Germany. The influence of Gottfried Wilhelm Leibniz in shaping the thinking of American patriots, is key to understanding the influence of the American System of political-economy upon the mind of List.

Leibniz's influence on the shaping of U.S. patriotic institutions was also presented to Friedrich List in another way. Compare the U.S. Federal Constitution of 1789 to virtually every other so-called "constitution" of the world adopted after 1789. Britain, for example, has no constitution in the proper meaning of that term; whereas, most so-called "constitutions," if they express any principle at all, are predominantly lists of "do's and don't's," constituting a complex, and often self-contradictory aggregation of "basic law." Examples of such uses of the notion of "basic law," include the constitution of virtually any Spanish-American state, the old Soviet constitutions, or Germany's *Grundgesetz*. Until the notion of "basic law" began to be inserted into U.S. law through a combination of dubious amendments and curious judicial perversions of the original intent, the U.S. Constitution's "basic law" is the statement of principled commitment identified by the Preamble, whereas the remainder of the Constitution establishes the necessary institutions of self-government on behalf of the citizenry and its posterity. The U.S. Federal republic was conceived as governed by principle, rather than *shibboleth*.

For our purposes here, we focus upon the Leibnizian implications of the U.S. Declaration of Independence and Federal Constitutions as premised

Leibnizschen Begriff des Rechtsprinzips beruhen. Unter „Prinzip" verstehen wir keinen Denkspruch, sondern eine Hypothese in dem Sinne, wie etwa Leibniz und später Bernhard Riemann Platons Methode der Hypothesenbildung anwandten. In erster Näherung bedeutet „Hypothese" die funktionale Einheit eines Bündels von Axiomen, Postulaten und Definitionen, wodurch bestimmt wird, welche Aussagen als Theoreme zu einem Theoremgitter passen. Die „Hypothese" umfaßt die Leitprinzipien, die bei der Entscheidung zum Tragen kommen, ob eine Aussage ein zulässiges Theorem innerhalb eines Theoremgitters ist oder nicht.

In der Praxis eines Verfassungsrechts, das mit einem solchen Prinzip der Hypothese übereinstimmt, braucht man nicht jedes einzelne „Grundgesetz" zu proklamieren; es geht vielmehr darum, daß kein Gesetz verabschiedet werden darf, das der zugrundeliegenden Hypothese widerspricht, denn diese Hypothese ist das Rechtsprinzip, das die Gesamtheit der Gesetze prägt.

Das gleiche Prinzip der Hypothese liegt dem zugrunde, was Alexander Hamilton in seinem *Bericht über das Manufakturwesen* vom Dezember 1791 als das „amerikanische System der politischen Ökonomie" bezeichnet. Es besteht eine wechselseitige Abhängigkeit zwischen der republikanischen Verfassung der Vereinigten Staaten und dem amerikanischen System der politischen Ökonomie. Eines kann ohne das andere nicht lange weiterbestehen. Die Prinzipien, die beiden wechselseitig verbundenen Systemen des Rechts und der Wirtschaft zugrunde liegen, bilden ein gemeinsames Prinzipienbündel. Aus Axiomen, Postulaten und Definitionen bestehend, kann dieses folglich als Hypothese beschrieben werden.

Um die Arbeit von Friedrich List nach seiner Rückkehr aus den USA nach Deutschland verstehen zu können, muß zunächst die „List-Hypothese" abgeklärt werden.

Das Wesen der Geschichte

Der Grundfehler aller etablierten Lehrmeinungen über die Geschichtsentwicklung liegt in deren Unwissenschaftlichkeit, die unweigerlich zu Falschaussagen führen muß. Diese Lehrmeinungen erheben den Anspruch, auf einer Chronologie von Fakten zu beruhen, wobei aber zielstrebig gerade jene Tatsache ignoriert wird, die den Unterschied zwischen der menschlichen Gesellschaft und einer Bande höherer Affen ausmacht. Hierin liegt der Grundirrtum dessen, was an den Universitäten der USA und Europas als Geschichte gelehrt wird, und hierzu sind auch die Geschichtslegenden der ehemaligen Sowjetunion und der DDR zu zählen. Wenn man sich dieser durchdringenden Stümperhaftigkeit der Historiker des 20. Jahrhunderts bewußt ist, lassen sich viele Probleme verstehen, die unsere heutige Gesell-

upon a Leibnizian notion of principle of law: "principle" signifying, not apophthegm, but hypothesis, as Plato's concept of a method of "hypothesis" is employed by Leibniz and Bernhard Riemann, for example. In first approximation, this signifies "hypothesis" as representing the functional unity of a set of axioms, postulates, and definitions, in determining which propositions might be accepted as theorems of a lattice-work of such theorems. "Hypothesis" signifies the governing principles which underlie the determination, whether a proposition does or does not qualify for admission to the rank of theorem within such a lattice-work of theorems.

In a practice of constitutional law consistent with such a principle of hypothesis, one does not prescribe each "basic law;" rather, one requires that no law be enacted which does not conform to the underlying hypothesis, that hypothesis being the principle which is the law taken in its expandable entirety.

The same principle of hypothesis underlies what U.S. Treasury Secretary Alexander Hamilton identified (e.g., in his Dec. 1791 *Report on the Subject of Manufactures*) as "the American System of political economy". There is the reciprocal relationship, a relationship of interdependency, between the constitutional form of the U.S. Federal republic and the *American System of political economy*. The one could not long survive without the other. The principles underlying these two, mutually dependent systems, of law and economy, represent a common, underlying set of principles, principles fairly described as axioms, postulates, and definitions. Ergo, an hypothesis.

Thus, to understand the work of Friedrich List during the period since his return to Germany, from the United States, one must first identify the relevant "List Hypothesis."

The Essence of History

The essential incompetence of all customarily taught versions of history, is that they are incurably anti-scientific, and, thus, essentially false. What is taught purports to be based upon a chronology of fact, but zealously prohibits any regard for the single fact which distinguishes a society of human beings from a troop of macaques, chimpanzees, or baboons. That is the folly of history as taught in universities in the U.S.A. and throughout Europe, including the mythology taught as history in the former Soviet Union and German Democratic Republic. Recognition of this pervasive incompetence of the 20th Century's historians, is key to understanding many of the crippling problems of society today; it is key to overcoming the failure of many, either to recognize the major importance of List's role in the history of both the 19th and 20th Centuries, or, to reconize the pathetic

schaft plagen; dann wird klar, warum viele Leute die herausragende Bedeutung von Friedrich List im 19. und 20. Jahrhundert nicht einsehen oder die pathologischen Fehleinschätzungen der meisten Experten hinsichtlich der Leistung Lists nicht durchschauen.

Tatsächliche Kompetenz in der Geschichtswissenschaft ebenso wie in der Wirtschaftswissenschaft, der Soziologie, der Psychologie und der Philosophie hängt vom Erfassen zweier Tatsachenebenen in der bekannten Menschheitsgeschichte und der Vorgeschichte ab.

Erstens hätte keine Gattung bekannter höherer Affen oder anderer „menschenähnlicher" Geschöpfe während der vergangenen zwei Millionen Jahre eine Bevölkerungsgröße von mehreren Millionen überschreiten können. Doch die menschliche Weltbevölkerung umfaßte bereits vor der Renaissance im 15. Jahrhundert mehrere hundert Millionen Menschen und ist in diesem Jahrhundert auf über fünf Milliarden angewachsen. Den entscheidenden Unterschied in den kognitiven Fähigkeiten zu erkennen, der das menschliche Individuum von allen Tiergattungen absolut abgrenzt und über sie erhebt, ist die Grundvoraussetzung der Geschichtswissenschaft im allgemeinen und der Ökonomie, Psychologie und historischen Einzelforschung im besonderen. Aus diesem Unterschied folgt nämlich das menschliche Vermögen, die potentielle relative Bevölkerungsdichte der Menschheit zu steigern.[4]

Die zweite historische Grundtatsache ist, daß vor der Schaffung des ersten souveränen Nationalstaates — das Frankreich der Renaissance unter Ludwig XI. (1461-1483) — die Grundstruktur der Gesellschaft so beschaffen war, daß überall auf der Welt mindestens 95 Prozent der Menschen in Verhältnissen lebten, die man als die von „menschlichem Vieh" bezeichnen muß: Sie existierten als Sklaven, Leibeigene oder in noch schlimmeren Verhältnissen. Trotz gegenläufiger Impulse in den griechischen Stadtstaaten Ioniens und im Athen von Solon und Platon herrschte während der ganzen Zeit des römischen und byzantinischen Reiches und des europäischen Feudalismus das oligarchische Modell in der Tradition des alten Babylon vor. Das babylonische Modell kommt auch in der Tradition des britischen Empire zum Ausdruck, das heute noch in Form des britischen „Commonwealth" fortexistiert.

---

[4] Vgl. Lyndon H. LaRouche, *Was Sie schon immer über Wirtschaft wissen wollten*, Dr. Böttiger-Verlag, Wiesbaden 1985. Der Autor entwickelte den Begriff der potentiellen relativen Bevölkerungsdichte in den Jahren 1948-52. Es war zwar eine genuine Neukonzeption, aber zugleich der ausgereifte Ausdruck eines Konzepts, das in Leibniz' Arbeiten zur Wissenschaft der physikalischen Ökonomie von 1671-1716 bereits implizit enthalten war.

errors of judgment exhibited among most of those ranked as authorities on the subject of List's work itself.

Competence in historiography, as in economics, sociology, psychology, and philosophy depends upon consideration of two levels of fact respecting all of known human history and inferrable pre-history.

First, whereas no variety of higher ape known or conceivably comparable to mankind, could have attained a population of more than several millions individuals, at any time under the conditions of the recent two millions years, the human population had reached several millions prior to the onset of the 15th-Century European Golden Renaissance, and has attained more than five billions during the present century. Recognition of that distinction in cognitive powers of the human individual, which places mankind absolutely apart from, and above all inferior species, is the first prerequisite of historical science in general, and of all endeavors in economics, psychology, history, etc., more narrowly. Because of that distinction, mankind is able to increase its potential relative population-density.[4]

The second crucial fact of all known history is, that prior to the launching of the first sovereign nation-state, France under the Golden Renaissance's Louis XI (1461-1483), society was so constituted, on principle, that 95 per cent or more of every part of the planet lived in political circumstances fairly describable as those of "human cattle": slaves, serfs, or worse. Throughout the Mediterranean region, despite the impulses of such ancient Greek city-states as those of Ionia and the Athens of Solon and Plato, the prevailing form of political institutions, through the Roman and Byzantine Empires, and throughout the history of European feudalism, was the oligarchical model derived from the evil tradition of ancient Babylon. That Babylonian model is represented by the tradition of the British Empire as it continues to exist (in Commonwealth guise) today.

---

[4] See Lyndon H. LaRouche, Jr., *So, You Wish To Learn All About Economics?*, EIR News Service, Inc., Washington, D.C., 1995). Although the present author's 1948-1952 discovery of the notion of *potential relative population-density* was original, it represents the refined expression of a conception already implicit in Gottfried Leibniz's 1671-1716 development of the science of physical economy.

Die Geschichtswissenschaft hat im wesentlichen die Aufgabe, einen Prozeß der menschlichen Entwicklung darzustellen. Das Hauptaugenmerk muß auf die Steigerung der potentiellen relativen Bevölkerungsdichte der Menschheit durch das Zusammenwirken künstlerischen, wissenschaftlichen und technischen Fortschritts der Menschheit bei der Beherrschung der Natur gerichtet sein. In zweiter Linie muß das Augenmerk auf die Verbesserung der sozialen Lebensbedingungen des Individuums und der Familie gerichtet sein, und zwar im Zusammenspiel mit der Beförderung des künstlerischen, wissenschaftlichen und technischen Fortschritts.

Von der Zeit Solons von Athen bis zur Gegenwart läßt sich in der Geschichte der europäischen Zivilisation — in und außerhalb des Kontinents — ein Grundkonflikt zwischen Gut und Böse herausdestillieren. Es ist ein Kampf gegen die Gesellschaftsform, die seit 2400 Jahren mit den austauschbaren Namen „babylonisch", „persisch" oder „oligarchisch" bezeichnet wird. Man könnte auch vom „imperialen" Modell sprechen. Wir wollen uns hier an den Begriff „oligarchisches Modell" halten, der mit dem des „imperialen Modells" synonym ist.

In diesem Gesellschaftsmodell besteht die herrschende Klasse oder Oligarchie aus einer Ansammlung mächtiger Familien, sozusagen ein Abbild des Pantheon der griechischen Götter des Olymps mit Zeus als Oberhaupt. Die individuelle „Gottähnlichkeit" der Oligarchie entspringt aber nicht dem Einzelmitglied der oligarchischen Familie, sondern der Familie als solcher. Das einzelne Familienmitglied ist, wie im römischen Recht, sozusagen das „Eigentum" der Familie und hat keine unabhängige Individualität. Am Boden der Gesellschaft vegetiert das „menschliche Vieh", die Masse der Bevölkerung. Dazwischen stehen die „Aufseher" der Herde, die vergleichsweise privilegierten Bediensteten der Oligarchie.

Die Oligarchie selbst unterteilt sich in drei unterschiedliche soziale Typen: die Landaristokratie, wie beispielsweise die Feudalaristokratie des europäischen Mittelalters; die Finanzaristokratie, wie die herrschenden Familien in Tyros und Venedig oder die Familien der anglo-niederländischen Oligarchie heute; schließlich die „klerikale" Aristokratie oder administrative Klasse, die weder auf Landbesitz, Finanzwucher oder Handel beruht, sondern als Aristokratie in den Funktionen des Staatsapparates verankert ist. Letztere Variante der Aristokratie kann, wie im alten Mesopotamien, als herrschende Theokratie in Erscheinung treten, sie kann aber auch in Form einer Verwaltungsaristokratie wirken. In oligarchischen Gesellschaften sind meistens alle drei Sozialtypen vorhanden, aber die Gesellschaft wird von einer dominanten Oligarchievariante geprägt.

Die oligarchische Gesellschaft ist imperial. Das ist so, auch wenn es dem Namen nach nicht so erscheint. Die höchste Gesetzesautorität einer impe-

A science of history must be, essentially, a history of a process of human development. The primary consideration, is the increase of mankind's potential relative population-density, as accomplished by means of combined artistic and scientific and technological progress in mankind's mastery over nature. The subsumed consideration, is the functional role of improvement of the social condition of life of the individual and family, as effected in conjunction with the fostering of artistic, scientific, and technological progress.

From the time of Solon of Athens, to the present date, the history of European civilization, in Europe and extended abroad, may be fairly reduced to a conflict between good and evil, a struggle against that form of society, the which has been known for about 2,400 years by such virtually interchangeable terms as the "Babylonian," "Persian," or "oligarchical" model. This is otherwise described as the "imperial model." The generic term, "oligarchical model," serves us here; it should be understood as synonymous with "imperial model."

In the oligarchical model of society, the ruling class, or, oligarchy, is composed of a collection of powerful families, a collection implicitly modelled upon the image of the Greek pantheon of Zeus's Olympus. The individual god-likeness of the oligarchy resides not in the individual member of the oligarchical family, but in the family itself; the individual member of the family, as in Roman law, is a property of the family, not an independent individuality. At the bottom of the society, is the mass of "human cattle," the generality of the people. In between, are the "cattle herders," the relatively privileged lackies of the oligarchy.

The oligarchy itself is represented by three alternate social types. There is the landed aristocracy (such as the feudal aristocracy of medieval Europe); there is the financier aristocracy, such as the ruling families of Canaanite Tyre, Venice, or the Anglo-Dutch oligarchical families of today; there is the clerical aristocracy, an administrative class, whose authority is located primarily neither in usury in land, nor usury in finance and trade, but as an aristocracy based within functions of the apparatus of government itself. The latter may exist, as in ancient Mesopotamia, in the guise of a ruling theocracy, or as an aristocracy of administration. Oligarchical societies tend to include some of all three social forms; such societies are distinguished by the kind of oligarchy which is the dominant type.

The form of oligarchical society is imperial: in fact, if not in name. The ultimate authority in law in an imperial society always resides in an imperial

rialen Gesellschaft liegt stets beim imperialen Monarchen. Das gilt auch heute für die sogenannte Verfassung Großbritanniens. Der britische Commonwealth, einige mehr oder weniger rebellische Mitgliedstaaten ausgenommen, wird derzeit von der britischen Königin Elisabeth II. als faktisches Oberhaupt des Imperiums regiert. Die britische Königin regiert mittels des Kronrates (Privy Council), und zwar in Staaten wie Kanada, Australien oder Neuseeland, wo sie das erbliche Staatsoberhaupt ist, wie im Commonwealth allgemein. Der Kronrat ist der Mechanismus, durch den die Königin das britische Parlament bzw. die Parlamente anderer Commonwealth-Staaten kontrolliert, sofern diese eine solche Einmischung hinnehmen. Das britische Empire der Gegenwart ist durch die Herrschaft der Finanzoligarchie geprägt, während im Reich der Habsburger oder im imperiale Rußland vor 1917 die Landaristokratie vorherrschte.

Unterhalb des imperialen Monarchen gibt es Feudalherren verschiedener Abstufungen, die ihre rechtliche Autorität von einem formalen oder tatsächlichen „Lehen" des Monarchen, das widerrufbar ist, ableiten. Der höhere Feudalherr regiert über den niederen und dessen „Lehngebiete", samt den Menschen, die das Unglück haben, darauf zu leben.[5]

Wir haben die oligarchischen Spielarten skizziert, wie wir sie von Babylon, dem Perserreich, dem Römischen Imperium und seinem byzantinischen Derivat, von der europäischen Feudalgesellschaft und vom heutigen britischen Empire kennen. Der einfachste und klarste Beweis für das Übel der oligarchischen Gesellschaftsform ergibt sich, indem man sich vor Augen hält, was die Menschheit verlöre, wenn die Institutionen aufgegeben würden, die während der letzten fünf Jahrhunderte die Feudalstrukturen weitgehend ersetzt haben.

Die moderne Form des republikanischen Nationalstaates, wie er in der amerikanischen Unabhängigkeitserklärung von 1776 und der US-Verfassung von 1789 zum Ausdruck kommt, ist das Ergebnis eines langwierigen Kampfes, die europäische Zivilisation aus dem Griff der Oligarchie zu befreien. Dieser Kampf geht auf die republikanischen Stadtstaaten an der ionischen Küste und die antioligarchische Verfassungsreform Solons von Athen zurück. Der Kampf wurde in der Auseinandersetzung des Christentums mit dem oligarchischen Übel, das im Römischen Reich seinen Ausdruck fand, fortgeführt, und zwar im Westen wie im Osten Europas.

In geschichtswissenschaftlicher Betrachtung hat die Verbesserung der menschlichen Lebensverhältnisse seit dem Amtsantritt des französischen Königs Ludwig XI. im Jahre 1461 sämtliche, auch die größten Fortschritte

---

[5] Der *Freiherr* als Institution des Heiligen Römischen Reiches deutscher Nation bildet dabei die Ausnahme, welche die Regel bestätigt.

monarch, as is provided by what passes for the so-called British constitution still today. For example, taking into account some more or less rebellious member-states, the British Commonwealth today is ruled by Queen Elizabeth II of Britain, as de facto empress. She rules through the agency of the Privy Council, both in those states (such as Canada, Australia, and New Zealand) where she is formally the hereditary head of state, and throughout the Commonwealth generally. The Privy Council is the mechanism of control through which the Queen controls the Parliament of Britain and other Commonwealth member-states (as long as they tolerate the interference). The form of oligarchical rule which characterizes the British Empire of the present day, is financier oligarchy, as distinct from the old Habsburg or Imperial Russia type of landed aristocracy.

Under the imperial monarch, there are overlords of various sorts, each of whom enjoys his legal authority under an actual or implicit (revokable) patent from the imperial monarch. So, the overlord rules the lord, and the lord has lease-ownership of the land assigned to him (and also lease-ownership over the people who have the misfortune of occupying that land).[5]

Such are the forms of ancient Babylon, the Persian Empire, the Roman Empire, its Byzantine spin-off, European feudal society generally, and the British Empire today. The simplest, and clearest demonstration of the evil inhering in the oligarchical form of society, is to see what humanity would lose, were it to abandon the institutions which have, to a large degree, replaced feudalism, during the recent five centuries of European history.

The modern form of European nation-state republic, as typified by the U.S. 1776 Declaration of Independence and the Federal Constitution of 1789, is the outcome of a long effort to free European civilization from the grip of the oligarchical form. It is a struggle which dates from the Ionian city-state republics, and the anti-oligarchical, constitutional reforms by Solon of Athens, as continued by the influence of Christianity's struggles against the oligarchical evil intrinsic to the Roman Empire, both West and East.

From the vantage-point of any science of history, the improvement in the human condition which was accomplished since the A.D. 1461 accession of France's Louis XI has exceeded the highest rates of progress in all human

---

[5] The institution of the *Freiherr* under the German form of the Holy Roman Empire, is the exception which proves the rule.

in der gesamten Menschheitsgeschichte davor weit hinter sich gelassen. Wenn man von gewissen Katastrophenzeiten absieht, so haben seit der Renaissance die kombinierten demographischen und materiell-produktiven Wachstumsraten — pro Kopf, pro Familie und pro Wirtschaftsfläche — die der Zeit davor exponentiell übertroffen. Das galt bis zu dem Zeitpunkt, als vor rund 30 Jahren der wirtschaftliche Fortschritt aufgegeben wurde.

Dies bringt uns zu den beiden oben erwähnten Prinzipien der Geschichtswissenschaft zurück. Das verfügbare wissenschaftliche Beweismaterial belegt, daß der Fortschritt der Macht des Menschen über die Natur pro Kopf, pro Familie und pro Wirtschaftsfläche — also das, was den Menschen vom Tier unterscheidet und über es erhebt — in den erwähnten demographischen und physiko-ökonomischen Begriffen meßbar ist. Die demographischen und realwirtschaftlichen Fortschritte werden durch revolutionäre Durchbrüche in der menschlichen Praxis erzielt, die das materielle Produktionspotential der Menschheit steigern und zugleich der gesellschaftlichen Realisierung dieses Potentials Vorschub leisten. Wenn ein solches Potential erreicht und auch realisiert wird, drückt sich das in einer Art des künstlerischen und wissenschaftlichen Fortschritts aus, die man im modernen Geistesleben einmal als „klassisch" zu bezeichnen pflegte. Dies erkannten schon Platon und seine Schüler, wie Eratosthenes und Archimedes von der platonischen Akademie in Athen.

Alle wirklich wichtigen Fortschritte in der klassischen Kunst und Wissenschaft seit Augustinus von Hippo und seinen Lehrern gehen auf den Einfluß Platons und seiner Akademie auf die mittelalterliche und später auf die moderne europäische Zivilisation zurück. Europa verdankt der arabischen Renaissance unter den Kalifen von Bagdad wesentliche Errungenschaften, ähnliches gilt für Beiträge aus Nordindien und China. Aber die Steigerung des Bevölkerungsumfangs und des realwirtschaftlichen Lebensstandards von einem mittelalterlichen auf ein neuzeitliches Niveau wurde erst möglich, indem der europäische Fortschritt bei der Gestaltung wissenschaftlicher und sozialer Institutionen, ungleichmäßig zwar, in die ganze Welt ausstrahlte.

Der moderne europäische Nationalstaat ist das Ergebnis eines langen Kampfes der christlichen Platoniker, um die europäische Zivilisation aus dem Griff der Oligarchie zu befreien, das Rechtssystem des römischen Kaisers Diokletian und des Aristoteles zu überwinden und eine neue Gesellschaftsform zu schaffen, die auf den inhaltlich kohärenten Prinzipien der platonischen Philosophie und des christlichen Menschenbildes beruht.

existence, world-wide, in all earlier time. Discounting for intervals of catastrophes, until the abandonment of economic progress, about thirty years ago, the rates of combined demographic and physical-productive advancement, per capita, per family household, and per relevant square kilometer of area, exceed, hyperbolically anything earlier achieved.

This returns our attention to the two principles of a science of history, as we identified these above. By any scientific standard of evidence, that which sets mankind apart from and above the beasts, the manifest advancement of man's power over nature, per capita, per family household, and per square kilometer, is to be measured in the combined demographic and physical-economic terms indicated. The means through which those demographic and physical-economic gains are achieved, is the revolutionary advances in practice which have the net effect of both increasing mankind's physical productive potential, and also fostering society's realization of advances in that potential. The combined achievement and realization of that potential is expressed in terms of those standards of artistic and scientific progress, which modern literate conventions formerly termed "Classical," as recognized by Plato and his followers, as through Eratosthenes and Archimedes, of his Academy of Athens.

All notable advances in Classical forms of art and science, throughout the history of western European civilization, beginning the time of Augustine of Hippo and his teachers, have been the result of the influence of Plato and his Academy upon medieval and modern European civilization. Although Europe was indebted to crucial contributions from foreign sources, notably including the Arab Renaissance of the Baghdad Caliphate, from northern India, and China, it is the radiation of European progress in the organization of scientific and social institutions, which has radiated, however unevenly, throughout the world, to make possible the increase of demographic and physical-economic standards of life from medieval to modern levels.

The modern European nation-state was the outgrowth of a long struggle of the Christian Platonists within European civilization, to break free of the oligarchical evil inhering in the continued grip of the Emperor Diocletian's Code and of Aristotle, to establish a form of society consistent with Platonic principles, as those principles were informed by the conception of man inhering in Christianity.

Die Rolle der USA

Seit dem 16. Jahrhundert versuchen die oligarchischen Mächte innerhalb der europäischen Zivilisation, die Uhr zurückzudrehen und vom modernen republikanischen Nationalstaat zu einer „globalisierten Wirtschaft" und „Weltregierung" zurückzugehen, die dem imperial-oligarchischen Kodex des Diokletian entspricht. Dies war und ist die geschichtliche Schlüsselfrage der europäischen Zivilisation und ihrer Wirkung auf die übrige Welt. Von der zweiten Hälfte des 15. Jahrhunderts bis in das 18. Jahrhundert hinein wurden die reaktionären Kräfte von Venedig, dem Weltzentrum der Finanzoligarchie, angeführt. Die „venezianische Partei" in England brachte mit Georg I. ihren Kandidaten auf den britischen Thron. Zwischen 1714 und dem Ende des 18. Jahrhunderts verlagerte sich die politische Führung der Finanzoligarchie von Venedig nach London und zu Londons Juniorpartner, den Niederlanden. Zwischen 1789 und 1814 wurde Frankreichs weltweite Führungsposition als bis dahin am weitesten entwickelter Nationalstaat nachhaltig zerstört. Danach folgte die Auseinandersetzung zwischen der imperialen Macht Londons einerseits und Londons bisherigen Verbündeten, der Heiligen Allianz, andererseits. Bei dieser Auseinandersetzung innerhalb der europäischen Zivilisation stand Londons Finanzaristokratie gegen die niedergehende, aber durchaus noch mächtige Landaristokratie der Heiligen Allianz.

Später, nach dem Tode Friedrich Lists, wurden die Vereinigten Staaten zur führenden Weltmacht. Dies wurde durch den Sieg der USA über die Südstaatenkonföderation bewirkt, hinter der London und Napoleon III. standen. Von da an bis zu den Ereignissen von Faschoda (1898) und der Ermordung des amerikanischen Präsidenten William McKinley (1901) wurde die Weltpolitik von einer faktischen Allianz zwischen den USA, Deutschland, Japan und Rußland bestimmt. In diesem Zeitraum wurde die russische Politik wesentlich von den Anschauungen Alexander II. und des Grafen Sergej Witte geprägt. Das Bündnis der USA mit Deutschland, Japan und Rußland wurde von der Idee der eurasischen Entwicklung durch Eisenbahnbau, von der Idee wirtschaftlicher Kooperation vom Atlantik bis zum Pazifik und zum Indischen Ozean bestimmt. Nachdem britische Einflußagenten wie Theodore Roosevelt und Woodrow Wilson,[6] der übrigens ein begeisterter

---

[6] Theodore Roosevelt war ein politischer Zögling seines Onkels Captain James Bulloch, der ehedem das Londoner Büro des Auslandsnachrichtendienstes der Südstaatenkonföderation geleitet hatte. Woodrow Wilson war ein fanatischer Bewunderer der „verlorenen Sache" der Konföderation. Als Präsident unterstützte er das Wiederaufleben des Ku-Klux-Klan. 1915 erklärte er seine offene Unterstützung für den in Hollywood produzierten Propagandafilm *The Klansman*, der später in *Die Geburt einer Nation* umgetauft wurde.

The Role of the U.S.A.

Since Europe's 16th Century, the leading, and thus determining issue of the history and global influence of modern European civilization, has been the effort of the oligarchical powers within European civilization, to turn back the clock, from modern nation-state republic, to forms of "global economy" and "world government" consistent with the imperial, oligarchical Code of Diocletian. At the outset, from the latter half of the 15th Century until the latter half of the 18th Century, the reactionary forces continued to be led, directly and openly, by the world's leading financier-oligarchical potency, Venice. From the A.D. 1714 accession of the British "Venetian Party's" George I, to the close of that century, the political leadership of the financier-oligarchical faction was shifted from Venice to the combination of London and London's junior partner, the Netherlands. With the ruin of France's position as the leading nation-state of the world, during the events of 1789-1814, the center of the global struggle within European civilization was shifted to the conflict between the imperial power of London and London's temporary ally, the doomed, but still potent, landed aristocratic power of the Holy Alliance.

Later, after the death of Friedrich List, the victory of the United States over London's and Napoleon III's puppet, the Confederacy, established the U.S.A. as a leading world power. From that point, until the events of 1898 (Fashoda) and the assassination of U.S. President William McKinley (1901), the key to world politics was the U.S.A.'s de facto alliance with Germany, Japan, and the Russia of Czar Alexander II and Count Sergei Witte, in support of continental-Eurasian development of railway-centered economic cooperation, from Atlantic to Pacific, and to the Indian Ocean. The accession to power of such British assets as Presidents Theodore Roosevelt and Ku Klux Klan enthusiast Woodrow Wilson,[6] broke the alliance among

---

[6] Theodore Roosevelt was a trained protege of his maternal uncle, the Captain James Bulloch who had headed up the Confederacy's foreign intelligence headquarters in London. Woodrow Wilson was a fanatical admirer of both the Confederacy's "Lost Cause" and of the Ku Klux Klan. It was as U.S. President, that Wilson launched, in 1915, the revival of the Ku Klux Klan, from the Executive Mansion, through endorsement of a Hollywood propaganda film, *The Klansman*, later renamed *The Birth of a Nation*.

Anhänger des Ku-Klux-Klan war, in den USA an die Macht gekommen waren, zerbrachen die bisherigen Allianzen. Die USA schwenkten auf ein Bündnis mit Großbritannien um, was London die Möglichkeit gab, die beiden verheerenden, „geopolitischen" Weltkriege dieses Jahrhunderts anzuzetteln.

Die Rolle der USA als Inbegriff des souveränen, republikanischen Nationalstaates seit 1789 und als werdende Weltmacht unter den Nationalstaaten seit Abraham Lincoln hat den strategischen Konflikt zwischen den Vereinigten Staaten und Großbritannien ins Zentrum der Weltgeschichte rücken lassen. Dieser Konflikt besteht sowohl auf der Ebene der Weltpolitik wie bei den erbitterten internen Auseinandersetzungen in den USA zwischen Patrioten und „amerikanischen Tories".

Lists Ankunft im Amerika der 20er Jahre und seine Unterstützung durch den Marquis Gilbert de Lafayette, muß vor diesem Hintergrund gesehen werden. Seit diesem Abschnitt in Lists Leben bis zum Ende des 19. Jahrhunderts bestand eine wirkliche Sonderbeziehung zwischen den USA und Deutschland. Die große Wirkung des Werkes von Friedrich Schiller in den USA ist ein Aspekt dieser besonderen Beziehung. Schillers Einfluß kam auch über Alexander von Humboldt zum Tragen, der als erfolgreicher Wissenschaftskoordinator Deutschlands Aufstieg zur Weltspitze auf dem Feld der Naturwissenschaften den Weg bahnte. Neben Humboldt wäre vor allen Carl Gauss zu nennen, der wichtigste der von Humboldt geförderten Wissenschaftler, und die amerikanischen Wissenschaftlerkreise, die unter der Anleitung von Alexander Dallas Bache, eines Urenkels von Benjamin Franklin, standen. Baches Protegé Thomas Alva Edison arbeitete mit Emil Rathenau zusammen, wodurch Edisons Arbeiten zur elektrischen Krafterzeugung nach Deutschland gelangten. Schließlich ist festzuhalten, daß die Kreise um Rathenau und Siemens auch bei den großen eurasischen Entwicklungsprojekten, für die sich in Rußland Graf Witte einsetzte, den Ton angaben.

Der wichtigste Impuls, den Lists Werk durch seine Beziehung mit den antibritischen Vereinigten Staaten erhielt, kam von Leibniz, dessen Genius dem amerikanischen System der politischen Ökonomie von Franklin und

---

[7] Ein besonderer Aspekt von Hamiltons „amerikanischem System", das in den nordamerikanischen Kolonien Leibniz' Prinzipien der physikalischen Ökonomie hinzugefügt wurde, ist der Einsatz einer auf Papiergeld beruhenden Währung. Diese Neuerung wurde erstmals und mit recht großem Erfolg im späten 17. Jahrhundert von der Massachusetts Bay Company eingeführt, bis 1689 die britische Regierung ein Verbot anordnete. Dennoch blieb die Absicht, zu dieser Praxis wieder zurückzukehren lebendig, wobei sich besonders der einflußreiche Patriot Cotton Mather und sein Protegé Benjamin Franklin hervortaten.

Germany, Russia, and the U.S.A., and made possible a U.S. switch to alliance with Britain, a switch which made possible London's launching of the two ruinous, "geopolitical," World Wars of this century.

In light of the U.S.A.'s key role as the world's typical sovreign nation-state republic, from 1789 on, and its emergence, under President Abraham Lincoln, as the leading world power among nation-states, the center of world history, to date, has been the strategic conflict between the U.S.A. and Britain, both among the world's nations, and in the bitter internal struggle, between the patriots and "American Tories," within the U.S.A. itself. List's arrival, as a protege of Gilbert Marquis de Lafayette, into the mid-1820s U.S.A., is to be located in that circumstance.

From that period of List's life, onward, until the end of the 19th Century, a very special relationship existed between the U.S.A. and Germany. The continued strong influence of Friedrich Schiller's work within the U.S., is one aspect of this. Schiller's influence is otherwise expressed in the role of Alexander von Humboldt, the coordinator of Germany's 19th-Century rise to world leadership in physical science. Humboldt, Humboldt's key protege, Carl F. Gauss, and U.S. circles under the emerging leadership of Benjamin Franklin's great-grandson, Alexander Dallas Bache, typify this. It was the collaboration between Bache's protege, Thomas Alva Edison, and Emil Rathenau, which delivered Edison's development of electrical power to Germany. It was the same circles in Germany, around Rathenau and Siemens, which were key to the great Eurasian-development projects for which Count Sergei Witte was the key figure in Russia.

The most important single benefit which List's work acquired through his relationship to the anti-British United States, was the genius of Leibniz, as embedded in the Franklin- Hamilton "American System of political economy."[7] The key conception is packed into Hamilton's use of the term

---

[7] The special feature of Hamilton's "American System" which the North American colonies added to Leibniz's principles of physical economy, was the effective use of a paper currency. This innovation was first employed, with relatively great success, in the 17th-Century Massachusetts Bay Colony, until the British suppressed it by decree (1689). The intent to resume that practice was kept alive by the influential patriot Cotton Mather, and his protege, Benjamin Franklin.

Hamilton zugrunde liegt.[7] Die Schlüsselkonzeption des amerikanischen Systems ist in Hamiltons Begriff der „künstlichen Arbeit" enthalten.[8] In diesem einzigen Begriff sind die Prinzipien von Leibniz' Schrift *Societät und Wirtschaft* und der *Monadologie*, ebenso die Funktionen der (Wärme-) Kraft und der Infrastrukturentwicklung für die physikalische Ökonomie enthalten. In dieser Hinsicht sind im amerikanischen System von Hamilton, den Careys und List all die unverzichtbaren Funktionsbegriffe enthalten, ohne die es keine Wirtschaftswissenschaft, und auch keine kompetente Geschichtswissenschaft, geben kann, um damit die tantenhaften Märchen zu ersetzen, die in der heutigen Welt fast überall als Geschichte gelehrt werden.

Das schöpferische Prinzip

Das Kardinalprinzip der Wirtschaftswissenschaft und der Geschichtswissenschaft ist das Prinzip des schöpferischen Denkens. Damit kann das Individuum die Fähigkeit entwickeln, Denkleistungen hervorzubringen, weiterzugeben und aufzunehmen, durch die axiomverändernde Entdeckungen in Kunst und Wissenschaft dem Wissen und der Praxis der Menschen zugänglich gemacht werden. Dieser Begriff wurde erstmals in den späten Dialogen von Platon erläutert. Der Begriff des schöpferischen Denkens ist für das moderne europäische Geistesleben von entscheidender Bedeutung, so für Nikolaus von Kues' Werk *De docta ignorantia*, den Vernunftbegriff Johannes Keplers und Leibniz' Begriff des „notwendigen und zureichenden Grundes", und ist zugleich das Kardinalprinzip seiner *Monadologie*. Es geht hier um den entscheidenden Unterschied zwischen jedem neugeborenen menschlichen Individuum und allen wirklichen oder vorgeblichen „höheren Affen".[9] Der Verfasser hat dies in den Mittelpunkt seiner Entdeckungen im Bereich der Wissenschaft der physikalischen Ökonomie gestellt. Und Bernhard Riemann erläuterte dieses Leibnizsche Prinzip für die mathematischen Physik in seiner Habilitationsschrift von 1854.[10] In diesem Prinzip steckt der Kern der Wirtschaftswissenschaft und jeder kompetenten Geschichtswissenschaft.

Der demographische und wirtschaftliche Fortschritt der Menschheit entspringt, wie gesagt, der individuellen Aufnahme bzw. Bereicherung des vorhandenen Vorrats gültiger, die Axiome verändernder Entdeckungen in der

---

[8] Alexander Hamilton, *Bericht über das Manufakturwesen*, passim.

[9] Der britische Prinzgemahl Philip, Herzog von Edinburgh und Mitgründer des malthusianischen World Wildlife Fund, bezeichnet sich selbst als höheren Affen.

[10] Vgl. Lyndon LaRouche, „SDI: the technical side of 'grand strategy'", *EIR*, 19. Juli 1996. Und „Leibniz from Riemann's standpoint", *Fidelio*, Herbst 1996.

"artificial labor."[8] In this are combined, in a single term, the principles of Leibniz's 1671 *Society and Economy*, *Monadology*, the function of (heat) *power*, and the function of infrastructural development. Within this feature of Hamilton's, the Careys', and List's "American System," is packed all of those indispensable notions of function which are intrinsically essential, not only to economic science, but also any competent science to replace the old wives' fairy-tales which pass for the teaching of history in most parts of the world today.

The Creative Principle

The central principle of both economic science and a science of history, is the creative principle of cognition, by means of which the individual person may be developed in the power to generate, to impart, and to receive those mental acts by means of which valid, axiomatic-revolutionary discoveries in principles of art and science are made available for human knowledge and practice. This notion, first made comprehensible in the later dialogues of Plato, is key to such modern European works as Nicolaus of Cusa's Platonic *De docta ignorantia*, the use of the term "reason" by Johannes Kepler, and Leibniz's use of "necessary and sufficient reason," and is the central principle of Leibniz's *Monadology*. Herein lies the essential difference which sets the individual newborn person absolutely apart from, and superior to all actual, and professed "higher apes."[9] This is the central feature addressed by the present writer's discoveries in the science of physical economy; this is the principle of Leibniz which was made clear for mathematical physics, by the 1854 habilitation dissertation of Bernhard Riemann.[10] Herein lies the essence of economic science and of any competent science of history.

The demographic and economic progress of mankind, as we have identified that here, is derived from the individual person's receipt and enrichment of a stock of relatively valid, axiomatic- revolutionary discoveries in Classical forms of artistic and scientific knowledge. The faculty

---

[8] *Report on the Subject of Manufactures*, passim.

[9] As Britain's Prince Philip, Duke of Edinburgh, and co-founder of the Malthusian World Wildlife Fund, has professed himself to be.

[10] See Lyndon H. LaRouche, Jr., "SDI: the technical side of 'grand strategy,'|" *EIR*, July 19, 1996; "Leibniz from Riemann's standpoint," *Fidelio*, Autumn 1996.

klassischen Kunst und Wissenschaft. Die Fähigkeit zur Weitergabe und zur Bereicherung dieses Vorrats an grundlegenden Entdeckungen liegt jenseits der Kommunikation durch Worte oder andere Symbole, sondern vielmehr im Bereich schöpferischer Denkprozesse, die durch Erziehung entwickelt werden können. Diese Fähigkeit existiert alleine im souveränen, individuellen menschlichen Geist, und zwar als ein entwicklungsfähiges Potential.

Der Prozeß der Hervorbringung und Weitergabe grundlegender Entdeckungen kann sich nicht als bloße Verbreitung von „Information" vollziehen. Dieser Prozeß ist nur möglich, indem der Lernende dazu gebracht wird, mit seinem eigenen individuellen Denkvermögen die ursprünglichen Denkakte nachzuvollziehen, die einen „Sprung" von einer Hypothese zu einer höheren darstellen. Das ist die Zielsetzung klassischer humanistischer Erziehung, die von den Brüdern des gemeinsamen Lebens entwickelt wurde und in Deutschland als Humboldtsche Bildungspolitik bekannt ist. Jeder andere Ansatz muß scheitern, und das gilt ganz ausdrücklich für die heute üblichen Lehrbuchmethoden und „Multiple-Choice-Prüfungen".

Riemann hat diese Thematik ins Zentrum seiner Habilitationsschrift von 1854 gestellt: Wenn die Grenzen der mathematischen Physik dadurch offenbar werden, daß einschneidend neue Experimentalergebnisse gewonnen werden, dann ist es zwingend geboten, aus dem Bereich der mathematischen Physik herauszutreten, um sich der Physik unmittelbar zuzuwenden. Dann muß sozusagen „von außen" eine radikale Veränderung der Axiome der mathematischen Physik erfolgen. Das heißt, es wird eine neue mathematische Physik geschaffen, die die alte ersetzt. Ein solcher „Sprung" von einer überkommenen zu einer neuen, überlegenen und in ihrer Axiomatik veränderten Mathematik kann nur in der individuellen Souveränität der Denkprozesse eines einzelnen Menschen zustande kommen. Dieser geistige Sprung, den Platon in den Bereich der „höheren Hypothese" verlegt, ist der Kern der Wirtschaftswissenschaft und jeder kompetenten Geschichtswissenschaft.

In Frankreich leitete König Ludwig XI. bereits entscheidend wichtige Schritte in diese Richtung ein. Doch erst der moderne republikanische Nationalstaat hat die klassische Bildung umfassend befördert und zugleich die Chance eröffnet, dieses Bildungspotential durch künstlerischen, wissenschaftlichen und technischen Fortschritt umzusetzen. Denn nur so kann die Macht der Gesellschaft über die Natur, bezogen auf jedes Mitglied der Gesellschaft, gesteigert und das demographische Potential sowie die politische Freiheit der Individuen und Familien gesichert und verbessert werden.

Dieser Standpunkt, die miteinander verbundene Beförderung von allgemeiner klassisch-humanistischer Bildung und wirtschaftlichem Fortschritt, unterscheidet das republikanische System radikal vom oligarchischen System. Es ist die unersetzbare Aufgabe des modernen souveränen National-

for transmitting and enriching that stock of discoveries of principle lies beyond words or other symbolic communication, within the educable, creative processes of cognition uniquely embedded, as developable potential, within the sovereign precincts of the individual human mind.

This process of development and transmission of such discoveries of principle, does not, and could not be effected as a mere transfer of "information." It can occur only by inducing the student to replicate, entirely within the sovereign precincts of his, or her cognitive potential, that original mental act of insight which represents the "leap" from one hypothesis, to a superior one. That is the result aimed at by a Classical humanist education, such as that developed by the Brothers of the Common Life, and known in Germany as the Humboldt policy in education. It is not achieved by any contrary approach, such as today's prevalent modes of "textbook education," and multiple-choice examinations.

As Riemann made this the central point of his 1854 habilitation dissertation, in order to overcome the limitations of a mathematical physics which has been relatively discredited by some crucial piece or pieces of experimental evidence, it is indispensable to depart the domain of mathematical physics for physics as such, and then to impose upon mathematical physics, from the outside, a radical change in underlying axioms, thus creating a new mathematical physics to replace, entirely, the old. This leap of physics, from a superseded old mathematics to a new, superior, but inconsistent one, occurs solely within the sovereign internal precincts of the individual person's developed cognitive processes. That mental leap, which Plato locates within the domain of "higher hypothesis," is the essence of economic science, and of any competent science of history.

Thus, as France's Louis XI already made crucial steps in this direction, it is, as the modern nation-state republic fosters a universalized form of Classical humanist education, and also fosters opportunities for realization of that educated potential through artistic, scientific, and technological progress, that the per-capita power of society over nature is increased, and the potential demographic condition and political freedom of the individual and family advanced and defended.

Herein, in this view of the interrelated fostering of universal Classical-humanist education and economic progress, lies the most essential point of difference between oligarchism and republicanism. It is the indispensable function of the modern sovereign nation-state, in defending these policies

staates, diese politischen Prinzipien zu verteidigen und die Gefahren abzuwehren, die mit der Politik des „Malthusianismus", der „globalisierten Wirtschaft" und der „Weltregierung", was ein anderer Name für Imperialismus ist, verbunden sind. Dies ist zugleich die Schlüsselfrage in dem fortgesetzten und unüberbrückbaren Gegensatz, ja Überlebenskampf zwischen den Vereinigten Staaten als Verfassungsrepublik einerseits und dem britischen Empire andererseits.

Man wird Friedrich List nicht gerecht, wenn man ihn nur als jemanden betrachtet, der sich bestimmte wirtschaftspolitische „Rezepte" von den USA „ausgeborgt" hat. Er war ein Deutscher, zugleich stand er unter dem Einfluß der herausragenden Köpfe der Ecole Polytechnique unter Gaspard Monge in Frankreich, und dann beflügelten ihn die revolutionären Ideen und der kulturelle Optimismus, die er im geistig und politisch umkämpften Amerika vorfand. Die Erfahrungen Lists in den USA haben dazu beigetragen, die Traditionen von Leibniz und Schiller in Deutschland zu befestigen, und lieferten die in der Praxis bewährten wirtschaftspolitischen Prinzipien, um in Deutschland das zu versuchen, was in den USA erfolgreich vorgemacht worden war. Ansonsten ging es um das Prinzip des modernen Nationalstaates, wie es von Platon, Dante Alighieri, Nikolaus von Kues und Leibniz erläutert worden war.

Der Begriff des schöpferischen Denkens, den wir hier skizziert haben, sollte eigentlich beweisen, daß der republikanische Bürger sowohl den höheren Affen als auch dem oligarchischen Herzog von Edinburgh grundsätzlich überlegen ist. Der axiomatische Begriff der schöpferischen Vernunft definiert als wesentlicher Bestandteil der Menge von Axiomen, Postulaten und Definitionen der Wissenschaft eine neue Leithypothese für zulässige Theoreme der Wirtschafts- und Geschichtswissenschaft. Und diese neuartige Hypothese unterscheidet Republikaner wie Friedrich List grundsätzlich von den Leuten, die sich selbst für weniger als Menschen halten und sich auch so verhalten: Gemeint sind die oligarchischen Feinde von Leibniz, den Vereinigten Staaten und List damals — und übrigens auch die Feinde des Verfassers heute.

against the perils of "Malthusianism," "global economy," and "world government (imperialism)," which locates the central issue of the irreconcilable, continuing struggle for survival between the United States as a constitutional republic and the British Empire.

List can not be understood competently as one who borrowed certain economic recipes from the United States. He was a German, also inspired by the great minds around the Ecole Polytechnique under Gaspard Monge, who was inspired by the revolutionary ideas and cultural optimism he met in the embattled United States of the 1820s. It was an experience which gave new life to the tradition of Leibniz and Schiller in Germany, and supplied the tested principles needed to attempt in Germany what had been successfully demonstrated in the U.S.A. The rest, is the principle of the modern nation-state, as that principle was rendered comprehensible by Plato, and by such as Dante Alighieri, Nicolaus of Cusa, and Leibniz.

This notion we have summarily described here, of the role of the creative principle of cognition, may be viewed as a statement of the axiomatic superiority of the individual republican citizen over both the apes and the oligarchical Duke of Edinburgh. That axiom, incorporated as an essential part of the set of axioms, postulates, and definitions of science, defines a new hypothesis governing admissible theorems in economic science and a science of history. That difference in hypothesis is the essential difference between republicans, such as Friedrich List, and those who degrade themselves to become like something less than human, the oligarchical enemies of Leibniz, the U.S.A., and List, in the past, and, also, notably, of the present writer today.

Anmerkungen zu Lists
Grundriß der amerikanischen politischen Ökonomie [+]

Vorangestellte Briefe von Ingersoll und Lafayette

1) ... Ingersoll;
Charles Jared Ingersoll (1782-1862), bekannter Jurist und Staatsmann in Philadelphia, Sohn von Jared Ingersoll, einem der Gründer der amerikanischen Union; Mitglied des Bundeskongresses 1813-1818 und 1841-1849; Bezirksstaatsanwalt für Pennsylvanien 1815-1829. Außer Lafayette verdankte List in erster Linie Ingersolls Einfluß und Wohlwollen die entgegenkommende Aufnahme in den Vereinigten Staaten und die mannigfaltigen Beziehungen zu maßgebenden Amerikanern. Ingersoll vermittelte auch die Veröffentlichung von Lists *Grundriß* in der Philadelphiaer *National Gazette* sowie Lists Beziehungen zur Pennsylvania Society. Ingersoll wurde am 16.1.1827 zum Vizepräsidenten der Pennsylvania Society erwählt und übernahm nach dem kurz darauf erfolgten Tode des Präsidenten Tilghman den Vorsitz und die Leitung der Geschäfte des Verbandes. In dieser Eigenschaft zog er List zur Mitarbeit heran.

2) ... Lafayette;
der Marquis de Lafayette, mit dem List schon seit 1823 Briefe gewechselt hatte und mit dem er wohl durch Vermittlung des bekannten französischen Professors der Philosophie Victor Cousin im Jahre 1824 bekannt wurde, hatte List damals eingeladen, ihn auf seiner Amerikareise zu begleiten.

1. Brief

3) ... Niles' *Register*;
eine in Baltimore von 1811 bis 1849 erscheinende Wochenschrift, deren Gründer Hezekiah Niles dieselbe bis 1831 redigierte. Niles war Drucker, Verleger und Redakteur und neben Mathew Carey einer der eifrigsten Verfechter der Schutzzollpolitik. Sein *Register*, das weit verbreitet war und in der damaligen amerikanischen Presse viel zitiert wurde, gab über alle Vorgänge in der Zollkontroverse ausführlich Bericht. List entnahm demselben fortlaufend kürzere Nach-

---

[+] Eine redigierte Auswahl des weit umfassenderen Kommentars zum *Grundriß* in der List-Gesamtausgabe der Friedrich-List-Gesellschaft, Bd. 2, Seite 349-404.

Notes to List's *Outlines of American Political Economy*[+]

Introductory letters by Ingersoll and Lafayette

1) ... Ingersoll;
Charles Jared Ingersoll (1782-1862), reputed Philadelphia jurist and statesman, son of Jared Ingersoll, one of the founders of the American Union. Member of the Federal Congress, 1813-1818 and 1841-1849; U.S. District Attorney for Pennsylvania, 1815-1829. It is to Ingersoll's influence and generosity, in addition to that of Lafayette's, that List owes his kind welcome and many relationships to important American personalities. Ingersoll also mediated the publication of List's Outlines in the Philadelphia *National Gazette*, as well as List's contacts to the Pennsylvania Society. On January 16th, 1827, Ingersoll was elected vice-president of the Pennsylvania Society, and following the death of the president, Tilghman, shortly thereafter, he took over the leadership of the business of the Society. It was in this capacity that he solicited the collaboration of List.

2) ... Lafayette;
the Marquis de Lafayette, with whom List had corresponded since 1823 and with whom he became acquainted in 1824 through the mediation of the renowned French professor of philosophy, Victor Cousin, had invited List at that time to accompany him on a tour of America.

Letter 1

3)... Niles' *Register*;
a weekly magazine appearing in Baltimore from 1811 to 1849, whose founder, Hezekiah Niles, was also the editor until 1831. He was printer, publisher, and chief editor, and along with Matthew Carey, one of the most zealous proponents of the policy of protective tariffs. His *Register*, which was widely distributed and often quoted in the America press at the time, reported on every turn of events in the controversy over protective tariffs. List quoted from it regularly for short

---

[+]These notes are excerpted from the elaborate commentary in FLW Vol. II, pp. 349-404 and translated from German by George Gregory.

richten für den *Readinger Adler*, und bei der Gründung einiger seiner späteren Zeitschriften mag ihm die Anlage des Registers vorgeschwebt haben.

4) ... etc. etc.;

in dem an Ernst Weber in Gera gerichteten einleitenden Schreiben zu den „Mitteilungen aus Nordamerika" vom 8.9.1828 heißt es ähnlich, aber umfassender: „Da mein Schicksal wollte, daß ich (durch eine Aufforderung der Amerikanischen Gesellschaft für Beförderung der Manufakturen veranlaßt) an dieser Diskussion (über ein Schutzzollgesetz) tätigen Anteil nehmen sollte, so habe ich, in gewisser Art Berufs halber, alles, was darauf Bezug hat, gelesen...".

5) ... Adam Smith und Co.;

List faßt unter diesem Ausdruck besonders Adam Smith, Jean Baptiste Say und Thomas Cooper zusammen.

6) ... amerikanischen Systems;

so wurde das Schutzzollsystem von dessen Anhängern damals genannt. Man bildete so einen Gegenbegriff zum „alten Kolonialsystem" oder „britischen System", das mit dem Freihandel gleichgesetzt wurde. Historisch betrachtet beinhaltete es jedoch eine völlig andere Weltanschauung; siehe auch das Nachwort von L. LaRouche.

7) ... Say;

Jean Baptiste Say (1767-1832), französischer Nationalökonom.

8) ... Privatinteressen;

gemeint sind die südlichen Baumwollpflanzer, die Importeure Neuenglands und die Schiffahrtsinteressenten.

9) ... Harrisburg;

die „Allgemeine Versammlung der Landwirte und Fabrikanten und aller in Freundschaft zugetaner Förderer und Unterstützer des Aufbaus der heimischen amerikanischen Wirtschaft", allgemein als „Harrisburg-Versammlung" bekannt, tagte vom 30.7.-3.8.1827 in Harrisburg, Pennsylvanien. Diese erste in größerem Maßstab organisierte Massenkundgebung in Amerika zugunsten einer Schutzzollpolitik war von der Pennsylvania Society in die Wege geleitet worden. Die Wollzüchter und Wollmanufakturisten Pennsylvaniens und Neuenglands bildeten den Kern dieser Bewegung. Sie setzte sich für eine während der bevorstehenden Kongreßperiode neu einzureichende Schutzzollvorlage ein, nachdem im Februar 1827 die sog. „Mallory Woollen Bill" im Bundessenat durch die entscheidende Stimme des Vizepräsidenten abgelehnt worden war. An der Generalversammlung in Harrisburg nahmen 95 Delegierte teil, darunter C.J. Ingersoll, H. Niles, M. Carey und Redwood Fischer. Ingersoll war Vorsitzender eines Ausschusses für die Abfassung einer Denkschrift an den Kongreß und Niles eines solchen zur Ausarbeitung einer Rede an das Volk der Vereinigten Staaten. In letzterer wird wiederholt gegen Dr. Cooper polemisiert.

Lists Name findet sich nicht auf der offiziellen Teilnehmerliste, aber aus einem Briefe Ingersolls an ihn vom 24.7. ist ersichtlich, daß List letzterem sein Erscheinen in Harrisburg zur Tagung in Aussicht gestellt hatte, und es ist nicht unwahrscheinlich, daß List nach Harrisburg reiste und dort als Berater Ingersolls an dem von letzterem unterzeichneten Dokument mitwirkte.

news items in the *Readinger Adler*, and he may well have had the layout of the Register in mind, when he later founded a number of magazines.

4) ... etc., etc.;
in a similar vein, but more broadly in the letter accompanying the "Mitteilungen aus Nordamerika" sent to Ernst Weber in Gera on September 8, 1828, List writes: "As my fate would have it, that I (induced by a summons of the American Society for the Promotion of Manufactures) should take part in this discussion (on a protective tariff law), I have read everything there is on this subject, out of professional interest, as it were..."

5)... Adam Smith and Co.;
with this expression, List is referring, in particular, to Adam Smith, J.B. Say, and Thomas Cooper.

6)... American System;
this was the name given at the time by its advocates to the system of protective tariffs. The expression was coined by analogy to that of "Old Colonial System" and in opposition to the "British System" and "free trade." In historical perspective, it encompassed, however, a totally different world view; see also L. LaRouches' epilogue.

7) ... Say;
Jean Baptiste Say (1767-1832), French political economist.

8) ... interests;
the reference is to the southern cotton farmers, the importers of New England and the shipping interests.

9) ... Harrisburg;
the "General Convention of Agriculturalists and Manufacturers, and others friendly to the encouragement and support of the Domestic Industry of the United States," commonly known as the "Harrisburg Convention," met from July 30 to August 3, 1827, in Harrisburg, Pennsylvania. The Pennsylvania Society was the initiator of this first mass-meeting in America to promote the protective tariffs policy. The wool farmers and manufacturers from Pennsylvania and New England formed the core of this movement. The purpose of the whole movement was to organize support for new protective tariff legislation, to be presented to the new session of Congress, instead of the so-called "Mallory Woollen Bill," which had been voted down in the Senate shortly before that, when the vice-president voted against the legislation. There were 95 delegates to the General Assembly in Harrisburg, among them C.J. Ingersoll, H. Niles, M. Carey, and Redwood Fisher. Ingersoll was the chairman of a committee for drafting a memorandum to Congress, and Niles chaired a committee to draft an address to the American people. The latter address repeatedly polemicizes against Dr. Cooper.

List's name is not in the list of official participants, but it is clear from a letter of Ingersoll's to List of July 24, that List had planned to take part in the meeting of the Convention in Harrisburg, and that he collaborated, as an advisor to Ingersoll, in drafting the address, which Ingersoll signed.

10) ... Instituten;
List bemühte sich während seines Aufenthalts in Amerika verschiedentlich, ein Lehramt für Nationalökonomie an einer höheren Lehranstalt zu bekommen. Dahingehend hatte schon Lafayette seinethalben beim Gouverneur Schulze von Pennsylvanien und anderen Erkundigungen eingezogen.

11) ... Dr. Cooper;
Thomas Cooper (1759-1839), in London geboren, studierte in Oxford die Rechte und Medizin; während der französischen Revolution zusammen mit James Watt jr. Abgeordneter der Manchester Constitutional Society für die Jakobiner in Paris; sympathisierte mit den Girondisten und geriet wegen seiner republikanischen Gesinnung mit Burke in Konflikt; wanderte 1795 mit seinem Freund Joseph Priestley nach Amerika aus, wo er 1800 wegen literarischer Angriffe auf Präsident John Adams mit Gefängnis bestraft wurde. Der Sieg der unionsfeindlichen *anti-Federalists* verhalf ihm zu einem Richteramt in Pennsylvanien; dann Professor der Chemie am Dickinson College und seit 1816 Professor der Mineralogie und Chemie an der Universität of Pennsylvania. Seit 1819 Professor der Chemie und Political Economy am South Carolina College in Columbia, South Carolina, und 1820 Präsident desselben. Cooper galt als der hervorragendste Vertreter der Freihandelslehre und der Bewegung für größere Befugnisse der einzelnen Bundesstaaten.

12) ... Seite 195;
in Coopers *Lectures on the Elements of Political Economy* heißt es auf Seite 195: „Überhaupt scheint diese Vorstellung, neue Geschäftsgründungen zu schützen, indem man diejenigen besteuert, welche nicht anders können, als diese Waren abzunehmen, von Unverstand herzurühren." Auf der folgenden Seite 196 zählt Cooper dann elf „Fälle von Unverstand" auf.

13) ... Lehrer;
List hoffte wohl durch diese und ähnliche Äußerungen auch für sich eine Erweiterung seiner praktischen Wirksamkeit anzubahnen.

14) ... Bücher;
gemeint sind Adam Smiths *An Inquiry into the Nature and Causes of the Wealth of Nations* und J.B. Says *Traité d'économie politique*. Von Smiths Werk erschien 1789 eine amerikanische Ausgabe in Philadelphia in drei Bänden. Von Says Werk erschien 1821 eine amerikanische Ausgabe: *Treatise on Political Economy or the Production, Distribution, and Consumption of Wealth*.

15) ... Untersuchungen;
List hatte schon während seines Aufenthalts auf seiner Farm bei Harrisburg 1825-1826 nationalökonomische Studien betrieben. Sein Tagebuch (List, *Werke*, Bd. 2) enthält auf Seite 258 den Entwurf eines Briefes an von Wangenheim, worin es u.a. heißt: „Ich führe jetzt hier das Leben eines amerikanischen Bauern und sammle nebenher Materialien zu einer Schrift, die das Neuste und Wissenswürdigste aus der westlichen Welt enthalten soll... Es ist einer meiner liebsten Gedanken, das, was ich durch meine Reisen in Frankreich und England, besonders aber in Nordamerika, dieser hohen Schule der Nationalökonomie

10) ... auspices;
during his stay in America, List a number of times attempted to obtain a position at an institution of higher learning as teacher of political economy. In this connection, Lafayette had made a number of requests to Governor Schulze of Pennsylvania and others.

11) ... Dr. Cooper;
Thomas Cooper (1759-1839), born in London, studied law and medicine at Oxford. During the French Revolution, he was a deputy of the Manchester Constitutional Society, together with James Watt, Jr., for the Jacobins in Paris. He sympathized with the Girondists and came into conflict with Burke on account of his republican sentiments. Together with his friend, Joseph Priestly, he emigrated to America in 1795, where he was imprisoned in 1800 because of literary attacks against President John Adams. The victory of the anti-Federalists enabled him to obtain a position as judge in Pennsylvania; he then became professor for chemistry at Dickinson College, and in 1816 professor of Mineralogy and Chemistry at the University of Pennsylvania. Since 1819, he was Professor of Chemistry and Political Economy at the South Carolina College in Columbia, South Carolina, and in 1820 he became president of that college. Cooper was thought to be the most prominent advocate of the States' Rights doctrine and of free trade.

12) ... page 195;
on page 195 of Cooper's *Lectures*, it says: "Upon the whole, it seems that the notion of protecting new establishments, by taxing those who are compelled to purchase the article, arises from ignorance." On the following page, 196, Cooper then lists eleven "ignorances."

13) ... teachers;
with this and similar statements, List apparently hoped to prepare the way for expanding his efficient practical activity.

14) ... books;
the reference here is to Adam Smith's *An Inquiry into the Nature and Causes of the Wealth of Nations* and J.B. Say's *Traité d'économie politique*. An American edition of Smith's work was published in 1879 in Philadelphia, in three volumes. Say's work was published in an American edition in 1821: *Treatise on Political Economy or the Production, Distribution, and Consumption of Wealth*.

15) ... researches;
during his stay at his farm near Harrisburg, 1825-1826, List devoted himself to studies in political economy. In the draft of a letter to von Wangenheim, in his diary, (German original in FLW, Vol. II, page 258) it says, among other things: "I am living the life on an American farmer here, and in my spare time I am collecting material for a book, which is to contain everything new and worth knowing from the western world... It is one of my favorite ideas to use what I have learned from my travels in France and England, but especially in North

und des politischen Lebens, gelernt habe, zum Besten meines Vaterlandes verwenden zu können."
16) ... Nordamerika;
die damals zur nordamerikanischen Union gehörenden Einzelstaaten waren: Delaware, Pennsylvania, New Jersey, Georgia, Connecticut, Massachusetts, Maryland, South Carolina, New Hampshire, Virginia, North Carolina, Rhode Island, Vermont, Kentucky, Tennessee, Ohio, Louisiana, Indiana, Mississippi, Illinois, Alabama, Maine und Missouri. Davon bereiste List während seines Aufenthalts in Amerika folgende: New York, New Jersey, Pennsylvania, Delaware, Maryland, Virginia sowie den District of Columbia.
17) ... St. Pierre;
Charles Irénée Castel, Abbé de Saint Pierre (1658-1743), Publizist, Utopist und Philanthrop, schrieb: *Projet de Paix Perpétuelle*, Utrecht 1713, drei Bände.
18) ... Freunde;
über die Quäker veröffentlichte List einen Aufsatz im *Readinger Adler* vom 17.4.1827.

2. Brief

19) ... Produktivkräfte;
der Begriff kommt hier zum erstenmal in Lists amerikanischen Schriften vor. In seiner „Philadelphia-Rede" erklärt List, dieser Begriff sei „einer jener reformatorischen Grundsätze, die ich in meinem Aufsatz als ursprünglich von mir stammend hervorhob."
20) ... Say;
vgl. Say, *Traité*, Bd. 1, 9, Seite 88: „Ein holländischer Schiffseigner verlangt, wie es heißt, für den Hanftransport von Riga nach Le Havre 35 FF pro Registertonne. Kein anderer könnte das so wirtschaftlich tun... Er schlägt der französischen Regierung vor, ... diesen Transport für 40 FF zu übernehmen... Ich vermute, daß die französische Regierung in dem Bestreben, die eigenen Reeder zu bevorzugen, lieber französische Schiffe nimmt, bei denen der gleiche Transport 50 FF kostet, und die, um sich den gleichen Gewinn zu verschaffen, 55 FF verlangen. Was folgt daraus? Die Regierung gibt 15 FF pro Registertonne mehr aus. Es erübrigt sich, darauf hinzuweisen, daß ich bis zu diesem Augenblick den Schiffbau nur unter dem Aspekt der öffentlichen Mittel betrachtet habe. Ein anderer ist die Sicherheit."
21) ... Politik;
vgl. Say, *Traité*, Bd. 1, 9, Seite 89: „Daraus hat sich ergeben, daß in der Seefahrt immer militärische und politische Erwägungen neben industriellen und kaufmännischen eine Rolle gespielt haben."
22) ... Kongreßmitglieder;
der Abgeordnete J.C. Calhoun aus South Carolina dagegen sagte in seiner Rede über die Zollpolitik vom 16.4.1816: „Auf der anderen Seite ist es von den eifrigsten Vertretern anerkannt, daß kein Staat von einem anderen hinsichtlich sei-

America, this higher school of political economy and of political life, for the best of my fatherland."
16) ... North America;
the states which belonged to the North American Union at that time: Delaware, Pennsylvania, New Jersey, Georgia, Connecticut, Massachusetts, Maryland, South Carolina, New Hampshire, Virginia, North Carolina, Rhode Island, Vermont, Kentucky, Tennessee, Ohio, Louisiana, Indiana, Mississippi, Illinois, Alabama, Maine, and Missouri. During his visit in America, List traveled to the following of these states: New York, New Jersey, Pennsylvania, Delaware, Maryland, Virginia, and the District of Columbia.
17) ... St. Pierre's;
Charles Irénée Castel, Abbé de Saint Pierre (1658-1743), writer, utopian, and philanthropist, author of *Project de Paix Perpétuelle*, Utrecht 1713, in three volumes.
18) ... Friends;
List published an essay on the Quakers in the *Readinger Adler* on April 17, 1827.

Letter 2

19) ... productive powers;
this is the first time that this notion occurs in List's American writings. In his Philadelphia speech, List said that this concept was "one of those reform principles which I had emphasized in my article, as original to me."
20) ... Say;
compare Say, *Traité*, Vol. I, p. 88: "The transportation of hemp from Riga to Le Havre, it is said, costs a Dutch navigator 35 francs a ton. No one else could transport it so economically... He offers to the French government to undertake this transportation for 40 francs a ton... I suppose, though, that the French government, wishing to help its nation's ship owners, would rather use French ships on which the same transportation will cost 50 francs and which will be charged 55 francs in order to keep the same profit. What will the result be? The government will have spent 15 francs per ton more. There is no need to warn here that until now I have only considered the shipping industry in relation to public wealth; it has a relation to security.
21) ... politics;
compare Say, *Traité*, Vol. I, 9, page 89. "It resulted that military and political considerations were always mixed in with industrial and trade views as concerns navigation."
22) ... Congress;
Congressman J.C. Calhoun from South Carolina said in a tariff speech on April 16, 1816: "On the other hand, the most zealous proponents have acknowledged, that no country should be dependent upon another for its means of defen-

ner Verteidigungsmittel abhängig sein sollte, daß zum wenigsten unsere Musketen und Bajonette oder Kanonen und deren Kugeln im Inland hergestellt werden sollten."
23) ... Seite 15;
vgl. Thomas Cooper, *Lectures*, Vorwort, Seite 15: „Mit Politik bezeichnet man jene Wissenschaft, die Institutionen schafft, welche die Nation am besten verteidigen und schützen und im Innern eine Gesellschaftsordnung herstellen und aufrechterhalten können; und sie legt fest, wieviel Macht den Institutionen eingeräumt wird, ebenso deren Kontrollen und Befugnisse, die jede Abteilung des gesamten Regierungsapparates braucht, um bei geringstem Personal- und Kostenaufwand das höchste Maß an Sicherheit für die Personen und deren Eigentum zu erzielen, aus denen sich eine Nation zusammensetzt. Das gesetzmäßige Ziel der Politik ist die Sorge um das größte Wohl der meisten."
24) ... Chemiker;
Thomas Cooper war Professor der Chemie und der politischen Ökonomie am Columbia College in Columbia, South Carolina.
25) ... harmonischer Zustand;
dieser Gedanke findet sich öfters in der damaligen Zollkontroverse, vgl. die Rede des Abgeordneten J.C. Calhoun vom 16.4.1816, ferner Alexander Hamilton, *Report on Manufactures*, Seite 134: „Es ist dennoch ein aus Erfahrung entstandener und überall dort, wo ausreichende Erfahrungen gesammelt werden konnten, auch allgemein anerkannter Grundsatz, daß das Wohlergehen der Manufakturisten im allgemeinen mit dem Wohlergehen der Landwirte eng verbunden ist." Über den Begriff des Gleichgewichts (equilibrium) vgl. auch Daniel Raymond, *The Elements of Political Economy* in Two Parts, Bd. 1, Seite 216: „Die universelle Erfahrung beweist, daß die beiden Typen der Arbeit (d.h. in der Landwirtschaft und der Industrie) von gegenseitigem Nutzen sind, und daß jene Nationen am besten vorankommen und am wohlhabendsten werden, die zwischen beiden ein angemessenes Verhältnis bewahrt haben." Und Seite 218: „Jene Gemeinschaft gilt als die am besten regierte, in der Landwirtschaft und Industrie einander im richtigen Maß zuarbeiten. Wenn sich aber der eine Bereich übermäßig entwickelt — was oft der Fall ist —, dann erwächst der Regierung daraus die Pflicht, den anderen Bereich zu stützen und zu schützen, um das Gleichgewicht wiederherzustellen." Auch Mathew Carey schrieb ähnlich in *The New Olive Branch*, Philadelphia 1821 (Der neue Olivenzweig, oder ein Versuch, die Interessengleichheit von Landwirtschaft, Industrie und Handel herzustellen).
26) ... Say selbst;
vgl. *Traité*, Bd. 2, 11, Seite 207: „Ein Bezirk, in dem die Landwirtschaft keine Absatzmöglichkeiten hat, ernährt nur den kleinsten Teil der Bevölkerung, der sonst ernährt werden könnte; und dieser Bevölkerungsteil kennt nur einen groben Lebensstil, ist von jeder Verfeinerung und Verbesserung ausgeschlossen; er ist nur halb zivilisiert."
27) ... Unabhängigkeit;
vgl. Hamilton, *Report on Manufactures*, Philadelphia 1827, Seite 46: „Nicht

se, that at least our muskets and bayonets or cannons and their bullets must be produced domestically."

23) ... page 15;
compare Thomas Cooper, *Lectures*, Preface, page 15: "Politics is the name of that science, which develops the institutions best calculated for national defense and protection without, and for the establishment and maintenance of social order within a community; and it examines the powers necessary to be conceded, and the checks and limitations necessary to be applied to each branch of the apparatus of government, in order to produce with the smallest defalcation of personal liberty, and at the smallest expense, the greatest degree of security for the persons and properties of the citizens who compose the nation. The legitimate aim of politics is the greatest good of the greatest number."

24) ... chemist;
Thomas Cooper was Professor of Chemistry and Political Economy at Columbia College in Columbia, South Carolina.

25) ... harmonious state;
This idea occurs frequently in the debates at the time over tariffs. Compare the speech of Congressman J.C. Calhoun on April 16, 1816, also Alexander Hamilton, *Report on Manufactures*, page 134: "It is nevertheless a maxim, well established by experience, and generally acknowledged, that the aggregate prosperity of manufactures and the aggregate prosperity of agriculture are intimately connected." On the concept of equilibrium, compare also Daniel Raymond, *The Elements of Political Economy in Two Parts*", Vol. I, page 216: "Universal experience proves, that the two species of labour (agricultural and manufacturing), are a mutual advantage to each other, and that those nations are the most flourishing and prosperous, where a proper medium is preserved between them", and page 218: "That is the best regulated community, where agriculture and manufactures bear a due proportion to each other and when one preponderates in too great a degree, as is often the case, it becomes the duty of the government, to interpose and restore the equilibrium, by encouraging and protecting the other". In a similar vein, Mathew Carey wrote in *The New Olive Branch, or an attempt to establish an identity of interest between Agriculture, Manufactures, and Commerce,* 2nd ed., Philadelphia, 1821.

26) Say himself;
compare *Traité*, Vol. II, XI, page 207: "A canton in which agriculture has no openings can only feed the least amount of inhabitants that it could feed; and even then, these inhabitants will only experience a coarse existence, without the slightest pleasure or elegance. They are only half civilized."

27) ... independence;
compare Hamilton, *Report on Manufactures*, Philadelphia 1827, page 46: "Not

nur der Reichtum, sondern auch die Unabhängigkeit und Sicherheit eines Landes scheint materiell mit dem Gedeihen der Industrie verbunden zu sein."
28) ... Knechtschaft;
über die Gefahr der Versklavung der minder entwickelten Nationen unter der Vorherrschaft von Großmächten, siehe *Grundriß*, 9. und 10. Brief.

3. Brief

29) ... etc.;
vgl. Say, *Traité*, Bd. 1, Vorwort, Seite LXV: „Außergewöhnliche oder veraltete Ansichten", und Seite LXVI: „Die ersten unter den Dummen."
30) ... die beiden Pitts;
William Pitt, der erste Earl of Chatham (1708-1778) und der zweite Sohn, William Pitt (1759-1806).
31) ... Fox;
Charles James Fox (1749-1806), britischer Staatsmann und Redner, seit 1768 im Unterhaus, später Lord der Admiralität und des Schatzes; ging darauf zur Opposition über; bekämpfte Pitt und wurde nach dessen Tod ans Staatsruder berufen.
32) ... Theorie;
vgl. Thomas Cooper, *Lectures*, Seite 21: „Ich kann mich ruhigen Gewissens auf zwei Personen des öffentlichen Lebens beziehen, die wegen ihres Talents als Parlamentsredner bewundert wurden, um meine folgenden Gedanken zu illustrieren und zu rechtfertigen: Es handelt sich um Mr. W. Pitt und seinen Gegenspieler Mr. C. Fox. Beide Männer kannten die wahren Interessen ihres Landes im Sinne der hier behandelten Wissenschaft überhaupt nicht; und als Minister trugen sie ihren Unverstand bei ihren öffentlichen Handlungen nur allzu offen zur Schau." Ferner Seite 5: „Keiner in der Regierung oder bei der Opposition schien während der langen Amtsperiode (d.h. von Lord Chatham bis Pitt dem Jüngeren) je eine Silbe der wichtigen Themen, die von französischen Ökonomen und später von Adam Smith und dessen Nachfolgern abgehandelt worden waren, studiert oder verstanden zu haben. Allen Politikern der verschiedenen Lager war fast jeder nützliche Grundsatz, der zum wirklichen nationalen Wohlstand beiträgt, gänzlich unbekannt." Seite 173: „Bis zur gegenwärtigen Regierung hatte dieses Land keinen Mann an seiner Spitze gehabt, der irgendetwas von politischer Ökonomie verstand. Herr Fox und Herr Pitt waren lediglich Dementierer und verstanden von den Grundlagen der Wissenschaft nichts."
33) ... intelligente Köpfe;
List verweist in seinen späteren Schriften des öfteren auf die hier aufgezählten Persönlichkeiten als Vorbilder einer richtigen Wirtschaftspolitik.
Edward III.: König von England (1312-1377).
Elisabeth: Königin von England (1533-1603).
Colbert: Jean Baptiste Colbert (1619-1683), französischer Finanzminister.
Turgot: Anne Robert Jacques Turgot, Baron de l'Aulne (1727-1781).

only the wealth, but the independence and security of a country appears to be materially connected with the prosperity of manufactures."
28) ... navy:
on the danger of enslavement of less developed nations under the supremacy of larger powers: *Outlines*, Letters 9 and 10.

Letter 3

29) ...etc.;
compare Say, *Traité*, Vol. I, Preface, page LXV: "Extravagant or old fashioned opinions," and page LXVI: "Champions born of every type of ignorance."
30) ... both the Pitts;
William Pitt, First Earl of Chatham (1708-1778) and the second son, William Pitt (1759-1806).
31) ... Fox;
Charles James Fox (1749-1806), British statesman and orator, in the Lower House since 1768, later Lord of the Admiralty and of the Treasury, before he changed to the opposition; fought against Pitt and was called to lead the state after Pitt's death.
32) ... theory;
compare Thomas Cooper, *Lectures*, page 21: "I may safely refer to the public lives of two men of admirable talent as parliamentary orators, in illustration and justification of this remark: Mr. W. Pitt and his antagonist Mr. C. Fox. Two men profoundly ignorant of the true interests of their country in all points where the science we are now treating of was concerned; and whose public acts as ministers, were unhappily well calculated to show it." And page 5: "Not a man in the ministry or in the opposition, during this long period (i.e., from Lord Chatham, the father of Pitt the son) ever appeared to have studied or understood one syllable of the important subjects treated by the French Economists, or subsequently by Adam Smith, and his successors in the same path. Of almost every useful maxim really conducive to the national prosperity, all these contending politicians were profoundly ignorant." Page 173: "Until the present administration of that country they have had no men at the helm, who had any of political economy. Mr. Fox and Mr. Pitt, were mere disclaimers, equally ignorant of the elements of the science."
33) ... those;
in his later writings, List often refers to those listed here (Edward III, Elizabeth, etc.) as paradigms of a correct economic policy.
Edward III, King of England (1312-1377).
Elizabeth, Queen of England (1533-1603).
Colbert: Jean Baptist Colbert, French Minister of Finance (1619-1683).
Turgot: Anne Robert Turgot, Baron of l'Aulne (1727-1781).

Ingersoll bezeichnete Turgot in einem Schreiben vom 24.7.1827 an List als den Vater der politischen Ökonomie: „Es ist kein Irrtum, wenn in der letzten Rede Frankreich als Geburtsort der Wissenschaft der politischen Ökonomie bezeichnet wird, und Schottland als der ihres Schülers... Ich betrachte Adam Smith nicht als ihren Vater, sondern Turgot, auf den sich die Bemerkung bezieht und dessen Abhandlung über die Entstehung von Wohlstand zweifellos Adam Smith zu dessen Arbeit über den Wohlstand der Nationen anregte. Sie denken, mit dem Vater sei Smith und mit dem Schüler Say gemeint. Aber ich meine, daß der Turgot der Vater und Smith der Schüler war... Das ist die zweifellos die Wahrheit, wenngleich sie nicht allgemein bekannt ist." Dies wurde die Veranlassung zu Lists näheren Beziehungen zu Ingersoll und der Pennsylvania Society, sowie zu Lists *Grundriß*.

Friedrich II.: König von Preußen (1740-1786).

Joseph II.: Römisch-deutscher Kaiser (1741-1790).

Pitt: Gemeint ist William Pitt der Ältere (1708-1778).

Fox: siehe Anm. 31.

Napoleon Bonaparte (1769-1821): wird von List in seinen amerikanischen Schriften öfters erwähnt.

Washington: George Washington (1732-1799) erster Präsident der Vereinigten Staaten von Amerika.

Jefferson: Thomas Jefferson (1743-1826).

Hamilton: Alexander Hamilton (1757-1804), amerikanischer Staatsmann, Mitbegründer der Vereinigten Staaten von Amerika, Haupt der Föderalisten, 1789-1795 erster Finanzminister der USA. Verfasser des *Report on the subject of manufactures*.

34) ... Wollgesetze;
das englische Corn Law von 1815 verbot die Einfuhr ausländischen Getreides, bis der Preis in England 80 shilling das Quarter (12,7 kg) betrug. Über das Canningsche Getreidegesetz von 1827 berichtete List im *Readinger Adler* vom 24.4.1827.

35) ... Tausenden;
gemeint ist der im April 1819 in Frankfurt a.M. gegründete Allgemeine Deutsche Handels- und Gewerbeverein. Im Jahre 1819 übergab List dem Bundestag einen von 70 Kaufleuten und Fabrikanten unterzeichneten Aufruf zur Aufhebung der Binnenzölle. Eine zweite, von Ernst Arnoldi in Gotha verfaßte Bittschrift im Anschluß an die Listsche war von 5051 Handwerkern, Kaufleuten und Fabrikanten aus Thüringen und den umliegenden Landschaften unterzeichnet. Vgl. K.Th. Eheberg in dessen historischer und kritischer Einleitung zu: Friedrich List, *Das Nationale System der politischen Ökonomie*, 1883.

36) ... Deutschlands;
die Deputation bestand zuerst neben List aus dem Kaufmann J.J. Schnell aus Nürnberg und E. Weber aus Gera. Später kam noch Streiber hinzu. Die Abgeordneten Schnell, List und Weber besuchten zunächst die süddeutschen Höfe in München, Stuttgart und Karlsruhe. Später gingen Schnell, Streiber und Weber als Abgeordnete nach Berlin, um dann in Wien mit List zusammenzutref-

Ingersoll, in his letter to List on July 24, 1827, calls Turgot the father of political economy. "It is not an error in the late Address which mentions France as the birthplace of the science of Political Economy and Scotland as that of its disciple... I do not regard Adam Smith as the father, but Turgot, to whom the allusion is, and whose essay on the Formation of Wealth no doubt suggested to Smith his Work on the Wealth of Nations — You suppose that Smith is meant as father and Say as disciple... Such is the truth no doubt tho' not generally known." This was the motivation for List's closer relationship to Ingersoll and the Pennsylvanian Society, as well as for List's *Outlines*.
Frederick II, King of Prussia (1740-1786).
Joseph II, Roman-German Emperor (1741-1790).
Pitt: the reference is to William Pitt the Elder (1708-1778).
Fox: see above.
Napoleon Bonaparte (1769-1821): mentioned often by List in his American writings.
Washington: George Washington (1732-1799), first President of the United States of America.
Jefferson: Thomas Jefferson (1743-1826).
Hamilton: Alexander Hamilton (1757-1804), American statesman, cofounder of the United States of America, leader of the Federalists, 1789-1795 Secretary of the Treasury. Author of the *Report on the Subject of Manufactures.*

34) ... corn and woollen bills;
the English Corn Law of 1815 prohibited the import of foreign grain until the price of grain in England was 80 shillings per quarter. List reported on Canning's Corn Bill of 1827 in the *Readinger Adler* on April 24, 1827.

35) ... society of many thousands;
the reference is to the Allgemeine Deutsche Handels- und Gewerbeverein (General German Association of Trade and Industry), founded in Frankfurt am Main in 1819. In 1819, List presented the Bundestag an address signed by 70 merchants and manufacturers appealing for revocation of domestic tariffs. A second address, authored by Ernst Arnoldi in Gotha, following that of List, was signed by 5051 craftsmen, merchants and manufacturers from Thurignia and the surrounding areas. Compare K. Th. Eheberg in his historical and critical introduction to: *Friedrich List, Das Nationale System*, 1883.

36) ... courts of Germany;
in addition to List, the delegation was comprised of the merchant J.J. Schnell from Nuremberg and E. Weber from Gera. Streiber joined later. The deputies Schnell, List, and Weber first visited the southern German courts in Munich, Stuttgart and Karlsruhe. Later, Schnell, Streiber and Weber went as deputies to

fen. (List war im Oktober 1820 einige Tage in Darmstadt.)
37) ... Hansestädte;
Senator Hach, der Vertreter der freien Städte am Bundestag, war ein Gegner Lists. Vgl. Max Hoeltzel, *Friedrich List*, 1919, I. Teil, Seite 38.
38) ... Soden;
Friedrich Julius Heinrich, Reichsgraf von Soden (1754-1831), verfaßte: *Die Nationalökonomie, ein philosophischer Versuch über die Quellen des Nationalreichtums und über die Mittel zu dessen Beförderung*, 9 Bde., Leipzig und Aarau, 1805-1824.
39) ... Wochenzeitschrift;
gemeint ist das *Organ für den deutschen Handels- und Gewerbestand*.
40) ... König von Bayern;
Ludwig I. (1786-1868). Ähnlich rühmend äußert sich List in seiner „Philadelphia Speech", in seinen „Mitteilungen aus Nord-Amerika" sowie in einem Brief an N.N. in München, in welchem List schreibt: „Bayern scheint mir jetzt der Punkt zu sein, nach welchem alle vernünftigen Hoffnungen der Deutschen sich richten, und wenn der jetzige König noch länger lebt, wozu sein Alter Hoffnung gibt, und in dem System fortfährt, das er begonnen, da wird manches Schöne und Gute in Erfüllung gehen, an dem man vor einigen Jahren verzweifelte."
41) ... Jahre;
List war Konsulent des Handelsvereins vom April 1819 bis Juli 1820.
42) ... Chaptal;
Jean Antoine Chaptal, Comte de Chanteloup (1756-1832), bedeutender französischer Chemiker, Mitglied der Académie, Minister und später Directeur général du commerce et des manufactures. Verfasser mehrerer Werke über Chemie, besonders über die Anwendung in den Gewerben und in der Landwirtschaft.
43) ... 1819;
der Titel dieses Werkes lautet: *De l'industrie française*, 2 Bde., Paris 1819. Das hier genannte Kapitel XV befindet sich im Bd. 2, Seite 412ff und trägt die Überschrift: „Des Douanes". Davon erschien 1819 eine amerikanische Ausgabe und später eine englische Übersetzung, herausgegeben von der Pennsylvania Society, unter dem Titel: „Essay on Import Duties, translated from the French of the Count Chaptal, Philadelphia 1821".
44) ... denjenigen;
List bezieht sich hier auf Thomas Cooper, *Lectures*, Seite 14: „Die Überragende Wahrheit dieser Wissenschaft (d.h. der politischen Ökonomie) hat sich ihren Weg bis in das Ministerkabinett jenes Landes (d.h. Großbritannien) gebahnt und die fähigen Männer an der Spitze der gegenwärtigen Regierung überzeugt, daß sie das System... von Restriktionen und Verboten befreien müssen... Lord Liverpool, Herr Canning und Herr Huskisson haben das voll und ganz verstanden; und sie haben das Lob verdient, die aufgeklärteste Regierung genannt zu werden, die Großbritannien je hatte."
45) ... Canning und Huskisson;
George Canning (1770-1827), englischer Staatsmann, seit 1807 und 1822

Berlin, and then met up with List in Vienna. (In October 1820, List was in Darmstadt for a few days.)

37) ... Hansetowns;
Senator Hach, the representative of the free cities in the Bundestag, was an opponent of List's. Compare Max Hoeltzel, *Friedrich List*, 1919, Part I, page 38.

38) ... Count Soden;
Friedrich Julius Heinrich, Imperial Count of Soden (1754-1831), authored *Die Nationalökonomie, ein philosophischer Versuch über die Quellen des Nationalreichtums und über die Mittel zu dessen Beförderung*, (Political Economy, a philosophical investigation of the sources of national wealth and the means to its promotion), in nine volumes, Leipzig and Aarau, 1805-1824.

39) ... journal;
the reference is to the *Organ für den deutschen Handels- und Gewerbestand*.

40) ... king of Bavaria;
Ludwig I. (1786-1868). List expressed similar praise in his "Philadelphia speech", in his "Mitteilungen aus Nord-Amerika", as well as in a letter to N.N. in Munich, in which List writes: "Bavaria now seems to me to be the point to which all reasonable hopes of the Germans are directed, and if the present king lives longer, which one may hope because of his age, and continues in the system which he has begun, many beautiful and good things will be fulfilled about which one despaired some years ago."

41) ... years;
List was consul of the Trade Association from April 1819 to July 1820.

42) ... Chaptal;
Jean Antoine Chaptal, Comte de Chanteloup (1756-1832), important French chemist, Member of the Academy, Minister and later Director General of the Ministry for Commerce and Manufactures. Author of many works on chemistry, particularly its application in industry and agriculture.

43) ... 1819;
the title of this work is: *De l'industrie française*, in two volumes, Paris 1819. The Chapter XV cited here is in Vol. II, page 412ff., and is titled "Des Douanes." An American edition appeared in 1819 and later an English translation, published by the Pennsylvania Society, titled: "Essay on Import Duties, translated from the French of Count Chaptal, Philadelphia 1821."

44) ... those;
List refers here to Thomas Cooper, *Lectures*, page 14: "The great truths of this Science (i.e.,. Political Economy), have forced their way into the ministerial cabinet of that country (i.e., Great Britain), and convinced the able men at the head of the present administration, that they must — disentangle the... system of... restrictions, and prohibitions... Lord Liverpool, Mr. Canning, and Mr. Huskisson have fully understood this; and they have fairly entitled themselves to the praise of being the most enlightened administration, Great Britain has ever had."

45) ... Canning and Huskisson;
George Canning (1770-1827), English statesman, since 1807 and 1822 Foreign

Außenminister, ab 10.4.1827 Premierminister. Über Cannings politische Tätigkeit berichtete List fortlaufend im *Readinger Adler*, zumeist auf Grundlage von Berichten der britischen Zeitungen *Morning Chronicle, Courier, Times* und *Bell's Weekly Messenger*, die in der Philadelphiaer *National Gazette* im Auszug abgedruckt waren.

William Huskisson (1770-1830), englischer Staatsmann, Mitglied des Parlaments und Minister; Freund Cannings. Seit 1823 galt Huskisson als Hauptvertreter englischer Großhandelskreise im Parlament. Durch Cannings Einfluß zum Präsidenten des Board of Trade ernannt, führte er wichtige handelspolitische Reformen durch, besonders in bezug auf die Schiffahrtsgesetze und die Senkung der Zölle auf Seide und Wolle.

46) ... Paris;

dies bezieht sich auf Cannings zweite Reise nach Paris im Jahre 1827. Darüber berichtet List auch im *Readinger Adler* vom 23.1.1827.

47) ... de Villèle;

Joseph, Comte de Villèle (1773-1854), französischer Staatsmann, 1821-1828 Ministerpräsident.

48) ... Methuen;

John Methuen (1650-1706), englischer Staatsmann, der als Sonderbotschafter am 27.12.1703 den englisch-portugiesischen (Methuen-) Vertrag abschloß. Wird in Lists Schriften sehr häufig erwähnt. Schon Mathew Carey behandelte den Methuen-Vertrag in ähnlichem Zusammenhang in seiner Schrift: *National Interests and Domestic Manufactures*, Boston 1819, Seite 51.

49) ... *Courier* aus London;

gemeint ist die Londoner Zeitung *The Courier*. List nennt im *Readinger Adler* vom 26.9.1826 den *Courier* „das bedeutendste Ministerialblatt" und zitiert es des öfteren auf der Grundlage von Wiedergaben in der Philadelphiaer *National Gazette*.

50) ... Parlament;

List bezieht sich hier auf die Parlamentsrede Cannings vom 12.12.1826. Er behandelt dieselbe, wohl aufgrund von Zeitungsnachrichten, erstmals in einem Leitartikel im *Readinger Adler* vom 23.1.1827.

51) ... Präsident Cooper;

Thomas Cooper war Präsident des South Carolina College in Columbia, South Carolina.

52) ... Heilige Allianz;

die nach dem zweiten Sieg der drei Monarchen Rußlands, Österreichs und Preußens über Frankreich am 26.9.1815 in Paris geschlossene sog. „Heilige Allianz". Die beiden von List hier erwähnten Invasionen Frankreichs geschahen 1814 und 1815.

53) ... Grotius ... Vattel ... Pufendorf ... Martens;

Hugo Grotius (1583-1645), Jurist und Staatsmann. Sein Hauptwerk: *De jure belli ac pacis*.

Emmerich de Vattel (1714-1767), Schweizer Jurist, Verfasser von: *Le droit des gens, ou, Principes de la loi naturelle, appliqués à la conduite et aux affaires*

Minister, since April 10, 1827, Prime Minister. List reported regularly on Canning's political activity in the *Readinger Adler*, mostly drawing on reports in the London *Morning Chronicle, Courier, Times* and *Bell's Weekly Messenger*, which were excerpted in the Philadelphia *National Gazette*.
William Huskisson (1770-1830), English statesman, Member of Parliament and Minister; a friend of Canning's. Since 1823, Huskisson was the chief representative of English wholesale trade circles in Parliament. He was named President of the Board of Trade through Canning's influence, implemented important trade-policy reforms, particularly the Navigation Acts, and lowered duties on silk and wool.

46) ... Paris;
this refers to Canning's second trip to Paris in 1827. List reported about it on January 23, 1827, in the *Readinger Adler*.

47) ... de Villèle;
Joseph, Comte de Villèle (1773-1854), French statesman, 1821-1828 Prime Minister.

48) ... Methuen;
John Methuen (1650-1706), English statesman, who concluded the English-Portuguese (Methuen) Treaty on December 27, 1703, as ambassador extraordinary. Often mentioned in List's works. Matthew Carey also discussed the Methuen Treaty in a similar vein in his work, *National Interests and Domestic Manufactures*, Boston 1819, page 51.

49) ... *Courier* of London;
the reference is to the London newspaper, *The Courier*. In the *Readinger Adler* on September 26, 1826, List called the Courier "the most important ministerial newspaper," and quoted it often on the basis of reports in the Philadelphia *National Gazette*.

50) ... Parliament;
List refers here to Canning's speech in parliament on December 12, 1826. List's first discussion of this speech, probably on the basis of newspaper reports, was in a lead article in the *Readinger Adler* on January 23, 1827.

51) ... President Cooper;
Thomas Cooper was President of South Carolina College in Columbia, South Carolina.

52) ... Holy Alliance;
the so-called Holy Alliance, concluded on September 26, 1815, by the three monarchs of Russia, Austria and Prussia following the second victory over France. The two invasions of France which List mentions here were in 1814 and 1815.

53) ... Grotius ... Vattel ... Pufendorf ... Martens;
Hugo Grotius (1583-1645), jurist and statesman. His major work: *De jure belli ac pacis*.
Emmerich Vattel (1714-1767), Swiss jurist, author of: *Le droit des gens, ou, Principes de la loi naturelle, appliqués à la conduite et aux affaires des na-*

des nations et des souverains (Das Menschenrecht oder Grundsätze des Naturrechts, angewandt auf die Angelegenheiten der Völker und das Verhalten ihrer Herrscher), Neuchâtel 1758.
Samuel Freiherr von Pufendorf (1632-1694), Professor für Natur- und Völkerrecht in Heidelberg und Lund. Später als Hofrat in Berlin.
Georg Friedrich von Martens (1756-1821), Diplomat und Publizist. Sein Hauptwerk: *Recueil des traités*.

54) ... Parlamentsreden;
möglicherweise bezieht sich List hier insbesondere auf Cannings Haushaltsrede vom 1.6.1827, worin er eine Rede Pitts aus dem Jahre 1792 zitierend folgendes über Adam Smith sagt: „Ein Autor, dessen Schriften... die besten Lösungsvorschläge für jede Frage aus der Handelsgeschichte lieferten... Worte (d.h. die von Pitt)... die ich gern... als Richtschnur und Leitstern für meine eigene Politik... übernehme."

55) ... Smith;
Adam Smith starb 1790.

56) ... Revolution;
der amerikanische Unabhängigkeitskrieg fand 1775-1783 statt. Während Lists Aufenthalt in Reading lebten dort noch zahlreiche Veteranen, die am Unabhängigkeitskrieg teilgenommen hatten, und List veröffentlichte wohl deshalb im *Readinger Adler* häufig Anekdoten aus jener Zeit.

57) ... Republiken;
im *Readinger Adler* veröffentlichte List fortlaufend Nachrichten über die von Simon Bolivar angeführte Unabhängigkeitsbewegung der südamerikanischen Staaten.

58) ... Macht;
über die Gefahr der Versklavung schwächerer Länder unter einem System der Handelsfreiheit vgl. *Grundriß*, 2. Brief.

59) ... Esau;
I. Moses 27.

4. Brief

60) ... Say;
vgl. *Traité* Bd. 1, Kapitel XVII, Seite 177ff.

61) ... Smith und Say;
vgl. Smith, *Wealth* Bd. 2, Kapitel III: „Der Fortschritt ist oft so langsam, daß die Verbesserungen über kurze Zeitspannen nicht wahrnehmbar sind und obendrein noch der Verdacht entsteht, daß die Reichtümer und die Produktion des ganzen rückläufig sind."
Vgl. Say, *Principles* Bd. 1, Kapitel II: „Der Kapitalzuwachs ist normalerweise langsam; denn er kann niemals ohne die tatsächliche Produktion an Werten stattfinden, und die Schaffung von Werten hängt u.a. von Zeit und Arbeitskraft ab."

62) ... Jonathan;
diese von List öfters gebrauchte Kollektivbezeichnung für Amerikaner soll von

tions et des souverains (Peoples' law, or Principles of Natural Law applied to the conduct and the affairs of nations and of sovereigns), Neuchâtel, 1758. Samuel Freiherr von Pufendorf (1632-1694), Professor of Natural and International Law in Heidelberg and Lund. Later as Court Counsel etc., in Berlin. Georg Friedrich von Martens (1756-1821), diplomat and writer. His major work: *Recueil des traités*.

54) ... parliamentary speeches;
List is possibly referring here in particular to Canning's Budget Speech on June 1, 1827, in which he quoted a speech of Pitt's in 1792, speaking of Adam Smith as follows: "An author whose writings... furnished the best solution to every question connected with the history of commerce... words (i.e., Pitt's)... I am content... to adopt... as the guide and pole-star of my own policy."

55) ... Adam Smith;
Adam Smith died in 1790.

56) ... revolutions;
The American War of Independence took place 1775-1783. During List's visit in Reading, many veterans lived there, who had fought in the War of Independence, and List therefore often published anecdotes from this period in the *Readinger Adler*.

57) ... republics;
List regularly published news about the independence movement in the South American states led by Simon Bolivar in the *Readinger Adler*.

58) ... power;
on the danger of enslavement of weaker states under a system of free trade, compare *Outlines*, Letter 2.

59) ... Esau;
I. Moses 27.

Letter 4

60) ... Say;
compare *Traité*, Vol. I, Chapter XVII, page 177ff.

61) ... Smith and Say;
compare Smith, *Wealth*, Vol. II, Chapter III: "The progress is frequently so gradual, that, at near periods, the improvement is not only not sensible, but... there frequently arises a suspicion that the riches and industry of the whole are decaying."
Compare Say, *Principles*, Vol. I., Chapter II: "The increase of capital is naturally slow of progress, for it can never take place without actual production of value, and the creation of value is the work of time and labour besides other ingredients."

62) ... Jonathan;
this collective term for Americans, which List often uses, was allegedly coined

George Washington stammen, der den Ausdruck auf Jonathan Trumbull anwandte, den Gouverneur von Connecticut, dessen Rat er sehr schätzte.
63) ... Smith und Say;
vgl. Smith, *Wealth*, Bd. 2, Kapitel II: „Indem die Einfuhr von Waren, die auch im eigenen Land hergestellt werden können, mit hohen Zöllen oder absolutem Einfuhrverbot belegt wird, sichert man der einheimischen Industrie das Monopol auf diese Waren." Vgl. Say, *Traité*, Bd. 1, Kapitel XVII, II.
64) ... Theoretiker;
vgl. Smith, *Wealth*, Bd. 2, Kapitel V: Über die verschiedenen Verwendungsmöglichkeiten von Kapital.
65) ... Geschicklichkeit;
vgl. Alexander Hamilton, *Report Nr. 31...*, Seite 21ff: „Wenn Manufakturbesitzer den mächtigen Lockruf von besseren Preisen für Tuche und Löhne vernähmen, von billigerer Lagerhaltung und billigeren Rohstoffen, der Befreiung von einem Großteil der Steuern, Lasten und Einschränkungen, die sie in der alten Welt zu tragen haben, größerer persönlicher Unabhängigkeit mit all ihren Folgen durch eine mehr auf Gleichheit aller gerichteten Regierung und einer völligen Gleichberechtigung religiöser Privilegien, die kostbarer als bloße Religionsfreiheit ist, würden sie wahrscheinlich von Europa in die Vereinigten Staaten strömen, um ihren eigenen Geschäften und Berufen nachzugehen." Ebenda Seite 35: „Wenn der Kapitaleigner und Produzent Europas sich den vielen wichtigen Vorteilen zuwendet, die im Laufe dieses Berichts dargelegt wurden, kann er wohl nicht umhin, eine kraftvolle Motivation zu spüren, sich und sein Kapital in die Vereinigten Staaten zu verlegen."
66) ... Jefferson;
dieser von List öfters zitierte Ausspruch Thomas Jeffersons findet sich in einem Briefe Jeffersons an Benjamin Austin, datiert Monticello, 9.1.1816.

5. Brief

67) ... Nation;
vgl. Daniel Raymond, *The Elements...*, Seite 207: „Ob eine Arbeitskategorie gewinnbringender ist als andere, hängt ganz und gar von den Umständen der jeweiligen Nation ab."
68) ... schwarzen Menschen;
daß List sich eingehend mit dem Problem der Sklaverei und dem Schicksal der Schwarzen in den USA befaßt hat, geht aus den häufigen Hinweisen auf diese Frage in seinen amerikanischen Schriften hervor.
69) ... Manufakturen;
vgl. zu dem folgenden Abschnitt Alexander Hamilton, *Report...*, Seite 61: „Bei der Frage, für welche Bereiche Gesetze erlassen werden sollten (z.B. bei den Zöllen), müssen fünf Aspekte besonders berücksichtigt werden: Lieferkapazitäten von Rohstoffen aus dem eigenen Land; das Ausmaß der maschinellen Produktion als Ersatz für manuelle Fertigung; die Güte der Ausführung; die Verwendungsmöglichkeiten der Produkte; der Nutzen für andere Interessen als die-

by Washington, who applied the term to Jonathan Trumbull, governor of Connecticut, whose advice he esteemed highly.
63) ... Smith and Say;
compare Smith, *Wealth*, Vol. II, Chapter II: "By restraining, either by high duties, or by absolute prohibitions, the importation of such goods from foreign countries as can be produced at home, the monopoly of the home market is more or less secured to the domestic industry employed in producing them." Compare Say, *Traité*, Vol. I, Chapter XVII, II.
64) ... theorists;
compare Smith, *Wealth*, Vol. II, Chapter V: On the Different Employments of Capitals.
65) ... skill;
compare Alexander Hamilton, *Report Nr. 31...*, page 21ff: "Manufacturers, who, (listening to the powerful invitation of a better price for their fabrics or their labour; of greater cheapness of provisions and raw materials; of an exemption from the chief part of the taxes, burdens and restraints which they endure in the old world; of greater personal independence and consequences, under the operation of a more equal government; and of, which is far more precious than mere religious toleration, a perfect equality of religious privileges), would probably flock from Europe to the United States to pursue their own trades or professions." And page 35: "When the manufacturing capitalist of Europe shall advert to the many important advantages which have been intimated in the course of this report, he cannot but perceive very powerful inducements to a transfer of himself and his capital to the United States."
66) ... Jefferson;
this statement of Thomas Jefferson is in a letter of Jefferson's to Benjamin Austin, dated Monticello, Jan. 9, 1816.

Letter 5

67) ... nation;
compare Daniel Raymond, *The Elements...*, page 207: "Whether one species of labour is more beneficial than the others, depends entirely on the circumstances of each particular nation."
68) ... black people;
that List studied the problems of slavery and the fate of Blacks in the USA is evident from the frequent references to this issue in his American writings.
69) ... manufactories;
compare with the following passage of Alexander Hamilton, *Report...*, page 61: "In the selection of objects (i.e. in the tariffs) five circumstances seem entitled to particular attention: the capacity of the country to furnish the raw material; the degree in which the nature of the manufacture admits of a substitute for manual labour in machinery; the fertility of execution; the extensiveness of the uses to which the article can be applied; its subserviency to other interests, particu-

jenigen der Käufer, nämlich besonders für die nationale Verteidigung." Auch Daniel Raymond, *The Elements*, Bd. 2, Seite 95ff behandelt diesen Gegenstand.
70) ... Maschinen;
Daniel Raymond behandelt diesen Gegenstand in *The Elements*, Bd. 2, Seite 104ff.
71) ... Say;
vgl. *Traité*, Bd. 1, Seite 23: „Die hergestellte Ware muß solange zum Unterhalt eines Erwerbstätigen beitragen, bis dieser seinen Anteil an der Arbeit der Gesamtproduktion erfüllt hat. Die Ware, die er herstellt oder der Lohn, den er dafür erhält, soll wirklich diesen Unterhalt abdecken; aber er muß letzteren auch beständig ausbauen."

6. Brief

72) ... Ökonomie;
vgl. Daniel Raymond, *The Elements*, Bd. 1, Seite 42: „Der Wohlstand einer Nation ist völlig getrennt zu sehen vom Wohlstand des einzelnen."
73) ... Generationen;
vgl. Daniel Raymond, *The Elements*, Bd. 2, Seite 24 ff: „Ein Zolltarif sollte im Hinblick auf die gewinnbringenden Folgen in der Zukunft, nicht auf die unmittelbare Wirkung erhoben werden..., im Hinblick auf ein künftig verbessertes Produkt..."; ferner Seite 250: „Es sollte untersucht werden, wie die Lage in fünfzig Jahren aussehen wird."
74) ... Gournay;
Jean Claude Marie Vincent, Seigneur de Gournay (1712-1759), Großkaufmann und später Handelsintendant beim Pariser Handelsbüro; Freund Quesnays.
75) ... Fulton;
Robert Fulton (1765-1815), amerikanischer Mechaniker und Erfinder, besonders bekannt durch das von ihm erbaute Dampfboot.
76) ... Seite 19;
die hier zitierte Stelle aus Thomas Cooper, *Lectures*, Seite 19, lautet vollständig: „Viele Probleme und bedauerliche Fehler sind mit dem Begriff der politischen Ökonomie verbunden, da die Meinung vorherrschte, eine Nation als lebendiges Wesen aufzufassen, das von der Gesamtheit der Einzelpersonen abgehoben existiert und Eigenschaften besitzt, die keinem einzelnen Mitglied derselben zukommen. Wir machen anscheinend einen Unterschied zwischen der Staatsmoral und der Individualmoral, die jeweils von ganz unterschiedlichen Prinzipien abhängen; und wir meinen wohl auch, daß die *politische Ökonomie* mit der *Privatwirtschaft* nichts zu tun hätte. — So entstand ein moralisches Wesen, indem das als *Nation* bezeichnete grammatische Wesen mit Attributen ausgestattet wurde, die nur in der Einbildung von Leuten real existieren, die Worte in Dinge verwandeln; die aus einer bloß grammatischen Erfindung ein real existierendes und intelligentes Wesen machen. Es ist wichtig, daß uns dieser Fehler bewußt ist: es handelt sich um Beschreibung und Umschreibung grammatischer Erfindungen und sonst nichts, genauso wie wir in der logischen Ar-

larly the great one of national defence." Also Daniel Raymond, *The Elements*, Vol. II, page 95ff dealing with this subject.
70) ... machinery;
Daniel Raymond discusses this subject in: *The Elements*, Vol. II, page 104ff.
71) ... Say;
compare *Traité*, Vol. I, page 23: "The products which must provide for the upkeep of an industrious man until he has finished his part of labor in the production work. The product he is concerned with or the price he will get from it must in truth reimburse this upkeep; but he is constantly obliged to advance it."

Letter 6

72) ... Political Economy;
compare Daniel Raymond, *The Elements*, Vol. I, page 42: "National wealth is something totally distinct from individual wealth."
73) ... generations;
compare Daniel Raymond, *The Elements*, Vol. II, page 24ff: "A tariff should be laid with reference to the future beneficial effects it is to produce, rather than to its immediate effects... with a view to a future augmented product..."; and page 250: "The inquiry should be made, how it will be fifty years hence?"
74) ... de Gournay;
Jean Claude Marie Vincent, Seigneur de Gournay (1712-1759), merchant and later trade director at the Bureau du commerce in Paris, a friend of Quesnay's.
75) ... Fulton;
Robert Fulton (1765-1815), American mechanic and inventor, known especially for the steam-ship he built.
76) ... page 19;
the cited passage from Thomas Cooper, *Lectures*, page 19, in its entirety: "Much difficulty, and deplorable mistake has arisen on the subject of Political Economy, from the propensity that has prevailed, of considering a nation as some existing intelligent being, distinct from the individuals who compose it; and possessing properties belonging to no individual who is a member of it. We seem to think that national morality is a different thing from individual morality, and dependent upon principles quite dissimilar; and that maxims of *Political Economy* have nothing in common with *Private Economy*. — Hence the moral entity — the grammatical being called a *Nation*, has been clothed in attributes that have no real existence except in the imagination of those who metamorphose a word into a thing; and convert a mere grammatical contrivance, into an existing and intelligent being. It is of great importance that we should be aware of this mistake: description and periphrasis-grammatical contrivances and no more: just

gumentation die Zeichen und Buchstaben der Algebra verwenden statt der komplexeren Zahlen, für die sie stehen."
77) ... Jugend;
Thomas Cooper schrieb seine *Lectures* für den Schulgebrauch.

7. Brief

78) ... Wettstreit;
vgl. Daniel Raymond in *The Elements*, Bd. 2, Teil II („Die Wirkung des Krieges auf die nationale Industrie"), Seite 91: „Ein Krieg beflügelt die nationale Industrie oft kräftig und fördert somit den Volkswohlstand... Kaum eine Nation dieser Erde hat nicht im Laufe ihres Daseins ein Beispiel für die enorme Wirksamkeit des Krieges geliefert, den nationalen Wohlstand sowie die Macht einer Nation zu steigern. Aber zum Glück für die Menschheit hat der Krieg weder gesetzmäßig noch üblicherweise diese Wirkung."
79) ... Philipps;
Philipp II., König von Spanien (1527-1598). Der Hinweis auf seine Henker bezieht sich auf die Schreckensherrschaft unter dem Herzog von Alba, 1567-1573.
80) ... Krieg;
der Krieg der amerikanischen Union gegen England, 1812-1814.
81) ... Seite 120;
der von List hier zitierte Passus aus Thomas Cooper, *Lectures*, Seite 120, beginnt: „Ich habe keinen Einwand gegen einen Krieg zur Verteidigung nationaler Hoheitsgebiete, pro Aris et Focis: aber keine Handelsbranche..."
82) ... Algier;
um amerikanische Schiffe und Seeleute gegen fortgesetzte Angriffe von seiten nordafrikanischer Piraten zu schützen, hatte die amerikanische Regierung 1795 einen Vertrag mit Algier abgeschlossen und seither eine jährliche Tributsumme gezahlt. Präsident Jefferson ließ später die Küste von Tripoli blockieren und erzwang 1805 einen Friedensvertrag. Lists Behauptung an dieser Stelle sowie im 8. Brief geht etwas zu weit, denn die Stelle in Coopers *Lectures*, auf die er allenfalls Bezug nehmen konnte, lautet (Seite 170): „Darüber hinaus ist die Marine Großbritanniens und dieses Landes (der USA, Anm. d. Red.) weniger zum Schutze ausländischer Handelsvertretungen notwendig (die niemals irgendwo die Gelder zu ihrem Schutz zurückzahlten) als zur Verteidigung der Nation."

8. Brief

83) ... Monopole;
vgl. Smith, *Wealth*, 4. Buch, Kapitel IV: „Über die Rückzölle", Kapitel V: „Über Prämien zur Förderung der Wirtschaft", Kapitel VI: „Über Handelsverträge". Ähnlich auch Thomas Cooper, *Lectures*, Seite 14. Say, *Traité*, Bd. 1, Kapitel XVII: „Des effets des règlements de l'administration qui ont pour objet d'influer sur la production" (Staatliche Vorschriften und ihre Auswirkungen auf die Entwicklung der Produktion).

as we use the signs and letters of algebra to reason with, instead of the more complex numbers they represent."
77) ... youth;
Thomas Cooper wrote his *Lectures* as a text book for schools.

Letter 7

78) ... contest;
compare Daniel Raymond, *The Elements*, Vol. II, Section II ("The influence of War on National Industry"), page 91: "War often operates as a powerful stimulus to national industry, and thereby promotes national wealth... There is scarcely a nation on earth that has not, during some period of its existence, afforded an example in proof of the powerful efficacy of war in promoting national wealth, as well as national power. But fortunately for mankind, this is not the legitimate and ordinary effect of war."
79) ... Philip's;
Philip II, King of Spain (1527-1598). The reference to Philip's hangman applies to the reign of terror under the Duke of Alba, 1567-1573.
80) ... last war;
the war of the American Union against England, 1812-1814.
81) ... page 120;
the passage List quotes from Thomas Cooper, *Lectures*, page 120, begins: "I have no objection to a war of territorial defence, pro Aris et Focis: but no branch of commerce..."
82) ... Algiers;
in order to protect American ships and sailors against continued attacks from north African pirates, in 1795 the American government concluded a treaty with Algiers and paid an annual tribute since that time. President Jefferson later ordered a blockade of the coast of Tripoli and forced a peace treaty in 1805. List's assertion here as well as in the 8th Letter goes somewhat too far, since the passage of Cooper's *Lectures*, to which he might also have referred, actually says (page 170): "Moreover, the navy of Great Britain, and the navy of this country, are necessary, not so much for the protection of foreign commerce (which has never yet anywhere repaid the pecuniary expense of its protection) but for national defense."

Letter 8

83) ... monopolies;
compare Smith, *Wealth*, Book IV, Chapter IV: "Of Drawbacks", Chapter V: "Of Bounties", Chapter VI: "Of Treaties of Commerce". Similarly also Thomas Cooper, *Lectures*, page 14. Say, Traité, Vol. I, Chapter XVII: "Des effets des règlements de l'administration qui ont pour objet d'influer sur la production." (The Effects of Administrative Rules whose Object Is to Influence Production.)

84) ... produzieren kann;
vgl. Smith, *Wealth*, 4. Buch, Kapitel II: „Wenn uns das Ausland mit Gebrauchsgütern billiger beliefern kann, als wir sie selbst herstellen können, kaufen wir sie besser dort ein und bezahlen mit einem Teil der Produkte aus heimischer Fertigung, wobei die Abwicklung so geschieht, daß wir einen gewissen Vorteil davon haben." Thomas Cooper zitiert die obigen Worte Smiths zustimmend in seinen *Lectures*.

85) ... Say;
vgl. Smith, *Wealth*, 2. Buch, Kapitel V: „Eine Kapitalmenge wird im Binnenhandel zwölf Umläufe erleben, oder bis zu zwölf Mal ausgegeben und wieder eingenommen werden, bevor eine Kapitalmenge im ausländischen Konsumgüterhandel einmal umgesetzt wird. Bei gleichen Kapitalmengen wird die eine Kapitalmenge die heimische Industrie 24mal mehr ermutigen und unterstützen als die andere." List behandelt diese Frage später öfter, vgl. „Über die Beziehungen der Landwirtschaft zur Industrie und zum Handel", *Werke*, Bd. 5.
Vgl. Say, *Traité* Bd. 1, Kapitel IX, Seite 85f: „In jedem Land ist der Außenhandel verglichen mit dem Binnenhandel unerheblich... Außerdem ist der Binnenhandel in jedem Land nicht nur am beachtlichsten, sondern auch am vorteilhaftesten."

86) ... Cooper;
vgl. Thomas Cooper, *Lectures*, Seite 45: „Das Volumen des Binnenhandels ist in Großbritannien ungefähr achtmal größer als das des Außenhandels. In jedem anderen Land ist es zehn bis zwölfmal größer."

87) ... Stetigkeit;
das Prinzip der Stetigkeit wird hier von List erstmalig in seinen amerikanischen Schriften behandelt. Als systematisches Lehrprinzip behandelt List es später in *Das Nationale System der politischen Ökonomie*, Kapitel XXIV: „Die Manufakturkraft und das Prinzip der Stetigkeit und Werkfortsetzung". In der amerikanischen Tarifliteratur vor List finden sich mehrmals ähnliche Ansichten; vgl. Alexander Hamilton, *Report...*, II, Seite 7: „Wie man in einigen Fällen neue Nachfrage erzeugt und im ganzen betrachtet eine regelmäßige und gleichbleibende Nachfrage für die Überschußprodukte aus der Landwirtschaft sicherstellt". „Im Hinblick auf den Absatz wird der Binnenmarkt bei weitem dem ausländischen vorgezogen, da er naturgemäß bei weitem verläßlicher ist." Daniel Raymond, *The Elements*, Bd. 2, Seite 95: „Alle Fluktuationen sind für den Wohlstand und das Glück einer Nation ungünstig — je dauerhafter die Nachfrage für einen Artikel, desto besser." Auch Henry Clay in seiner „Rede zur Verteidigung eines amerikanischen Systems", Washington 1824, Seite 25, spricht von einer „beständigen und dauerhaften Industrie als Grund für den Perfektionsgrad englischer Manufakturen.". Hezekiah Niles in „Die Landwirtschaft der Vereinigten Staaten", 1827, Seite 9, betont das Ziel, „die Beständigkeit des Binnenmarktes aufrecht zu erhalten.".

84) ... manufacture;
compare Smith, *Wealth*, Book IV, Chapter II: "If a foreign country can supply us with a commodity cheaper than we ourselves can make it, better buy it of them with some part of the produce of our own industry, employed in a way in which we have some advantage." Thomas Cooper quoted this passage, agreeing with it, in his *Lectures*.
85) ... Smith and Say;
compare Smith, *Wealth*, Book II, Chapter V: "A capital, therefore, employed in the home trade will sometimes make twelve operations, or be sent out and returned twelve times, before a capital employed in the foreign trade of consumption has made one. If the capitals are equal, therefore, the one will give four and twenty times more encouragement and support to the industry of the country than the other." List later discussed this issue frequently, compare, "Über die Beziehungen der Landwirtschaft zur Industrie und zum Handel" (On the Relationship of Agriculture to Industry and to Trade), *Werke*, Vol. 5. Compare Say, Traité, Vol. I, Chapter IX, pages 85, 86: "En tout pays, le commerce extérieur qui se fait est peu considérable, comparé au commerce intérieur ... Outre qu'en tout pays le commerce intérieur, ... est le plus considérable, c'est aussi le plus avantageux."
86) ... Mr. Cooper;
compare Thomas Cooper, *Lectures*, page 45: "The amount of the home trade even in Great Britain, is about eight times the amount of the foreign trade. In every other country from 10 to 12 times."
87) ... steadiness;
the principle of continuity is discussed here for the first time by List in his American works. List discussed it later as a systematic theoretical principle in *Das Nationale System der politischen Ökonomie* (The National System of Political Economy), Chapter 24: "Manufacturing power and the principle of continuity and continuation of production." Similar views are expressed frequently in American tariff literature before List; compare Alexander Hamilton, *Report...*, II, page 7: "As to the Creating, in Some Instances, a New and securing in All a More Certain and Steady Demand for the Surplus Produce of the Soil." "For the purpose of this vent a domestic market is greatly to be preferred to a foreign one, because it is, in the nature of things, far more to be relied upon." Daniel Raymond, *The Elements*, Vol. II, page 95: "All fluctuations are unfavorable to national wealth and happiness — the more permanent the demand for any article, the better." Also Henry Clay in his "Speech in support of an American System", Washington, 1824, page 25, speaks of a "steady and persevering industry as a cause of the state of perfection of English manufactures". Hezekiah Niles in "Agriculture of the United States", 1827, page 9, emphasizes the objective, "to maintain steadiness in the home market".

9. Brief

88) ... Amerikaner;
gemeint ist Henry Baldwin (1780-1844), Vertreter Pennsylvaniens im Bundeskongreß; Associate Justice am Obersten Gericht der Vereinigten Staaten 1830-1844. Im Laufe einer von ihm am 21.4.1820 im Unterhaus des Kongresses gehaltenen Rede über die „Zollrevision" sagte Baldwin: „Dieses Gesetz (die Zölle betreffend), so erinnern Sie sich bitte, entspringt nicht dem Zeitalter des umnachteten Unverstands, der Vorurteile oder unhaltbarer Theorien, noch stammt es von dem Mann, gegen den sich ganz Europa verbündete; sondern aus dem Jahre 1817 von einer Regierung, die durch eine gemeinsame Anstrengung wiederhergestellt wurde, und besteht seither im vollen Glanz des Lichtes, das von den eigenen wie von englischen Verfassern auf dieses Thema gerichtet worden ist, die übrigens von den Regierungen, unter denen sie leben, gar nicht beachtet werden; sie schreiben für das Ausland, nicht für den Hausgebrauch, und ihre Bücher liegen in Ihrer Vorhalle zum Verkauf aus, um Sie über die Vorzüge dieses Gesetzes aufzuklären." (Annalen des Kongresses der Vereinigten Staaten, 16. Kongreß, 1. Sitzung, Washington 1855, Seite 1926.)
Das Reutlinger Archiv enthält (Faks. 40, Nr. 70) ein Schreiben von Baldwin an List, datiert: Pittsburg, 13.12.1828, in welchem es u.a. heißt: „Ich erhielt das Tarifgesetz von Herrn Bellarmy Bucknow zusammen mit dem Bericht des Manufakturenausschusses, und da Sie freundlicherweise meine Ansichten mit einigen Anmerkungen versahen, fügte ich das ganze meiner Rede über die Missouri-Frage hinzu, die sich zwar auf ein Thema bezieht, das mit Ihrer gegenwärtigen Anfrage nicht zusammenhängt, aber Sie wohl auch interessieren wird. In Niles' *Register* vom Januar, März und September 1921 finden Sie einige Seiten zum Tarifthema..., wovon ich meine, daß sie hinsichtlich der Wortbedeutungen und Anwendung von Grundsätzen des Durchlesens wert sind. Sie finden darin auch einige nützliche Unterlagen bezüglich des Ausschußberichts. Sie sind in den Unterlagen des Repräsentantenhauses, 1820/21, enthalten. Ich schätze mich sehr glücklich, daß sich ein Gentleman Ihrer Begabung und Ihres Rufes die Zeit nimmt, dieses interessante Thema nach amerikanischen Prinzipien abzuhandeln. Meine besten Wünsche für Ihren Erfolg begleiten Sie, und es wird mir ein Vergnügen sein, Ihnen von Zeit zu Zeit Informationen und Hinweise zuzusenden, die für Sie nützlich sind."
List erwähnt dies Diktum Baldwins später mehrmals. Vgl. *Nationales System*, Seite 123: „Ein geistreicher amerikanischer Redner, Herr Baldwin, jetzt Oberrichter der Vereinigten Staaten, sagte mit treffendem Witz von dem Canning-Huskissonschen freien Handelssystem: ‚es sei wie die meisten englischen Manufakturwaren nicht sowohl für den innern Gebrauch als für die Exportation fabriziert worden'."

89) ... Portugal;
Kaiser Dom Pedro von Brasilien, nach dem Tode Johanns VI. von Portugal zu dessen Thronfolge berechtigt, gewährte am 29.4.1826 Portugal eine Konstituti-

Letter 9

88) ... man;
the reference is to Henry Baldwin (1780-1844), Representative of the State of Pennsylvania in Congress; Associate Justice of the United States Supreme Court, 1830-1844. In the course of a speech held in the lower house of the Congress on April 21, 1820, "Revision of the tariff", Baldwin said: "This code (i.e., the tariff bill), remember, is not the offspring of the age of benighted ignorance, prejudice, or exploded theories, or of the man against whom all Europe combined; but in 1817, by the Government which has been restored by a common struggle, existing in all the effulgence of the light which has been shed on the subject by their own and English writers on political economy, who are not regarded by the Governments where they live; whose books are for exportation, not for home consumption, and now for sale in your lobby, to enlighten you on the merits of this bill." (Annals of the Congress of the United States. The Debates and Proceedings in the Congress of the United States. 16th Congress. First Session. Washington 1855, page 1926.)
The archive in Reutlingen has a copy (Facsimile 40, Nr. 70) of a letter from Baldwin to List, dated Pittsburg, Dec. 13, 1828, in which, among other things, he says: "I had by Mr. Bellarmy Bucknow the Tariff with the report of the Committee of manufactures and as you have been so kind as to put some notice on my opinions I have added to them my speech on the Missouri question a subject unconnected with the subject of your present inquiries but one on which you may put some interest. In Niles' *Register* of 1821 of January, March and September you will find a series of pages on the subject of the Tariff written by me... the meaning of words and application of principles which you may think worth the perusal. There are also documents connected with the report of the Committee which you will find useful. They will be found in the documents of the House of Representatives in the Session of 1820. 21. — I am very happy to find a gentleman of your talents and reputation devoting his time to this interesting subject and treating it on American principles. You have my best wishes for your success and it will give me great pleasure to give you from time to time any information or reference which may be useful to you."
List mentions Baldwin's statement later quite frequently. Compare *Nationales System*, page 123: "A brilliant American orator, Mr. Baldwin, now Supreme Justice of the United States, said, with appropriate humor, about the Canning-Huskisson free trade system, that 'like most English manufactures, it has not been made for internal consumption, but for export.'"

89) ... Portugal;
Emperor Don Pedro of Brazil, following the death of John VI of Portugal, was the legitimate heir to the throne, and granted Portugal a constitution on April

on. In einem an die Höfe in Paris, Wien und Berlin gerichteten Rundschreiben vom 11.7.1826 bestritt Canning jedwede Anteilnahme des britischen Gesandten in Rio de Janeiro, Sir Charles Stuart, an dem Entschluß Dom Pedros. Canning erklärte in dem Rundschreiben: „Seine kaiserliche Majestät entschied und handelte in jeder Hinsicht für sich selbst."
Nach dem Bericht der Philadelphiaer *National Gazette* vom 13.1.1827 erklärte Canning in seiner Parlamentsrede vom 12.12.1826 u.a.: „Die Abdankung des Königs von Portugal zugunsten seiner ältesten Tochter geschah zusammen mit dem Angebot einer Urkunde für eine freie Verfassung. Es hieß darin, daß das auf Anraten Großbritanniens geschah. Das war falsch, England hatte nicht dazu geraten." Vgl. hierzu: Harold Temperley, *The Foreign Policy of Cannings*, 1822-1827, London 1925, Seite 365ff. — Über die damalige Politik Cannings gegenüber Portugal berichtete List fortlaufend im *Readinger Adler*.

90) ... Genua;
Genua wurde 1815, gemäß dem Pariser Übereinkommen von 1814, dem Königreich Sardinien zugeteilt.

91) ... Spanien;
als im Jahre 1823 ein französisches Heer unter dem Duc d'Angoulême in Spanien eindrang und den dortigen Aufstand unterdrückte, protestierte Canning zwar erfolglos, griff aber im Gegenzug zur Anerkennung der Unabhängigkeit der spanischen Kolonien. Vgl. Anm. 92.

92) ... Südamerika;
Canning benachrichtigte Spanien in einer Depesche vom 31.12.1824 von seiner Absicht, die Unabhängigkeit von drei lateinisch-amerikanischen Staaten anzuerkennen. Vgl. Harold Temperley, a.a.O., Seite 148ff. — In seiner Parlamentsrede vom 12.12.26 sagte Canning: „Glauben Sie, daß wir nicht für diese Beeinträchtigung Englands entschädigt wurden? Glauben Sie, daß England wegen der Cadiz-Blockade nicht vollständig entschädigt wurde? Sir, ich betrachtete Spanien unter einem anderen Namen als Spanien. Ich betrachtete jene Macht als Spanien einschließlich Westindiens. Ich betrachtete Westindien und rief dort eine neue Welt ins Leben, womit ich das Mächtegleichgewicht wiederherstellte... Das, Sir, ist meine Antwort auf die Besetzung Spaniens durch die französische Armee."

93) ... Castlereagh;
Stewart Robert, 2. Marquis von Londonderry (1769-1822), englischer Staatsmann, besser bekannt als Viscount Castlereagh; Freund Pitts; Kriegsminister während des Krieges gegen Napoleon; Vertreter Englands beim Wiener Kongreß 1814.

94) ... Rede;
gemeint ist Cannings Rede im Parlament am 12.12.1826.

95) ... Vorgänger;
Canning wurde am 11.9.1822 Castlereaghs Nachfolger als britischer Außenminister.

96) ... Kontinentalsystem;
auf Castlereaghs Anordnung, der damals britischer Kriegs- und Kolonialmini-

29, 1826. In a letter written to the royal courts in Paris, Vienna, and Berlin, dated July 11, 1826, Canning denied any involvement of the British envoy in Rio de Janeiro, Sir Charles Stuart, in the decision of Don Pedro. In his letter, Canning said: "His Imperial Majesty decided and acted in every respect for Himself."
According to the report of the Philadelphia *National Gazette* of January 13, 1827, in his speech in Parliament on December 12, 1826, Canning said: "This abdication of the King of Portugal in favour of his eldest daughter, was accompanied with the offer of a free constitutional charter. It was stated that this had been done by the advice of Great Britain. It was no such thing. England gave no such advice." Compare: Harold Temperley, *The Foreign Policy of Canning, 1822-1827*, London 1925, page 365ff. — List reported regularly in the *Readinger Adler* on Canning's policy at that time toward Portugal.

90) ... Genoa;
in 1815, as stipulated in the Paris agreement of 1814, Genoa was given to the Kingdom of Sardinia.

91) ... Spain;
when a French army under the Duke d'Angoulême invaded Spain and suppressed a rebellion there in 1823, Canning protested in vain, but countered with the recognition of the independence of the Spanish colonies. Compare the following note.

92) ... South America;
Canning informed Spain in a message dated December 31, 1824, of his intention to recognize the three Latin-American states. Compare Harold Temperly, op. cit., page 148ff. In his speech in Parliament on December 12, 1826, Canning said: "Do you think that for this disparagement to England, we have not been compensated? Do you think that for the blockade of Cadiz, England has not been fully compensated? I looked, Sir, at Spain by another name than Spain. I looked upon that Power as Spain and the Indies. I looked at the Indies, and there I have called a new world into existence, and thus redressed the balance of power... Thus Sir, I answer the question of this occupation of Spain by the army of France."

93) ... Lord Castlereagh;
Stewart Robert, Second Marquis of Londonderry (1769- 1822), English statesman, better known as Viscount Castlereagh. Friend of Pitt; Secretary of War during the war against Napoleon; representative of England the Congress of Vienna, 1814.

94) ... speech;
the reference is to Canning's speech in Parliament on December 12, 1826.

95) ... predecessor;
Canning followed Castlereagh as Foreign Minister on September 11, 1822.

96) ... continental system;
on Castlereagh's orders, who at that time was British Secretary of War and the

ster war, landete am 13.8.1808 ein englisches Heer auf der Halbinsel und stieß gegen die Franzosen unter Junot vor, der auf Napoleons Befehl im November 1807 Lissabon besetzt hatte.
97) ... Besuch;
im Oktober 1826.

10. Brief

98) ... Landeigner;
gemeint sind besonders die Baumwoll- und Tabakpflanzer in den Südstaaten der Union.
99) ... 14 Jahren;
vgl. über die damalige amerikanische Wirtschaftskrise: M. Carey, *The New Olive Branch*, Philadelphia 1821, Kapitel IX, sowie dessen Ansprache vor Landwirten der Vereinigten Staaten über die vernichtenden Folgen der derzeitigen Politik der USA gegenüber ihren lebensnotwendigen Interessen, 1821. Vgl. auch Niles' *Weekly Register*, 5.6.1819.
100) ... Cooper;
vgl. Thomas Cooper, *Lectures*, Seite 137: „Ein alt eingesessener Bankier braucht an Bargeld nur den dritten oder vierten Teil der ausgegebenen Noten, um sein Geschäft zu führen, vorausgesetzt, seine Kreditwürdigkeit und Liquidität sind unanfechtbar."
101) ... vergrößerten;
List stützt sich hier wohl auf den Befund eines Senatsausschusses des Staatsparlaments von Pennsylvanien von 1819-1820 über die damalige Agrarkrise (vgl. *Journal of the Senate of the Commonwealth of Pennsylvania*, Bd. 30, Harrisburg 1819, Seite 221-236 und 311-337), auf welchen er auch anderweitig Bezug nahm.

11. Brief

102) ... Redner;
gemeint sind besonders Dr. Thomas Cooper und Gouverneur W.B. Giles.
103) ... Staatsmann;
vgl. *National Gazette* vom 11.7.1827: „Am 4. diesen Monats wurden vom Gouverneur von Virginia folgende Trinksprüche ausgebracht (gemeint ist der Gouverneur W.B. Giles, vgl. „Letters to Governor Giles", in List, *Werke*, Bd. 2, Seite 176ff:) ‚Auf den törichten Präsidenten der Vereinigten Staaten, der behauptet, alle politische Macht komme vom Urheber unserer Existenz, der über unserer Verfassung stehe. Dies erspart auf Anhieb alle unangenehme Mühsal weiterer Konstruktionen... Auf den Erfinder der Zölle — den albernen Jungen, der die Gans schlachtete, die goldene Eier legte... Auf daß die Südstaatler nicht mehr lange Tribut zahlen werden'".
104) ... Finanzberichte;
vgl. Thomas Cooper, *Lectures*, Seite 4: „Das merkantile System mit seinen Irr-

Colonies, an English army landed on the peninsula on August 13, 1808, and assaulted the French under the command of Junot, who had occupied Lisbon in November 1807 on orders of Napoleon.
97) ... visit;
in October 1826.

Letter 10

98) ... landed interest;
the reference is to the cotton and tobacco planters in the southern states of the Union.
99) ... fourteen years;
on the American economic crisis at the time, compare: M. Carey, *The New Olive Branch*, Philadelphia, 1821, Chapter IX, also his speech to the farmers of the United States on the ruinous consequence to their vital interests of the existing policy of this country, 1821. Compare also Niles' *Weekly Register*, June 5, 1819.
100) ... Cooper;
compare Thomas Cooper, *Lectures*, page 137: "An established banker may conduct his business with one third or one fourth of the cash amount of the notes issued, when his credit and solvence are unexceptionable."
101) ... distress;
List is basing his remarks on the findings of the Senate Committee of the Legislature of Pennsylvania in 1819-1820 on the crisis in agriculture at that time (compare *Journal of the Senate of the Commonwealth of Pennsylvania*, Vol. XXX, Harrisburg, 1819, pages 221-236 and 311-337), to which List also refers in other places.

Letter 11

102) ... southern orators;
the reference is to Dr. Thomas Cooper and Governor W.B. Giles in particular.
103) ... statesman;
compare Philadelphia *National Gazette* of July 11, 1827: "The following toasts were given on the 4th inst. by the Governor of Virginia (the reference is to Governor W.B. Giles, compare "Letters to Governor Giles", in List, *Werke*, Vol. II, pp. 176ff): "'The infatuated President of the United States, who claims all political power from the author of our existence as paramount to our constitution. This saves at once all the disagreeable troubles of construction... The tariff schemer — The silly boy, who ripped up his goose, that laid the golden eggs... The Southerners will not long pay tribute.'"
104) ... Finance Reports;
compare Thomas Cooper, *Lectures*, page 4: "The mercantile system, its fallacies,

tümern und Unzulänglichkeiten wird jetzt in Großbritannien gut verstanden, wo niemals ein Gesetzgeber Geld mit Wohlstand verwechselt, oder mit Gesprächen über die Handelsbilanz, es sei denn beim jährlichen Unsinn in den Finanzberichten."

105) ... äußern;
solch ein von List hier in Aussicht gestellter Brief aus jener Zeit ist bisher nicht bekannt geworden, wohl aber erwähnt List später im Zollvereinsblatt von 1846, Bd. 1 (abgedruckt in Friedrich Lenz (Hrsg.), *Herdflamme, Bd. 10: Friedrich Lists kleinere Schriften*, Jena 1926, Seite 337ff) einen Brief, den er von Pennsylvanien aus an Edward Livingston, den damaligen Staatssekretär der Vereinigten Staaten, geschrieben habe. Darin setzt List sich für die Befreiung der Nordstaaten „vom Übel der Sklaverei" ein. Die Regierung solle eine Abwanderung der Schwarzen nach dem Südwesten hin (Louisiana und Texas) begünstigen. Sodann erfordere „die Verbesserung des Zustandes der Sklaven" zunächst „vernünftigerweise einen Übergangszustand..., nämlich die Einführung einer milden Leibeigenschaft, einerseits mit Anteil für die bisherigen Sklaven an dem Grund und Boden, andererseits mit grundherrlichen Rechten und patriarchalischer Herrschaft für die Freien".
List erwartete von der Beschäftigung der Schwarzen in Manufakturen, anstatt ausschließlich bei der Feldarbeit, eine grundlegende Veränderung und Verbesserung ihrer Lebensverhältnisse sowie der gesamten Wirtschaftsstruktur in den Südstaaten. Mathew Carey veröffentlichte unter dem Pseudonym „Hamilton" am 2.10.1827 in Philadelphia eine Schrift über „Sklavenarbeit in Manufakturen", worin es heißt: „Das Vorhaben, Sklavenarbeit in Manufakturen für grobe Waren einzusetzen, das jetzt in Virginia und anderen Südstaaten heftig diskutiert wird, geht mit höchst heilsamen Konsequenzen für diese Staaten schwanger, und es sieht danach aus, daß sie so aus allen Schwierigkeiten herausgezogen werden, unter denen sie arbeiten und seit Jahren gearbeitet haben." Diese Flugschrift Careys erschien bald nach der Veröffentlichung von Lists 11. Brief; es ist also nicht ausgeschlossen, daß Lists Schreiben die Anregung zu der Careyschen Schrift gab. Auch Redwood Fisher in seiner „Besprechung des Boston-Berichts", Seite 60, befürwortete die Verwendung von Schwarzen als Fabrikarbeiter.

106) ... Dollar;
diese Zahlen mag List aus Hezekiah Niles, *Agriculture of the United States*, 1827, Seite 10, entnommen haben, wo es heißt: „Im Jahre 1820... wurden 127 860 000 Pfund Baumwolle im Wert von 20 308 000 Dollar exportiert."

107) ... Reiches;
über die damalige Lage in der Türkei berichtete List fortlaufend im *Readinger Adler*. In der Ausgabe vom 10.10.1826 heißt es in einem „Neuester Zustand der Türkei" betitelten Bericht zum Schluß: „So ist klar, das Reich der Muselmänner ist auf dem Punkt, in sich zu zerfallen." Vgl. auch *Readinger Adler*, 14.11.1826 und 6.11.1827, sowie 11.3.1828.

108) ... Landwirtschaft;
der volle Titel lautet: „Die Landwirtschaft in den Vereinigten Staaten oder ein

and its imperfections, are now well understood in Great Britain, where no legislator ever confounds money with wealth, or talks of the balance of trade, unless in the annual nonsense of the Finance Reports."

105) ... letter;
no such letter as List indicates was intended, is known from this period, but List later mentioned a letter, in the Zollvereinsblatt of 1846, Vol. I (printed in *Herdflamme, Vol. 10: Friedrich Lists kleinere Schriften*, Jena 1926 page 337ff.) which he wrote from Pennsylvania to Edward Livingston, who was then Secretary of State of the United States. In this letter List urges the liberation of the northern States "from the evil of slavery." The government ought to encourage negroes to migrate to the southwest, Louisiana and Texas. The "improvement of the condition of the slaves" requires "reasonably a transitional situation..., i.e., the introduction of a mild serfdom, with slaves having a share in the land, but also with the rights of ownership and patriarchical rule for the free."
Were the slaves to be employed in manufacturing rather than exclusively in agriculture, List expected a fundamental change and improvement of their living conditions as well as of the entire economic structure of the southern states. Matthew Carey wrote an essay under the pseudonym "Hamilton" on October 22, 1827, in Philadelphia, titled: "Slave Labour employed in Manufactures." He says there: "The project of employing slave labour in the manufacture of coarse goods, which is now agitated in Virginia, and some other southern states, is pregnant with the most salutary consequences to those states, and bids fair to extricate them from the difficulties under which they labour and have laboured for years." This leaflet by Carey appeared soon after the publication of List's Letter 11, so that it is not impossible that List's letter was the impetus for Carey's essay. Also Redwood Fisher in his "Review of the Boston Report", page 60, advocated hiring Negroes as labor in manufacturing.

106) ... dollars;
List may have taken these figures from Hezekiah Niles, *Agriculture of the United States*, 1827, page 10, where he says: "In 1820... cotton exported: 127,860,000 lbs., value in dollars 20,308,000."

107) ... Turkish Empire;
List regularly reported in the *Readinger Adler* on the situation in Turkey. In the issue of October 10, 1826, a report titled "Recent situation in Turkey," it reads in conclusion: "It is thus clear, that the empire of the Muslims has reached a point where it is collapsing." Compare also *Readinger Adler*, November 14, 1826 and November 6, 1827, as well as March 11, 1828.

108) ... agriculture;
the complete title reads: "Agriculture of the United States, or an essay concer-

Essay über die internen Verbesserungen und inländischen Manufakturen, der die untrennbare Verbindung zwischen kaufmännischem Denken und landwirtschaftlichen Interessen aufzeigt bei der Schaffung eines Binnenmarktes für Brotgetreide und Fleisch, Wolle, Baumwolle, Flachs, Hanf etc., sowie für die Belieferung des Außenhandels der USA", H. Niles, Baltimore. Zuerst veröff. in Niles' *Register*, März 1827.

109) ... Manufakturen;
vgl. H. Niles, a.a.O., Seite 9: „So schlecht die Zeiten für die Baumwollpflanzer auch sind..., sie wären viel schlechter, gäbe es nicht die Nachfrage nach diesem Rohstoff in unseren Manufakturen..." Und ebenda Seite 11: „Kann sich irgendjemand vorstellen, daß die Nachfrage nach einem Viertel der Gesamternte etwa keinen Einfluß auf den Preis hat? Sobald man die Werke (d.h. die Manufakturen) schlösse, fiele der Baumwollpreis von acht auf sechs Cents."

110) ... jährlich;
vgl. H. Niles, a.a.O., Seite 9: „1826 betrug die Baumwollernte rund 250 Millionen Pfund. 1824 exportierten wir 142 369 000 Pfund. Vermutlich werden in den Vereinigten Staaten 175 000 Ballen verarbeitet."

111) ... St. Crique;
Pierre Laurent Barthèlemy, Comte de Saint-Cricq (1775-1854), 1815 Directeur-Général des Douanes, und später Président du Conseil du Commerce.

112) ... Havre de Grace;
französischer Handelshafen an der Seinemündung, von dem aus List mit seiner Familie am 26.4.1825 nach Amerika reiste.

12. Brief

113) ... diejenigen;
gemeint sind besonders Thomas Cooper und W.B. Giles.

114) ... Union;
Thomas Cooper sagte in einer Rede in Columbia, South Carolina, am 2.7.1827: „Es wird nicht mehr lange dauern, bis wir den Wert unserer Union abwägen müssen, und wir uns fragen müssen, was uns dieses höchst unausgewogene Bündnis nützt? Ist doch der Süden immer der Verlierer, und der Norden hat den Vorteil. Macht es Sinn, diese Staatengemeinschaft fortzusetzen, wenn der Norden verlangt, unser Herr zu sein und wir seine Vasallen sein sollen?... Aber die Frage wird sich schnell auf die Alternative Unterwerfung oder Trennung zuspitzen." Der Text der Rede findet sich in Niles' *Weekly Register*, 8.9.1827, Seite 32ff.

115) ... letztenmal;
gemeint ist des Präsidenten George Washington sog. „Abschiedsansprache" vom 19.9.1796, in welcher er vor nationalen Zwistigkeiten und Parteihader warnte: „Es ist ein großer Augenblick, in dem Sie wohl den unermeßlichen Wert Ihrer nationalen Union für das Glück der Gemeinschaft wie des einzelnen erwägen sollten..., das es mit sorgfältiger Umsicht zu erhalten gilt; mißbilligen Sie alles, was den leisesten Verdacht aufkommen läßt, dieses Glück könne sich bei

ning internal improvements and domestic manufactures, showing their inseparable connection with the business and interests of agriculture, in the establishment of a home market for bread-stuffs and meats, wool, cotton, flax, hemp. etc., as well as the supplies that they will furnish in aid of the foreign commerce of the United States", by H. Niles of Baltimore. First published in Niles' *Register*, of March 24, 1827.

109) ... manufactories;
compare H. Niles, op. cit., page 9: "Bad as the times are for the cotton planters ..., they would be much worse, but for the demand of our manufactories for the raw article ...", and ibid. page 11: "Can anyone fail to suppose that the domestic demand for one fourth of the whole quantity produced, has no effect on the price. Stop the mills [of our manufacturers] now, and cotton if worth eight cents, would tumble to six."

110) ... a year;
compare H. Niles, op. cit., page 9: "The cotton crop in 1826 amounted to about 250 million pounds. We exported in 1824: 142,369,000 pounds. We suppose about 175,000 bales will be consumed in the United States."

111) ... St. Crique;
Pierre Laurent Barthèlemy, comte de Saint-Cricq (1775-1854), 1815 Directeur-Général of Customs, and later Président du Conseil du Commerce.

112) ... Havre de Grace;
French trade port at the mouth of the river Seine, from where List left for America with his family on April 26, 1825.

Letter 12

113) ... those;
refers in particular to Thomas Cooper and W.B. Giles.

114) ... Union;
Thomas Cooper, in a speech held in Columbia, South Carolina, on July 2, 1827, said: "I have said, that we shall 'ere long be compelled to calculate the value of our union; and to enquire of what use to us is this most unequal alliance? By which the south has always been the loser, and the north always the gainer. Is it worth our while to continue this union of states, when the north demand to be our masters and we are required to be their tributaries? ... The question, however, is fast approaching to the alternative, of submission or separation." The text of the speech is in Niles' *Weekly Register*, September 8, 1827, page 32ff.

115) ... last time;
the reference is to the "Farewell Address" of President George Washington on September 19, 1796, in which he warned against national dissension and party factions: "It is of infinite moment that you should properly estimate the immense value of your national union to your collective and individual happiness... watching for its preservation with jealous anxiety; discountenancing whatever may suggest even a suspicion that it can in any event be abandoned, and indignantly frowning upon the first dawning of every attempt to alienate any por-

irgendeiner Situation ins Gegenteil verkehren oder unnötig getrübt werden, wenn sich irgendein Teil unseres Landes vom Rest abwendet oder die heiligen Bande, die uns jetzt mit den verschiedenen Teilen verbinden, geschwächt werden." (Vgl. Woodrow Wilson, *A history of the American people*, Documentary edition, Bd. 6, Seite 268 ff.) Auch Mathew Carey in seiner unter dem Pseudonym „Jefferson" am 28.7.1827 in Philadelphia veröffentlichten Schrift: „Analyse der Gedenkstätte in Charleston, Nr. IV, verwies auf Washingtons „Abschiedsansprache" als „Gegengewicht zu Coopers Gewalttätigkeiten".

116) ... Überfluß;
gemeint ist die nach dem 1815 mit England geschlossenen Frieden einsetzende Überflutung des amerikanischen Marktes mit englischen Waren, wodurch Präsident Madison veranlaßt wurde, in seiner Botschaft an den Kongreß vom Dezember 1815 ein Schutzzollgesetz zu empfehlen. Infolge der gesteigerten ausländischen Nachfrage war der Preis der Rohbaumwolle erheblich gestiegen. Vgl. Ugo Rabbeno, *The American Commercial Policy*, London 1895, Seite 153ff.

117) ... Hammer des Sheriffs;
List stützt sich hier wohl auf den Bericht eines Senatsausschusses von Pennsylvanien „zur derzeitigen beklagenswerten und peinlichen Lage des Commonwealth", der von einem Mr. Raguet am 29.1.1820 dem Senat unterbreitet wurde. Der Bericht ist abgedruckt im *Journal of the Senate of the Commonwealth of Pennsylvania*, Bd. 30, Harrisburg 1819. Dort heißt es (Seite 222): „Ruinöse Verluste bei amtlichen Landversteigerungen, weil Grundstücke und Häuser in vielen Fällen für die Hälfte, ein Drittel oder ein Viertel ihres früheren Wertes verkauft wurden."

118) ... Debatte;
dies bezieht sich auf die oben zitierten Worte Thomas Coopers in dessen Rede in Columbia (vgl. Anm. 113). In der Ansprache vor der Harrisburg-Versammlung vom 27. Juni 1827 heißt es (Seite 72): „Ein prominenter Bürger, der kürzlich zum Gouverneur eines einflußreichen Staates gewählt wurde, brachte es fertig, das gesetzgebende Gremium dieses Staates davon zu überzeugen, daß es das Recht und die Weisheit des Kongresses, sich mit den Manufakturen zu beschäftigen, in Zweifel ziehen dürfe... Wir wenden mit allem Respekt ein, daß man dann auch die Vorzüge der Union selbst ableugnen könnte."

tion of our country from the rest, or to enfeeble the sacred ties which now link together the various parts." (Compare Woodrow Wilson, *A history of the American People*, Documentary edition, Vol. VI, page 268ff.) Also Matthew Carey in his work published under the pseudonym "Jefferson" on July 28, 1827 in Philadelphia, on: Examination of the Charleston Memorial, No. IV, referred to Washington's "Farewell Address" as "an antidote against Cooper's violence".

116) ... superabundance;
this refers to the flood of English commodities on the American market following the peace treaty concluded with England in 1815, which induced President Madison to recommend a protective tariff law in his message to Congress in December 1815. In consequence of rising foreign demand, the price of raw cotton had risen considerably. Compare Ugo Rabbeno, *The American Commercial Policy*, London, 1895, page 153ff.

117) ... sheriff's hammer;
List here is drawing on the report of a committee of the Senate of Pennsylvania "on the subject of the present distressed and embarrassed state of the commonwealth", presented to the Senate by one Mr. Raguet on January 29, 1820. The report is published in the *Journal of the Senate of the Commonwealth of Pennsylvania*, Vol. XXX, Harrisburg, 1819. There it says (page 222): "Ruinous sacrifices of landed property at sheriffs' sales, whereby in many cases lands and houses have been sold at less than half, a third, or a fourth of their former value."

118) ... question;
this refers to the speech of Thomas Cooper at Columbia (compare note 113). In the address of the Harrisburg Convention of 27th June 1827, it reads: (page 72): "An eminent citizen lately elected governor of an influential state, has succeeded to convince the legislature of that state, that it may question the right, as well as the wisdom of Congress, to concern itself with manufactures... we respectfully submit that the benefits of the Union itself might as well be denied."

Anmerkungen zum Kommentar von Michael Liebig

1) Curt Köhler, *Problematisches zu Friedrich List*, Leipzig, 1908.
2) Die „Outlines of American Political Economy" sind in Friedrich List, *Werke* (FLW), Bd. 2, Berlin 1931, S. 97-156, abgedruckt.
3) Brief von Edgar Salin an Bernhard Harms, vom 22. Okt. 1930; Brief Nr. 1358/30; — Stadtarchiv Reutlingen, Friedrich List-Gesellschaft, Nr. 29.
4) Brief von Bernhard Harms an Edgar Salin vom 25. Okt. 1930; — Stadtarchiv Reutlingen, Friedrich List-Gesellschaft, Nr. 29.
5) Vgl. Richard Sober, Michael Liebig, Jacques Cheminade, *Friedrich List und die Neue Weltwirtschaftsordnung*, Wiesbaden 1979. Elke Fimmen, „Friedrich List: Patriot und Weltbürger", in Zeitschrift *Fusion*, Jg. 9, Heft 2, Juni 1988, S. 25-41. Katalog zur List-Ausstellung in Reutlingen anläßlich des 200. Geburtstages von List, 1989, *Friedrich List und seine Zeit. Nationalökonom, Eisenbahnpionier, Politiker, Publizist*.
6) *Neue Zürcher Zeitung*, Wochenendausgabe, 28/29. Okt. 1995, Nr. 251, S. 41., „Protektionismus als moderne Form des Imperialismus. Betrachtungen zu einem verführerischen Irrweg".
7) Die Einleitung zu FLW, Bd. 2, von Otto Stühler und Wilhelm Notz enthält eine Vielzahl von Informationen zu Lists Aufenthalt in den USA.
8) FLW, Bd. 9, S. 74.
9) FLW, Bd. 6, S. 13-14.
10) Vgl. *Hamiltons Nationalbank heute*, EIRNA-Studie, Wiesbaden 1992.
11) Zitiert in FLW, Bd. 2, S. 18.
12) FLW, Bd. 6, S. 15.
13) FLW, Bd. 6, S. 16.
14) FLW, Bd. 2, S. 41.
15) Vgl. Nancy Spannaus/Christopher White, *The Political Economy of the American Revolution*, New York 1977. Allen Salisbury, *The Civil War and the American System*, New York 1978.
16) Adam Smith, *Wealth of Nations*, 1.-3. Buch, Pelican Classics by Penguin, Harmondsworth 1977, S. 466.
17) Zitiert in FLW, Bd. 2, S. 403.
18) FLW, Bd. 2, S. 160, „Philadelphia Speech".
19) FLW, Bd. 2, S. 20.
20) FLW, Bd. 6, S. 179.
21) FLW, Bd. 5, S. 48.
22) FLW, Bd. 4, S. 187.
23) FLW, Bd. 4, S. 273.
24) Adam Smith, *Wealth of Nations*, a.a.O., S. 383.

Footnotes to the Commentary by Michael Liebig

1) Curt Köhler, *Problematisches zu Friedrich List*, Leipzig, 1908.
2) The *Outlines* (along with the other American writings) are printed in Friedrich List, *Werke* (FLW), Berlin 1927-1935, Vol. 2, pp. 97-165.
3) Letter from Edgar Salin to Bernhard Harms, Oct. 22, 1930; Letter No. 1358/30, Stadtarchiv Reutlingen, Friedrich-List-Gesellschaft, No. 29.
4) Letter from Bernhard Harms to Edgar Salin, Oct. 25, 1930; Stadtarchiv Reutlingen, Friedrich List-Gesellschaft, No. 29.
5) Comp. Richard Sober, Michael Liebig, Jacques Cheminade, *Friedrich List und die Neue Weltwirtschaftsordnung, Wiesbaden, 1979. And:* Elke Fimmen, *Friedrich List — Patriot und Weltbürger,* in Fusion, June 1988. And: Katalog zur List-Ausstellung in Reutlingen anläßlich des 200. Geburtstages von List.
6) *Neue Zürcher Zeitung*, Weekend edition, Oct. 28-29, 1995, No. 251, p. 41., "Protektionismus als moderne Form des Imperialismus. Betrachtungen zu einem verführerischen Irrweg".
7) The Introduction to Friedrich List Werke (hereafter FLW), Vol. 2, by Otto Stühler and Wilhelm Notz contains copious information on List's stay in the USA.
8) FLW, Vol. 9, p. 74.
9) FLW, Vol. 6, pp. 13-14.
10) Comp. *Hamiltons Nationalbank heute*, EIRNA Special Report, Wiesbaden, 1992.
11) Cited in FLW, Vol. 2, p. 18.
12) FLW, Vol. 6, p. 15.
13) FLW, Vol. 6, p. 16.
14) FLW, Vol. 2, p. 41.
15) Comp. Nancy Spannaus/Christopher White, *The Political Economy of the American Revolution*, New York, 1977. And: Allen Salisbury, *The Civil War and the American System*, New York 1978.
16) Adam Smith, *Wealth of Nations*, Book I-III, Pelican Classics by Penguin, Harmondsworth, 1977, p. 466.
17) Cited in FLW, Vol. 2, p. 403.
18) FLW, Vol. 2, p. 160, "Philadelphia Speech".
19) Ibid., p. 20.
20) FLW, Vol. 6, p. 179.
21) FLW, Vol. 5, p. 48.
22) FLW, Vol. 4, p. 187.
23) Ibid., p. 273.
24) Adam Smith, *Wealth of Nations*, op. cit., p. 383.

25) FLW, Bd. 4, S. 393.
26) Adam Smith, *The Theory of Moral Sentiments*, Liberty Fund Edition, London 1969, Part II, Section I, S. 152.
27) Ebenda, Part VI, Section II, S. 386.
28) Ebenda, Part II, Section I, S. 152.
29) Adam Smith, *Wealth of Nations*, Alex Murray & Co., London 1874, 4. Buch, Kap. 9, S. 540.
30) Ebenda, 4. Buch, Kap. 2, S. 345.
31) Ebenda, 4. Buch, Kap. 9, S. 519.
32) Ebenda, 4. Buch, Kap. 2, S. 346.
33) Ebenda.
34) FLW, Bd. 6, S. 13-14.
35) Hamiltons „Berichte" sind abgedruckt in *200 Years since Hamilton's Report on Manufactures*, EIR Magazine, Special Issue, Januar 1992. Vgl. auch *Hamiltons Nationalbank heute*, a.a.O.
36) Allen Salisbury, a.a.O., S. 394.
37) FLW, Bd. 6, S. 342.
38) Vgl. Stephanie Ezrol, „The Commonwealth of France's Louis XI — Fruit of the European Renaissance", in *Fidelio*, Journal of Poetry, Science, and Statecraft, Fall 1995, S. 32-47.
39) Gottfried Wilhelm Leibniz, *Political Writings*, Cambridge Classics, Cambridge 1988, darin „On Natural Law", „Notes on Social Life" und „Felicity".
40) Gottfried Wilhelm Leibniz, „Grundriß einer Denkschrift über die Einrichtung einer Societät zur Förderung der Künste und Wissenschaften in Deutschland" (1671) und „Societät und Wirtschaft" (1671) in G.W. Leibniz, *Sämtliche Schriften und Briefe*, Politische Schriften Bd. 1, Berlin 1931, S. 530ff.
41) Zu Leibniz und Huyghens: *Briefwechsel mit Papin, nebst der Biographie Papins und einigen zugehörigen Briefen und Aktenstücken*, Hrsg. von Dr. Ernst Gerland, Berlin 1881, Verlag der Königlichen Akademie der Wissenschaften, S. 348-399.
Leibniz: (Brief 133, S. 353, Leibniz an Papin [ohne Datum von Hand auf ein besonderes Blatt geschrieben]:) „Je suis bien aise que vous insistés sur l'avancement des machines à feu: car il me paroist que cest une de plus importantes choses qu'on puisse faire dans les mecaniques..."
(Brief 131, S. 348, Leibniz an Papin, Celle-Hannover, 15. Aug. 1705:) „Je suis ravi, que vostre machine à feu avance si bien, car quand elle sera portée à sa perfection, j'estime qu'elle sera tres utile, aussi seroit ce peu de chose, si on n'y gaygnoit qu'un tiers de la depense..."
Papin: (Brief 146, S. 378-379, Papin an Leibniz, Kassel, 7. Juli 1707:) „...Une des raisons que J'ay alleguées dans ma d: requête c'est qu'il est important que la nouvelle construction de batteau soit mise à l'épreuve dans un port de mer, comme Londres, ou on pourra luy donner assez de profondeur pour y appliquer la nouvelle invention qui, par le moien du feu, rendra un ou deux hommes capables de faire plus d'effect que plusieurs centaines des rameurs."
(Brief 160, S. 398-399, Notiz von Leibniz' Hand:) „... 6. Une nouvelle maniere

25) FLW, Vol. 4, p. 393.
26) Adam Smith, *The Theory of Moral Sentiments*, Liberty Fund Edition, London 1969, Part II, Section I, p. 152.
27) Ibid., Part VI, Section II, p. 386.
28) Ibid., Part II, Section I, p. 152.
29) Adam Smith, *Wealth of Nations*, Alex Murray & Co., London 1874, 4. Book, Ch. 9, p. 540.
30) Ibid., 4. Book, Ch. 2, p. 345.
31) Ibid., 4. Book, Ch. 9, p. 519.
32) Ibid., 4. Book, Ch. 2, p. 346.
33) Ibid.
34) FLW, Vol. 6, pp. 13-14.
35) Hamiltons "Reports" are printed in *200 Years since Hamilton's Report on Manufactures*, EIR Magazine, Special Issue, Januar 1992. Comp. also *Hamiltons Nationalbank heute*, op. cit.
36) Allen Salisbury, op. cit., p. 394.
37) FLW, Vol. 6, p. 342.
38) Comp. Stephanie Ezrol, "The Commonwealth of France's Louis XI - Fruit of the European Renaissance", in *Fidelio*, Journal of Poetry, Science, and Statecraft, Fall 1995, pp. 32-47.
39) Gottfried Wilhelm Leibniz, *Political Writings*, Cambrigde Classics, Cambridge 1988, therein "On Natural Law", "Notes on Social Life" und "Felicity".
40) Gottfried Wilhelm Leibniz, "Grundriß einer Denkschrift über die Einrichtung einer Societät zur Foerderung der Künste und Wissenschaften in Deutschland" (1671) and "Societät und Wirtschaft" (1671) in G.W. Leibniz, *Sämtliche Schriften und Briefe*, Politische Schriften, Vol. 1, Berlin 1931, pp. 530ff.
41) On Leibniz and Huyghens: *Briefwechsel mit Papin, nebst der Biographie Papins und einigen zugehörigen Briefen und Aktenstücken*, Publ. by Dr. Ernst Gerland, Berlin 1881, Verlag der Königlichen Akademie der Wissenschaften, pp. 348-399.
Leibniz: (Letter 133, p. 353, Leibniz to Papin [without date, and written on a separate sheet of paper]:) "Je suis bien aise que vous insistés sur l'avancement des machines à feu: car il me paroist que cest une de plus importantes choses qu'on puisse faire dans les mecaniques..."
(Letter 131, p. 348, Leibniz to Papin, Celle-Hannover, 15. Aug. 1705:) "Je suis ravi, que vostre machine à feu avance si bien, car quand elle sera portée à sa perfection, j'estime qu'elle sera tres utile, aussi seroit ce peu de chose, si on n'y gaygnoit qu'un tiers de la depense..."
Papin: (Letter 146, pp. 378-379, Papin to Leibniz, Kassel, 7. Juli 1707:) "...Une des raisons que J'ay alleguées dans ma d: requête c'est qu'il est important que la nouvelle construction de batteau soit mise à l'épreuve dans un port de mer, comme Londres, ou on pourra luy donner assez de profondeur pour y appliquer la nouvelle invention qui, par le moien du feu, rendra un ou deux hommes capables de faire plus d'effect que plusieurs centaines des rameurs."
(160, pp. 398-399, handwritten note by Leibniz:) "... 6. Une nouvelle maniere

d'elever ou de mouvoir des poids par le moyen du feu, avec moins de depense, que si cela se faisoit par la force des animaux."
42) FLW, Bd. 5, S. 42.
43) Lyndon LaRouche, *Christentum und Wirtschaft*, Wiesbaden 1992, S. 21-22.
44) Ebenda, S. 19-20.
45) Ebenda, S. 21.
46) Lyndon LaRouche, *So, You Wish to Learn All About Economis?*, New York 1984, Preface, S. X-XI. Deutsche Ausgabe: *Was Sie schon immer über Wirtschaft wissen wollten!*, Wiesbaden 1985, Einleitung, S. 11.
47) FLW, Bd. 4, S. 269.
48) *Neue Zürcher Zeitung*, 20. Okt. 1992, „Begrenztes Wissen als Begründung liberaler Ordnungen. Ein Gedenkseminar für F.A. von Hayek".
49) Lyndon LaRouche, „History As Science — America 2000", in *Fidelio*, Fall 1993, S. 63 (paragraph 3.3: Three Crucial Tasks). Deutsche Ausgabe: „Geschichte als Wissenschaft — Amerika 2000" in: *Ibykus*, Zeitschrift für Poesie, Wissenschaft und Staatskunst, Nr. 47, 1994, S. 58 (Absatz 3.3: Drei entscheidende Aufgaben).
50) Vgl. Jacques Cheminade, „Was ist ‚indikative Wirtschaftsplanung'?", in *Der Weg aus der Depression*, EIRNA-Studie, Wiesbaden 1994, S. 168-175.
51) Vgl. *Der Weg aus der Depression*, EIRNA-Studie, Wiesbaden 1994.
52) Denkschrift von Wilhelm Lautenbach, „Möglichkeiten einer Konjunkturbelebung durch Investition und Kreditausweitung" in: Knut Borchert/Otto Schötz, Hrsg., *Wirtschaftspolitik in der Krise, Die Geheimkonferenz der Friedrich-List-Gesellschaft vom September 1931*, Baden-Baden 1991, S. 307-325.
53) Vgl. Avraham Barkai, *Das Wirtschaftssystem des Nationalsozialismus*, Frankfurt/M. 1988, S. 98.
54) *Die Depression der 90er Jahre*, EIRNA-Studie, 1992, S. 101.
55) Vgl. der Abschnitt „Die Konservative Revolution" in *Maastricht ruiniert Europa*, EIRNA-Studie, Wiesbaden 1996.
56) *Washington Insider*, Nr. 3, 1995.
57) James Fallows, *Looking into the Sun*, New York 1994, S. 182ff.
58) *Washington Insider*, Nr. 8, 1996.
59) *Washington Insider*, Nr. 10, 1996.
60) *Washington Insider*, Nr. 12, 1996.
61) *Washington Insider*, Nr. 14-15, 1996.
62) *Washington Insider*, Nr. 19, 1996.

d'elever ou de mouvoir des poids par le moyen du feu, avec moins de depense, que si cela se faisoit par la force des animaux."
42) FLW, Vol. 5, p. 42.
43) Lyndon LaRouche, *The Science of Christian Economy*, Schiller Institute, Inc., Washington, D.C., 1991, Preface, x-xi.
44) Ibid., pp. 19-20.
45) Ibid., p. 21.
46) *Lyndon LaRouche*, So, You Wish to Learn All About Economis?, New York, 1984, Preface, pp. X-XI.
47) FLW, Vol. 4, p. 269.
48) *Neue Zürcher Zeitung*, 20. Okt. 1992, "Begrenztes Wissen als Begründung liberaler Ordnungen. Ein Gedenkseminar für F.A. von Hayek".
49) Lyndon LaRouche, "History As Science — America 2000", in *Fidelio*, Fall 1993, p. 63 (paragraph 3.3: Three Crucial Tasks).
50) Comp. Jacques Cheminade, "Was ist ‚indikative Wirtschaftsplanung'?", in *Der Weg aus der Depression*, EIRNA-Studie, Wiesbaden 1994, pp. 168-175.
51) Comp. *Der Weg aus der Depression*, EIRNA Special Report, Wiesbaden, 1994.
52) Memorandum by Wilhelm Lautenbach, "Möglichkeiten einer Konjunkturbelebung durch Investition und Kreditausweitung", in: Knut Borchert/Otto Schötz, ed. *Wirtschaftspolitik in der Krise, Die Geheimkonferenz der Friedrich-List-Gesellschaft vom September 1931*, Baden-Baden, 1991, pp. 307-325.
53) Comp. Avraham Barkai, *Das Wirtschaftssystem des Nationalsozialismus*, Frankfurt/M., 1988, p. 98.
54) *Die Depression der 90er Jahre*, EIRNA Special Report, 1992, p. 101.
55) Comp. the article, "Die Konservative Revolution" in *Maastricht ruiniert Europa*, EIRNA Special Report, Wiesbaden, 1996.
56) *Washington Insider*, No. 3, 1995.
57) James Fallows, *Looking into the Sun*, New York, 1994, pp. 182.
58) *Washington Insider*, No. 8, 1996.
59) *Washington Insider*, No. 10, 1996.
60) *Washington Insider*, No. 12, 1996.
61) *Washington Insider*, No. 14-15, 1996.
62) *Washington Insider*, No. 19, 1996.

Sonstige Literatur

Neben der List-Gesamtausgabe (Friedrich List, *Werke*, vor allem Bd. 2, Verlag von Reimar Hobbing, Berlin 1930) verweisen wir auf folgende Bücher über Friedrich List und seine Zeit in Amerika:

Colwell, Stephen: *Preliminary Essay and Notes to List's National System of Political Economy*, Lippincott, Philadelphia 1856.
Dühring, E.: „Die wissenschaftliche Bedeutung Friedrich Lists", in *Deutsche Vierteljahres-Schrift*, Jg. 30, Heft 4, 1867.
Lepelletier, F.: „Daniel Raymond un prècurseur de List", in *Revue d'economie politique*, 1900, S. 842-855.
Köhler, Dr. Curt: *Problematisches zu Friedrich List*, (mit Anhang: Lists Briefe aus Amerika, in deutscher Übersetzung), Leipzig 1908.
Hirst, Margaret E.: *Life of Friedrich List and Selections From His Writings* (with an introduction by F.W. Hirst), Smith, Elder & Co., London 1909.
Hare, Jay V.: „The Little Schuylkill Navigation Railroad and Coal Company" in *The Pilot*, No. 2-5, May 1909 - Febr. 1914; in Buchform veröffentlicht, Stock, Philadelphia 1966, S. 220-243.
Ladenthin, Dr. Ernst: *Zur Entwicklung der nationalökonomischen Ansichten Fr. Lists von 1820-1825*, Verlagsbuchhandlung Carl Konegen, Wien 1912, in der Reihe erschienen: Studien zur Sozial-, Wirtschafts- und Verwaltungsgeschichte, hrsg. von Dr. Karl Grünberg, Prof. der politischen Ökonomie an der Universität Wien, Heft VII.
Meuser, Eduard: „List oder Raymond?" in *Zeitschrift für die gesamte Staatswissenschaft*, Jg. 69, 1913 I, S. 104-115.
ders.: *List und Carey als wissenschaftliche Nationalökonomen*, Bötticher, Mainz 1914.
Notz, William Frederick: „Friedrich List in Amerika" in: *American Economic Review*, Bd. XV, No. 2, Juni 1926., vgl. auch einen Aufsatz von Notz in *Weltwirtschaftliches Archiv*, Bd. 21 (I), S. 199-265, 1925 und Bd. 22 (II) S. 154-182, 1925.
ders.: „Friedrich List in Amerika", in *Mitteilungen der Friedrich-List-Gesellschaft e.V.*, Nr. 2, 15. Okt. 1926, S. 17-29.
Muller, John H.: *Der amerikanische Einfluß auf Friedrich List*, Inauguraldissertation, Ludwig-Maximilians-Universität München, 1940.
Bell, John: „Frederick List, Champion of Industrial Capitalism", in *The Pennsylvania Magazine of History and Biography*, Vol. 66, No. 1, Jan. 1942, S. 56-83.
Brown, R.W.: „Friedrich List. The Father of German Railroads. His Residence in Dauphin and Schuylkill Counties. Address delivered before the Historical Society of Dauphin County." Harrisburg, September 18, 1950.
Gendebien, Albert W.: „Friedrich List and the Lafayette College" in *Pennsylvania History*, Vol. 24, No. 2, 1962, S. 122-139.

For Further Reading

In addition to the collected works of List (Friedrich List, *Werke*, particularly Vol. 2, Publ. by Reimar Hobbing, Berlin, 1930) we would like to call attention to the following books on Friedrich List and his stay in America.

Colwell, Stephen: *Preliminary Essay and Notes to List's National System of Political Economy*, Lippincott, Philadelphia 1856.
Dühring, E.: "Die wissenschaftliche Bedeutung Friedrich Lists", in *Deutsche Vierteljahres-Schrift*, Vol. 30, Issue 4, 1867.
Lepelletier, F.: "Daniel Raymond un prècurseur de List", in *Revue d'economie politique*, 1900, pp. 842-855.
Köhler, Dr. Curt: *Problematisches zu Friedrich List*, (with Appendix, List's letters from America, in German translation), Leipzig, 1908.
Hirst, Margaret E.: *Life of Friedrich List and Selections From His Writings* (with an introduction by F.W. Hirst), Smith, Elder & Co., London, 1909.
Hare, Jay V.: "The Little Schuylkill Navigation Railroad and Coal Company" in *The Pilot*, No. 2-5, May 1909 - Febr. 1914; published in book form, Stock, Philadelphia, 1966, pp. 220-243.
Ladentin, Dr. Ernst: *Zur Entwicklung der nationalökonomischen Ansichten Fr. Lists von 1820-1825*, Verlagsbuchhandlung Carl Konegen, Wien, 1912, as part of series: Studien zur Sozial-, Wirtschafts- und Verwaltungsgeschichte, ed. Dr. Karl Grünberg, Professor of Political Economy at the University of Vienna, Issue VII.
Meuser, Eduard: "List oder Raymond?" in *Zeitschrift für die gesamte Staatswissenschaft*, Vol. 69, 1913 I, pp. 104-115.
By the same author: *List und Carey als wissenschaftliche Nationalökonomen*, Bötticher, Mainz, 1914.
Notz, William Frederick: "Friedrich List in Amerika" in: *American Economic Review*, Vol. XV, No. 2, Juni 1926., compare also the essay by Notz in *Weltwirtschaftliches Archiv*, Vol. 21 (I), pp. 199-265, 1925 und Vol. 22 (II) pp. 154-182, 1925.
By the same autor: "Friedrich List in Amerika", in *Mitteilungen der Friedrich-List-Gesellschaft e.V.*, No. 2, 15. Okt. 1926, pp. 17-29.
Muller, John H.: *Der amerikanische Einfluß auf Friedrich List*, Inauguraldissertation, Ludwig-Maximilians-Universität München, 1940.
Bell, John: "Frederick List, Champion of Industrial Capitalism", in *The Pennsylvania Magazine of History and Biography*, Vol. 66, No. 1, Jan. 1942, pp. 56-83.
Brown, R.W.: "Friedrich List. The Father of German Railroads. His Residence in Dauphin and Schuylkill Counties. Address delivered before the Historical Society of Dauphin County." Harrisburg, September 18, 1950.
Gendebien, Albert W.: "Friedrich List and the Lafayette College" in *Pennsylvania History*, Vol. 24, No. 2, 1962, pp. 122-139.

Eckert, Robert: *Der Amerikaaufenthalt Friedrich Lists in seiner Bedeutung für das Listsche System*, Inauguraldissertation, Friedrich-Alexander-Universität Erlangen-Nürnberg, 1964.

Moltmann, Günter und Schöbel, Ingrid: *Aufbruch nach Amerika* —Friedrich List und die Auswanderung aus Baden und Württemberg 1816-17. Dokumentation einer sozialen Bewegung. Tübingen 1979.

Wendler, Eugen: *Friedrich List 1789/1989, eine historische Gestalt und Pionier auch im deutsch-amerikanischen Bereich*, Gräfelfing 1989 (in deutscher und englischer Sprache).

Schafmeister, Klaus: „Friedrich List im amerikanischen Exil", in *List-Forum für Wirtschafts- und Finanzpolitik*, Bd. 15, Heft 2, 1989, S. 89-116.

ders.: „Lists Engagement für den Eisenbahnbau in den USA 1825-1830/32", in *Reutlinger Geschichtsblätter*, N.F., Bd. 28, 1989, S. 189-228.

ders.: *Entstehung und Entwicklung des Systems der politischen Ökonomie bei Friedrich List*, Scripta Mercaturae, St. Katharinen 1995.

Look, Rainer P.: „List in Amerika" in: *Stadt Reutlingen*, 1989, S. 111-131.

Henderson, William Otto: „Lists Wirken in der Emigration", in: Besters, Hans (Hrsg.): *Die Bedeutung Friedrich Lists in Vergangenheit und Gegenwart, Gespräche der List-Gesellschaft e.V.*, Bd. 12, 1990.

Patton, Spiro G.: „Friedrich List's Contribution to the Anthracite Railroad Connection in the United States", in: Metz, Lance E. (Hrsg.): *Canal History and Technology Proseedings*, Bd. 9, 1990, Lafayette College, Easton 1990, S. 3-20.

Eckert, Robert: *Der Amerikaaufenthalt Friedrich Lists in seiner Bedeutung für das Listsche System*, Inauguraldissertation, Friedrich-Alexander-Universität Erlangen-Nürnberg, 1964.

Moltmann, Günter und Schöbel Ingrid: *Aufbruch nach Amerika. Friedrich List und die Auswanderung aus Baden und Württemberg 1816-17. Dokumentation einer sozialen Bewegung*, Tübingen, 1979.

Wendler, Eugen: *Friedrich List 1789/1989, eine historische Gestalt und Pionier auch im deutsch-amerikanischen Bereich*, Gräfelfing, 1989 (in German and English).

Schafmeister, Klaus: "Friedrich List im amerikanischen Exil", in *List-Forum für Wirtschafts- und Finanzpolitik*, Vol. 15, Issue 2, 1989, pp. 89-116.

By the same autor: "Lists Engagement für den Eisenbahnbau in den USA 1825-1830/32", in *Reutlinger Geschichtsblätter*, N.F., Vol. 28, 1989, pp. 189-228.

By the same autor: *Entstehung und Entwicklung des Systems der politischen Ökonomie bei Friedrich List*, Scripta Mercaturae, St. Katharinen 1995.

Look, Rainer P.: "List in Amerika" in: *Stadt Reutlingen*, 1989, pp. 111-131.

Henderson, William Otto: "Lists Wirken in der Emigration", in: Besters, Hans (ed.): *Die Bedeutung Friedrich Lists in Vergangenheit und Gegenwart, Gespräche der List-Gesellschaft e.V.*, Vol. 12, 1990.

Patton, Spiro G.: "Friedrich List's Contribution to the Anthracite Railroad Connection in the United States", in: Metz, Lance E. (ed.): *Canal History and Technology Proseedings*, Vol. 9, 1990, Lafayette College, Easton, 1990, pp. 3-20.

Zeittafel

Unter besonderer Berücksichtigung der Biographie Friedrich Lists
(6. August 1789 - 30. November 1846)

1789

- Friedrich List wird in Reutlingen geboren (6.August).
- George Washington (1732-1799) wird einstimmig zum ersten Präsidenten der USA gewählt.
- Alexander Hamilton (1755-1804) wird erster Finanzminister.
- Beginn der Französischen Revolution.

1804

- Friedrich List beginnt seine Weißgerber-Lehre.
- Alexander Hamilton wird im Duell getötet.

1806

- Bis 1812, List Amtsschreiber in Blaubeuren.
- Gründung des Rheinischen Bundes.
- Württemberg wird Königreich.

1809

- Substitutenexamen Lists im Kgl. Finanzdepartment Württembergs.
- Bis 1848, Klemens Wenzel von Metternich (1773-1859) wird österreichischer Staatskanzler; enge Mitarbeiter sind Friedrich von Gentz (1764-1832) und Adam Müller (1779-1829), der nachweislich als Agent des britischen Geheimdienstes tätig ist.

1811

- List in Tübingen, studiert Rechtswissenschaft bis 1813, Bekanntschaft mit dem späteren württembergischen Innenminister Karl August v. Wangenheim (1773-1850).
- Die Charter der Bank of the United States (Nationalbank) wird nicht erneuert.

1812

- Bis 1815, Krieg zwischen England und den Vereinigten Staaten.

Time Line

With emphasis on Friedrich List biography (August 6, 1789 to November 30, 1846)

1789

- Friedrich List born in Reutlingen (August 6).
- George Washington (1732-1799) unanimously elected first President of the U.S.A.
- Alexander Hamilton (1755-1804) becomes the Treasury Secretary.
- The French Revolution begins.

1804

- Friedrich List begins his training as tawer - the craft of preparing leather for glove-making.
- Alexander Hamilton is killed in a duel.

1806

- List works as a scribe in Blaubeuren until 1812.
- The "Rheinische Bund" (Union of the Rheinland) is formed.
- Württemberg is elevated to the rank of kingdom.

1809

- List takes his examinations in the royal Finance Department of Württemberg.
- Klemens Wenzel von Metternich (1773-1859) becomes the Austrian Chancellor of State, an office he held until 1848; close collaborators of Metterich are Friedrich von Gentz (1764-1832) and Adam Müller (1779-1829), the latter a documented agent of the British intelligence service.

1811

- List studies law in Tübingen until 1813, becomes acquainted with the later Interior Minister of Württemberg, Karl August von Wangenheim (1773-1850).
- The charter of the Bank of the United States is not renewed.

1812

- War begins between England and the United States and lasts until 1815.

335

1813

- Bis 1815, deutscher Befreiungskrieg, Sieg über Napoleon.
- Heinrich Friedrich Karl Freiherr vom Stein (1757-1831) tritt für Reichszölle ein.

1814

- Aufhebung der Kontinentalsperre.

1815

- Bis 1818, Dumping-Politik Englands gegen die USA: Englische Waren sind in USA billiger als in England; das führt zu einem drastischen Produktionsrückgang in den USA.
- „Heilige Allianz" zwischen Österreich, Preußen und Rußland.
- Schlacht von Waterloo.

1816

- Bis 1817, Friedrich Lists *Württembergisches Archiv* erscheint.
- Bis 1820, List am Verfassungskampf in Württemberg beteiligt.
- Große Hungersnot in Süddeutschland, landwirtschaftliche Krise, Auswanderung.

1817

- List führt Vernehmung der Auswanderer nach Amerika in den Bezirken Heilbronn, Weinsberg und Neckarsulm durch.
- Bis 1819, List Professor der Staatsverwaltungspraxis an der Universität Tübingen; studiert in dieser Zeit die Werke der Freihandelsverfechter Adam Smith (1723-1790) und Jean Baptiste Say (1767-1823).
- Versammlung der deutschen Burschenschaften auf der Wartburg bei Eisenach.

1818

- Heirat Lists mit Karoline Neidhard (1789-1866).
- Bis 1819, Mitarbeit Friedrich Lists am *Volksfreund aus Schwaben*.
- Erste Denunziation Friedrich Lists.
- 5. Mai, Geburt von Karl Marx (1818-1883).

1813

- Liberation War in Germany, victory over Napoleon in 1815.
- Heinrich Friedrich Karl Freiherr vom Stein (1757-1831) promotes protective tariffs for the German Reich.

1814

- Napoleon's "Continental Blockade", against British exports to the continent of Europe, is lifted.

1815

- England adopts a "dumping policy" against the USA up to 1818: English products are cheaper in the USA than in England, leading to a severe reduction of production in the USA.
- "Holy Alliance" between Austria, Prussia and Russia.
- Battle of Waterloo.

1816

- List's *Württemberg Archive* is published until 1817.
- List takes part in the fight for the Constitution in Württemberg until 1820.
- Starvation in southern Germany, crisis in agriculture, waves of emigration.

1817

- List conducts interviews of the emigres to America in the regions of Heilbronn, Weinsberg and Neckarsulm.
- Up to 1819 List was Professor of State Administration at the University of Tübingen, and studied the works of the free-trade proponents Adam Smith (1723-1790) and Jean Baptiste Say (1767-1823).
- Meeting of the German Students' Association (Burschenschaft) at the famous Wartburg castle near Eisenach.

1818

- List marries Karoline Neidhard (1789-1866).
- List collaborates on the *Volksfreund aus Schwaben* until 1819.
- First slanders of List.
- May 5, birth of Karl Marx (1818-1883).

1819

- Friedrich List Initiator des Deutschen Handels- und Gewerbevereins (18. April) in Frankfurt am Main.
- List verfaßt Bittschrift zur Aufhebung der innerdeutschen Zölle und Errichtung eines Grenzzollsystems gegen die auswärtigen Staaten.
- Ausscheiden Lists aus dem württembergischen Staatsdienst.
- List reist nach München, Audienz beim bayerischen König.
- Lists Wahl als Reutlinger Abgeordneter in die württembergische Ständeversammlung; die württembergische Regierung erklärt die Wahl für ungültig.
- Zweite Denunziation Lists durch Prof. Karl Friedrich Fulda (1774-1847), Professor der Kameralwissenschaften in Tübingen.
- Kampagne von Mathew Carey (1760-1839), Daniel Raymond (1786-1849), Hezekiah Niles (1777-1839) und Friedrich List gegen die Freihändlerfraktion in den USA.
- Die „Karlsbader Beschlüsse" des Deutschen Bundes ermöglichen die „Demagogenverfolgung" liberaler und nationaler Bewegungen und strenge Zensurmaßnahmen.

1820

- Friedrich List reist nach Wien und Ungarn. Audienzen bei Kaiser Franz I. (1768-1835).
- Süddeutscher Zollvereinsversuch in Darmstadt gescheitert.
- List verfaßt die *Reutlinger Petition*.

1821

- Wegen der *Reutlinger Petition* wird ein Kriminalgerichtsverfahren gegen Friedrich List eröffnet.
- Ausschluß Lists aus der Abgeordnetenkammer.

1822

- Friedrich List wird wegen Staats- und Majestätsbeleidigung zu 10 Monaten Festungshaft mit Zwangsarbeit verurteilt.
- List flüchtet nach Straßburg.
- Ausweisung Lists aus Frankreich, Reise nach Mühlhausen.
- List reist nach Basel.

1823

- Bis 1824, List im Schweizer Exil.
- David Ricardo (1772-1823) stirbt.

1819

- Friedrich List initiates the German Association of Trade and Commerce in Frankfurt am Main (April 18).
- List authors the petition for lifting the inner-German tariffs and proposes the establishment of a tariff-system against foreign countries.
- List leaves his work as a civil servant of the state of Württemberg.
- List travels to Munich, audience with the Bavarian King.
- List is elected deputy in the parliament of Württemberg; the Württemberg government declares the election illegitimate.
- Second slander of List by Prof. Friedrich Fulda (1774-1847), "Professor of Cameral-Sciences" in Tübingen.
- Campaign of Mathew Carey (1760-1839), Daniel Raymond (1786-1849), Hezekiah Niles (1777-1839) and Friedrich List, against the free-trade faction.
- The "Decrees of Karlsbad" of the Association of German States (Deutscher Bund) opens the "persecution of demagogues" directed against liberal and national movements, along with intensified censorship.

1820

- Friedrich List travels to Vienna and Hungary.
- Audiences with Emperor Francis I (1768-1835).
- The attempt to establish a southern German Customs Union in Darmstadt fails.
- List authors the *Reutlingen Petition*.

1821

- A criminal court case is launched against List on account of the *Reutlingen Petition*.
- List is expelled from the Chamber of Deputies.

1822

-
List is sentenced to ten months imprisonment at hard labor for the offence of insulting the state and majesty of the government of Württemberg.
- List flees to Straßburg.
- List is deported from France and goes to Mühlhausen.
- List travels to Basel.

1823

- List lives in Swiss exile until 1824.
- David Ricardo dies (1772-1823).

1824

- List in Paris; erstes Zusammentreffen mit Marie Jean Paul Roch Yves Gilbert Motier, Marquis de Lafayette (1757-1834) und Pierre Charles François de Dupin (1784-1873).
- List reist nach London, macht die Bekanntschaft seines schärfsten Widersachers John Bowring (1792-1872).
- Erste Einblicke in den Eisenbahnbau.
- Verhaftung Lists in Stuttgart, Festungshaft auf dem Hohenasperg.

1825

- Durch Johann Friedrich Cottas (1764-1832) Vermittlung Auswanderungserlaubnis für Friedrich List in die USA, unter der Bedingung des Verzichts auf die württembergische Staatsbürgerschaft.
- List reist mit der Familie nach USA.
- List begleitet Lafayette durch die Vereinigten Staaten, Begegnung mit den führenden Politikern der USA.
- List kauft eine Farm in der Nähe von Harrisburg.

1826

- List läßt sich in Reading, Pennsylvanien, nieder und wird Schriftleiter des *Readinger Adler*.

1827

- List schreibt Briefe an Joseph v. Baader (1773-1835): *Kanäle und Eisenbahnen in den nordamerikanischen Freistaaten*; diese werden dann in der *Augsburger Allgemeinen Zeitung* veröffentlicht.
- Friedrich List schreibt die *Outlines of American Political Economy*.
- Harrisburg Convention: Kongreß der Pennsylvania Society for the Promotion of Manufactures and the Mechanic Arts, der für höhere Schutzzölle eintritt.

1828

- Lists *Mitteilungen aus Nordamerika* werden von Johann Friedrich Ernst Weber (1769-1834) und Ernst Wilhelm Arnoldi (1778-1841) herausgegeben.
- List verfaßt die *Letters to Governor Giles of Virginia* und die *Harrisburg Address*.
- List Geschäftsführer der Little Schuylkill Railway.
- Bayern und Württemberg bilden eine Süddeutsche Zollvereinigung; Preußen und Hessen-Darmstadt schließen einen Zollvertrag ab; Hannover, Braunschweig, Kurhessen, Oldenburg, Nassau, Sachsen, die thüringischen Staaten und die Städte Frankfurt und Bremen bilden den Mitteldeutschen Handelsverein, der jedoch bald wieder in kleinere Teile zerfällt.

1824

- List in Paris, first meeting with Marie Paul Roch Yves Gilbert Motier, Marquis de Lafayette (1757-1834) and Pierre Charles Francois de Dupin (1784-1873).
- List travels to London, makes the acquaintance of his most extreme opponent, John Bowring (1792-1872).
- First encounter with railroad construction.
- List arrested in Stuttgart, imprisoned in Hohenasperg.

1825

- List is given permission, mediated by Johann Friedrich Cotta (1764-1832), to leave Germany for the USA, under condition that he give up his Württemberg citizenship.
- List travels with his family to the USA.
- List accompanies Lafayette on a tour through the USA, meets leading political figures.
- List purchases a farm near Harrisburg, Pennsylvania.

1826

- List settles in Reading, Pennsylvania and becomes editor of the *Readinger Adler*.

1827

- List corresponds with Joseph von Baader (1773-1835): *Canals and Railroads in the Free States of North America*; these letters are published in the *Augsburger Allgemeine Zeitung*.
- List writes the *Outlines of American Political Economy*.
- Harrisburg Convention: Congress of the Pennsylvania Society for the Promotion of Manufactures and the Mechanic Arts, which favors higher protective tariffs.

1828

- List's *Mitteilungen aus Nordamerika* (Reports from North America) published by Johann Friedrich Ernst Weber (1769-1834) and Ernst Wilhelm Arnoldi (1778-1841).
- List writes *Letters to Governor Giles of Virginia* and the *Harrisburg Address*.
- List becomes manager of the Little Schuylkill Railway.
- Bavaria and Württemberg form a South German Customs Union; Prussia and Hessen-Darmstadt conclude a customs treaty as well; Hannover, Braunschweig, Kurhessen, Oldenburg, Nassau, Saxony, the Thuringian states and the cities of Frankfurt and Bremen form the Middle German Trade Union (Mitteldeutschen Handelsverein) which, however, soon breaks apart.

1830

- List verfaßt: *Remarks on Mr. Cambreleg's Report on the Tariff* (1.3. und 3.3.1830) und *On a commercial Treaty between France and the United States* (Aug. 1830).
- List wird amerikanischer Staatsbürger; Gespräche mit Präsident Andrew Jackson (1767-1845).
- List reist nach Paris.
- Ablehnung Lists als US-Konsul durch die Stadt Hamburg.

1831

- Verweigerung der Bestätigung Lists als Konsul für die Stadt Hamburg durch den Senat in Washington.
- List in Paris, Zusammentreffen mit Ludwig Börne (1786-1837) und Heinrich Heine (1797-1856).
- Lists Rückkehr nach Amerika.
- In Pennsylvanien wird die *Little Schuylkill Rail Road* (34 km) eröffnet, an der Friedrich List maßgeblich beteiligt ist.

1832

- Hambacher Fest, demokratisch-republikanische Massenkundgebung für ein freies und einiges Deutschland.
- Neue „Demagogenverfolgung" in Deutschland.

1833

- Bis 1837, Lists Eisenbahnpläne für Preußen, Hamburg, Braunschweig, Baden.
- List wird amerikanischer Konsul in Leipzig.
- Metternich versucht Lists Akkreditierung zu verhindern.
- List schreibt *Über ein sächsisches Eisenbahnnetz....*
- Erste Begegnung mit Gustav Harkort (1795-1865).
- Audienz Lists bei König Anton von Sachsen (1755-1836).
- US-Präsident Jackson löst die zweite Nationalbank auf.
- Bau der Eisenbahn zwischen Leipzig und Dresden.
- Verschmelzung des preußisch-hessischen und des bayerisch-württembergischen Zollvereins.
- Beitritt des Königreichs Sachsen zum Zollverein.
- Beitritt der im Thüringischen Zoll- und Handelsverein verbundenen Staaten zum Zollverein.

1830

- List writes *Remarks on Mr. Cambreleg's Report on the Tariff* (March 1-3, 1830) and *On a Commercial Treaty between France and the United States* (August 1830).
- List becomes an American citizen; discussion with Presdent Andrew Jackson (1767-1845).
- List travels to Paris.
- The City of Hamburg rejects List as US-Consul.

1831

- The US Senate refuses to confirm the nomination of List as Consul to the City of Hamburg.
- List in Paris, meets Ludwig Börne (1786-1837) and Heinrich Heine (1797-1856).
- List returns to America.
- The *Little Schuylkill Railroad* (34 kilometers) opens in Pennsylvania.

1832

- Hambacher Fest, democratic-republican mass rally for a free and united Germany.
- New "persecution of demagogues" in Germany.

1833

- List works out plans for railroads for Prussia, Hamburg, Braunschweig and Baden up to 1837.
- List becomes American Consul in Leipzig.
- Metterich attempts to prevent List's accreditation.
- List writes *Über ein sächsisches Eisenbahnnetz...* (On a Saxon Railway Network).
- First meeting with Gustav Harkort (1795-1865).
- List audience with King Anton of Saxony (1755-1836).
- U.S. President Jackson dissolves the Second National Bank.
- Construction of the railway between Leipzig and Dresden.
- Fusion of the Prussian-Hessian and Bavarian-Württemberg Customs Unions.
- The Kingdom of Saxony joins the Customs Union.
- States which are members of the Customs and Commerce Union of Thuringia join the Customs Union.

343

1834

- Der Deutsche Zollverein tritt in Kraft (1. Januar).
- Mitarbeit Lists am *Rotteck-Welckerschen Staatslexikon*; Karl von Rotteck (1775-1840), Karl Theodor Welcker (1790-1869).
- List publiziert das *Nationalmagazin*.

1835

- List publiziert das *Eisenbahnjournal*.
- List in der Leipzig-Dresdner Eisenbahngesellschaft tätig.
- List reist nach Berlin und Potsdam.
- Treffen Lists mit Alexander von Humboldt (1769-1856).
- Eisenbahn Nürnberg-Fürth eröffnet (6 km).
- Baden und Nassau treten dem Zollverein bei.

1836

- Lists Rehabilitierung in Württemberg wird abgelehnt.
- Frankfurt a.M. tritt dem Zollverein bei.

1837

- List verläßt Leipzig und gibt die Konsularstelle auf.
- List begibt sich nach Paris, engere Kontakte mit Heinrich Heine.
- List schreibt *Das Natürliche System der politischen Ökonomie* für die *Académie française*.
- List reist nach Brüssel.

1839

- List beginnt in Paris mit der Arbeit am *Nationalen System der politischen Ökonomie*.
- List schreibt Artikelserie in der *Augsburger Allgemeinen Zeitung* gegen britische Zersetzungversuche des Zollvereins.
- Mathew Carey stirbt.
- Eröffnung der Leipzig-Dresdener Eisenbahn.

1840

- Friedrich List schreibt *Über Wesen und Wert einer nationalen Gewerbeproduktivkraft*.
- List lehnt es ab, in den französischen Staatsdienst einzutreten.
- Zusammentreffen Lists mit Klara Wieck-Schumann (1819-1896).
- List erhält die Ehrendoktorwürde der Universität Jena.

1834

- The German Customs Union goes into effect (January 1).
- List collaborates on *Rotteck-Welckerschen Staatslexicon* (Rotteck-Welckerschen State Lexicon); Karl von Rotteck (1775-1849), Karl Theodor Welcker (1790-1869).
- List publishes the *Nationalmagazin* (National Magazine).

1835

- List publishes the *Eisenbahnjournal* (Railway Journal).
- List active in the Leipzig-Dresden Railway Company.
- List travels to Berlin and Potsdam.
- List meets with Alexander von Humboldt (1769-1856).
- The Nuremberg-Fürth railway opens (6 kilometers).
- Baden and Nassau join the Customs Union.

1836

- List's exoneration in Württemberg rejected.
- Frankfurt am Main joins the Customs Union.

1837

- List leaves Leipzig and gives up his positions as Consul.
- List goes to Paris, closer contact with Heinrich Heine.
- List writes *Das Natürliche System der politischen Ökonomie* (The Natural System of Political Economy) for the *Académie française*.
- List travels to Brussels.

1839

- List in Paris, begins work on *National System der politischen Ökonomie* (National System of Political Economy). List writes a series of articles for the *Augsburger Allgemeine Zeitung* against British attempts to sabotage the Customs Union.
- Mathew Carey dies.
- Opening of the Leipzig-Dresden Railway.

1840

- Friedrich List writes *Über Wesen und Wert einer nationalen Gewerbeproduktivkraft* (On the Nature and Value of a National Commercial Productive Force).
- List refuses to work for the French government.
- List meets Klara Wieck-Schumann (1819-1896).
- List receives honorary doctorate from the University of Jena.

1841

- List siedelt nach Augsburg über.
- List hat eine Audienz bei König Ludwig I. von Bayern (1786-1868).
- Veröffentlichung des *Nationalen Systems der Politischen Ökonomie* von Friedrich List bei Cotta (3 Auflagen in 18 Monaten).
- Angebot der Chefredakteursstelle der *Neuen Rheinischen Zeitung* an List, die er ablehnt. Sie wird dann von Karl Marx angenommen.
- Ungarische Akademie der Wissenschaften ehrt List.
- List in Württemberg rehabilitiert.

1842

- List schreibt *Die Ackerverfassung, die Zwergwirtschaft und die Auswanderung*.
- List gründet das *Zollvereinsblatt*.
- List hat eine Audienz beim Kronprinzen Maximilian von Bayern (1811-1864).
- Zuwendung von 22 Gulden an den Denunzianten Lists vom Jahre 1821 durch den König von Württemberg.

1843

- Erstmaliges Erscheinen des *Zollvereinsblatts*.
- Unterredung Lists mit dem russischen Finanzminister Georg v. Cancrin in München.

1844

- Bis 1845, List macht mehrere Reisen nach Wien und Ungarn.
- List schreibt für das *Zollvereinsblatt*.
- List erhält erste kleinere finanzielle Zuwendungen von deutschen Industriellen.

1845

- List gerät unter den Einfluß der Fürsten v. Öttingen-Wallerstein (1791-1870, Innenminister in Bayern 1831-1837) und Karl Fürst v. Leiningen (1804-1856), einem Halbbruder der Königin Viktoria von England; sie fordern ihn auf, nach London zu fahren.
- Friedrich Engels (1820-1895) veröffentlicht *Die Lage der arbeitenden Klasse in England*.

1846

- Friedrich List trennt sich vom Cotta-Verlag.
- List reist nach London. Gespräche mit Prince Albert (1819-1861), Bowring, John Ramsay MacCulloch (1789-1864). Aufenthalt zieht sich über drei Monate hin.

1841

- List moves to Augsburg.
- List has an audience with King Ludwig I of Bavaria (1786-1868).
- Publication of List's *Nationalen System der Politischen Ökonomie* (National System of Political Economy) by Cotta, 3 editions in 18 months.
- List is offered the position of editor-in-chief of the *Neuen Rheinischen Zeitung*, but he declines. The position is then taken by Karl Marx.
- The Hungarian Academy of Sciences honors List.
- List is exonerated in Württemberg.

1842

- List writes *Die Ackerverfassung, die Zwergwirtschaft und die Auswanderung* (Property Rights, Subsistence Agriculture, and Emigration)
- List founds the *Zollvereinsblatt* (the journal of the Customs Union).
- List has an audience with the Crown Prince Maximilian of Bavaria (1811-1864).
- The King of Württemberg pays 22 Gulden to the man who denounced List in 1821.

1843

- First issue of the *Zollvereinsblatt*.
- List's discussion with the Russian Finance Minister George von Cancrin in Munich.

1844

- List travels to Vienna and Hungary a number of times up to 1845.
- List writes for the *Zollvereinsblatt*.
- List receives the first of some small financial donations from German industrialists.

1845

- List comes under the influence of the Prince von Öttingen-Wallerstein (1791-1870), the Interior Minister in Bavaria and Karl Prince of Leiningen (1804-1856), a half-brother of Queen Victoria; they propose that List travel to London.
- Friedrich Engels (1820-1895) publishes *The Situation of the Working Class in England*.

1846

- Friedrich List severs his relationship with the Cotta publishing house.
- List travels to London. Discussions with Prince Albert (1819-1861), Bowring, John Ramsay MacCulloch (1798-1864). List's stay lasts three months.

- List verfaßt Memorandum *Über den Wert und die Bedingungen einer Allianz zwischen Großbritannien und Deutschland*, das der britischen und preußischen Regierung vorgelegt wird.
- Lists Vorschläge werden von Viscount Palmerston (1784-1865) und Sir Robert Peel (1788-1850) zurückgewiesen. Plötzliche gesundheitliche Zerrüttung und Depressionen machen List völlig arbeitsunfähig.
- Rückkehr Lists nach Augsburg, sein Gesundheitszustand verschlechtert sich weiter.
- Preußischer König will List sehen, weil man ihn in die preußische Administration aufzunehmen gedenkt; diese Mitteilung erreicht List nicht mehr.
- List reist nach München, von dort über Tegernsee nach Kufstein.
- 30. November, Friedrich List stirbt in Kufstein; sein Tod wurde nie zufriedenstellend geklärt, man geht davon aus, daß er sich erschossen hat.

1850

- Ludwig Häusser (1818-1867) bringt die erste List-Edition in drei Bänden heraus.

Daten zusammengestellt aus folgender Literatur:

1) Friedrich Lenz, *Friedrich List — der Mann und das Werk*, Oldenbourg, München 1936, Zeittafel, S. 433-435.
2) Friedrich List, *Werke*, Reimar Hobbing, Berlin 1931, Bd. 10, III, Namensverzeichnis A, S. 173-253.
3) Klaus Schafmeister, *Entstehung und Entwicklung des Systems der politischen Ökonomie bei Friedrich List*, Scripta Mercaturae, St. Katharinen 1995.

- List writes the memorandum *Über den Wert und die Bedingungen einer Allianz zwischen Großbritannien und Deutschland* (On the Value and Conditions of an Alliance Between Great Britain and Germany), presented to the governments of England and Prussia.
- List's proposals are rejected by Viscount Palmerston (1784-1865) and Sir Robert Peel (1788-1850). A sudden deterioration of his health and depression render List incapable of working.
- List returns to Augsburg, his health continues to deteriorate.
- The King of Prussia wants to see List, because Prussia wants to have List work in the Prussian administration; the invitation never reaches List.
- List travels to Munich, and from there via Tegernsee to Kufstein.
- On November 30, List dies in Kufstein; the cause of death is never explained satisfactorily, the assumption is that he shot himself.

1850

- Ludwig Häusser (1818-1867) publishes the first edition of List's works in three volumes.

Data assembled from the following literature:

1) Friedrich Lenz, *Friedrich List — der Mann und das Werk*, Oldenbourg, München 1936, Zeittafel, pp. 433-435.
2) Friedrich List, *Werke*, Reimar Hobbing, Berlin 1931, Vol. 10, III. Namensverzeichnis A, pp. 173-253.
3) Klaus Schafmeister, *Entstehung und Entwicklung des Systems der politischen Ökonomie bei Friedrich List*, Scripta Mercaturae, St. Katharinen 1995.

Lyndon H. LaRouche
Christentum und Wirtschaft
Die wissenschaftlichen Grundlagen einer neuen, gerechten Weltwirtschaftsordnung
350 Seiten, DM 19,80, ISBN 3-725925-17-2

Die Wirtschaftsordnung muß weltweit auf neue wissenschaftliche, moralische und naturrechtliche Grundlagen gestellt werden. Lyndon LaRouche zeigt, daß die nötigen wissenschaftlich-naturrechtlichen Prinzipien des Wirtschaftens mit den Prinzipien des Christentums übereinstimmen. LaRouches dritte Gefängnisschrift ist eine Antwort auf die friedliche Revolution von 1989, den Zusammenbruch der kommunistischen Kommandowirtschaft im Osten und die Finanzspekulation des Westens, die uns in eine schlimmere Krise stürzt als in den 30er Jahren.

Lyndon H. LaRouche
So streng wie frei
Gesetzmäßigkeiten schöpferischen Denkens in Wissenschaft und Kunst
312 Seiten, DM 24,80, ISBN 3-725925-21-0

Die drei Schriften *Über die Metapher*, *Über den Gottesbeweis* und *Mozarts Revolution in der Musik 1782-1786* sind drei Variationen zum selben Thema: Die Methode schöpferischen Denkens — wie der Mensch im Sinne seiner „Gottebenbildlichkeit" schöpferisch zu neuen Ideen gelangt. Nach dieser Methode funktioniert nicht nur rechtverstandene Kunst, Wissenschaft und Philosophie, sondern sie ist entscheidend, wenn der Wirkungsgrad wirtschaftlicher Güterproduktion erhöht und das langfristige Überleben der menschlichen Gattung gesichert werden soll. Diese Methode läßt sich zwar nicht von fixen Axiomen ableiten, aber sie ist „intelligibel", mit der Vernunft erfaßbar.

William Engdahl
Mit der Ölwaffe zur Weltmacht — Der Weg zur neuen Weltordnung
400 Seiten, DM 19,80, 2. Auflage 10 000-20 000, ISBN 3-725925-15-6

Dies ist kein gewöhnliches Buch über die Geschichte des Erdöls. Es schildert vielmehr, wie mächtige Finanzinteressen das Erdöl zu einer Waffe in ihrem Arsenal entwickelt haben. Schon bei Ausbruch des Ersten Weltkriegs lag Großbritannien ganz vorn in der Gruppe derer, die die Kontrolle über alle bekannten Vorkommen des „schwarzen Goldes" anstrebten. Öl spielte eine große Rolle in der anglo-amerikanischen Sonderbeziehung, die sich im Gefolge der Versailler Friedenskonferenz herausbildete. Erdöl und Finanzen wurden zu einem verheerenden Instrument politischer Vorherrschaft kombiniert. Das Buch enthüllt auch schockierende und bisher unbekannte Details über ein privates Treffen 1973 auf der schwedischen Insel Saltsjoebaden, wo die schockartige Steigerung des Erdölpreises um 400% geplant wurde, um damit dem schwachen Dollar wieder auf die Beine zu helfen.

Jonathan Tennenbaum
Kernenergie — die weibliche Technik
392 Seiten, 19 Abb., 16 Seiten Photos, DM 28,80, ISBN 3-925725-14-8

Bei keiner wissenschaftlich-technischen Revolution in der Geschichte haben Frauen eine so maßgebende Rolle gespielt wie bei der Geburt der Kernenergie. Diese haben wir nicht nur Marie Curie und Lise Meitner zu verdanken, sondern auch vielen anderen mutigen „Atomfrauen", die sich gegen alle Vorurteile und Widerstände für ein Leben in der Forschung entschieden. So wurde die Revolution des Atoms zugleich zum größten Durchbruch der Frauen in der Naturwissenschaft.

Lyndon H. LaRouche, jr.
The Science of Christian Economy and Other Prison Writings
Schiller Institute, ISBN 0-9621095-6-8, 506 pages, paperback, $15.00

Imprisoned after 20 years in public life, and four campaigns for the U.S. presidency, LaRouche rose above the conditions of his incarceration, to concentrate on the task of presenting and making understood the means by which humanity may emerge victorious from the presently onrushing dark age of economic, moral, and cultural collapse. Combined in this one volume are the three major works he produced as part of that effort.

Nancy Spannaus, Christopher White (Editors)
The Political Economy of the American Revolution
2nd expanded edition, Executive Intelligence Review,
ISBN 0-943235-14-6, 470 pages, paperback, $15.00.

This book assembles many of the crucial writings which define the American System, like major excerpts from Hamilton's seminal *Report on Manufactures*, two pivotal economic writings by Leibniz, and documents from the Tudor Renaissance.

The editors have selected the writings, and written introductory essays. White's essay, „Jean-Baptiste Colbert and the Origins of Industrial Capitalism," is the fruit of his work with previously unpublished writings by King Louis XIV's Finance Minister. Colbert was both a sponsor of Gottfried Wilhelm Leibniz, and a hero for the United States's first Treasury Secretary, Alexander Hamilton. Spannaus wrote on the cameralist school of economics, of which both Leibniz and Hamilton were representatives, and which has culminated in the Christian Economic Theory of Lyndon LaRouche today.

Hulan Jack
Fifty Years a Democrat – The Autobiography of Hulan Jack
New Benjamin Franklin House, New York, ISBN 0-933488-25-4
224 pages, paperback, $4.95

„Hulan Jack was important to the City (New York) not only because of his personal skills, but because those skills were contained within a skin that was dark. Those who then still called themselves `Negroes' in our city, could look up to the office of the Borough President, and hope that Hulan Jack, occupant of the third most important elected office in these United States, signified something important about our nation's future." (From the afterword)

F. William Engdahl
A Century of War – Anglo-American Oil Politics and the New World Order
Dr. Böttiger Verlags GmbH, Wiesbaden, Germany
282 pages, paperback, ISBN 3-925725-19-9, $19.95

This is no ordinary book on the history of oil. Rather it is an unusual account of how powerful financial interests have developed oil as a calculated weapon in their arsenal of world power politics. As early as the outbreak of World War I, England was in the lead of those few intent on controlling the known reserves of the new `black gold'. Oil also lubricated an Anglo-American special relationship which developed in the aftermath of the 1919 Versailles Peace Conference. The two countries bound together oil and international finance into one of the most devastating combinations of political hegemony in history. The book also reveals the shocking and heretofore unknown details of a 1973 private gathering in Saltsjoebaden, Sweden, where a 400 per cent oil price increase economy was planned, in order to prop up a faltering U.S. dollar.